辽宁省"十二五"普通高等教育本科省级规划教材

国际经济与贸易专业系列教材

国际金融

第八版

International Finance

阙澄宇　主　编

邓立立　副主编

东北财经大学出版社

Dongbei University of Finance & Economics Press

大连

图书在版编目（CIP）数据

国际金融 / 阙澄宇主编. —8版. —大连：东北财经大学出版社，
2023.8

（国际经济与贸易专业系列教材）

ISBN 978-7-5654-4917-8

Ⅰ. 国… Ⅱ. 阙… Ⅲ. 国际金融-高等学校-教材 Ⅳ. F831

中国国家版本馆CIP数据核字（2023）第146724号

东北财经大学出版社出版

（大连市黑石礁尖山街217号 邮政编码 116025）

网 址：http：//www.dufep.cn

读者信箱：dufep@dufe.edu.cn

大连雪莲彩印有限公司印刷 东北财经大学出版社发行

幅面尺寸：170mm×240mm 字数：472千字 印张：22.5 插页：1

2023年8月第8版 2023年8月第1次印刷

责任编辑：李 彬 王芃南 责任校对：王 丽

封面设计：原 皓 版式设计：原 皓

定价：52.00元

教学支持 售后服务 联系电话：（0411）84710309

版权所有 侵权必究 举报电话：（0411）84710523

如有印装质量问题，请联系营销部：（0411）84710711

国际经济与贸易专业系列教材编委会

主　任

阙澄宇　教授，博士生导师

王绍媛　教授，博士生导师

副主任

施锦芳　鄂立彬

委员（以姓氏笔画为序）

马　斌　邓立立　王国红　兰　天

孙文君　孙玉红　许立波　牟逸飞

刘　瑶　何　冰　张　军　李红阳

杜晓郁　苏　杭　林令涛　范　超

郑　磊　姜文学　黄海东　傅缨捷

蓝　天　魏　方

总　序

国际经贸活动是在原始社会末期和奴隶社会初期随着阶级和国家的出现而产生的，直至资本主义生产方式确立后才获得了广泛的发展，才真正具有了世界性。对国际经贸活动的系统研究始于15世纪的重商主义学派，至今已形成涉及领域广泛、结构完整的学科知识体系。

与一国国内经济不同，国际经贸活动要涉及两个或两个以上国家（或地区）的当事人，而全球范围内又不存在一个超国家的权力机构对这些活动进行规范和管理，因此，国际经贸活动的习惯做法及各种规则往往是先发国家国内做法和规则的延伸，由此决定了先发国家和后发国家在国际经贸人才培养方面的差异：先发国家由于国内外经贸活动的做法和规则差异不大，因此很少专门设立国际经贸类专业，而是将其内容分散在相关专业的课程中进行介绍；后发国家由于国内外经贸活动的做法和规则差异很大，因此往往专门设立国际经贸类专业。

中华人民共和国成立后，在计划经济体制下，国际经贸本科层次人才的培养主要集中在少数几个财经类院校。改革开放以后，国内各类高校在本科层次纷纷设立了名称各异的外经贸相关专业或方向，包括对外贸易、国际贸易、国际经济、世界经济、国际经济合作、工业外贸等。1993年，国家教委印发了《普通高等学校本科专业目录》，将国际经贸本科层次专业规范为3个，即经济学学科门类下的"国际经济"专业和"国际贸易"专业、工学学科门类下的"工业外贸"专业。在1998年教育部颁布的《普通高等学校本科专业目录》中，进一步将1993年目录中的3个专业及原目录外专业"国际商务"合并为"国际经济与贸易"专业。2012年《普通高等学校本科专业目录》中，"国际经济与贸易"专业没有调整，是经济学学科门类下的"经济与贸易类"专业之一。

最先在国家（或地区）之间发生的经贸活动是货物贸易，它至今仍是国际经贸领域的重要内容。关于国际货物贸易的教学与研究起步早、成果多、课程体系完整，主要包括理论、实务与惯例、专业外语3类课程。随着国际经贸活动领域的不断拓展，国际经贸类专业的课程体系也日趋完善，增加了诸如"国际技术贸易""国际经济合作""国际投资""国际服务贸易""跨境电子商务"等课程，国内部分院校还基于这些领域设立了专业方向，细化了课程体系。

21世纪是一个催人奋进的时代，科技革命迅猛发展，知识更替日新月异，国际竞争日趋激烈。

从国际经济环境看，跨国投资飞速发展，世界各国和地区间的经济依赖程度不断加深，经济全球化和区域经济一体化趋势不断加强，协调国际经济日益重要，经济集团内部以及经济集团之间的合作与竞争日益成为关注的焦点。

从国内经济环境看，社会主义市场经济体制的建立与不断完善改善了我国企业参与国际竞争的条件，加入世界贸易组织后逐步调整我国产业结构和贸易结构也为我国企业参与国际竞争提供了机遇和挑战。

为了培养熟悉国际经济运行规则、符合社会主义市场经济建设需要的人才，优化人才的知识结构，我们组织东北财经大学国际经济贸易学院的专业骨干教师编写了"国际经济与贸易专业系列教材"。这套教材在保留原有教材体系优点的同时，结合教师多年教学的经验，尽可能地反映本学科领域最新的研究成果和发展趋势。

我们深知，教材从编写出来的那一天起就已经"过时"了，这就需要教师在讲授过程中不断充实、调整有关授课内容，我们也将根据国内外经济环境的变化适时修订本系列教材。为了适应数字化时代的要求，便于读者深入理解相关知识和在教材使用期间及时更新信息，我们在教材中增加了音频、视频等多样性的数字化资源，促进信息技术与教材的深度融合，推进课程思政与教材的紧密融合，着力打造高质量、新形态教材。

本系列教材是专门为国际经济与贸易专业本科生课程编写的，同时也适合于其他经济类专业和有兴趣学习国际经济与贸易知识的人士使用。

由于作者学识和资料有限，本系列教材难免有不足之处，敬请广大读者批评指正。

国际经济与贸易专业系列教材编委会

第八版前言

本教材以高等院校财经类专业的本科生为主要对象，旨在系统介绍国际金融基本知识和基本理论，反映国际金融领域的最新动态和发展趋势。秉承这一宗旨，自1996年初版至今，为适应不断变化的国际和国内金融形势，本教材每3年修订一次，及时更新内容，在实际应用过程中也收到了较好的效果。因此，为深入地贯彻落实《中共中央关于认真学习宣传贯彻党的二十大精神的决定》，践行二十大精神进高校教材，本书构建了基于党的二十大精神引领的课程思政内容。具体思路就是：以社会主义核心价值观为引领，以贯彻二十大精神为指导，通过案例引入、资料展现等多种形式融合思政基本要求，同时在各章后增设了"思政课堂"栏目，以实现知识传授、能力培养与价值塑造有机融合。

自2020年本教材修订以来，全球经济形势风云变幻，突发的新型冠状病毒感染对经济的负面冲击席卷全球，贸易保护主义抬头，各国经济政策的不确定性增加，全球经济增长的不平衡性继续存在。在这样的国际背景下，中国经济在稳增长的同时，稳健地推进金融开放，其中的新动态有必要让读者及时了解。

本次修订主要对以下内容进行补充和修改：（1）对《国际收支和国际投资头寸手册》的相关内容进行了进一步规范和修正；（2）对人民币汇率机制改革、人民币国际化等内容进行了更新；（3）对资本账户可兑换、我国金融开放等内容进行了增补；（4）更新了教材中的动态性数据。

本次修订，由马斌副教授负责第一、三、四、八、九章，傅缨捷副教授负责第二、五、六、十一章，杜晓郁副教授负责第七、十章，邓立立副教授负责第十二章，最后由邓立立统纂，阙澄宇教授审定。在编写过程中，我们参阅了大量著作、教材和学术论文，对此，我们均已注明出处或列入参考文献，在此对相关作者一并致谢。

受编者能力所限，本版教材难免存在不足，敬请读者批评指正。

编　者
2023年5月

目　录

第2部分　国际金融政策

第3部分 国际金融活动

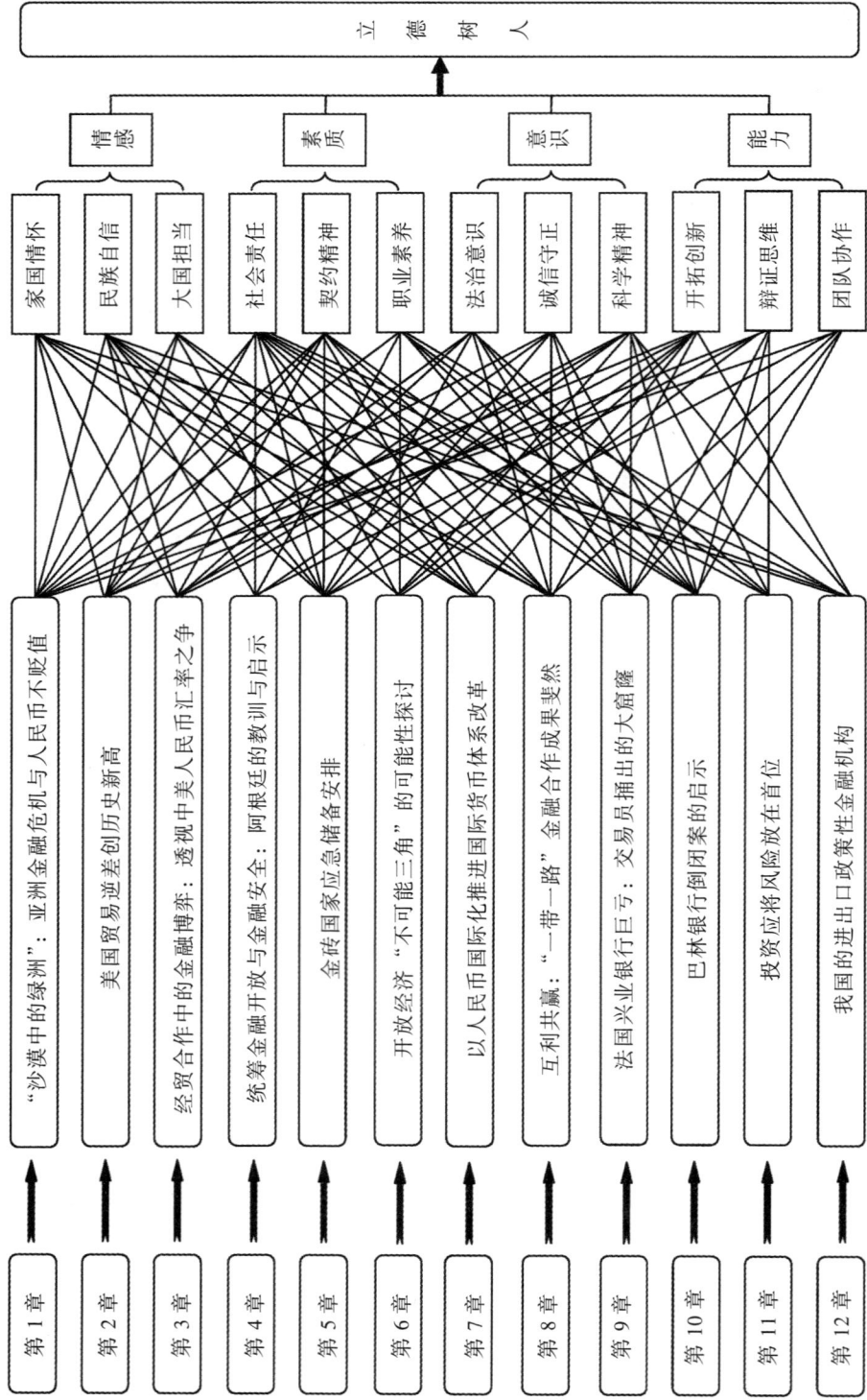

立 德 树 人

思政维度： 情感　素质　意识　能力

思政元素： 家国情怀　民族自信　大国担当　社会责任　契约精神　职业素养　法治意识　诚信守正　科学精神　开拓创新　辩证思维　团队协作

思政案例：

- "沙漠中的绿洲"：亚洲金融危机与人民币不贬值
- 美国贸易逆差创历史新高
- 经贸合作中的金融博弈：透视中美人民币汇率之争
- 统筹金融开放与金融安全：阿根廷的教训与启示
- 金砖国家应急储备安排
- 开放经济 "不可能三角" 的可能性探讨
- 以人民币国际化推进国际货币体系改革
- 互利共赢："一带一路" 金融合作成果斐然
- 法国兴业银行巨亏：交易员捅出的大窟窿
- 巴林银行倒闭案的启示
- 投资应将风险放在首位
- 我国的进出口政策性金融机构

教材章节： 第1章　第2章　第3章　第4章　第5章　第6章　第7章　第8章　第9章　第10章　第11章　第12章

绪　论

一、国际金融的内涵和学科发展

国际金融，顾名思义，是指跨越了国界的金融活动。从历史发展看，先有了商品交换，继而出现了货币，以促进生产和交换，然后进一步发展出货币的存储、流通、借贷等一系列活动。而当这些经济活动跨越国界、用不同的货币进行时，国际金融就产生了。

作为一个学科，国际金融是国家间的货币运动和金融活动，包括国际货币流通与国际资金融通两个方面，其目标是揭示国际货币流通与国际资金融通的基本规律，阐述国际金融关系发展的历史与现状。从全球视角来看，国际金融研究国际货币金融关系及其运行；从一国视角来看，国际金融研究开放经济中对外货币金融关系和活动。

在当前金融全球化的背景下，国际金融研究的具体内容应包括外汇和汇率问题、国际收支问题、开放条件下的内外均衡问题、国际金融市场和国际资本流动问题、国际货币体系和区域货币合作问题等。

与历史的发展相对应，国际金融成为一门独立学科也是一个逐步发展的过程。学科的萌芽可追溯到200多年前，是在国际贸易学的基础上产生的，并曾长期依附国际贸易学。这主要是由于早期各国间的联系以商品贸易为主，货币是商品交换的媒介，国际资金流动仅是商品流动的对应物。第二次世界大战后，生产和资本国际化迅速发展，与之相适应，国家之间的货币金融关系也日益发展。同时，随着布雷顿森林体系的建立，国际金融领域出现了不同于以往的人为的制度安排，这使得国际金融方面的问题开始具有某些独立的特点，引起了更多研究者的注意。20世纪50年代和60年代，西方出现了专门以国际金融问题为研究对象的学术专著，现代意义上的国际金融学已具备雏形，但学者们对国际金融学的研究对象仍有不同的理解，国际金融学的研究范围尚未明确界定。

20世纪70年代，布雷顿森林体系瓦解，同时，国际资本流动尤其是金融性资本的流动规模迅速扩大，其存量以远远高于贸易量的速度发展，其流动越来越具有独特的规律。20世纪80年代以来，经济金融化和一体化趋势加速，国际金融的新现象、新问题层出不穷，国际金融的领域不断拓宽，国际金融在国际经济关系和国民经济运行中的地位日益重要。为顺应这一潮流，欧美教育界出现了国际金融方面的专门教材，国际金融学逐渐发展为一门独立的学科。进入20世纪90年代以后，随着经济全球化的深入发展，国际金融学作为一门学科，重要性日益突出。

二、国际金融理论的发展脉络

国际金融理论最早萌芽于14—15世纪。这是因为在实践中，贸易跨越国界之后，货币汇兑和对国际货币的需求随之产生，国际金融理论自然开始形成。早期的国际金融学说主要讨论货币兑换、融资、利息的问题。如14世纪，法国学者尼科尔·奥雷斯姆已经认识到降低货币质量对国际贸易和金融活动的干扰。15世纪初，意大利学者罗道尔波斯提出了公共评价理论来解释汇率决定。到了重商主义时期，托马斯·孟把汇率的变动与贸易收支联系在一起，可谓是汇率决定理论的早期学说。

18世纪以后，随着资本主义生产方式的确立，自由贸易理论逐渐开始流行。经济学家大卫·休谟提出了著名的"物价-现金流动机制"，这是国际金融学关于国际收支调节理论的早期学说。休谟是把货币数量论应用到国际收支分析的先驱者。他提出的理论至今仍对国际收支分析有指导意义。

19世纪大部分时间和20世纪初，由于金本位制的实行，汇率的形成有可靠的黄金基础，各国的汇率在黄金输送点的制约下，能够自动地调节国际收支。这一相对稳定的自动调节状态一直持续到第一次世界大战以前。第一次世界大战期间及战后，各主要资本主义国家都实行外汇管制，使得金本位制难以维持，各国货币汇率出现了剧烈而频繁的波动，由此，国际金融问题研究的中心转向了汇率理论。1914—1922年间，瑞典经济学家卡塞尔在当时通货膨胀的条件下研究汇率决定问题，提出了比较完整的购买力平价理论，认为两种货币之间的汇率是由两国的相对物价水平决定的，同时阐述理想状态下汇率与各国物价的绝对水平和通货膨胀率之间的关系。但是由于购买力平价理论的假设前提存在缺陷，使得该理论无法解释现实中汇率偏离较大的现象。凯恩斯于1923年在《货币改革论》中提出了古典利率平价理论，为现代利率平价理论的发展奠定了基础。这些理论从不同角度论述了汇率的决定和形成，极大地丰富和发展了国际金融理论。

1929年在美国出现的经济危机发展成为世界性经济大萧条，随后爆发的第二次世界大战使得国际金融领域再次陷入混乱状态。1944年7月，在第二次世界大战结束前夕，作为战后国际货币秩序新安排的布雷顿森林体系建立。这一安排为国际金融领域带来了一段较为稳定和繁荣的时期，也成为现代国际金融学中的重要研究内容。

20世纪70年代，布雷顿森林体系瓦解后的国际金融领域发生了巨大变化。随着浮动汇率制度的实行，汇率的剧烈波动给国际贸易和各国经济带来了严重的不利影响，汇率也更加复杂和难以确定，这促使汇率理论的研究更加深入。货币主义汇率理论和资产组合平衡理论就是在这样的背景下提出的，学者们开始关注货币市场和资产市场活动对汇率的影响。同时，浮动汇率导致各种金融风险加大，由此引发了金融创新的大量涌现。此外，随着经济与金融全球化趋势加强，跨国公司和跨国金融机构成为世界经济和金融活动中越来越重要的市场力量。金融自由化和电子技术的发展导致金融资本的流动更为迅速和频繁，对各国的影响和冲击也越来越明显，国家的内外均衡冲突更为严重和难以协调，现行国际货币体系的缺陷日益凸显。这些国际金融领域的新问题都直接推动着国际金融理论体系的完善和发展。

20世纪90年代以后，国际金融领域关于汇率理论的研究重心和方法发生变化，开放的宏观经济学、国际政策协调理论、金融危机理论、国际货币体系框架的缺陷与改革，以及发展中国家金融市场的开放等问题，构成了国际金融理论新的研究重点。

三、当前国际金融领域的形势与特点

近年来，特别是进入21世纪以后，随着经济全球化进程的加快和信息网络技术的迅猛发展，国际金融的发展出现了许多新特点和新趋势，主要表现为：

1）国际金融的自由化与一体化进程加快

以取消金融管制、开放金融市场为主要特征的金融自由化趋势自20世纪70年代兴起之后，近年来更是呈现迅猛发展之势。世界上绝大多数国家都已加入这一潮流之中。由于经济基础和金融制度的差异，发达国家与发展中国家的金融自由化特征有所不同。发达国家先后放松或取消对利率、分业经营和资本市场的管制，发展中国家则根据发达国家的经验，相继开展以金融深化或金融发展为主题的金融体制改革。

全球金融自由化提高了金融效率，促进了金融体系的完善和发展，也推动了全球性的金融一体化。所谓金融一体化，是指国与国之间的金融活动通过相互渗透、相互影响形成一个联动整体的发展态势。其具体表现为：第一，金融市场一体化，即各国金融市场与国际金融市场贯通，构成全球化的金融市场运作体系，在时间上和空间上缩小差距，为金融交易提供全天候的交易场所。第二，金融政策一体化，即各国金融制度趋同，各国在金融领域的联动性增强。各国执行的货币政策、外汇政策、国际收支调节政策和国际储备政策，都将对其他国家产生较大影响。金融政策越来越超越一国界限，变成一种国际性的政策。第三，资本流动的自由化与国际化。各国金融管制的放松使得资本的跨国流动比以往任何时候速度更快、规模更大、范围更广。

无论是对发达国家还是新兴市场国家，金融全球化和一体化带来了机遇，提高了市场效率，促进了世界经济增长和国际贸易发展；但另一方面，金融全球化带来的大规模投机资本频繁、快速跨境流动，削弱了一些经济体宏观经济政策执行的有效性和对宏观经济的控制力，容易诱发系统性金融风险。

2）国际金融创新层出不穷

金融创新既包括金融工具、金融业务方面的创新，也包括金融机构和金融市场等多方面的创新。

在国际金融创新中，最有影响力的就是金融衍生工具的迅猛发展。所谓金融衍生工具，是指价值由其基础工具的价格变动决定的一种金融合约，涉及的基础金融工具包括货币、债券、股票指数、利率、商品和各种经济指数，根据其经济特征可以分为远期、互换、期货、期权等。金融衍生工具是在金融自由化浪潮兴起、金融业竞争加剧、金融市场不确定性增加及信息技术迅速发展的背景下产生的。金融衍生工具使得金融市场参加者可以方便地在金融系统内转移和规避价格风险，配置资产，增强现货市场的流动性，使金融市场更有效率。但是由于金融衍生工具以杠杆交易为主，投机者可以利用较少的保证金进行大规模、高风险的投机，因此金融市场的波动性会增大。加之金融衍生工具的定价技术日益复杂，致使金融活动中信息的不完备性更加突出，减弱了投资者对外部冲击的承受力。更为重要的是，各种金融衍生工具的发展使得跨市场的套利行为日渐频繁，传统金融产品与衍生金融产品之间产生了互动关系，单一机构发生的巨额交易损失不但会影响该机构的稳定，而且还可能引发整个金融市场的系统性风险。

3）国际金融市场的证券化趋势明显

在第二次世界大战后，国际银行贷款一直是国际融资的主要渠道，并于1980年达到顶峰，占国际信贷总额的比重高达85%。但从1981年开始，国际银行贷款地位逐渐下降，到20世纪80年代中期，国际证券已取代了国际银行贷款的国际融资主渠道地位。1998年，全球证券资产第一次超过了银行信贷资产。20世纪90年代以后，国际金融市场已进入证券化的成熟发展阶段。

所谓证券化，是指筹资者除向银行贷款外，更多的是通过发行各种有价证券、股票及其他商业票据等方式，在证券市场上直接向国际社会筹集资金。证券化主要表现在两个方面：一是金融工具的证券化，即不断通过创新金融工具筹措资金；二是金融体系的证券化，指通过银行和金融机构借款的比重下降，而通过发行可向第三方转让的金融工具的比重相对提高，即所谓资金的"非中介化"现象。

证券化趋势的形成原因是多方面的：一方面，由于债务危机的影响，国际银团贷款的风险提高，贷款成本相对上升；另一方面，金融自由化发展，金融创新不断涌现，拓宽了证券市场的融资渠道，提高了证券市场的流动性，降低了筹资成本。

4）现行国际金融体系存在不稳定性

国际金融体系是国际货币体系、国际金融机构及由其演化形成的制度因素和运行机制的总和，既包括有现实约束力的有关国际货币关系的规则或制度安排，也包括在国际货币关系中起协调、监督作用的国际金融机构和组织。在现行的国际金融秩序中，这两者具体表现为牙买加体系和国际货币基金组织。牙买加体系是一种"无制度"的制度，在很大程度上只是对"布雷顿森林体系"瓦解后一系列现实情况的承认。在牙买加体系下，国际金融秩序由金本位制彻底转变为信用本位制，汇率制度多样化，储备货币多样化，对各国的汇率调整义务和全球调整机制没有明确的规定。

从运行的实际情况看，现行国际货币体系存在着一系列严重弊端：首先是作为主要储备货币的美元，其发行不受任何限制，完全依靠美国的国家信用来支撑。美国几乎可以无约束地向世界倾销其货币。其次是在现行国际货币体系中缺乏平等的参与权和决策权，仍是建立在少数发达国家利益基础上的制度安排。美国在利用货币特权向其他国家征收铸币税的同时，又借助金融创新将风险扩散到全球，其他国家只能被动接受。最后是调节机制的局限性。作为国际金融体系的核心机构，国际货币基金组织的资本不足，权威不够，投票权和结构设计不合理，对美欧等发达国家几乎不具备监督和约束的能力。

由于既缺乏有效的国际合作和国际金融监控机制，又缺乏区域金融风险防范救助制度安排，在全球收支持续失衡、美元本位和美元长期贬值的情况下，2008年爆发的全球金融危机其实是现有国际货币体系弊端集中显现的结果。

四、本书的知识结构和内容安排

当代的国际金融学是一门宏观和微观相结合、理论与实务并重的学科，内容既包括微观市场层面，也包括宏观理论与政策方面；既涉及国际金融理论，也涉及国际金融市场的实践。一般来说，可将国际金融的内容概括为三个层次：微观层面研究汇率、金融市场运作，宏观层面主要研究开放条件下的宏观经济问题，包括国际收支、国际储备、外汇政策、内外均衡的政策搭配等；全球层面包括国际货币体系、区域货币合作等。

本教材分为三个部分：

第1部分（包括第1~2章），为"国际金融基础"，旨在介绍国际金融的基本知识和基本理论，包括外汇与国际收支两部分内容。在外汇部分，主要介绍外汇与汇率的基本概念和主要种类、影响汇率变动的主要因素、汇率变动的经济影响，以及一些经典的汇率决定理论。在国际收支部分，主要介绍国际收支的含义、国际收支平衡表的主要内容和分析方法、国际收支失衡与调节以及国际收支调节理论。

第2部分（包括第3~8章），为"国际金融政策"，旨在介绍开放经济条件下，一国的主要宏观经济政策。先介绍一国开放条件下的主要宏观经济政策，包括汇率政策、外汇管制政策、国际储备政策、宏观政策搭配等，再以全球为视角，介绍国际货币体系、区域货币合作等内容。

第3部分（包括第9~12章），为"国际金融活动"，是国际金融领域的"实务"部分，主要介绍外汇市场、国际金融市场、国际资本流动等内容。

第 1 部分
国际金融基础

第1章 / 外汇与汇率

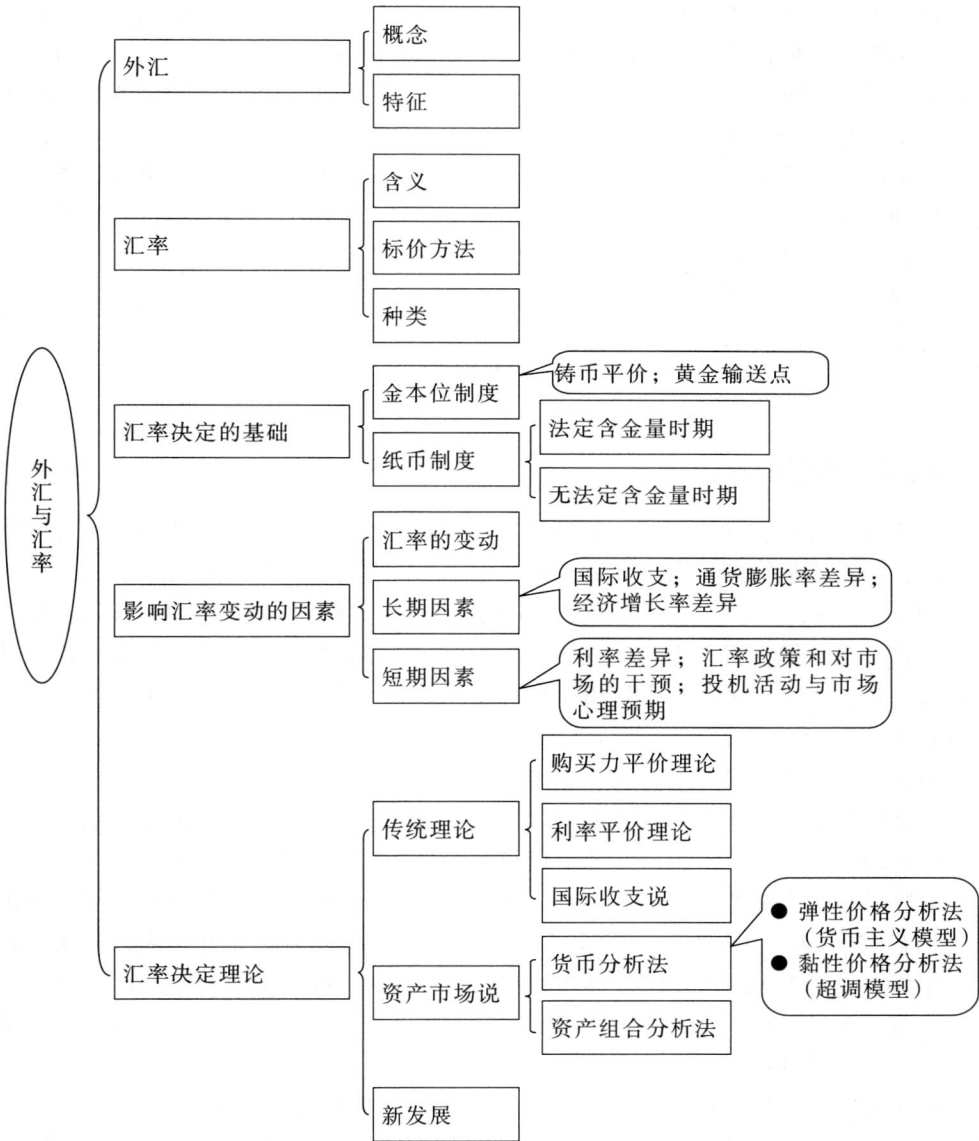

外汇与汇率
- 外汇
  - 概念
  - 特征
- 汇率
  - 含义
  - 标价方法
  - 种类
- 汇率决定的基础
  - 金本位制度 —— 铸币平价；黄金输送点
  - 纸币制度
    - 法定含金量时期
    - 无法定含金量时期
- 影响汇率变动的因素
  - 汇率的变动
  - 长期因素 —— 国际收支；通货膨胀率差异；经济增长率差异
  - 短期因素 —— 利率差异；汇率政策和对市场的干预；投机活动与市场心理预期
- 汇率决定理论
  - 传统理论
    - 购买力平价理论
    - 利率平价理论
    - 国际收支说
  - 资产市场说
    - 货币分析法
      - ● 弹性价格分析法（货币主义模型）
      - ● 黏性价格分析法（超调模型）
    - 资产组合分析法
  - 新发展

┌─── **学习目标** ───┐

　　学习和掌握有关外汇与汇率的基本知识；了解和掌握决定汇率水平与影响汇率变动的因素；重点掌握汇率变动对经济的影响；了解汇率决定的基础，掌握西方汇率理论发展的主要脉络；理解汇率决定的几种主要理论；重点学习和掌握购买力平价理论、利率平价理论和汇率决定的资产市场说。

└────────────────────┘

　　世界上绝大多数国家都有自己的货币，这些货币在本国可以自由流通，但是一旦跨越国界，它们便失去了这种特性。由于各国所用货币不同，国际上又没有统一的世界货币，从事国际经济交往以及其他业务都要涉及本国货币与外国货币之间的兑换，汇率这一概念便由此产生。随着国际经济交往的扩大，在开放经济条件下，汇率已经成为经济运行中的核心变量，现实经济生活中的宏观变量及微观因素都会通过各种途径使其发生变动，而它的变动也反过来影响一国经济运行的多个方面。

　　外汇与汇率是国际金融研究的核心问题之一，掌握有关外汇和汇率的基本知识和基本理论是研究国际金融问题的基础。

1.1　　　　　　　　　　外汇

1.1.1　外汇的概念

　　由于各国货币制度不同，一国货币通常只能在本国流通，因此当涉及国际清偿问题时，便需要进行国与国之间的货币兑换，这就是外汇的最初含义。

　　外汇（foreign exchange）是国际汇兑的简称，它有动态和静态两种含义。外汇最初的含义是指把一国货币转换成另一国货币，用以清偿国际债务，这是外汇的动态含义。然而，目前国际货币信用领域广泛使用的"外汇"概念，指的却是外汇的静态含义。

　　静态含义的外汇又有广义和狭义之分。

　　广义的外汇概念通常用于国家的管理法令之中，泛指以不同形式表示的、能够进行偿付的国际债权。不仅限于外币债权，也包括具有外币职能的本币债权。

　　国际货币基金组织（International Monetary Fund，IMF）对外汇的定义是：外汇是货币行政当局（中央银行、货币机构、外汇平准基金组织和财政部）以银行存款、国库券、长短期政府债权等形式所保有的、在国际收支逆差时可以使用的债权。其包括中央银行及依政府间协议发行的在市场上不流通的债权，无论其是以债务国还是债权国货币表示。

　　在实践中，各国外汇管理法令所规定的外汇有所不同。我国于 2008 年 8 月 5 日实施了新修订的《中华人民共和国外汇管理条例》（以下简称《外汇管理条例》），其中规定外汇的具体范围包括：①外币现钞，包括纸币、铸币；②外币支付凭证或者支付工具，包括票据、银行存款凭证、银行卡等；③外币有价证券，包括债券、股票等；④特别提款权；⑤其他外汇资产。

我们通常所说的外汇是指外汇的狭义概念，指以外币表示的可用于国际结算的支付手段。按照这一概念，只有存放在国外银行的外币资金，以及对银行存款的索取权具体化了的外汇票据才构成外汇。具体来说，外汇主要包括以外币表示的银行汇票、支票、银行存款等。以外币表示的有价证券等不能直接用于国家间的支付，故不属于外汇。而外币现钞只有携带回发行国，并且存入银行账户之后，才能称作外汇。

目前在国际外汇市场上，大约有30种交易活跃的货币。交易频繁、交易量较大的外汇有美元、欧元、日元、英镑等。

知识拓展 1-1

人民币成为全球第五大外汇交易货币

1.1.2 外汇的特征

狭义的外汇具有三个基本特征：

（1）外币性。外汇必须是以外币表示的各种金融资产，比如，美元在美国以外的其他国家都是外汇，但在美国则不是。

（2）可自由兑换性。外汇能够自由地兑换成其他国家的货币或以其表示的支付手段进行多边支付。

（3）普遍接受性。外汇必须在国际上可以得到偿付，在国际经济往来中能被各国普遍地接受和使用。

由外汇的上述特征可见，外汇的本质是对外国商品和劳务的要求权。

1.2　　　　　　　　　　　汇率

1.2.1 汇率的含义

汇率（exchange rate）又称汇价，是两种不同货币之间的比价，也就是以一种货币表示的另外一种货币的相对价格。

在不同的环境下，汇率有不同的称谓。从外汇交易的角度看，外汇作为一种特殊的商品，可以在外汇市场上买卖，这就是外汇交易，进行交易的外汇必须有价格，因此汇率又被称为"汇价"；由于外汇市场上的供求经常变化，汇率也经常波动，因此，汇率又被称为"外汇行市"。在一些国家，本币兑换外币的汇率通常在银行挂牌对外公布，这时，汇率又被称为"外汇牌价"。

1.2.2 汇率的标价方法

汇率的概念本身并不具有方向性。就是说，它可以指把本国货币兑换为外国货币，也可以指把外国货币兑换为本国货币。但是在实践中，折算两国货币时，首先要确定以哪一国货币为标准，由于确定的标准不同，存在着两种不同的标价方法，即直接标价法和间接标价法。

1）直接标价法（direct quotation）

直接标价法又称应付标价法，即以一定单位（1个或100个等外币单位）的外国货币为标准，折成若干单位的本国货币来表示。我国人民币即采用直接标价法，如根据我国2023年3月21日的外汇牌价，100美元=687.63元人民币。

目前，除英镑、欧元、美元外，世界上绝大多数国家的货币都采用直接标价法，因此市场上大多数的汇率都是直接标价法下的汇率。

2）间接标价法（indirect quotation）

间接标价法又称应收标价法，是以一定单位（1个或100个、10 000个等本币单位）的本国货币为标准，折算成若干单位的外国货币来表示。比如英国采用的是间接标价法，如2023年3月21日，伦敦外汇市场，1英镑=1.2239美元。

目前在国际外汇市场上，使用间接标价法的货币不多，主要有英镑、美元（对英镑标价除外）、澳元和欧元等。能够采用间接标价法的国家，其货币应该是世界上最主要的货币之一。英国在金本位制时期及第一次世界大战前后，在国际经济及金融领域一直占据支配地位，英镑一直是最主要的国际货币，所以英镑除了目前对欧元采用直接标价法，对其他国家货币一直采用间接标价法。美元最初采用的是直接标价法，后来随着美元逐渐在国际支付和国际储备中取得统治地位，于1978年开始改用间接标价法，目前美元仅对欧元、英镑采用直接标价法。欧元出现后，成为世界最主要的货币之一，其报价采用间接标价法。

两种标价方法的区别在于，在直接标价法下，汇率变动体现为单位外币所折换的本币数量的变动，汇率数值变大，表示本币贬值、外币升值。而在间接标价法下，汇率变动体现为单位本币所折换的外币数量的变动，汇率数值变大，表示本币升值、外币贬值。汇率的两种标价方法虽然基准不同，但是从同一国家的货币来看，直接标价法下的汇率与间接标价法下的汇率是互为倒数的关系。

除了上述两种标价方法之外，在实践中还有一种美元标价法。20世纪五六十年代以来，国际金融市场外汇交易量激增，为了便于开展国际外汇交易业务，汇率的表示方法逐渐标准化。除了英镑和欧元外，其他货币的报价都是以美元为标准来表示货币的价格，这就是美元标价法。在美元标价法下，美元的单位始终不变，也就是以一定单位的美元为标准计算能兑换多少其他货币。

1.2.3　汇率的种类

从不同的角度分析，汇率可以分为不同的类别。

1）基本汇率（basic rate）和套算汇率（cross rate）

这是根据汇率的制定方法来区分的。由于货币种类繁多，一国不可能分别制定本国货币与所有其他货币的汇率，因此就选定一种或几种在本国对外经济交往中最常用的主要货币，称之为关键货币，制定本国货币与其的汇率，这就是基本汇率（basic rate）。基本汇率是确定一国货币与其他各种货币汇率的基础。

目前，大多数国家和地区都把本国（本地区）货币与美元的汇率作为基本汇率。

套算汇率又称为交叉汇率，是根据本国货币兑换关键货币的基本汇率和关键货币兑换其他国家货币汇率套算得出的本国货币对其他国家的货币汇率。例如，1美元=0.8676瑞士法郎，1美元=138.21日元，则1瑞士法郎=138.21÷0.8676=159.3015日元。

2）买入汇率（buying rate）、卖出汇率（selling rate）、中间汇率（middle rate）和现钞价（bank note rate）

这种分类是从银行买卖外汇的角度区分的。买入汇率，即买入价，是银行从客户或同业买入外汇时所使用的汇率。卖出汇率，即卖出价，是银行向客户或同业卖出外汇时所用的汇率。买入卖出都是从银行买卖外汇的角度来看的，二者之间有个差价（margin），这个差价是银行买卖外汇的收益，一般为1‰～5‰。

知识拓展 1-2

人民币汇率中间价形成机制

中间汇率即中间价，是买入价和卖出价的平均数，即中间价=（买入价+卖出价）÷2。媒体报道汇率时常用中间价。套算汇率也常用有关货币的中间价套算得出。

现钞价又称现钞买卖价，是银行买卖外币现钞时所使用的汇率。前述的买入汇率和卖出汇率是指银行买卖现汇的价格。

现钞与现汇不同，现钞主要指由境外携入或个人持有的可自由兑换的外国货币，如美元、日元、英镑的钞票和硬币或以这些外币钞票、硬币存入银行所生成的存款。现汇主要指以支票、汇款、托收等国际结算方式取得并形成的银行存款。

在现实中，现钞买入价一般比现汇买入价低2%～3%，而现钞卖出价则与现汇卖出价相同。这是因为，现汇是账面上的外汇，银行在购入现汇后，通过划账便可将其转移出境，很快地存入国外银行获取利息或调拨运用；而银行买进外国的现钞后，要经过一段时间，积累到一定数额以后，才能将其运送到外币的发行国使用。在此期间，买进现钞的银行要承受一定的利息损失，并要支付运费和保险费等，银行便将此损失转嫁给卖出现钞的客户承担。

3）即期汇率（spot rate）和远期汇率（forward rate）

这种分类是根据外汇买卖交割期的不同区分的。即期汇率又称为现汇汇率，是指外汇买卖双方成交后，当日或两个营业日之内进行交割（delivery）时使用的汇率。外汇市场汇率和官方外汇牌价未注明远期字样者，都是即期汇率。

远期汇率是指外汇交易双方签订远期外汇合约，规定在未来的一定时间交割。不管汇率如何变动，协议双方都按预定的汇率、币种、金额进行清算。远期交割的期限一般为1个月、3个月、6个月或1年，比较普遍的是3个月期，远期外汇买卖协议中约定的汇率即为远期汇率。

同一种货币的即期汇率与远期汇率通常是不一样的，它们之间存在差额，这种差额称为远期差价（forward margin）。远期差价有升水、贴水和平价之分。当某种外汇的远期汇率高于即期汇率时，我们称为远期汇率升水（premium）；当远期汇率低于即期汇率时，我们称该外汇的远期汇率贴水（discount）；当两者相等时，则称为平价（par value）。

4）单一汇率（single rate）和复汇率（multiple rate）

单一汇率是指一国货币行政当局或外汇管理当局对本国货币只规定一种买卖价格，各种外汇收支都按照这个汇率结算。

复汇率是指一国货币兑换外国货币的汇率，根据不同性质的外汇收支或外汇交易而规定两种或两种以上汇率，可分为双重汇率和多重汇率。双重汇率是指对某一种外国货币同时存在两种汇率，一般包括贸易汇率和金融汇率。多重汇率则是对某一种外国货币同时存在多种汇率，多者可达几十种，是外汇管制的产物。

5）名义汇率（nominal rate）和实际汇率（real rate）

这种分类是从货币价值的角度来区分的。名义汇率是外汇交易中使用的现实汇率，它是由市场的外汇供求决定的。名义汇率没有经过通货膨胀或其他因素的调整，因此不能反映两种货币的实际价值对比。

实际汇率是指对名义汇率进行通货膨胀因素调整以后的汇率。在经济学意义上，二者的关系可以表述为：

$$e_r = e \times \frac{P^*}{P}$$

式中，e_r 为实际汇率，e 为名义汇率，P^* 为外国物价指数，P 为国内物价指数。由上式可以看出，实际汇率等于用外国与本国物价指数之比调整后的名义汇率。实际汇率旨在解释通货膨胀对名义汇率的影响。[1]

6）双边汇率（bilateral rate）和有效汇率（effective rate）

双边汇率是通常所说的汇率，即一种货币兑换另一种货币的比价。有效汇率是国际金融研究和决策中经常用到的一个重要概念，又称有效汇率指数或汇率指数（exchange rate index），是指本国货币兑换一组外币汇率的加权平均数。有效汇率与双边汇率的关系类似于价格指数与各种商品价格的关系。

基于名义汇率计算出来的有效汇率称为名义有效汇率（nominal effective exchange rate，NEER），在此基础上除去一定的名义比率（如适当的价格或成本指标）即得到实际有效汇率（real effective exchange rate，REER）。就长期而言，REER 往往能够更真实地反映一国货币的实际购买力和在国际贸易中的实际竞争力。

目前，很多国际经济组织都定期公布范围不等的国家货币的实际有效汇率指数，如国际清算银行（Bank for International Settlements，BIS）、国际货币基金、经济合作与发展组织（Organization for Economic Cooperation and Development，OECD）、欧洲中央银行（European Central Bank，ECB）等；一些国家的中央银行，

---

①　实际汇率的另一种含义是名义汇率用财政补贴和税收等因素调整后得到的汇率。用公式可以表示为：实际汇率=名义汇率±财政补贴和税收减免，这一定义在研究汇率调整、倾销调查与反倾销措施以及考察货币的实际购买力时常被用到。

如英格兰银行（Bank of England）、美国联邦储备银行（Federal Reserve Bank）、澳大利亚储备银行（Reserve Bank of Australia）等都定期公布并更新本国及其他国家货币的有效汇率指数，这成为各国汇率问题研究和汇率政策决策的重要参考之一。

除上述种类之外，还有其他一些汇率分类的标准。比如，根据不同的汇率制度，汇率可分为固定汇率和浮动汇率；从银行营业时间角度，汇率可分为开盘汇率和收盘汇率；根据外汇资金的性质和用途，汇率可分为贸易汇率和金融汇率；根据不同的外汇管制程度，汇率可分为官方汇率和市场汇率。

知识拓展 1-3

CFETS 人民币
汇率指数

1.3　　　　　　　　　　汇率决定的基础

不同的货币，其币值有高低之分，这种区别从何而来？汇率是以一种货币表示的另一种货币的价格，其本质是两国货币各自代表或具有的价值的比率，因此各国货币所具有或所代表的价值是汇率决定的基础。由于在不同货币制度下，各国货币价值的具体表现形式有很大差别，不同货币制度下汇率的决定基础也就存在差异（有关国际货币制度的内容，本书将在后面的章节进行详细介绍）。

1.3.1　金本位制下汇率决定的基础

在第一次世界大战以前，各国普遍实行金本位制度。金本位制的特点是用黄金来规定货币所代表的价值，每种货币都有法定含金量，并以黄金作为本位币。按货币与黄金的联系程度，金本位制可分为金币本位制、金块本位制和金汇兑本位制。

典型的金本位制是指金币本位制。在金币本位制下，由于各国都规定了货币的法定含金量，两种不同货币之间的比价便由它们各自的含金量之比来决定。一般将两国货币含金量之比称为铸币平价，因此铸币平价便成为汇率的决定基础。

比如，在当时的英国，1英镑铸币的重量为123.27447格令①，成色为22开金，即含金量为113.0016格令；1美元铸币的重量是25.8格令，成色为90%，即含金量为23.22格令。根据含金量对比，两国货币的铸币平价就是113.0016÷23.22=4.8665，即1英镑折合4.8665美元。

铸币平价只是决定汇率的基础，实际经济中的汇率因供求关系变化围绕铸币平价上下波动，这种波动不是漫无边际的，而是以黄金输送点为界限，波动幅度很小。

在金本位制下，由于黄金可以自由地输入输出，各国间的债权债务便可通过两种方式进行清算：一种是用外汇；另一种是直接运送黄金。当汇率对一国的支付不利时，该国可以不用外汇，而改用运送黄金的办法办理国际结算。在国家间运送黄金要支付包装费、运费、保险费、检验费及利息等。以英美为例，当时在英国和美

---

①　格令（grain）：符号 gr，质量单位，最初在英格兰定义为1粒大麦的重量，从1958年开始，1格令的质量正式被确定为1/7 000常衡磅，即1格令=1/7 000磅=0.06479891克。

国之间，每运送价值 1 英镑黄金的各项费用约为 0.03 美元。如果英镑汇率涨至 4.8965 美元以上，则美国进口商为了避免损失，宁愿运送黄金到英国清偿债务，而不愿在市场上购买英镑外汇。这就降低了对英镑外汇的需求，从而使英镑汇率跌到 4.8965 美元以下。因此 1 英镑等于 4.8965 美元称为美国的黄金输出点，或英国的黄金输入点。同样，如果英镑汇率跌至 4.8365 美元以下，美国出口商就不愿按此低汇率将英镑换成美元，而宁愿用英镑在英国购进黄金，再运回本国，这样，对英镑的供给就会减少，从而促使英镑汇率回升到 4.8365 美元以上。因此，1 英镑等于 4.8365 美元称为美国的黄金输入点，或英国的黄金输出点。也就是说，铸币平价 4.8665±0.03 就构成英镑和美元之间的黄金输送点。英镑和美元的汇率就在 4.8365 美元到 4.8965 美元这一区间内浮动。

在金本位制下，铸币平价是决定汇率的基础，汇率波动的界限是黄金输送点。只要各国不改变本国货币的法定含金量，各国货币之间的汇率就会长期稳定。

第一次世界大战爆发后，交战国家的金币本位制度崩溃。第一次世界大战结束后，它们分别实行了金块本位制和金汇兑本位制，这两种货币制度已不是严格意义上的金本位制。于是汇率不再等于两国货币的实际含金量之比，而是各自所代表的名义含金量之比，这被称为法定平价。汇率失去了稳定的物质基础。

1.3.2 纸币制度下汇率决定的基础

纸币制度是金本位制度崩溃之后产生的货币制度，包括法定含金量时期（布雷顿森林体系）和无法定含金量时期（牙买加体系）两个阶段。

在纸币制度诞生之初，各国政府就规定了本国货币所代表的（而不是具有的）含金量，即代表一定的价值。因此，各国货币之间的汇率就是它们所代表的含金量之比。但是，纸币代表的含金量之比，与金本位之下的铸币含金量之比有着本质的差别。后者是一种实实在在的价值之比，而前者只是一种虚设的价值之比。

1973 年 3 月以后，布雷顿森林体系瓦解，货币与黄金脱钩，各国货币间的汇率不再以其含金量之比来确定，而是以其代表的国内价值（一般倾向于以各国货币的国内购买力来衡量）来决定。

在纸币制度下，汇率变动已经不再受到天然的制约，需要通过人为的方式进行维持和调整。在布雷顿森林体系下，国际货币基金组织各成员方达成协议，必须将汇率维持在金平价±1% 限度内（后扩大为±2.25%），各成员方有义务通过行政或市场手段维持这种固定汇率制度。因此，这段时期的汇率只能在规定的区间内波动。布雷顿森林体系瓦解后，汇率调整的范围没有明确限制，各国政府各行其是，大都根据本国国内的经济发展需求调整汇率。一般来说，外汇市场汇率以市场供求调节为主，各国政府干预外汇市场的手段主要是直接进入外汇市场，通过买卖外汇调节外汇供求关系来影响汇率。

1.4　　　　影响汇率变动的因素

在当今的浮动汇率制度下，外汇市场上的汇率水平每天都会发生波动。那么，汇率变动的方向和幅度是如何确定的呢？如果把外汇看作一种普通商品，汇率就是这种商品的价格，影响两国间汇率变动的直接原因应该是外汇供求的变动。影响外汇供求的原因有很多，其中长期因素包括：国际收支状况、通货膨胀率差异以及经济增长率差异；短期因素包括：利率差异、各国汇率政策和对市场的干预、投机活动与市场心理预期等。由于影响汇率变动的因素是多方面的，各种因素相互联系、相互制约，同一因素在不同时期、不同国家可能起到不同的作用，因此汇率变动是一个极为错综复杂的问题。总体上说，一国的宏观经济状况和经济实力是决定该国货币汇率变动的基本因素。

1.4.1　汇率的变动

汇率的变动表现为货币的贬值和升值两个方向。货币的升贬值在不同的货币制度和汇率制度下有着不同的方式。

在第二次世界大战前的金本位制度下，汇率的升贬值取决于各国货币法定含金量的变化。一国通过法令来降低本国货币含金量的做法被称为法定贬值（devaluation），而法定升值（revaluation）是指有关当局通过法律来提高本国货币含金量的行为。在第二次世界大战后的布雷顿森林体系下，汇率水平以各种货币代表的法定黄金价值（即金平价）为标准来确定，货币的升贬值主要也是指法定的升贬值。

1973 年，各国实行浮动汇率制后，货币脱离了金平价，汇率随供求变化随时波动，货币的升贬值已不再是法定的升贬值，而是市场力量的上浮（appreciation）和下浮（depreciation）。

知识拓展 1-4

不论在哪种制度下，货币的升贬值都是指一种货币相对于另一种货币而言的，一种货币的升值就对应着另一种货币的贬值。

2022 年人民币对美元名义汇率走势

1.4.2　影响汇率变动的长期因素

1）国际收支状况

国际收支状况是影响汇率变动的直接因素，发挥着主导作用。一国国际收支通过直接决定外汇的供求状况而影响本国货币的汇率。一国国际收支顺差，意味着外汇的供给增加，则外汇汇率下跌，本币升值；反之，一国国际收支逆差，说明外汇收入小于外汇支出，对外汇的需求大于外汇的供给，外汇汇率上涨，本币贬值。

在国际资本流动的规模不大时，国际收支的经常账户差额，尤其是贸易收支差额是影响汇率变动的最重要因素。而随着国际资本流动的加速发展，国际收支的资本和金融账户对汇率的影响已经越来越重要，仅仅是贸易额的变动已不能决定汇率变动的基本走势。

另外需要注意的是，国际收支状况是否会影响汇率，还需考虑国际收支顺差或逆差的性质。长期的、巨额的国际收支逆差，一般来说肯定会导致本国货币汇率的下降；而一般性的、短期的、临时性的、小规模的国际收支逆差，可以轻易地通过国际资本的流动、相对利率和通货膨胀的变化、政府对外汇市场的干预等加以调整，所以最终未必会导致汇率发生明显波动。

2）通货膨胀率差异或相对通货膨胀率

在纸币流通制度下，货币之间的折算基础是各自内涵价值量，这就意味着汇率实质上就是两国货币所代表的价值量之比。如果一国发生通货膨胀，则其货币的内涵价值量降低，货币购买力降低，其对外价值即汇率则必然也随之下降。因为汇率涉及两种货币的价值比较，所以必须考察两国的通货膨胀相对比率。一般来说，相对通货膨胀率高的国家货币汇率会下跌，相对通货膨胀率低的国家的货币会升值。如果两国发生了等幅的通货膨胀，两者则会相互抵消，两国货币的名义汇率可能不受影响。

通货膨胀对汇率的影响一般需要经过一段时间才能显现出来，一般通过两个渠道。第一，通过影响进出口贸易影响汇率。当一国出现通货膨胀时，该国国内物价水平普遍上升。如果汇率不变，则出口商品价格上升，国际竞争力下降，该国的出口受到抑制。同时，由于外国商品价格显得相对便宜，会促使该国增加进口，从而使该国的经常账户出现逆差，导致本币汇率下跌。第二，通过影响实际利率影响汇率。一国发生严重的通货膨胀，必然使该国的实际利率（名义利率减去通货膨胀率）降低，从而导致用该国货币表示的各种金融资产的实际收益下降，促使资本外流，资本和金融账户出现逆差，从而引起本币贬值。

3）经济增长率差异

一国经济状况的好坏是影响汇率变动的根本原因。国内外经济增长率差异可以通过多个方面作用于汇率。就国际收支经常项目而言，一方面，一国经济增长率较高，意味着该国的收入相对增加，从而刺激进口需求增加；另一方面，高经济增长意味着劳动生产率的提高，本国产品的竞争力增强，有利于出口。两方面对汇率的净影响要看哪个方向的作用力更大。就资本和金融账户而言，一国经济增长率高，国内对资本的需求就比较大，国外投资者也愿意将资本投入到高速增长、前景看好的经济中去，于是资本流入，本币有升值趋势。总的说来，高的经济增长率会对本国币值起支持作用，而且这种影响的持续时间较长。

1.4.3 影响汇率变动的短期因素

1）利率差异

利率作为金融资产的价格，同样是影响一国汇率变动的重要因素。各国利率的相对差异会引起资金的流动，进而通过影响一国的资本和金融账户来影响汇率。而利率的升降也会带来国内经济的紧缩和扩张，同样可以影响国际收支。

一般来说，一国利率水平提高，会吸引资本流入该国以获取较高利润，流入的外资必须兑换成本币，从而在外汇市场上增加对该国货币的需求，该国货币的汇率就会上浮。同时，利率水平的提高会使该国国内储蓄增加，消费减少，使该国物价水平有所下降，从而使出口增加，进口减少，有利于国际收支差额的缩小。因此，利率水平的上升还可以通过对国际收支的影响使汇率上浮。

利率对汇率的另一个重要影响是导致远期汇率的变化。因此，由利率引起的资金流动还要考虑未来汇率的变动，只有当利率的变动抵消了汇率在未来的不利变动之后，金融资产所有者仍有利可图时，资本的国际流动才会发生。现在国际资本流动规模大大超过国际贸易额，因此，利率变化对汇率的影响显得更为重要。

作为常用的货币政策工具之一，利率常被货币当局用来影响汇率。这里需要强调的是，利率因素对汇率的影响是短期的。一国仅靠高利率来维持汇率坚挺，其效果是有限的。因为这很容易引起对本币的高估，而这种高估一旦被投机者发现，可能引发更严重的本币贬值风险。另外，在汇率波动幅度很大的时候，尤其是金融危机期间，仅凭利率工具是无法力挽狂澜的。比如，1992年下半年的欧洲货币危机期间，英镑汇率狂跌不止，为遏止英镑下跌的势头，英格兰银行竟然在一天之内两次宣布提高利率，将利率由10%提高到15%，但英镑的跌势已定，纵然提高利率也无力回天。

2）各国汇率政策和对市场的干预

为了维持汇率的稳定，或使汇率变动服务于经济目标，政府常会对外汇市场进行干预。通常，一国政府或货币当局干预外汇市场的措施有四种：一是直接在外汇市场上买卖外汇，这种方式对汇率的影响最明显；二是调整国内财政和货币等政策；三是在国际范围内公开发表具有导向性的言论以影响市场心理；四是与国际金融组织和有关国家配合，实施直接和间接干预。

3）投机活动与市场心理预期

自1973年实行浮动汇率制以来，外汇市场的投机活动愈演愈烈，投机者以投机基金、跨国公司为主，他们往往拥有雄厚的实力，可以在外汇市场上推波助澜，使汇率的变动远远偏离其均衡水平。投机活动对汇率变化的影响具有两面性：一方面，投机风潮会使外汇汇率的波动变得频繁，加剧了市场的不稳定性；另一方面，当外汇市场汇率高涨或暴跌时，投机性套利活动会起到平抑汇率波动的作用。

市场心理预期是影响汇率变动的一个重要因素。在国际金融市场上，有大量的短期流动资金，这些资金对世界各国的政治、经济、军事等因素都具有高度的敏感性，在预期因素的支配下，转瞬间就会发生大规模的转移。当人们预期某种货币将贬值时，市场上马上就会出现抛售这种货币的行为，使这种货币立即贬值。很多专家认为，1997年7月爆发亚洲金融危机一个很重要的原因就是东南亚各国居民不看好本国货币。

心理预期是影响汇率变动的一个很复杂的因素，具有很大的脆弱性和易变性，通常难以把握。

影响一国汇率变动的因素很多，除了上述几种因素之外，还有国际性经济、政治或军事突发事件等。在不同时期，各种因素对汇率变动的影响有轻重缓急之分，它们的影响有时相互抵消，有时相互促进。只有将各项因素进行综合、全面的考察，才能得出比较正确的结论。

知识拓展 1-5

人民币汇率保持基本稳定有坚实基础

1.5 汇率决定理论

汇率决定理论研究的是汇率定价和变动的规律。汇率决定理论从产生至今已经有百余年的历史，随着经济形势和经济学理论的变迁而不断发展演变。然而，对汇率决定理论的研究仍是目前国际金融理论研究中较新的领域，因为在20世纪的绝大部分时间里，汇率不是由市场决定的，而是被政府人为规定的，这包括金本位制时期和布雷顿森林体系时期。在与黄金脱钩的纸币本位制度下，汇率的决定是一个非常复杂的问题，货币汇率受到多种因素的影响。尽管如此，汇率波动的主要原因或者决定因素仍然是可以确认的。经济学家对汇率的决定因素给予了不同的解释，由此形成了不同的汇率决定理论。随着世界经济的发展和国际货币制度的变迁，汇率决定理论也在不断发展，并成为国际金融研究中最为活跃的领域之一。

汇率决定理论经历了"购买力平价理论""利率平价理论""国际收支说""资产市场说"等几个阶段，本章我们将由简到繁地依次进行介绍。

1.5.1 传统的汇率决定理论

传统的汇率决定理论主要从货币职能入手分析汇率的决定。货币具有价值尺度、流通手段、支付手段和贮藏手段等多种职能，在国际经济交往日益频繁的情况下，人们需要用别国货币去实现这些基本职能，于是一国货币的对外价格能够用其与另一国货币的比值（汇率）来测度。传统汇率决定理论致力于对跨国流动的商品、资本以及国际收支等流量因素进行分析，因为正是这些因素引发了人们对外国货币的需求。

1）购买力平价理论

第一次世界大战后，金本位制陷入崩溃，各国市场上普遍流通的是不能兑换成黄金的纸币，汇率失去了原有的物质基础（铸币平价），某些国家还出现了严重的通货膨胀。购买力平价就是在通货膨胀的背景下来研究汇率决定问题的。

购买力平价理论（theory of purchasing power of parity，PPP 理论）是由瑞典经济学家卡塞尔（G.Cassel）提出的，并于1922年在其代表作《1914年以后的货币与外汇》中进行了系统阐述。该理论是汇率决定理论中最有影响的理论之一。该理论的基本思想是：一国居民之所以需要外国货币，是因为这种货币在其发行国具有对商品的购买力，一种货币价格的高低自然取决于它对商品购买力的强弱，因此决定汇率最基本的依据应是两国货币购买力之比。而购买力变化是由物价变动引起的，因此汇率的变动在根本上是由两国物价水平的相对变动引起的。购买力平价理论有两种形式：绝对购买力平价理论和相对购买力平价理论。前者解释某一时点上汇率决定的基础，后者解释某一时段上汇率变动的原因。

（1）一价定律

购买力平价理论暗含如下假定：市场完全竞争，商品①是同质的；商品价格具有完全弹性，市场要素的变化均能及时反映到商品价格的变化上；不考虑运输、保险及关税等交易成本。

在这些前提假定下，可贸易商品在区域间可以自由移动，其价格差异可以通过商品套购来消除。于是一价定律（law of one price）成立，即以同一种货币表示的不同国家的某种可贸易商品的价格是一致的。用公式可表示为：

$$P=eP^*$$

式中，e为直接标价法下的汇率，P为本国价格，P^*为外国价格。

（2）绝对购买力平价理论

绝对购买力平价的前提是：一价定律成立，同时，各种可贸易商品在各国物价指数的编制中占有相等的权重。

在此基础上，绝对购买力平价理论认为，两国货币之间的汇率是由两国货币在其国内所具有的购买力决定的，又由于货币的购买力主要体现在价格水平上，所以若以P表示本国的一般物价水平，以P^*表示外国的物价水平，e表示直接标价法下的汇率，则有：

$$e=\frac{P}{P^*}$$

该式其实是一价定律公式的变形，也是绝对购买力平价的一般形式，其含义是：两国货币之间的汇率取决于两国可贸易商品的价格水平之比，即取决于不同货币对可贸易商品的购买力之比。

（3）相对购买力平价理论

相对购买力平价理论又称弱购买力平价，它是在放松绝对购买力平价的有关假定后得到的。该理论认为一价定律并不能始终成立，而且各国对一般物价水平的计算方法各异，所以各国的一般物价水平以同一种货币计算时并不相等，而是存在一定的偏差。

相对购买力平价理论的表达式为：

$$\frac{e_1-e_0}{e_0}=\pi-\pi^*$$

式中，e_0和e_1分别表示基期t_0时刻和t_1时刻的汇率水平，π和π^*分别表示本国和外国从基期t_0时刻到t_1时刻这一时段的通货膨胀率。

该式的经济学含义为：两国货币的汇率变动取决于两国物价水平的变动，即汇

① 为便于分析，我们将商品分为两种类型：一类是可贸易商品，指可以移动或交易成本较低的商品；另一类是不可贸易商品，指不可移动或交易成本无限高的商品，一般主要包括不动产和个人劳务项目。

率变化等于同期本国与外国的通货膨胀率之差。若本国物价上涨幅度超过外国物价上涨幅度，则本国汇率贬值，表现为 e 值增大；反之，则意味着本国货币升值，表现为 e 值降低。

可见，绝对购买力平价理论反映的是两国价格水平与汇率水平之间的关系，相对购买力平价理论反映的则是价格水平变动与汇率水平变动之间的关系。比较而言，相对购买力平价理论对真实汇率变化的解释力更强，也更符合实际，原因是其假定与客观现实更为接近。

（4）对购买力平价理论有效性的分析与实证检验

购买力平价理论自提出之后，众多学者对其有效性进行了实证检验。传统的检验主要是对购买力平价理论的简单非回归检验，侧重检验一价定律是否成立和对名义汇率与实际汇率的比较研究。20世纪80年代以来，侧重于对实际汇率的回归检验和对实际汇率的时间序列特征的检验。

客观上，有很多因素可能影响购买力平价理论实证检验的结果。比如，现实中的运输成本和大量存在的贸易壁垒，与购买力平价理论的假定前提不符；非贸易品和服务在所有国家都存在，其价格由国内因素决定而不受国际商品套购机制影响；各国在公布其价格指数的时候通常给不同的商品和服务以不同的权重，在两国之间难以进行相同商品组合的价格比较；短期内大多数商品价格具有黏性，价格变化存在时滞等。

众多检验结果表明，购买力平价理论在短期内是失效的。长期来看，因为检验方法和数据选择的不同，检验结果的差异很大。从总体看，缺乏有力的证据表明购买力平价理论成立，但在通货膨胀高涨时期，特别是在恶性通货膨胀情况下，汇率和价格变化较明显地趋于一致，购买力平价理论的有效性较为显著。

（5）对购买力平价理论的评价

一方面，购买力平价理论有以下优点：

首先，购买力平价理论从货币的基本功能（具有购买力）角度分析货币交换的问题，符合逻辑，而且易于理解。其次，购买力平价理论的表达式最为简单，对汇率决定这样的复杂问题给出了最为简洁的描述。这一特点使得它对政府的汇率政策产生了特别的影响，被广泛运用于对汇率水平的分析。最后，购买力平价理论还开辟了从货币数量的角度对汇率进行分析的先河，而从货币数量角度对汇率进行分析始终是汇率理论的主流，购买力平价理论作为其中的代表，被普遍视为汇率的长期均衡标准，并被应用于其他汇率理论的分析之中。

基于以上原因，近百年来购买力平价理论在西方汇率理论中一直保持重要地位。

另一方面，购买力平价理论也存在明显的缺陷：

首先，购买力平价理论的主要不足在于其假设贸易完全自由且没有交易成本，忽视了贸易壁垒和交易成本对商品跨国流动的制约。其次，购买力平价理论只是一种假说，并不是一个完整的汇率决定理论，它认为物价水平决定了汇率水平，而实际上，在汇率与物价的因果关系中，孰为自变量孰为因变量至今仍存在争议。最后，购买力平价理论尚未得到强有力的实证检验支持。

专栏1-1　　　　　　　　巨无霸价格与一价定律

一价定律是绝对购买力平价理论的前提。如果一价定律成立，那么某一特定商品在世界各地的美元价格都应相同。1986年，英国《经济学人》杂志以在世界各地都销售的麦当劳快餐店的"巨无霸"汉堡包为例，对其在世界各地的价格进行了广泛调查，以验证一价定律和绝对购买力平价理论。调查结果令人吃惊：巨无霸在不同国家（或地区）的价格换算成美元相差巨大。此后每年《经济学家》杂志都要进行此项调查，而"巨无霸"价格也就成为对购买力平价理论的生动检验。表1-1是2022年7月的数据，第二列为20个国家或地区"巨无霸"汉堡包的当地本币价格，第三列为不同国家或地区货币兑换美元的实际汇率，第四列为"巨无霸"换算为美元的价格，第五列为按购买力平价计算的美元汇率，最后一列为购买力平价预测的汇率比实际汇率高出的百分比。如果某种货币的汇率使得国内商品比类似的国外商品售价要高，则该货币的购买力平价汇率相对于实际汇率定价过高，反之则为定价过低。从2022年的数据看，表1-1中所列各国或地区，除加拿大元、瑞典克朗、瑞士法郎外，其他货币对美元的实际汇率均比按购买力平价推算的理论汇率偏低。

表1-1　　　　　**各国或地区"巨无霸"汉堡包价格及该国或地区汇率**

国家或地区	当地本币价格	实际美元汇率	换算为美元价格	按购买力平价计算的美元汇率	美元价值过高或过低（%）
阿根廷	590	129.1150	4.57	114.5631	−11.27
澳大利亚	6.7	1.4484	4.63	1.3010	−10.18
巴西	22.9	5.3918	4.25	4.4466	−17.53
英国	3.69	0.8311	4.44	0.7165	−13.79
加拿大	6.77	1.2892	5.25	1.3146	1.97
中国	24	6.7474	3.56	4.6602	−30.93
欧元区	4.65	0.9759	4.77	0.9029	−7.47
中国香港	21	7.8500	2.68	4.0777	−48.05
印度	191	79.9513	2.39	37.0874	−53.61
印度尼西亚	35 000	14 977.5	2.34	6 796.1165	−54.62
日本	390	137.8650	2.83	75.7282	−45.07
马来西亚	10.9	4.4500	2.45	2.1165	−52.44

续表

国家 或地区	当地本币价格	实际美元汇率	换算为 美元价格	按购买力平价计 算的美元汇率	美元价值过高或 过低（%）
挪威	62	9.8977	6.26	12.0388	−21.63
俄罗斯	135	77.4175	1.74	26.7857	−65.40
南非	39.9	17.0363	2.34	7.7476	−54.52
瑞典	57	10.1979	5.59	11.0680	8.53
瑞士	6.5	0.9685	6.71	1.2621	30.32
中国台湾	75	29.9075	2.51	14.5631	−51.31
泰国	128	36.6125	3.50	24.8544	−32.11
美国	5.15	1	5.15	1	0

注：（1）美元对英镑、欧元的汇率采用直接标价法。（2）俄罗斯为2022年1月的数据。
资料来源　根据经济学人网站资料整理。https：//github.com/TheEconomist/big-mac-data/releases/tag/2022-07.

如何解释这一显著违背一价定律的现象呢？归纳起来，是由于现实经济中不存在一价定律所假设的前提，也就是说，产品差异、贸易管制、交易费用等不为0；此外，生产成本在不同国家相差很大。《经济学人》杂志的编辑进行这项调查虽是游戏之作，但是也的确嘲弄了一下喜欢靠假定提出各种理论的经济学家。尽管如此，一价定律仍是有用的，它至少为我们勾画出在完全竞争的市场条件下，汇率应当如何决定。

2）利率平价理论

在开放的经济条件下，国与国之间不仅存在着密切的贸易联系，也存在着复杂的金融联系。在现实生活中，一国与外国的金融市场之间的联系更为紧密，国际资金流动的发展使汇率与金融市场上的价格——利率之间存在着密切的关系。从金融市场角度分析汇率与利率存在的关系，就是汇率的利率平价理论（theory of interest-rate parity，IRP理论）。利率平价理论的基本思想可追溯到19世纪下半叶，在20世纪20年代由凯恩斯等人予以完善。

（1）利率平价理论的背景

随着生产和资本国际化的发展，资本在国家间的流通量越来越大，并日益成为影响汇率决定的一个重要因素。购买力平价理论已经无法解释上述现象，于是利率平价理论应运而生。

凯恩斯于1923年创立了古典利率平价理论，在《货币改革论》一书中，凯恩斯从金融市场角度分析了汇率与利率之间的关系，他认为汇率变动与两国的相对利差有关，投资者根据两国利差大小以及对未来汇率的预期进行选择，以达到获取收

益或避免风险的目的。凯恩斯把汇率从实物部门转向了货币部门进行研究，具有里
程碑式的重要意义。继凯恩斯之后，英国经济学家保罗·艾因齐格把外汇理论和货
币理论相结合，开辟了现代利率平价理论。

利率平价理论假定资本完全自由流动，而且资本流动不存在任何交易成本。在
此基础上，两国之间相同期限的利率只要存在差距，投资者即可运用套利行为赚取
价差。两国货币间的汇率将因此种套利行为而产生波动，直到套利空间消失为止。
利率平价理论认为，两国间的利差会影响两国货币间的远期汇率与即期汇率的差
价，远期汇率的贴水或升水应与两国间的利差相等。

利率平价理论包括抛补的利率平价和非抛补的利率平价。

（2）抛补的利率平价（covered interest-rate parity，CIP）

抛补的利率平价是指在金融市场发达完善的情况下，投资者利用两国利率之差
在即期外汇市场和远期外汇市场同时进行反向操作来套取利差的做法。投资者不仅
要考虑利率的收益，还要考虑由于汇率变动产生的收益变动。其公式推导如下：

假定世界上只有两个国家：本国与外国，资本在两国间完全自由流动。本国的
一个投资者现持有一笔闲置资金，决定其资金投向的唯一因素是在哪一个国家投资
可以获得更高的收益率。设本国金融市场上一年期存款利率为 i，外国金融市场上
的同期利率为 i^*，即期汇率为 e（直接标价法），远期汇率为 f。

如果投资于本国金融市场，则每单位本国货币到期时的本利之和为：

$1 \times (1+i) = 1+i$

如果投资于外国金融市场，则首先将本国货币在外汇市场上兑换成外国货币，
然后用这笔外国货币在外国金融市场上进行投资，最后再将投资期满后的外国货币
的本利之和在外汇市场上兑换成本国货币。

首先，每单位本币可在金融市场上即期兑换 $1/e$ 单位的外币，将这 $1/e$ 单位的外
币投资于外国金融市场，期满后的本利和应为：

$$\frac{1}{e} + \frac{1}{e} \times i^* = \frac{1}{e}(1+i^*)$$

由于到期时的即期汇率是不确定的，因此这笔投资的最终收益也难以确定，或
者说这笔投资有很大的汇率风险。为规避风险，投资者可以按照外汇市场上的远期
汇率，即期卖出一年后交割的远期外汇。这样，该笔投资就不存在任何汇率风险，
一年后的收益换成本币为 $\frac{f}{e}(1+i^*)$。

投资者面临着投资于本国还是外国金融市场的选择，这需要将在两国投资的收
益进行比较。如果在外国投资的收益高，则市场上众多的投资者都会将资金投入外
国金融市场，这会导致即期外汇市场上对外国货币的需求上升，从而使本币即期贬
值（e增大）、远期升值（f减小），投资外国金融市场的收益率下降。只有当投资于
两国的收益率相同时，市场才处于均衡状态，即

$$1+i = \frac{f}{e}(1+i^*)$$

整理可得：

$$\frac{f}{e}=\frac{1+i}{1+i^*}$$

将上式的等式两边同时减去 1，再进一步整理，可得：

$$\frac{f-e}{e}=\frac{i-i^*}{1+i^*}$$

因为两国利率的值都不大，与 1 相比时可以忽略不计，所以 $1+i^*$ 近似于 1，则有：

$$\frac{f-e}{e}\approx i-i^*$$

实际上，等式左边即为即期汇率与远期汇率之间的升贴水率。此式就是抛补的利率平价的一般形式，它的经济含义是：汇率的远期升贴水率等于两国货币利率之差。若本国利率高于外国利率，则本币远期贬值；若本国利率低于外国利率，则本币远期升值。也就是说，汇率的变动会抵消两国间的利率差异，使金融市场处于平衡状态。

抛补的利率平价具有很高的实践价值。事实上，抛补的利率平价公式作为指导公式广泛用于外汇交易中，许多大银行基本上就是根据各国间的利率差异来确定远期汇率的升贴水额。除外汇市场出现剧烈波动，一般来讲，抛补的利率平价基本上能较好地成立。当然，由于外汇交易成本以及风险等因素的存在，抛补的利率平价与实际汇率之间也存在着一定的偏差。

（3）非抛补的利率平价（uncovered interest-rate parity，UIP）

在上面的分析中，投资者是通过远期交易来规避风险。实际上，投资者还有另外一种选择：根据自己对汇率未来变动的预测，不进行相应的远期交易，而是在承担一定汇率风险的情况下进行投资。此时，投资者通过对未来汇率的预测来计算投资活动的收益。

假设投资者预期 1 年后的即期汇率为 E_{ef}，那么在外国金融市场投资的本息和换算成本币为 $\frac{E_{ef}}{e}(1+i^*)$，如果与在本国金融市场投资的收益存在差异，那么投资者会通过套利行为使两者一致。这样，当市场出现均衡状态时，有：

$$1+i=\frac{E_{ef}}{e}(1+i^*)$$

整理可得：

$$\frac{E_{ef}-e}{e}=i-i^*$$

等式左边为汇率的远期变动率。

该等式即为非抛补的利率平价的一般形式，其经济含义是：预期的汇率远期变动等于两国货币利率之差。

在非抛补的利率平价成立时，如果本国的利率高于外国利率，意味着市场预期本币在远期将会贬值；反之，预期本币远期升值。若本国政府提高利率，当市场预期未来的即期汇率不变时，本币的即期汇率将升值。

当 E_{ef} 与 f 存在差异时，投机者认为有利可图，就会通过在远期外汇市场的交易使二者相等，此时抛补的利率平价和非抛补的利率平价同时成立。

在进行非抛补套利时，投资者要承担汇率风险。如果投资者为风险厌恶者，他对其承担的汇率风险会要求额外的收益补偿，即风险溢价（risk premium），而风险溢价的存在容易导致非抛补的利率平价不成立。实证研究的结果显示，在现实中抛补的利率平价接近成立，非抛补的利率平价却经常不成立。同时，由于预期的汇率变动是一个心理变量，难以得到可行的数据进行分析，而且实际意义也不大，利用非抛补的利率平价的一般形式进行实证检验并不多见。

（4）对利率平价理论的简要评价

利率平价理论的主要优点包括：第一，利率平价理论阐明了外汇市场上即期汇率、远期汇率以及相关国家利率变动之间的关系，把利率决定的因素扩展到资产市场领域，反映了货币资产因素在国际金融领域内日益重要的作用。第二，该理论从资金流动的角度揭示了汇率与利率之间的密切关系以及汇率的市场形成机制。第三，利率平价理论是一种与购买力平价理论互补的汇率决定理论。

利率平价理论的主要缺陷有：第一，现代利率平价理论以存在发达和完善的金融市场为前提，忽略了资本国际流动的障碍，假设资金不受限制地在国家间自由移动，而这在现实中经常是难以满足的。第二，套利活动是有交易成本的，套利资金的供给弹性并非无穷大，因此均衡汇率水平很难通过套利行为达到。第三，利率平价理论忽视了市场投机力量这一重要因素，金融市场可能受投机心理和投机者行为的影响，导致预测的升贴水额和实际不符。第四，利率平价理论不是一种独立的汇率决定理论，单纯从利率差异角度来说明汇率的决定是不够的。

3）国际收支说

（1）国际收支说的早期形式：国际借贷说

在资本主义生产方式建立之初，虽然也有一些学者在其著作中注意到汇率的决定问题，但是由于历史发展的局限，尚未形成系统的汇率决定理论体系。英国经济学家葛逊（G.L.Goschen）于1861年出版了《外汇理论》一书，书中提出了汇率决定的"国际借贷说（theory of international indebtness）"，标志着系统的汇率决定理论的形成。

葛逊的国际借贷说是第一次世界大战之前流行的汇率理论。该理论的主要观点是：一国汇率的变化，是由外汇的供给和需求决定的，而外汇的供求变化是由国际收支引起的；只有进入实际支付阶段的国际收支，才会影响外汇的供求，这种进入实际支付阶段的对外债权和债务，被称为流动借贷。

当一国的对外债权大于对外债务，即对外流动借贷出现顺差时，外汇供给将大于外汇需求，该国货币汇率将上涨；反之，如果该国的对外债务大于对外债权，即对外流动借贷出现逆差时，外汇需求大于外汇供给，该国货币汇率便会下跌。如果该国对外债权与对外债务相等，外汇供求平衡，则该国汇率不发生变化。

　　国际借贷说实际上就是汇率的供求决定理论，但该学说并没有详细论述哪些因素具体影响外汇的供求，这就大大限制了其实践应用价值。国际借贷说的这一缺陷在现代国际收支中得到了弥补，后来的一些学者将凯恩斯主义的国际收支均衡条件分析应用于外汇供求流量分析，由此形成了国际收支说。1981 年，美国经济学家阿尔吉（V.Argy）系统地总结了这一理论。

　　（2）国际收支说的主要内容

　　现代的国际收支说是凯恩斯主义的汇率理论。该理论认为：外汇汇率决定于外汇的供求。由于国际收支状况决定着外汇的供求，因而汇率实际取决于国际收支，影响国际收支的因素也将间接影响汇率。

　　国际收支（BP）由经常账户（CA）、资本和金融账户（K）组成，有：

　　BP=CA+K=0

　　假定汇率完全自由浮动，政府不对外汇市场进行任何干预，同时将经常账户简单视为贸易账户，则国际收支主要由商品和劳务的进出口决定。其中，进口主要由本国国民收入（Y）、本国价格水平（P）和实际汇率（e）决定；出口主要由外国国民收入（Y^*）、外国价格水平（P^*）和实际汇率决定，由此得到：

　　CA=f''（Y，Y^*，P，P^*，e）

　　再假定资本和金融账户的收支由本国利率（i）、外国利率（i^*）以及未来汇率变化的预期（$\frac{E_{ef} - e}{e}$）决定，由此得到：

　　K=f^*（i，i^*，$\frac{E_{ef} - e}{e}$）

　　将两式合并可得：

　　BP=f（Y，Y^*，P，P^*，i，i^*，e，E_{ef}）=0

　　如果将除汇率以外的变量视为外生变量，则汇率将在这些变量的共同影响下发生变动，直至实现国际收支平衡，由此得到：

　　e=g（Y，Y^*，P，P^*，i，i^*，E_{ef}）=0

　　上式表明，影响国际收支并进而影响汇率的主要因素有：本国和外国的国民收入、本国和外国的价格水平、本国和外国的利率水平以及对未来汇率水平变化的预期。具体地说：

　　当其他变量不变时（下同），本国国民收入的增加将带来进口的上升，在外汇市场上会出现对外汇的超额需求，本国货币趋于贬值；外国国民收入的增加将带来本国出口的上升，外汇市场上会出现外汇的超额供给，则本币趋于升值。

　　本国价格水平的上升将导致本国出口下降，从而本币贬值；外国价格水平上升则导致本国出口上升，经常账户得到改善，从而本币升值。

　　本国利率的提高将带来更多的资本流入，外汇市场出现超额的外汇供给，本币升值；外国利率的提高将导致本国资金外流，外汇市场出现对外汇的超额需求，本币将贬值。

　　如果预期未来本币贬值，资本将流出以避免损失，导致本币即期贬值；反之，则本币即期升值。

（3）对国际收支说的评价

国际收支说的主要优点和贡献在于：

第一，国际收支说指出了汇率与国际收支之间存在的密切关系，这对于全面分析汇率的决定因素，尤其是分析短期汇率的变动是极为重要的。第二，国际收支说是关于汇率决定的流量理论，阐明了国际收支引起的外汇供求流量变化决定了短期汇率水平及其变动。

国际收支说的主要缺陷包括：

第一，与购买力平价理论及利率平价理论一样，国际收支说也并非完整的汇率决定理论，对于影响国际收支的众多变量之间以及这些变量与汇率之间的复杂关系，国际收支说并没有进行深入分析，也没有得出具有明确因果关系的结论。第二，国际收支说的前提假定比较严格，只适用于外汇市场发达、政府干预少的国家。

1.5.2　汇率决定的资产市场说

20世纪70年代以后，国际资金流动的发展对汇率变动产生了重大影响。外汇市场上绝大部分的交易量都与国际资金流动相关。资产市场说就是在这一背景下产生的，该学说特别重视金融资产市场均衡对汇率的影响，认为应将汇率看成一种资产价格，即一国货币资产用另一国货币进行标价的价格，这一价格是在资产市场上确定的。当两国资产市场的供求不平衡时，汇率将会发生变动，这种变动会消除资产市场上的超额供给或超额需求，有助于市场恢复平衡。

20世纪70年代末以来，资产市场说已成为汇率决定理论的主流。与传统理论相比，该学说在分析方法上有两点很重要的不同。第一点，它认为决定汇率的是存量因素而不是流量因素。它从资产市场的视角出发，强调货币的资产属性，认为汇率的变动是为了实现两国资产市场的存量均衡，所以资产市场说一般又被称为汇率决定的存量模型。第二点，在当期汇率的决定过程中，市场预期发挥了十分重要的作用。这是因为在资产市场上，对未来经济条件的预期会非常迅速地反映在即期价格之中，对资产价值评价发生改变在相当程度上是由于预期发生了改变。

资产市场说的基本假定包括：

第一，外汇市场是有效的，即汇率自身的变化已经反映了所有影响汇率变化的信息。

第二，本国是一个高度开放的小国，即本国对世界商品市场、外汇市场和证券市场的影响为零，是各种价格的接受者。

第三，一国资产市场由本国货币市场、本国债券市场和外国债券市场（债券市场代表了包括股票在内的非货币资产）组成。本国居民不持有外国货币，外国居民不持有本国资产，因此本国居民只持有3种资产，即本国货币、本国发行的金融资产（主要是本国债券）和外国发行的金融资产（主要是外国债券）。

第四，资金在国家间完全流动，即抛补的利率平价始终成立。

依据本币资产与外币资产可替代性的不同假定，资产市场说可分为货币分析法（monetary approach）和资产组合分析法（portfolio approach）。货币分析法假定国内外资产完全可替代，也就是两种资产的预期收益率相同，不存在资产组合的调整问题。资产组合分析法则假定两种资产完全不可替代，即存在选择，资产所有者可以根据"风险-收益"分析法对持有的实际资产组合结构进行调整，以达到所需要的资产组合结构。

1）货币分析法

依据价格弹性的不同，货币分析法又可分为弹性价格分析法和黏性价格分析法。弹性价格分析法假定价格是完全灵活可变的；黏性价格分析法又称汇率决定的超调模型，它假定在短时期内价格水平具有黏性，不会因货币市场的失衡而立即调整。相比而言，弹性价格分析法对分析长期汇率的变动趋势更有意义，而黏性价格分析法则更多地用于解释短期汇率的决定。

（1）弹性价格分析法——货币主义模型

弹性价格分析法的代表人物有弗兰克尔（J.Frenkel）、穆萨（M.Mussa）、比尔森（J.Bilson）等。该模型的基本思想是：汇率是两国货币的相对价格，而不是两国商品的相对价格，汇率的决定过程也是一个国家的货币供给和需求实现均衡的过程。

货币主义模型的前提假定包括：垂直的总供给曲线、稳定的货币需求、购买力平价理论成立。

在上述假定下，货币主义模型是从货币供给等于货币需求的均衡条件开始的。从货币需求看，名义货币需求通常取决于实际收入 Y、价格水平 P 和利率水平 i，即货币需求 $L_D = L(i, Y)$，而实际货币供给为 $\frac{M_s}{P}$，当货币市场均衡时，$\frac{M_s}{P} = L(i, Y)$。

假设货币需求函数可表示为：

$L(i, Y) = Ke^{-\beta i}Y^{\alpha}$

式中，α、β 为某一常数，分别表示货币需求的收入弹性与利率弹性；K 为参数。为简单起见，假定 K=1，则有：

$\frac{M_s}{P} = e^{-\beta i}Y^{\alpha}$

两边取对数，得：

$\ln M_s - \ln P = -\beta i + \alpha \ln Y$

以斜体字母表示对数形式，则有：

$M_s - P = \alpha Y - \beta i$

除利率 i 外，其他变量均为对数形式。调整后，可得本国物价水平表达式：

$P = M_s - \alpha Y + \beta i$

若外国的货币需求函数的形式与本国相同，同样可得：

$$P^* = M_s^* - \alpha Y^* + \beta i^*$$

购买力平价提供了本国价格水平与外国价格水平之间的联系，即：

$$e = P - P^*$$

将上述3式合并，得：

$$e = (M_s - M_s^*) + \alpha(Y^* - Y) + \beta(i - i^*)$$

上式即为弹性货币分析法的基本模型。可以看出，本国与外国之间实际国民收入水平、利率水平以及货币供给水平通过对各自物价水平的影响决定了汇率水平。这样，弹性货币分析法就将货币市场上的一系列因素引入了汇率水平的决定之中：

①本国货币水平。在其他条件不变的情况下，本国货币供给一次性增加，会迅速带来本国价格水平的相应提高。由于购买力平价理论成立，本国价格水平的提高将会带来本国货币的相应贬值。

②本国国民收入。当其他条件不变时，本国国民收入增加，意味着货币需求的增加，在货币供给没有增加的情况下将导致本国价格水平的下降，本国货币升值。

③本国利率。本国利率的上升会降低货币需求，在货币供给不变的情况下，这将造成物价水平上升，从而导致本国货币贬值。

在弹性价格分析法中，一切因素都是通过对货币需求产生影响然后作用到汇率上，这充分体现了该理论的"货币主义"特征。

货币主义模型将汇率视为一种资产价格，在一定程度上符合资金高度流动这一客观事实，因此具有较强的生命力。该模型引入了诸如货币供应量、国民收入等经济变量，分析了这些变量的变动对汇率造成的影响，因而该理论能在现实生活中得到更广泛的运用。

但是该理论也有明显的不足：它是以购买力平价理论为前提的，如果购买力平价理论在实际中难以成立，则该理论的可信性也值得怀疑。它假定价格水平具有充分弹性，这也同现实有很大出入，理论的有效性因此受到影响。此外，该理论是以货币需求方程式为基础进行分析的，假定货币需求稳定，这一点在学术界存在很大争议。

（2）黏性价格分析法——超调模型

汇率的黏性价格分析法简称超调模型（overshooting model），最初由美国经济学家多恩布什（Dornbusch）于1976年提出。它同样强调货币市场均衡对汇率变动的作用，但它指出，在短期内，商品市场上的价格具有黏性，购买力平价理论在短期内不成立。但证券市场反应极其灵敏，利息率将立即调整，使货币市场恢复均衡。由于价格在短期内的黏性，经济均衡的恢复完全依赖于利率的变化，导致利率必然超调，即调整幅度要超过长期均衡水平。在资本自由流动的情况下，利率的变动引起国际套利活动，由此带来汇率的变动。与利率的超调相适应，汇率的变动幅度也超过长期的均衡值，表现出超调的特征。经济中存在着由短期向长期平衡的过渡过程。短期平衡时价格来不及发生变动，在一段时期之后，价格开始调整，长期均衡时价格得到充分调整。

超调模型的前提假定包括：①商品市场的价格调整具有黏性，即总供给曲线在短期内是水平的，在调整阶段逐渐陡峭，在长期内是垂直的；②货币需求稳定；③购买力平价理论在短期内不成立，在长期内成立；④资本完全自由流动，金融市场调整迅速，由于预期的作用，非抛补的购买力平价理论成立。

超调模型的具体分析如下（如图 1-1 所示）：由于货币供应量增加使得货币市场失衡，而短期内价格水平不发生变动，则实际货币供应量增加。为使货币需求量相应增加以达到货币市场的均衡，利率必然下降。在资本完全流动和替代的假设下，利率下降将导致资金外流，于是本币贬值，外币升值，但是汇率不会永远处于这种状态。因为此时的商品市场未达到均衡，利率下降会引起国内总需求增加，同时本币的贬值又使世界需求转向本国商品。二者均将带来价格的上升。在价格上升的过程中，实际货币供应量相应下降，带来利率的回升，资本内流，外汇汇率下浮，本币汇率上浮，直到达到货币主义模型的长期均衡。

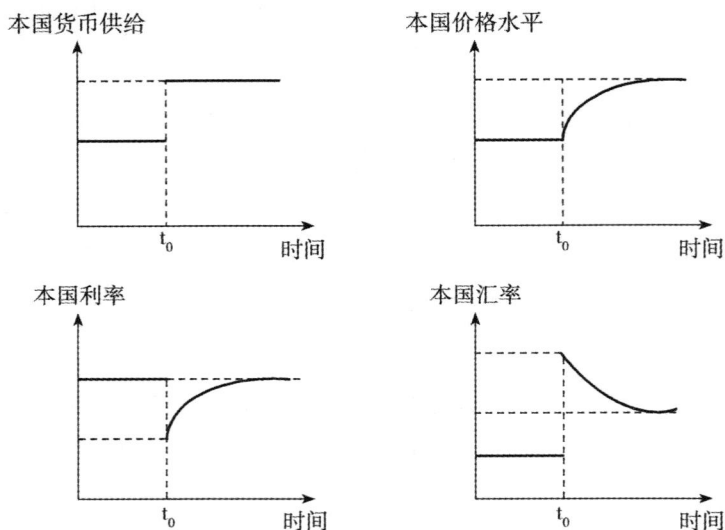

图 1-1　超调模型示意图

可以看出，在分析过程中，超调模型仍然保留了"货币主义模型"中的货币需求方程式和非抛补利率平价理论成立等条件，但认为购买力平价理论只有在长期内才能成立。所以，货币主义模型得出的结论实际上是超调模型中长期平衡的情况。

超调模型首次涉及了汇率的动态调整问题，创造了汇率理论的一个重要分支——汇率动态学。在研究方法上，超调模型是对货币主义和凯恩斯主义的综合，它在货币主义模型的框架下展开分析，又采用了商品价格黏性这一带有凯恩斯传统的分析方法，对开放条件下的宏观经济作了较为全面系统的论述，从而成为国际金融学中对开放经济进行宏观分析的基本模型之一。

超调模型是建立在货币主义模型分析基础上的，因而也具有与货币主义模型相同的一些缺陷。该模型将汇率变动完全归因于货币市场的失衡，无疑具有很大的片面性。

2）资产组合分析法

汇率的资产组合分析形成于20世纪70年代，这一理论的代表人物是美国普林斯顿大学教授布朗森（W.Branson），他的"小国模型"最早、最系统、最全面地在这方面进行了探讨。该理论的一个主要特征在于假定本币资产与外币资产是不完全替代物，需要在两个独立的市场上考察本币资产和外币资产的供求平衡。

资产组合分析法依然沿用利率平价理论的框架，认为汇率由外汇市场均衡决定，而均衡取决于投资者对外汇的供给和需求。但在分析外汇需求的时候，布朗森不再简单假定外汇需求只取决于外汇收益率，而是借鉴了宏观经济学中托宾的资产组合选择理论（theory of portfolio selection），认为外汇需求是投资者在既定的财富水平下综合考虑本国货币、本国债务和外汇资产的收益与成本的结果。

根据资产组合选择理论，理性的投资者会将其拥有的财富按照风险与收益的比较，配置于可供选择的各种资产上。在国际资本完全流动的前提下，一国居民所持有的金融资产不仅包括本国货币和本国证券，即本国资产，还包括外国货币和外国证券，即外国资产。一国私人部门（包括个人居民、企业和银行）的财富可以用以下方式表示：

$$W=M+B_p+eF_p$$

式中，W为私人部门持有的财富净额，M为私人部门持有的本国货币，B_p为私人部门持有的本国证券，e为以本币表示外币价格的汇率，F_p为私人部门持有的外国资产。

私人部门会将以上净财富在本国资产和外国资产之间进行分配，分配的比率需视各类资产的预期收益率而定。本国货币的预期收益率是零，本国证券的预期收益率是国内利率（i），外国资产的预期收益率是外国利率（i^*）与预期的外汇汇率上升率（π^e）之和。各类资产选择多少与其预期收益率成正比，与其他资产的预期收益率成反比。因此，各类资产的数量是各类资产预期收益率的函数：

$$M=\alpha \ (i, \ i^*, \ \pi^e) \ W$$
$$B_p=\beta \ (i, \ i^*, \ \pi^e) \ W$$
$$eF_p=\gamma \ (i, \ i^*, \ \pi^e) \ W$$
$$\alpha+\beta+\gamma=1$$

式中，α、β、γ分别代表私人部门愿意以本国货币、本国证券和国外资产形式持有的财富比例。

当某种资产的供给存量发生变化，或者预期收益率发生变化，或者私人部门实际持有的组合比例不吻合、资产组合发生不平衡时，人们就会对各种资产的持有比例进行调整，以使资产组合符合意愿，恢复资产市场平衡。在这一调整过程中，会产生本国资产与外国资产的替换，引起外汇供求的变化，进而带来汇率的变化。而汇率的变化，反过来又会影响国外资产的持有比例，对资产平衡又起着促进作用。因此，可以得出以下结论：

①当外国资产市场失衡引起外国利率上升时，外国资产的预期收益率提高，γ会增大，而α、β将会下降。这样，在原来的资产组合中，国内资产会出现超额供给，本国利率下降，本币汇率下降，直到达到资产市场的再次平衡。反之，当外国利率下降时，则会引起外汇汇率下降。

②当一国国际收支经常项目出现盈余时，私人部门持有的净外国资产增加，使得实际持有外国资产的比例大于意愿比例。人们会将多余的外国资产转换为本国资产，从而外汇汇率下跌。反之，当一国经常项目出现赤字时，外汇汇率将会上浮。

③当一国政府赤字增加而增发政府债券时，本国证券供应量增加。这一变化将使人们的资产组合失去平衡，人们对外国资产的需求增加，引起外汇汇率的上浮。但是，另一方面，由于本国债券供给增加，降低了债券的价格，提高了利率水平，提高了人们对本国债券收益的预期，又诱使人们将资产需求转向本国，由此又会引起外汇汇率的下浮。最终的影响将取决于这两方面影响的比较。

④当中央银行通过收购政府债券来增加货币供应量时，私人部门会发现本国货币供过于求，人们愿意以多余的货币去购买本国证券，使利率下降，从而引发人们对国外资产的需求，导致外汇汇率上升。

⑤当各种因素引起私人部门预期汇率上升或下降时，他们将相应地增加或减少国外资产。在资产的重新组合过程中，人们会用本国资产去购买外国资产，或用外国资产购买本国资产，从而导致外汇汇率的上升或下降。

综上所述，资产组合分析法中各因素对汇率的影响可以用以下方程表示：

$e = e \, (i^*, \ M, \ B, \ F, \ \pi^e)$

与前面的各种汇率分析方法相比，资产组合分析法既区分了本国资产与外国资产的不完全替代性，又在存量分析中纳入了经常账户这一流量因素，从而较好地将各种因素综合到汇率模型中。

但是这一模型也存在明显不足：模型过于复杂，影响了其实际运用效果，而且在实证分析的过程中很难获取模型中的变量统计资料，导致其可行性受到影响。

1.5.3　汇率决定理论的新发展

20世纪80年代以前，汇率决定理论主要从宏观基本因素来解释汇率的决定和波动，如物价水平、利率、相对货币供应量、经济增长、内外资产的替代性和均衡价格的调整速度等。在对这些因素进行分析的过程中，形成了以商品、资本流动为主的流量模型和以资产交换为主的存量模型，前者如早期的购买力平价理论、利率平价理论、国际收支说；后者如20世纪70年代中期兴起的资产市场说，包括弹性价格分析法、黏性价格分析法和资产组合模型等。然而，从实证研究的结果看，这些理论都难以有效解释浮动汇率制度下的汇率决定与变动，即使是理论上十分精致复杂的资产市场汇率模型，对短期内汇率变化的预测能力也非常弱。面对这一困惑，20世纪80年代以来很多学者不断寻求对传统理论的突破，将汇率决定理论的发展推向了一个新的阶段。

1）有效市场假说和理性预期理论

（1）有效市场假说

有效市场假说（efficient market hypothesis，EMH）最早由美国学者法玛（E.Fa-ma）提出，最初是用于商品市场和资本市场的研究，后来格威克和费格（1979）、莱维奇（1979）以及汉恩等人将其引入外汇市场分析。

有效市场是指能够充分、即时地反映所有相关信息的市场，市场上的均衡价格是在能够反映所有信息条件下形成的价格，市场通过反映所有信息，调节价格变动。有效市场假说的一个最主要的推论是任何战胜市场的企图都是徒劳的，因为资产的价格已经充分反映了所有可能的信息，包括所有公开的公共信息和未公开的私人信息，在资产价格对信息的迅速反应下，不可能存在任何高出正常收益的机会。

对一个有效的外汇市场来说，即期汇率和远期汇率能够反映所有相关的市场信息，套汇者不可能赚得超额利润。

有效市场假说是以发育完全的资本市场为前提的，如果市场价格没有包含可公开得到的全部信息，就必然存在着尚未被利用的盈利机会，从而导致大规模的套利过程发生，最终消除市场上的盈利机会，投资者得到正常收益。因此，在有效市场上，不存在资金流动障碍，交易成本可以忽略，投机需求的利率弹性为无穷大（即使很小的盈利机会也会引起大规模的资金运动，从而使资产价格进行调整），投机者根据市场信息进行调整是瞬时完成的。

（2）理性预期理论

在利用有效市场理论对外汇市场进行分析的过程中，会涉及对未来某一时刻的即期汇率的预期，而不同的投资者对汇率的未来走势有不同的看法，由于每个人的知识水平不同，获取信息量的多少也存在差异，对各种信息给汇率造成冲击程度的认识也都不一样，因此投资者对未来汇率的预期不可能一致，甚至会千差万别。

所谓理性预期，是指市场上的主观预期在事实上与以可得到的全部信息为条件的期望值是相同的。也就是说，不管投资者采用什么方法来对未来汇率进行预测，如果投资者的主观预期与以一组包含所有可公开得到的信息为条件的某变量的数学期望值相同，那么这种预期就成为理性预期。完全理性预期的前提是要有充分信息。

在市场有效、无偏性和理性预期的假设条件下，即期汇率是按照随机游走的方式运动的。随机游走是指在一个价格序列中，随后的价格变动是对前面的价格的一个随机偏离，现在的价格与过去的价格无关。

2）对有效市场假说的质疑

有效市场假说问世之后，对外汇市场有效性的实证检验也纷纷涌现。然而，无论是对即期外汇市场有效性的检验，还是对远期外汇市场有效性的检验，总体来说，基本上都否认了外汇市场的有效性，这为汇率决定理论的进一步发展提供了一个切入点。一些学者就外汇市场有效性检验失败给予解释，其中比较有代表性的是汇率决定的新闻模型和理性投机泡沫模型。

（1）新闻模型

新闻模型是在资产市场宏观结构模型的基础上结合理性预期假说建立起来的，最早由穆萨于1979年提出。该理论将非预期的并且能够引起人们对汇率的预期值进行修改的新的信息统称为"新闻"，进而分析"新闻"对汇率运动的影响，从而说明浮动汇率制下汇率频繁变动或不稳定的原因。

新闻模型将汇率某段时期的变化分解为两部分——预期到的变化和未预期到的变化。预期到的变化来自对基本因素在该期将会发生变化的预期，并且该预期是准确的；未预期到的变化来自意料之外的基本因素变化，即"新闻"。由于基本因素的变化很难预见，因此它的大部分变化都属于"新闻"性质，汇率行为主要由"新闻"部分决定。由于"新闻"有多变、难预期的特性，汇率因此而多变。

基于这一结论，由于即期汇率和远期汇率之间的时段经常会有"新闻"出现，从而导致当前报出的远期汇率很难解释将来即期汇率的变动，这就可以解释外汇市场有效性检验失败的原因。而"新闻"因素不断进入外汇市场则可以在一定程度上解释汇率的频繁波动。另外，"新闻"的不可预见性意味着"新闻"的出现是一个随机游走过程，未预测到的即期汇率的变化也将是一个随机游走的过程，这又可以对即期汇率变动近似随机游走这一现象给予解释。

新闻模型能够在一定程度上解释基本经济变量无法解释的汇率变动。但严格地说，新闻模型只是一种方法，而不是一个具体的模型。在汇率的新闻模型中，选取哪些因素作为新闻，完全取决于研究者的偏好、实际经济情况和有关数据等。

（2）理性投机泡沫模型

新闻模型根据未预料到的基本经济变量的变化来解释汇率的变动性。然而，外汇市场上有时会在基本经济变量没有很大变化的情况下出现暴涨和暴跌，这种现象既无法用汇率超调理论也无法用新闻模型来解释，于是一些学者在理性预期假设下对这种汇率现象进行了分析，产生了汇率变动的理性投机泡沫模型。

理性投机泡沫模型中表达的基本思想是，当期初的汇率相对于由基本因素所决定的水平有一个偏离时，泡沫的源头便产生了。在理性预期下，市场参与者预期汇率将进一步偏离均衡水平，因此投资者继续购买被高估的货币，期望能够获得预期货币进一步升值带来的收益，并且能够赶在汇率最终回到由基本经济变量所决定的均衡值之前将货币卖出。在市场投机的推动下，泡沫随着汇率的快速上升而膨胀，投机者会在每一期结束前判断泡沫破灭的概率，汇率上升越高，泡沫破灭的概率越大。为了补偿增加的泡沫破灭风险，汇率必须以更快的速度上升，这又进一步推动了泡沫的膨胀。因此，理性投机泡沫模型得出了一个初期的偏离在理性预期假设下会生成汇率理性泡沫并进一步加速膨胀的结论。

理性投机泡沫理论是一种基于市场微观结构（市场参与者的异质性）的汇率决

定理论，相比于"新闻"模型，可以更好地解释不依赖于基本经济变量的汇率变动投机泡沫现象。关注市场微观结构，也是汇率决定理论后来发展的方向之一。

（3）当前汇率决定理论的发展方向

20世纪80年代以来，大量实证研究的结果表明，已有的汇率决定模型几乎无法全面有效地解释现实世界的汇率波动。于是人们开始重新审视汇率决定的资本市场宏观结构模型的假设前提、分析视角以及分析工具，试图从不同的方面进行突破和发展，新一轮汇率决定理论的研究浪潮由此出现。传统的汇率决定理论中被作为假设前提或因被认为不重要而忽略的细节逐渐进入了研究的视野，形成了汇率决定研究中某些新的发展方向。

①汇率决定的微观市场结构分析

汇率的微观市场结构分析是在20世纪90年代后兴起的一种思潮。一些学者认为，汇率波动的直接原因主要不在于宏观层面，而是取决于外汇市场的微观运行机制。基于此，他们从外汇市场参与者的行为特征、交易的形成机制和市场层次划分等微观市场结构角度来研究和解释汇率，形成了汇率决定的微观市场结构分析方法。

微观市场结构理论认为，要解开汇率的决定和过度波动等谜团，必须深入市场交易过程中。在传统的汇率决定理论中，市场的具体交易过程从未被深入考察，如同一个黑箱，这正是传统的汇率决定理论不能正确解释现实的主要原因。微观市场结构分析要做的就是打开这个黑箱。

与传统汇率决定理论不同，微观市场结构分析假定外汇市场的信息、交易者和制度都具有异质性，而异质性的存在导致了汇率在变动时产生许多新特点。这一研究方向中比较有代表性的研究包括订单流分析、噪声交易者模型等。

外汇市场微观结构分析在解释汇率变动的机理方面取得了一定的成就，对现实汇率运动和很多宏观结构汇率理论无法解释的汇率现象都能够提供较好的解释，并且在经验分析上也取得了令人满意的结果。但是，汇率决定的微观结构分析也存在很多局限性，对市场交易机制这个黑箱内部的许多问题还缺乏解释。

②汇率的宏观均衡分析

20世纪80年代以来，经济学家们通过对各国汇率变化的深入研究发现：各种现代汇率决定理论对名义汇率变动的解释和预测能力并不强。这启示人们，汇率决定理论的研究重心也许应当从名义汇率转向实际汇率。同时，从宏观管理的层面看，由于汇率经常处于与经济基本面不符的不合理水平，政策制定者迫切需要有一种理论能够判断现实中的汇率水平是否合理，为宏观调控提供依据。

在这样的背景下，以国际货币基金组织的经济学家为主体的一批学者，提出了汇率的宏观均衡分析方法，其主要思路就是重新从特定的宏观经济运行状况去分析汇率决定问题，这一转变代表着流量分析方法的复兴。这类方法的基本思想可以追溯到20世纪五六十年代的内外均衡分析，然而较为完整的均衡汇率理论体系的形成，则是在美国学者威廉姆森（Williamson）于1983年提出基本均衡汇率（fundamental equilibrium exchange rate，FEER）之后，并相继形成了行为均衡汇率（behavioral equilibrium exchange rate，BEER）、意愿均衡汇率（desired equilibrium exchange rate，DEER）、国际收支均衡汇率（balance of payments equilibrium exchange rate，BPEER）、均衡实际汇率（equilibrium real exchange rate，ERER）、自然均衡汇率（natural real exchange rate，NATREX）、持久均衡汇率（permanent equilibrium exchange rate，PEER）等与基本均衡汇率思路相同的汇率理论。

宏观均衡分析方法所定义的均衡汇率是指与经济基本面状况相符的汇率，即与宏观经济均衡相一致的实际有效汇率。宏观经济均衡指的是内外均衡同时实现。其中，内部均衡指充分就业与低通货膨胀率，外部均衡指可持续的经常账户余额，反映了潜在的或合意的净资本流动。

按照基本均衡汇率理论，均衡汇率并非取决于那些决定短期均衡的变量，而是取决于那些决定中长期均衡的变量，这在理论上有其内在合理性。在实践中，由于其具有鲜明的政策导向性，宏观的均衡分析法对于国际机构和各国政府的决策发挥了重大影响。

然而，均衡汇率理论的弊端也很明显：实践中难以合理鉴别哪些因素为基本经济要素，难以过滤短期的周期性因素和暂时性因素；在分析方法上又退回到局部均衡分析，未能同时考虑货币市场与资产市场的均衡。

③具有微观基础的汇率宏观经济分析

一些研究者指出，传统汇率决定理论的分析一直建立在宏观经济关系的框架之下，忽视了微观基础的作用。他们认为，汇率更大程度上可以看作人们根据自己的消费方式选择内外资产的结果，经济主体的行为及影响因素等微观基础在宏观经济变量发生变化过程中起着重要的作用。要深入了解汇率变化的机制，还应该进一步融入微观层面因素的分析，在此基础上再来分析现有汇率理论涉及的宏观经济指标如何改变市场参与者的各项决策，进而影响汇率的变动。

基于这种观点，形成了具有微观基础的汇率宏观经济分析方法，最有代表性的是由奥伯斯特菲尔德（Obstfeld）和罗格夫（Rogoff）于1995年提出的一个动态的一般均衡模型（exchange rate dynamics redux）。

该模型运用理性预期及最优化分析方法，以市场不完全（名义黏性及市场垄断）为基础，考察名义扰动（货币与财政政策）与真实冲击（技术进步）对本国及伙伴国产出、消费、收支和福利的影响。模型中含有居民、厂商、政府3类微观主体及产品市场、劳动力市场、国内货币市场及国际金融市场4个市场。模型变量主要有价格、利率、产出、收入、消费、汇率、债券持有量等微观、宏观变量，通过描述这些变量之间的内在关系建立起一系列方程，将微观行为与宏观总量、国内经济与国际均衡连接成统一体。

开放经济新宏观经济学的基本模型及后续研究表明，市场分割、不完全竞争、工资-价格的黏性调整机制和手续费等因素都会带来出人意料的大额交易成本，这些都可能是导致原有理论经验分析结果不佳的原因。尽管如此，汇率仍然应该是货币价值的反映，它的调整不管需要多久，最终还是会回到购买力平价的水平上。

在开放经济新宏观经济学的模型中，汇率决定的背景和机理变得更加复杂。经过改进的模型对短期汇率的预测有一定准确性，对长期名义汇率的走势也有一定解释力。但总体而言，该模型对汇率运动的解释力还不能令人满意。

除上述几个发展方向外，近年来学术界对汇率决定的研究也体现在新方法的使用上。例如，混沌模型将自然科学中的混沌现象引入汇率理论的研究中，试图通过混沌理论模拟汇率走势；博弈论也被应用到汇率理论研究中，用来研究在汇率决定过程中，不同的市场参与者之间（如相同或不同的投资者之间、主导者与跟随者之间、风险中性者之间、风险偏好者与风险厌恶者之间）、政府与政府之间、政府与居民之间相互反应和相互影响的关系。

从以上分析我们不难发现，汇率决定理论不断取得突破与进展，但其发展却并没有达到极致。随着国际经济的不断发展，新的分析方法和新的分析工具不断涌现，汇率理论必然要继续向前发展，人们对汇率运动的认识将更加深入。

● 思政课堂

"沙漠中的绿洲"：亚洲金融危机与人民币不贬值

20世纪60年代至90年代中期，东亚和东南亚经济快速发展，前有"亚洲四小龙"，后有"亚洲四小虎"。然而，1997年夏天，快速发展的东南亚经济遭遇了"滑铁卢"。在对冲基金的疯狂攻击下，1997年7月2日，泰国首先宣布放弃固定汇率制，实行浮动汇率制，当天泰铢对美元贬值17%，并引发连锁反应，菲律宾比索、印度尼西亚卢比、马来西亚林吉特、新加坡元相继贬值。随后，危机进一步蔓延至中国香港、中国台湾、韩国和日本，东南亚金融危机演变成亚洲金融危机，甚至波及俄罗斯和世界其他地区。危机触发了亚洲货币的竞争性贬值，亚洲货币犹如多米诺骨牌一个一个倒下，轮番贬值，形成了恶性循环，严重冲击了国际金融市场和世界经济。危机期间，中国政府宣布人民币不贬值，不仅成功抵御了亚洲金融危机，也为亚洲和全球经济的稳定作出了巨大贡献。

亚洲金融危机期间中国政府坚持人民币不贬值，至少给我们带来以下启示：

第一，中国始终是一个负责任的大国。危机爆发之时，中国刚刚摆脱通货膨胀，但又面临通货紧缩风险，且随着国企改革、减员增效进程的推进，就业压力也陡然增加；同时，伴随亚洲各经济体货币的竞相贬值，我国的出口竞争力亦面临巨大挑战。面对"内忧外患"，中国政府依然宣布并坚持人民币不贬值。因为如果人民币贬值，必然会引起亚洲其他货币的新一轮大幅贬值，可能引发亚洲经济崩盘。亚洲金融危机中，正是由于我们的负责任行为，才使得危机没有进一步恶化。此外，为帮助亚洲各经济体尽快摆脱危机，中国还努力扩大内需为周边经济体创造市场，积极通过国际货币基金组织和双边援助来支持东南亚各国经济，积极参与和推动区域和国际金融合作。中国负责任的大国形象赢得了世界范围内的普遍认同和广泛赞誉。

第二，经济全球化时代世界各国发展休戚与共，各国利益紧密相连，推动构建人类命运共同体是世界各国人民前途所在。亚洲金融危机期间，如果人民币也贬值，不仅可能使危机进一步恶化，也可能使中国经济陷入严重衰退。中国并未实施"以邻为壑"的汇率政策，坚持人民币不贬值，并在努力维护国内经济稳定、实现自身发展中充分兼顾区域经济体摆脱危机的现实需求，积极向亚洲各经济体提供援助，促进区域共同发展。

第三，渐进式开放是中国对外开放的突出特征，体现了中国在处理开放、发展与安全上的大国智慧。亚洲金融危机的根源之一是东南亚国家在尚未建立起强大的国内经济基础、国内改革尚未基本完成的背景下，快速推进金融自由化进程，贸然放开对跨境资本流动的管制。如为了吸引外资，部分东南亚国家一方面保持固定汇率，一方面又扩大金融自由化。我国在对外开放进程中始终坚持渐进式道路，在对外开放的同时，不断推进国内改革，始终推动国内改革与对外开放协同发展，不仅有效抵御了国际游资的冲击，也维护了国内经济安全与稳定，更保障了对外开放进程的平稳持续推进。

第四，青年学生要敢于面对压力和困难，勇担时代重任，勇为走在时代前面的奋斗者、开拓者、奉献者。亚洲金融危机期间，中国经济发展面临复杂的形势和严峻的挑战，国内外预期或要求人民币贬值的声音不绝于耳。中国政府顶住一切压力，克服重重困难，坚持人民币不贬值，为亚洲尽早走出危机和经济稳定作出了积极贡献，不仅履行了大国义务，也展现了大国风范。青年学子在成长和奋斗中，会收获成功和喜悦，也会面临困难和压力。我们要正确对待一时的成败得失，在前进的道路上要勇于面对压力，不畏艰难，立志做有理想、敢担当、能吃苦、肯奋斗的新时代好青年。

● 本章小结

外汇是国际汇兑的简称，它有动态和静态两种含义，静态的外汇又有广义和狭义之分。我们通常所说的外汇，是指外汇的狭义概念，指以外币表示的可用于国际结算的支付手段。狭义的外汇具有3个基本特征：外币性、可自由兑换性和普遍接受性。

汇率是两种不同货币之间的比价，汇率的概念本身并不具有方向性。根据单位货币的不同，有两种不同的标价方法：直接标价法和间接标价法。从不同的角度，汇率可以分为基本汇率和套算汇率，买入汇率、卖出汇率、中间汇率和现钞价，即期汇率和远期汇率，单一汇率和复汇率，名义汇率和实际汇率，双边汇率和有效汇率。在金本位制下，汇率由铸币平价决定，并以黄金输送点为界，因供求关系而围绕铸币平价上下波动。在纸币制度下，汇率变动已经不再有天然的制约，需要通过人为的方式进行维持和调整。汇率的变动表现为货币的贬值和升值两个方向。影响汇率变动的长期因素包括国际收支状况、相对通货膨胀率、经济增长率差异等；影响汇率变动的短期因素包括利率差异、各国汇率政策和对市场的干预、投机活动与市场心理预期等。

汇率决定理论是研究汇率如何决定和变动的理论。传统的汇率决定理论侧重于流量分析，代表性理论包括购买力平价理论、利率平价理论和国际收支说。购买力平价理论认为物价水平是决定汇率的主要因素；利率平价理论从金融市场角度分析汇率与利率之间的关系；国际收支说认为国际收支状况决定着外汇的供求，进而影响汇率水平。

20 世纪 70 年代末以来，资产市场说成为汇率决定理论的主流。该学说认为决定汇率的是存量因素而不是流量因素。依据本币资产与外币资产可替代性的不同假定，资产市场说可分为货币分析法与资产组合分析法。货币分析法假定国内外资产完全可替代，也就是两种资产的预期收益率相同，不存在资产组合的调整问题。资产组合分析法则假定两种资产完全不可替代。根据前提假定的不同，货币分析法又可分为弹性价格分析法和黏性价格分析法。弹性价格分析法假定价格是灵活可变的；黏性价格分析法又称汇率决定的超调模型，它假定在短时期内价格水平具有黏性。相比而言，弹性价格分析法对于分析长期汇率的变动趋势更有意义，而黏性价格分析法则更多地用于解释汇率的短期变动。资产组合分析法认为，理性的投资者会将其拥有的财富按照风险与收益的比较，配置于可供选择的各种资产上。由于资产组合中包括外国债券，投资者将财富在不同资产形式之间进行转换时会引起汇率的变动。

从实证研究的结果看，已有的汇率决定理论都难以有效解释浮动汇率制度下的汇率决定与变动。20 世纪 80 年代以来，很多学者不断寻求对传统理论的突破，将汇率决定理论的发展推向了一个新的阶段。

● 延伸阅读

1.国际清算银行每天公布主要货币的名义有效汇率和实际有效汇率数据，可登录国际清算银行网站查阅，https：//www.bis.org。

2.国际外汇市场行情和汇市评论，可查询英国金融时报网站，http：//www.ft.com 和美国华尔街日报网站，https：//www.wsj.com/asia。

3.我国外汇市场行情和汇市评论，可登录中国外汇交易中心网站查阅，http：//www.chinamoney.com.cn/chinese/。

4.国家外汇管理局每天公布人民币的基准汇率，可登录国家外汇管理局网站查阅，http：//www.safe.gov.cn，网站上还有人民币汇率中间价的历史汇率（1994 年 1月 1日至今）。

5.崔孟修. 现代西方汇率决定理论研究 [M]. 北京：中国金融出版社，2002.

6.加特纳. 汇率经济学——理论模型与实证分析 [M]. 吕随启，译. 北京：中国市场出版社，2009.

● 基本概念

外汇　汇率　直接标价法　间接标价法　基本汇率　套算汇率　现钞价　复汇率　即期汇率　远期汇率　名义汇率　实际汇率　有效汇率　均衡汇率　一价定律　绝对购买力平价　相对购买力平价　利率平价　资产市场说

● 复习思考题

1.什么是外汇？
2.什么是汇率？汇率有哪些主要种类？
3.比较分析在不同的标价方法下汇率变化与外汇升贬值之间的关系。
4.在不同的货币制度下，汇率是如何决定的？
5.何谓货币的法定升值和法定贬值？
6.影响汇率变动的经济因素有哪些？
7.简述购买力平价理论的主要内容。
8.从利率平价理论角度论述汇率与利率之间的关系。
9.简述货币主义模型的基本内容。
10.何谓超调模型？
11.简述资产组合模型的分析方法。
12.简述汇率决定理论的新发展。

随堂测试

● 附录 1-1　常见的自由兑换货币及符号

常见的自由兑换货币及符号

货币名称（中文）	货币名称（英文）	ISO国际标准三字符货币代码	习惯写法
美元	US Dollar	USD	$/ US$
欧元	EURO	EUR	€
英镑	Pound Sterling	GBP	£
日元	YEN （Japanese Yen）	JPY	JP¥
瑞士法郎	Swiss France	CHF	SF
挪威克朗	Norwegian Krone	NOK	NKr
瑞典克朗	Swedish Krona	SEK	SKr
丹麦克朗	Danish Krone	DKK	DKr
加拿大元	Canadian Dollar	CAD	Can$
澳大利亚元	Australian Dollar	AUD	A$

续表

货币名称（中文）	货币名称（英文）	ISO 国际标准三字符货币代码	习惯写法
韩国元	Won	KRW	W
新加坡元	Singapore Dollar	SGD	S$
中国香港元	Hong Kong Dollar	HKD	HK$
中国澳门元	Pataca	MOP	P/Pat
马来西亚林吉特	Malaysian Ringgit	MYR	M$
菲律宾比索	Philippine Peso	PHP	PeSo
泰国铢	Baht	THB	B
特别提款权	Special Drawing Right	SDR	SDRs
人民币元	Yuan Renminbi	CNY	RMB¥

注：ISO 国际标准三字符货币代码是国际标准化组织（ISO）于 1973 年制定的一项适用于贸易、商业和银行的货币和资金代码，即国际标准 ISO4217 三字符代码。1978 年 2 月，联合国贸易和发展会议与欧洲经济委员会将三字符代码作为国际通用的货币代码或货币名称缩写向全世界推荐。

在线课堂

如何使用 IMF 数据库查找汇率数据

第2章 /国际收支

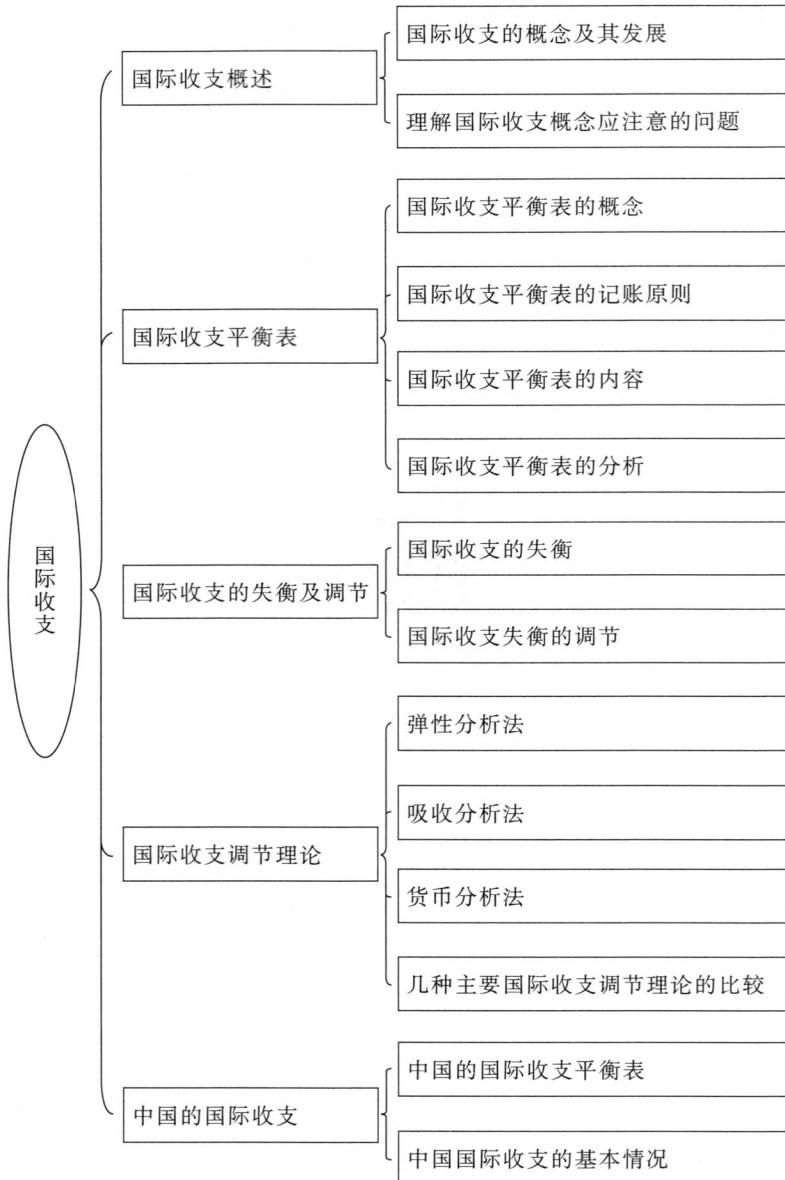

```
                                    ┌─ 国际收支的概念及其发展
                    ┌─ 国际收支概述 ─┤
                    │               └─ 理解国际收支概念应注意的问题
                    │
                    │               ┌─ 国际收支平衡表的概念
                    │               │
                    │               ├─ 国际收支平衡表的记账原则
                    │ 国际收支平衡表 ─┤
                    │               ├─ 国际收支平衡表的内容
                    │               │
                    │               └─ 国际收支平衡表的分析
            国际收支 ─┤
                    │ 国际收支的失衡 ┌─ 国际收支的失衡
                    │ 及调节        ─┤
                    │               └─ 国际收支失衡的调节
                    │
                    │               ┌─ 弹性分析法
                    │               │
                    │               ├─ 吸收分析法
                    │ 国际收支调节理论 ─┤
                    │               ├─ 货币分析法
                    │               │
                    │               └─ 几种主要国际收支调节理论的比较
                    │
                    │               ┌─ 中国的国际收支平衡表
                    └─ 中国的国际收支 ─┤
                                    └─ 中国国际收支的基本情况
```

━━━学习目标━━━
　　掌握国际收支的基本概念、国际收支平衡表的分析方法、国际收支不平衡的原因及影响；重点掌握国际收支平衡表的各项内容、国际收支失衡的调节措施；了解西方主要的国际收支调节理论，了解我国国际收支的概况。

2.1　　　　　　　国际收支概述

2.1.1　国际收支的概念及其发展

　　国际收支（balance of payments，BOP）是指一定时期内一个国家或地区的居民与非居民间所有经济交易的货币价值的系统记录，是一国宏观经济变量中反映对外经济关系的最主要指标。

　　随着国际交往范围的日益扩大及国际货币制度的发展，国际收支的概念经历了一个不断演化的过程，内容日趋丰富。

　　国际收支的概念出现于17世纪初。由于资本主义生产方式逐渐确立，以国际贸易为主的国际经济活动迅速发展，从而出现了贸易差额（balance of trade）的概念，它表示一国在一定时期内对外商品贸易的综合情况。这个时期是国际收支概念的萌芽时期。

　　随着资本主义国家国际经济交易的内容和范围不断扩大，尤其是20世纪20年代之后，国际资本流动在国际经济中扮演着越来越重要的角色，于是就出现了外汇收支（balance of foreign exchange）的概念。各国经济交易只要涉及外汇收支，无论是贸易、非贸易、还是资本借贷或单方面资金转移，都属于国际收支范畴。这也是目前有些国家仍在沿用的狭义的国际收支的含义。

　　第二次世界大战结束之后，国际经济活动的内涵、外延又有了新的发展，狭义的国际收支概念无法反映一系列不涉及外汇收支的国际经济活动，如易货贸易、补偿贸易、无偿援助和战争赔款中实物部分、清算支付协定下的记账等，而这些经济活动在世界经济中的影响越来越大，于是国际收支概念又有了新的发展，形成了目前各国通用的广义的国际收支概念。

　　国际货币基金组织（IMF）规定，各成员方必须定期向IMF报送本国的国际收支平衡表。为了便于编制并具有可比性，IMF不定期更新和发布《国际收支手册》，制定国际收支平衡表的标准格式。目前正在使用的是2009年发布的《国际收支和国际投资头寸手册》（第六版）（BPM6），根据该手册，国际收支为"某个时期内居民与非居民之间的交易汇总统计表，组成部分有：货物和服务账户、初次收入账户、二次收入账户、资本账户和金融账户。"[1]

----

① 国际货币基金组织. 国际收支和国际投资头寸手册 [M]. 6版. Washington, D. C：[s.n.]，2009：8.

2.1.2 理解国际收支概念应注意的问题

1）国际收支是一个流量概念

作为一个流量概念，国际收支记载的是某一时段内的流量数据，即对一定时期内（一般是一年）交易的总计，从而可以反映经济价值的产生、转换、交换、转移或消失，并涉及货物或金融资产所有权的变更、服务及资本的提供等。

同国际收支这个流量概念相对应，反映一国对外资产和负债存量的概念为国际投资头寸（international investment position，IIP），这个概念由国际货币基金组织在其《国际收支手册》第五版中提出，表示某一特定时点一国的对外资产和负债情况，包括：一国的金融资产或一国对其他国家的债权存量的价值和构成；一国对其他国家的负债存量的价值和构成。

国际收支与国际投资头寸这两个指标之间的关系显而易见，流量决定存量，在两个特定时点之间，国际投资头寸存量的任何变动均依赖于此段时间内国际收支流量的大小。一国对外资产与负债相抵后所得的净值就是净国际投资头寸（net international investment position，NIIP）。

在2009年颁布的《国际收支和国际投资头寸手册》（第六版）中，IMF将国际投资头寸与国际收支并列，共同作为经济体"国际账户"的组成部分，该手册也由此前的《国际收支手册》更名为《国际收支和国际投资头寸手册》。

2）国际收支反映的内容是经济交易

国际收支以交易为基础。所谓交易，包括四类：

（1）交换（exchanges），是国际收支中最常见和最重要的交易，即某个交易者（经济体）向另一交易者提供经济价值并从对方得到价值相等的回报。这里所说的经济价值，可总体概括为实际资源（货物、服务、收入）和金融资产。

（2）转移（transfers），即一交易者向另一交易者提供了经济价值，但是没有得到任何补偿。

（3）移居（migration），这是指一个人把住所从一经济体搬迁到另一经济体的行为。移居后，该个人原有的资产负债关系的转移会使两个经济体的对外资产、债务关系均发生变化，这一变化应记录在国际收支之中。

（4）其他根据推论而存在的交易（other imputed transactions）。在一些情况下，可以根据推论确定交易的存在，但实际流动并没有发生时，也需要在国际收支中予以记录。国外直接投资者收益的再投资就是一个例子。在投资者的海外子公司所获得的收益中，一部分是属于投资者本人的，如果这部分收益用于再投资，则必须在国际收支中反映出来。收益的再投资要记为直接投资的一部分，在金融账户的直接投资下的再投资收益中应记入一笔符号相反的抵消项目，以反映直接投资者在国外子公司或分支机构投资额的增加。尽管这一行为并不涉及两国间的资金与服务的流动。

3）国际收支的主体为一个经济体

所谓经济体（an economy），可以是一个主权国家，也可以是一个具有独立经济体系的地区。

4）国际收支记录的是一国居民与非居民之间的交易

判断一项交易是否应包括在国际收支的范围内，依据的不是交易双方的国籍，而是依据交易双方是否有一方是该国居民。在国际收支统计中，居民是指一个国家的经济领土内具有一定经济利益的机构单位。所谓一国的经济领土，一般包括一个政府所管辖的地理领土，还包括该国天空、水域和邻近水域下的大陆架，以及该国在世界其他地方的飞地①，海关控制下的自由区和离岸企业经营的保税仓库或工厂。依照这一标准，一国的大使馆等驻外机构是所在国的非居民，而国际组织是任何国家的非居民。

所谓在一国经济领土内具有一定经济利益，是指该单位在某国的经济领土内在一年或一年以上的时间中已经大规模地从事经济活动或交易，或计划如此行事。对于一个经济体来说，它的居民单位主要是由两大类机构组成：①家庭和组成家庭的个人。②法定的实体和社会团体，如公司和准公司、非营利机构和该经济体中的政府。

2.2　　　　　　　　　　国际收支平衡表

2.2.1　国际收支平衡表的概念

国际收支从动态角度描述了一种经济现象，反映了一国在一定时期内全部对外往来的货币价值；就静态而言，它表明一国与他国之间货币收支的对比结果。用统计表的形式将一国对外收支的货币价值及结果加以系统记录，就构成了国际收支平衡表。所以，国际收支与国际收支平衡表两者既有联系又有区别。国际收支侧重于从动态角度强调一国的对外收付活动，国际收支平衡表则侧重于从静态的角度强调这种收付活动的结果。

国际收支平衡表（balance of payments statements），也称国际收支差额表，是系统记录一国在一定时期内所有国际经济活动收入与支出的统计报表，是一国国际收支的具体体现。

国际收支平衡表是按照复式簿记原理，采用借贷记账法，运用货币计量单位编制的。各国编制国际收支平衡表的主要目的是全面了解本国的涉外经济关系，并以此进行经济分析，制定合理的对外经济政策。国际收支平衡表包含的信息对于政府的宏观决策及居民的微观行为都有重要的参考价值。

---

① 飞地是明确划分的地区，如大使馆、领事馆、军事基地、科学站、信息或移民办事处、援助机构等经所在国政府同意由本国政府拥有或租用，用于外交、军事、科学或其他目的。

2.2.2 国际收支平衡表的记账原则

1）复式簿记原理

国际收支平衡表采用复式簿记原理进行记录。复式簿记原理也称复式记账法，是国际会计的通行准则，其基本原理是：任何一笔交易发生，必须在借方（debit）和贷方（credit）同时记录，即有借必有贷，借贷必相等。

运用复式记账法记录国际收支，所有交易都被归类为借方项目或贷方项目，每笔交易都是由两笔价值相等、方向相反的账目表示。根据复式记账的惯例，不论是对于实际资源还是金融资产，借方表示该经济体资产（资源）持有量的增加，贷方表示资产（资源）持有量的减少。

因此，凡是引起外汇支出或外汇需求的交易，都要记入借方项目，或称负号项目（minus items）。具体账目包括：①反映进口实际资源的经常项目。②反映资产增加或负债减少的金融项目。

凡是引起外汇收入或外汇供给的交易，都要记入贷方项目，或称正号项目（plus items），包括：①表明出口实际资源的经常项目。②反映资产减少或负债增加的金融项目。

2）交易的计价

国际收支平衡表在记录每笔交易时，以市场价格或其等值为依据确定交易的价值。市场价格是指"买者愿付、卖者愿卖"的价格，买卖双方是独立的交易者，交易完全是商业性的。按国际惯例，一笔交易贸易收支的价格，出口国以离岸价（FOB）来计算，进口国以到岸价（CIF）来计算。为了统一口径，IMF建议，无论进口还是出口均采用离岸价来计算，到岸价中的运费和保险费列入劳务收支。需要注意的是，国际收支平衡表是以货币记录的交易，对于有些可能不涉及货币支付的交易，须折算成货币进行记录。

3）计价货币及汇率的选择

国际收支平衡表的计价货币应采用单一制。由于国际收支交易使用多种货币，需要将多种货币转换成单一货币表示。原则上，应当按照签约时的汇率对交易进行转换。

4）交易的记载时间

国际收支平衡表交易的记载时间采用所有权变更原则。在国际经济交易中，如签订买卖合同、货物装运、结算、交货、付款等一般都是在不同日期进行的，为了统一各国的记录口径，IMF建议采用所有权变更原则。只要两国发生债权债务关系，即参与交易的实际资源或金融资产的所有权在法律上发生了转移，即使没有实现现金支付，也要按照所有权转移的日期记入国际收支。

2.2.3 国际收支平衡表的内容

国际货币基金组织对国际收支报表的编制所采用的概念、准则、惯例、分类方法以及标准构成都作了统一的说明。我们下面将根据《国际收支和国际投资头寸手册》（第六版）的规定进行介绍。

具体而言，根据国际交易性质和内容的不同，国际收支账户所记录的交易项目可分为四大类：经常账户、资本账户、金融账户、误差与遗漏账户。其中前两项属于国际收支平衡表的标准组成部分。

1）经常账户

经常账户（current account）是指对实际资源在国家间的流动行为进行记录的账户，它包括以下项目：货物和服务、初次收入和二次收入。

（1）货物和服务账户（goods and services account）。该账户记录属于生产活动成果的交易项目，侧重反映居民与非居民之间货物和服务的交换环节。其中，货物为有形的生产性项目，主要包括一般商品、转手买卖货物、非货币黄金等内容。货物贸易的数据主要来自海关统计。

服务是指能够改变消费单位条件或促进产品及金融资产交换的项目，主要包括传统的运输、旅行、建设以及在国际贸易中日益重要的其他服务贸易项目，如保险和养老金服务，金融服务，电信、计算机和信息服务，别处未涵盖的知识产权使用费等。

（2）初次收入账户（primary income account）。该账户显示的是居民与非居民之间的初次收入流量。"初次收入"是《国际收支和国际投资头寸手册》（第六版）首次在国际收支平衡表编制中推行的概念，反映的是生产要素获得的收入，包括居民因其对生产过程所做的贡献或向其他非居民提供金融资产和出租自然资源而获得的回报，主要包括两类收入：①与生产过程相关的收入，如雇员报酬。②与金融资产和其他非生产资产所有权相关的收入，如投资收益（股息、利息等）。

（3）二次收入账户（secondary income account）。该账户表示居民与非居民之间的经常转移。当一个经济体的居民实体向另一非居民实体无偿提供了实际资源或金融产品时，按照复式记账法，需要在另一方进行抵消记录以达到平衡，也就是需要建立转移账户作为平衡项目。二次收入账户包括各种不同类型的经常转移，表明其在经济体间收入分配过程中的作用。转移可以为现金或实物。

从《国际收支手册》第五版开始，转移被分为经常转移与资本转移。经常转移包括在经常账户中，而资本转移包括在资本和金融账户的资本账户内。第六版仍然沿用了经常转移和资本转移的这一区分。

经常转移是指发生在居民与非居民间无等值交换物的实际资源或金融项目所有权的变更。经常转移既包括官方的援助、捐赠和战争赔款等，也包括私人的侨汇、赠予等以及对国际组织的认缴款等。

2）资本账户（capital account）

资本和金融账户（capital and financial account）是指对资产所有权在国家间流动行为进行记录的账户，它包括资本账户和金融账户两大部分。在《国际收支和国际投资头寸手册》（第六版）中，这两个账户被分设为一级账户①。

资本账户（capital account）记录非生产非金融资产的取得和处置，包括两项内容：资本转移和非生产、非金融资产的收买或放弃。其中"资本转移"与"经常转移"相对应，是指对资本的转移性处置，包括：①固定资产所有权的资产转移；②同固定资产收买或放弃相联系的或以其为条件的资产转移；③债权人不索取任何回报而取消的债务。

非生产、非金融资产包括：①自然资源；②契约、租约和许可；③营销资产（和商誉）。

需要注意的是，国际资本流动本身并不记载在"资本账户"，而是记载在"金融账户"中。

3）金融账户

金融账户（financial account）包括一国对外资产和负债所有权变更的交易。根据投资类型或功能，这些交易可以分为直接投资、证券投资、金融衍生产品（储备除外）和雇员认股权、其他投资、储备资产五类。与经常账户不同，金融账户的各个项目并不按借贷方总额来记录，而是按净额记入相应的借方或贷方。

（1）直接投资（direct investment）。直接投资是跨境投资的一种，其特点是某一经济体的居民对另一经济体的居民企业实施了管理上的控制或重要影响。直接投资可以采取在国外直接建立分支企业的形式，也可以采用购买国外企业一定比例以上股票的形式。在后一种情况下，《国际收支手册》中规定这一比例最低为10%。《国际收支和国际投资头寸手册》（第六版）对直接投资的内容、形式做了更加详细的规定。

（2）证券投资（portfolio investment）。证券投资指没有被列入直接投资或储备资产的，有关债务或股本证券的跨境交易和头寸。主要包括股本证券和债务证券。

（3）金融衍生产品（储备除外）和雇员认股权（financial derivatives （other than reserves）and employee stock options）。这是两种具有一定相似性的（例如，履约价格、某些相同的风险因素）金融资产和负债。但是，尽管两者都是为了转移风险，雇员认股权其实是一种报酬形式。

金融衍生产品是一种金融工具，该金融工具与另一个特定的金融工具、指标或商品挂钩，通过这种挂钩，可以在金融市场上对特定金融风险本身（例如，利率风险、外汇风险、股权和商品价格风险、信用风险等）进行交易。雇员认股权作为一种报酬形式，是向公司雇员提供的一种购买公司股权的期权。在有些情况下，发行期权的公司可能是雇员所在经济体之外另一经济体的居民（例如，用人单位是期权所涉公司的一个分支机构或子公司）。

（4）其他投资（other investment）。这是一个剩余项目，它包括没有列入直接投资、证券投资、金融衍生产品（储备除外）和雇员认股权以及储备资产的头寸和

---

① 我国国际收支平衡表采用的第六版版式，资本和金融账户仍然按照第五版规定的方式处理，具体可见我国的国际收支平衡表。

交易。

（5）储备资产（reserve assets）。储备资产是由货币当局控制，并随时可供货币当局用来满足国际收支资金需求，用以干预汇兑市场影响货币汇率，以及用于其他相关目的的对外资产。储备资产必须是货币当局控制在手并可随时动用的外部资产。储备资产包括货币黄金、特别提款权、在国际货币基金组织的储备头寸和其他储备资产，其中其他储备资产包括外汇资产（货币、存款、证券）、金融衍生产品和其他债权（贷款和其他金融工具）等。

当一国国际收支出现差额时，该国政府就要动用储备资产进行调节，因此，储备资产项下所列出的数字并不是该国在某一项目下的持有额，而是其变动额。当经常账户与资本和金融账户出现顺差时，表示储备资产增加，记在国际收支平衡表的借方，用"−"号表示；出现逆差时，表示储备资产减少，记在国际收支平衡表的贷方，用"+"号表示。储备资产的相关问题我们将在以后的章节详细介绍。

4）误差与遗漏账户（errors and omissions account）

国际收支账户运用的是复式记账法，因此所有账户的借方总额和贷方总额应相等。但是，由于不同账户的统计资料来源不一，记录时间不同以及一些人为因素（如虚报出口）等原因，会造成结账时出现净的借方或贷方余额，这时就需要人为设立一个抵消账户，数目与上述余额相等而方向相反。误差与遗漏账户就是这样一种抵消账户，一切统计上的误差均归入该账户。因为该账户记录的是需要抵消的净余额，因此在《国际收支和国际投资头寸手册》（第六版）中，该账户被称为"误差与遗漏净额"。根据上述账户我们可以列出国际收支平衡表的基本框架（见附录 2-2）。

2.2.4　国际收支平衡表的分析

国际收支平衡表不仅综合记载了在开放经济条件下，一国在一定时期内与世界各国的经济往来情况和在世界经济中的地位及其消长对比情况，而且还集中反映了该国的经济类型和经济结构。因此，国际收支平衡表是经济分析的重要工具。

1）国际收支平衡表的分析方法

国际收支平衡表的分析方法有静态分析、动态分析和比较分析三种。在对一国国际收支进行分析时，应该把这三种分析方法结合起来综合运用，才能做到全面、深入。

静态分析是分析某国在某一时期（一年、一季或一个月）的国际收支平衡表。具体地讲是计算和分析表中各个项目及其差额，分析各个项目差额形成的原因与对国际收支总差额的影响。

动态分析是指对某国若干连续时期的国际收支平衡表进行分析。连续分析一国不同时期的国际收支平衡表，掌握其长期变化情况。

比较分析既包括对一国若干连续时期的国际收支平衡表进行比较分析，也包括对多个不同国家在相同时期的国际收支平衡表进行比较分析。而后一种分析比较困难，因为各国的国际收支平衡表在项目的分类与局部差额的统计上不尽相同。利用联合国或国际货币基金组织的资料有助于克服这一困难，因为这两个机构公布的若干重要资料，都是经过重新整理后编制的，可以互相比较。

2）国际收支平衡表中的主要差额

国际收支平衡表是一种事后的会计记录，其整体上总是平衡的，但就具体项目（账户）而言，借方和贷方经常是不相等的，双方抵消后，会产生一定的差额。国际收支盈余或赤字这一提法就是针对按不同口径划分的特定账户上出现的余额而言的。下面介绍各账户余额的含义及它们之间的关系。

（1）贸易账户差额

贸易账户差额是指货物与服务项目进口总额与出口总额之间的差额，也就是通常所说的贸易收支差额。贸易账户差额在传统上经常作为整个国际收支的代表，这是因为对一些国家来说，贸易收支在全部国际收支中所占的比重相当大，同时贸易收支能够反映一国的产业结构和产品在国际上的竞争力及在国际分工中的地位，是一国对外经济交往的基础，影响和制约着其他账户的变化。

（2）经常账户差额

经常账户差额是指一定时期内一国商品、服务、收入和经常转移项目借方总值与贷方总值之差。经常账户差额包括货物、服务、收入、经常转移各项的差额，不仅能够反映一国贸易收支的变化，还能反映一国生产要素的对外净收益状况，是衡量国际收支的最好指标之一。

（3）综合账户差额

综合账户差额是指经常账户与资本和金融账户中的资本转移、直接投资、证券投资、其他投资账户所构成的余额，也就是将国际收支账户中官方储备账户剔除后的余额。综合账户的意义在于可以衡量国际收支对一国储备持有造成的压力，因为综合差额必然导致官方储备的相反方向变动。

（4）误差与遗漏账户

国际收支统计中的误差与遗漏一般是统计技术原因造成的，有时也有人为因素，它的数额过大会影响国际收支分析的准确性。因此对误差与遗漏账户本身进行分析也是必要的，往往可以发现实际经济中存在的一些问题。

专栏2-1　　　　　　　经常账户与国内储蓄、投资的关系

国民收入的核算通常有两种方法：支出法与收入法。

所谓支出法，是用最终产品购买者的总支出来衡量国民收入。国民收入可分为私人消费（C）、私人投资（I）、政府采购（G）和国外对本国的净进口（X-M）。用公式可表示为：

$$Y=C+I+G+（X-M）$$

所谓收入法，是用生产要素获得的收入总和来衡量国民收入。国民收入全部用于居民消费（C）、居民储蓄（S_p），并形成政府收入（T，为剔除政府转移支付后的净税收收入）。用公式表示为：

$Y=C+S_p+T$

由于用支出法和收入法衡量的国民收入是等价的，则有：

$C+I+G+（X-M）=C+S_p+T$

将上式简化，则有：

$I=S_p+（T-G）-（X-M）=S-（X-M）$

式中，政府储蓄 $S_G=T-G$；国民储蓄 $S=S_p+S_G=S_p+（T-G）$。

也就是：

$X-M=S-I$

这一等式表明，开放条件下一国投资与储蓄不必相等。当本国储蓄不足以支持本国投资时，可以通过产生贸易逆差的方法，以产品的净进口满足投资出口带来的资本流出而形成海外资产。因此，各国出现贸易赤字就意味着资本从贸易顺差国流入逆差国，为后者国内资本存量提供融资。从这个角度看，决定贸易收支状况的主要因素是各国储蓄、投资状况之间的差异。

我们还可以将投资、储蓄进一步细分。利用上式，有：

$X-M=（S_p-I）+（T-G）$

当一国经济行为可以划分为私营部门与政府部门两部分时，考察贸易收支的变化可以从私营部门与政府部门的不同行为特征的角度进行。如果认为私营部门的投资储蓄行为比较稳定，那么政府收支因素就直接导致了贸易收支的变动。

20世纪80年代，美国经济经历了巨额的贸易逆差（包括商品和服务贸易），这一数字在1987年达到了最高点，即1 670亿美元，占GDP的3.7%。造成美国巨额外部赤字的根本原因是对国内资源的耗用超过了国内资源可以供应的数量。

贸易赤字代表了由进口外国商品和服务所填补的缺口。这一资源缺口是在20世纪80年代初由上升的政府预算赤字和下降的私人储蓄共同作用积累起来的。80年代初，里根政府采用了供应学派的政策建议，试图通过减税来增加政府收入。但经验检验表明，1978—1979年和1984—1985年，联邦政府收入下降，而国防开支等支出增加，导致政府预算赤字增加，政府储蓄下降。此外，私人储蓄从占可支配收入的8%～9%下降到4%，而国内投资却一直保持在占GDP17%的水平。国内储蓄不足以支持国内投资，需要进口外国的商品和服务来弥补这一差距。

专栏2-2　《国际收支和国际投资头寸手册》（第六版）修订情况简介

国际收支统计综合反映一国对外经济状况，是进行宏观经济决策的主要信息来源之一。目前，世界上绝大多数国家和经济体都遵循国际货币基金组织（IMF）编制的《国际收支手册》，对国际收支交易以及相应的头寸变化进行统计，编制国际收支平衡表和国际投资头寸表。为更好地应对世界经济出现的诸多新变化，IMF于2008年12月发布了《国际收支和国际投资头寸手册》（第六版）。

1）手册第六版的修订背景

《国际收支手册》第一版于1948年发布，内容仅包括国际收支平衡表标准项目的列示。手册第二版和第三版分别发布于1950年和1961年，第三版中包含了一整套世界各国适用的国际收支原则。1977年手册第四版发布，详尽地解释了居民、计值和其他会计原则。手册第五版于1993年正式公布，其在定义、术语等方面与《1993年国民账户体系》相协调，并首次引入国际投资头寸的内容。手册第六版修订工作自2001年启动，经多次征求意见，最终于2008年12月定稿并在IMF网站发布。

手册第六版较第五版在统计原则、经常账户、资本和金融账户等方面有多处修订和明确，其主要特点在于：一是考虑全球化带来的经济形势变化以及金融和技术创新，提高数据的国际可比性。二是加强国际账户统计和其他宏观经济统计之间的内在联系。三是强调国际投资头寸统计的重要性。四是对如经济所有权等作了详细说明，并讨论了有关货币同盟等议题。五是吸收了1993年以来其他指引和手册中的有关内容。

2）我国实施手册第六版的整体方案

IMF建议的手册第六版实施时间是2012年或2013年。我国为此制订了详细计划，在做好组织、经费、人员、技术保障的基础上，按照统筹考虑、分步实施，先易后难、突出重点，积极主动、以我为主，加大宣传、参与国际合作的原则进行。实施过程的主要难点在于统计制度和计算机系统的调整、与相关部委的协调、历史数据的调整，以及统计人员、组织和技术等保障工作。从实施的时间安排上看：2010年前，研究并制订国际收支项目和数据源调整方案；2013年前，逐步完成国际收支项目调整和数据源统计标准调整；2013年后，初步按照手册第六版中主要标准，编制我国的国际收支平衡表和国际投资头寸表。从2015年起，我国按第六版标准编制并发布国际收支平衡表。

资料来源　国家外汇管理局国际收支司.《国际收支和国际投资头寸手册》(第六版)对我国国际收支统计和外汇管理的影响及对策研究 [C] //纪念中国统计学会成立三十周年暨第十五次全国统计科学讨论会文集.出版地不详：[出版者不详]，2009：538-544.

2.3　国际收支的失衡及调节

2.3.1　国际收支的失衡

1）国际收支失衡的含义

国际收支失衡，也就是国际收支中的"收"和"支"形成不平衡关系，包括收大于支的顺差和收不抵支的逆差两种情况。

如何判断国际收支的失衡呢？如前文所述，国际收支平衡表是按照复式记账原理编制的，因而借贷双方的总额应该总是相等的。但是，这是人为的、账面上的平衡，是会计意义上的概念。那么，在经济意义上，如何判断一国的国际收支是否平衡呢？

国际经济交易在国际收支平衡表上表现为若干项目，按交易的性质，这些项目可分为自主性交易（autonomous transaction）和调节性交易（accommodating transaction）两种类型。

所谓自主性交易，又称事前交易（ex-ante transaction），是指个人或企业为某种自主性目的（比如追求利润、市场，或旅游、汇款赡养亲友等）而进行的交易。由于其自发性，必然经常出现差额。这会使外汇市场出现供求不平衡和汇率的波动，从而带来一系列的经济影响。一国货币当局如不接受这样的结果，就要运用另一种交易来弥补自主性交易不平衡所造成的外汇供求缺口。调节性交易，又称补偿性交易或事后交易（ex-post transaction），是为了弥补自主性交易差额或缺口而进行的各种交易活动。

从理论上说：如果基于自主性交易就能维持平衡，则该国的国际收支是平衡的；如果自主性交易收支不能相抵，则必须用补偿性交易进行轧平，这样达到的平衡是形式上的平衡、被动的平衡，其实质就是国际收支的不平衡或失衡。

这种识别国际收支不平衡的方法是比较有道理的，但在概念上很难准确区别自主性交易与补偿性交易，在统计上也难以区分这两类交易。因此，按交易动机识别国际收支的平衡与不平衡仅仅提供了一种思维方式，迄今为止，还无法将这一思维付诸实践。

2）国际收支失衡的一般原因

（1）周期性原因

在经济发展过程中，各国经济不同程度地处于周期性波动中，周而复始地出现危机、萧条、复苏和高涨的周期性变化。而在周期的不同阶段，由于生产、人均收入和社会需求的变化，会使一国的国际收支不平衡。如在繁荣阶段，国内的消费需求旺盛，使得出口减少、进口增加，国际收支可能出现逆差；相反，在衰退阶段，国内消费需求不足，使得出口增加、进口减少，国际收支可能转为顺差。随着经济周期的不断循环，这种不平衡也会不断交替。在国际经济关系日益密切的今天，一国的国际收支不仅受本国经济周期的影响，也会受他国经济周期的影响。主要资本主义国家一旦发生经济危机，便很快波及其他国家，从而导致各国的国际收支不平衡。这种由于经济周期的循环引起的不平衡称作周期性不平衡（cyclical disequilibrium）。

（2）收入性原因

一国国民收入增减的变化会引起该国国际收支的不平衡。造成国民收入变化的原因，除了经济周期变化，还有一国经济增长率的高低。经济增长率高，国民收入增加，反之则减少。通常情况下，一国的国民收入增加，其商品、劳务、捐赠、旅游等非贸易支出也会相应增加，从而会造成国际收支逆差；反之，国民收入减少则易使国际收支逆差逐步缩小，进而恢复国际收支平衡，乃至出现顺差。这种由于国民收入的增减变化而造成的国际收支不平衡称作收入性不平衡（income disequilibrium）。

（3）货币性原因

一国货币在国内实际购买力的变动，也会引起国际收支的不平衡。在一定的汇率水平下，如果一国通货膨胀严重，物价普遍上升，使其货币购买力明显下降，那么其出口商品的成本必然上升，该国商品在国际市场上的竞争力就会被削弱，商品输出受到抑制；另一方面，外国商品同时会变得相对便宜，因此有利于商品进口。这样，出口的减少和进口的增加就会造成国际收支逆差。相反，如果一国的物价水平低于其他国家，其国际收支则容易出现顺差。这种由于货币价值的变动造成的国际收支不平衡称作货币性不平衡（monetary disequilibrium），或称价格性不平衡。

（4）结构性原因

一般来说，一国的国际收支状况往往取决于其贸易账户的收支状况。当世界市场的需求发生变化时，一国输出商品的结构如能随之调整，该国的贸易收支将不会受到影响；相反，如该国不能按照世界市场需求的变化来调整自己输出商品的结构，该国的贸易收支和国际收支将出现不平衡，由此而产生的国际收支不平衡现象，称作结构性不平衡（structural disequilibrium）。

除以上各种经济因素外，政局动荡和自然灾害等偶发性因素，也会导致贸易收支的不平衡和巨额资本的国际移动，从而使一国的国际收支出现偶发性不平衡（accidental disequilibrium）。

3）国际收支失衡对经济的影响

国际收支是一国对外经济关系的综合反映。随着各国经济日趋国际化，对外经济与对内经济关系日益密切，相应地，国际收支不平衡对一国经济的影响范围越来越广，程度也越来越深。

一方面，持续、大规模的国际收支逆差不利于一国的对外经济交往。外汇供给的不足将导致本币贬值，本币的国际地位降低，可能引发短期资本外逃。如果一国长期处于逆差状态，不仅会严重消耗一国的储备资产，影响其金融实力，而且还会使该国的偿债能力降低，削弱其在国际上的信誉。

另一方面，持续、大规模的国际收支顺差也会给一国经济带来不利影响。持续性顺差会使本国货币的汇率上涨，不利于本国商品出口，从而对本国经济增长产生不良影响。持续性顺差还意味着该国政府必须投放本国货币来购买市场上积存的大量外汇，从而增加该国的货币流通量，带来通货膨胀压力。此外，一国国际收支持续顺差还容易引起国际贸易摩擦，不利于国际经济关系的发展。

知识拓展 2-1
全球经济失衡

可见，一国国际收支持续不平衡时，无论是顺差还是逆差，都会给该国经济带来不利影响，政府必须适当调节，以使国内经济和国际经济健康发展。

2.3.2 国际收支失衡的调节

国际收支不平衡是一国国际收支的经常状态，也就是说，一国的国际收支通常不是顺差就是逆差，但这并不意味着只要出现了国际收支失衡，就要随时进行调节。因为在市场经济环境下，当一国发生国际收支不平衡时，经济中的许多变量因素，诸如汇率、物价、利率、国民收入等都会作出相应反应，从而有使国际收支出现自动恢复平衡的趋势。况且如果国际收支失衡是短期不平衡,那么它对一国经济不会有多大的不利影响,有的国家甚至还有意识地制造国际收支的短期不平衡。只有当一国发生了持续、巨额的顺差或逆差时,政府才有必要采取适当的措施。因此,国际收支的调节大体可以分为两类,一类是自动调节,另一类是人为的政策调节。

1)国际收支的自动调节机制

国际收支自动调节是指由国际收支不平衡引起的国内经济变量变动对国际收支的反作用过程。在不同的货币制度下,自动调节机制也有差异。

在国际上普遍实行金本位制的条件下,一个国家的国际收支可通过物价的涨落和现金(即黄金)的输出输入自动恢复平衡。这就是1752年由英国经济学家大卫·休谟提出的物价-现金流动机制(price specie-flow mechanism)。

物价-现金流动机制自动调节国际收支的具体过程如下:一国的国际收支如果出现逆差,则外汇供不应求,外汇汇率上升,若外汇汇率上升超过了其本身具有的黄金含量,本国商人不再用本币购买外汇付给商人,而是直接用黄金支付外国出口商,这样黄金就大量流出。黄金外流导致本国流通中的货币量减少,物价下跌。而物价下跌使得出口成本降低,本国商品的出口竞争力增强,出口增加,进口减少,直至国际收支改善。这样,国际收支的不平衡完全能够自发调节,无须任何人为的干预。如果一国国际收支出现顺差,其自动调节过程完全一样,只是各经济变量的变动方向相反而已。

在纸币流通条件下,黄金流动虽已不复存在,但价格、汇率、利率、国民收入等经济变量对国际收支自动恢复平衡仍发挥着一定的作用。

(1)价格

如果一国的国际收支出现逆差,由于外汇支付手段减少,会导致国内信贷流动性紧缩、利率上升、国内总需求量减少、物价下跌,从而降低出口商品成本,增强在国际市场上的竞争力。与此同时,进口商品在国内相对显得昂贵而受到抑制,于是,国际收支的逆差逐渐减少,恢复平衡。顺差的调节机制则正好相反。

(2)汇率

当一国国际收支出现逆差时,外汇需求大于外汇供给,本币汇率下跌,因此以外币计价的出口商品价格下跌,而以本币计价的进口商品价格上升。由此刺激了出口、抑制了进口,贸易收支逆差逐渐减少,国际收支不平衡得到缓解。顺差的情况则相反。

(3)国民收入

当一国国际收支出现逆差时,会使其外汇支出增加,导致国内银根收紧、利率上升,总需求下降,国民收入也随之减少。国民收入的减少必然使进口需求下降,贸易逆差逐渐缩小,国际收支不平衡也会得到缓和。顺差的作用机制则相反。

(4)利率

当一国国际收支出现逆差时,即表明该国银行所持有的外国货币或其他外国资产减少，负债增加，于是就会导致银根相应地趋紧，利率随市场供求关系的变化而上升。利率上升必然导致本国资本不再外流，同时外国资本也纷纷流入本国以谋取高利润。因此，国际收支中的资本和金融账户逆差会减少并向顺差方面转化。此外，利率提高会减少社会的总需求和进口，出口增加，贸易逆差也逐渐改善，国际收支逆差减少。

在纸币流通条件下，国际收支自动调节机制的正常运行具有很大的局限性。只有在纯粹的自由经济中，在进出口商品的供给和需求弹性较大、国内总需求资本流动对利率变动极其敏感时，国际收支自动调节机制才能发挥其调节功能。由于在现实经济条件下，很多时候这些条件难以完全具备，因此国际收支自动调节机制往往不能有效地发挥作用。所以当国际收支不平衡时，各国政府往往根据各自的利益采取不同的经济政策，使国际收支恢复平衡。

2）调节国际收支的政策措施

（1）外汇政策

一国的国际收支大部分都是通过外汇的收付来完成的，所以在调节国际收支时，外汇是一个最直接的指标。通过实施外汇政策也可以有效地影响国际收支。外汇政策主要包括外汇缓冲政策和汇率政策。

外汇缓冲政策是指一国政府为应对国际收支不平衡，把其黄金和外汇储备作为缓冲体（buffer），通过中央银行在外汇市场上买卖外汇，来消除国际收支不平衡形成的外汇供求缺口，从而使收支不平衡产生的影响仅限于外汇储备的增减，而不会导致汇率的急剧变动和进一步影响本国经济。外汇缓冲政策的优点是简便易行，但它也有局限性，即它不适合解决长期、巨额的国际收支赤字，因为一国的外汇储备数量总是有限的，如完全依靠外汇缓冲政策，必将导致该国外汇储备的枯竭。如该国为填补外汇储备的不足而向国外借款，又会大量增加外债。

汇率政策是指一国通过汇率的调整来达到国际收支目标的政策措施：在固定汇率制度下，当国际收支出现严重逆差时，可以通过货币法定贬值的方式来改善国际收支；当国际收支出现巨额顺差时，则可能在他国压力下实行货币法定升值，以减少和消除国际收支顺差。

1973年，各国普遍实行浮动汇率制以后，汇率政策仍被用于调节国际收支。现在，各发达国家积极进行市场干预（market intervention），使汇率符合自己的期望值，希望通过汇率的高估或低估来调节国际收支。

（2）国内政策

国际收支其实是一国国内经济情况的对外反映，通过国内经济政策影响国内经济走势，进而也可以影响国际收支。国内经济政策主要包括财政政策和货币政策。

财政政策是指一国政府通过增加或减少财政开支以及提高或降低税率的办法来平衡国内收支。在国际收支出现赤字的情况下，一国政府可以实施紧缩性财政政策，即减少政府开支、提高税率，从而抑制消费需求和投资需求，迫使物价水平下降。这样，在既定的汇率下可以扩大出口、限制进口，有利于改善贸易收支和国际收支。反之，在国际收支出现盈余的情况下，政府则宜实行扩张性财政政策，以扩大总需求，从而有利于消除贸易收支和国际收支的盈余。需要指出的是，一国实行什么样的财政政策，一般主要取决于国内经济的需要。

货币政策亦称金融政策，是指一国货币当局通过增加或减少货币供应量的办法来平衡国际收支。它是市场经济国家普遍、频繁采用的间接调节国际收支的政策措施。调节国际收支的货币政策主要包括再贴现政策（discount policy）、改变存款准备金率（rate of reserve requirement）和公开市场业务。一般来说，当一国国际收支出现逆差时，货币当局可以采取紧缩的货币政策，提高再贴现率或存款准备金率，或者在公开市场上出售政府债券，从而抑制投资、减少消费、降低物价，在一定程度上改善国际收支状况。反之，当国际收支出现大量顺差时，则可以采取扩张性货币政策，从而刺激消费、增加进口，逐渐减少国际收支顺差。

从上述分析可以看出，一国的财政和货币政策有助于扭转国际收支失衡。但这两类政策也有明显的局限性，即往往与国内的经济目标发生冲突。比如，为消除国际收支赤字而实行紧缩性货币和财政政策，可能导致经济增长放慢甚至出现负增长，以及失业率上升。为消除国际收支盈余，实行扩张性货币和财政政策，又会提高通货膨胀水平，导致物价上涨加快。结果，为达到经济的外部平衡，牺牲了内部均衡。关于如何解决这种内外均衡的冲突问题，我们将在本章第5节中进一步探讨。

（3）直接管制

直接管制是指政府通过发布行政命令，对国际经济交易进行行政干预，以求实现国际收支平衡。直接管制的方式包括：外汇管制（foreign exchange control）和贸易管制。直接管制通常能起到迅速改善国际收支的效果，能按照本国的不同需要，对进出口贸易和资本流动区别对待。但是，它并不能真正解决国际收支平衡问题，只是将显性国际收支赤字变为隐性国际收支赤字。一旦取消管制，国际收支赤字仍会出现。此外，实行管制政策，既为国际经济组织反对，又容易引起他国的报复。

当要解决一国国际收支不平衡的问题时，必须针对形成的原因采取相应的政策措施。比如，若国际收支不平衡是由季节性变化等暂时性原因引起的，可运用外汇缓冲政策；若国际收支不平衡是由国内通货膨胀加重而形成的货币性不平衡，则可运用货币贬值的汇率政策；若国际收支不平衡是由国内总需求大于总供给而形成的收入性不平衡，可运用紧缩性财政、货币政策；若国际收支不平衡是由经济结构等原因引起的，则可进行经济结构调整并采取直接管制措施。

2.4　　　　　　　国际收支调节理论

国际收支调节理论用于分析一国国际收支的决定因素、国际收支失衡的原因以及国际收支调节的政策含义等。作为国际金融理论中最重要的组成部分之一，国际收支调节理论一直是经济学各流派关注和研究的焦点。这些流派的理论基础不同，研究角度各异，结论和政策主张自然也就各具特色。

最早的国际收支调节理论，可以追溯到18世纪中期休谟的"物价–现金流动机制"。20世纪初，马歇尔将需求弹性分析方法用于进出口贸易的分析，后经罗宾逊和勒纳等人发展为"弹性分析法"。第二次世界大战之后，亚历山大运用凯恩斯宏观经济模型提出了"吸收分析法"。20世纪60年代，随着货币学派的兴起，蒙代尔和约翰逊提出了国际收支的货币分析法。

2.4.1 弹性分析法

弹性分析法（elasticity approach），产生于20世纪30年代，是一种适用于纸币流通制度的国际收支理论。它由英国经济学家琼·罗宾逊（J. Robinson）最先提出，后经美国经济学家勒纳（A. Lerner）等人发展形成。该理论建立在马歇尔微观经济学和局部均衡的基础上，把汇率水平的调整作为调节国际收支不平衡的基本手段，紧紧围绕进出口商品的供求弹性来探讨货币贬值改善国际收支的条件，因而得名为弹性分析法。

1）弹性分析法的假设前提

弹性分析法在分析汇率变动对国际收支的调节之前作了如下假定：

（1）假定其他条件（利率、国民收入等）不变，只考虑汇率变化对进出口商品的影响。由此可见，该理论运用的是部分均衡的分析方法。

（2）假定存在非充分就业，贸易商品的供给具有完全弹性。

（3）假定没有劳务进出口和资本流动，国际收支完全等同于贸易收支，即"国际收支=出口商品值–进口商品值"，也就是常说的国际收支方程式。

2）弹性分析法的主要内容

通常当本国货币贬值时，从外国进口商品的相对价格会比以前昂贵，而本国商品的相对价格则比以前便宜，这就会造成进口数量的下降和出口数量的上升。因此，贬值能够起到刺激出口、限制进口的作用，但贬值能否改善一国的贸易收支，尚需进一步探讨。

弹性分析法认为：考察汇率变动对国际收支的影响，就是通过考察汇率对出口总值和进口总值的影响，从而得出汇率贬值改善贸易收支的充分条件。

贬值"鼓励出口"作用，是指贬值能够使出口商品数量增加，但是数量的增加是以出口商品价格下降为前提的，而外汇收入是否增加，则取决于出口商品数量增加幅度是否大于出口产品外币价格的下跌幅度（也就是汇率贬值的幅度），即出口需求的价格弹性是否大于1。

同时，还应考虑到，要改善贸易收支，不一定要求外汇收入增加。在外汇收入不变甚至减少的情况下，进口支出的大幅减少同样可以起到改善贸易收支的作用。所以，贬值能否改善贸易收支不仅仅取决于出口需求的价格弹性的大小，还取决于出口需求的价格弹性与进口需求的价格弹性之和的大小。

假定出口需求弹性为D_X，进口需求弹性为D_M，当$|D_X+D_M|>1$时，货币贬值有利

于改善贸易收支。这就是著名的"马歇尔–勒纳条件"（Marshall-Lerner condition）。这是货币贬值能改善国际收支所必须具备的条件。此外，弹性分析法还认为：当 $|D_X+D_M|=1$ 时，货币贬值对贸易收支不发生作用；当 $|D_X+D_M|<1$ 时，货币贬值会使贸易收支逆差扩大（数学推导参见本章附录 2-3）。

3）对弹性分析法的评价

弹性分析法的重要贡献在于纠正了货币贬值一定有改善贸易收支作用的片面看法，正确地指出只有在一定的出口供求弹性条件下，货币贬值才有改善贸易收支的作用与效果。

但是，该理论也有很大的局限：

（1）弹性分析法将国际收支局限于商品贸易收支，未考虑劳务进出口与国际资本流动。这显然是一个重大缺陷，因为劳务进出口与国际资本流动在当代国际收支中的地位与作用日益重要。

（2）弹性分析法以"非充分就业"（即国内外都有大量闲置资源未被充分利用）为条件，因而作出了供给有完全弹性的假定。这种假定使这个理论有很大的局限性，即它只适用于经济周期的危机和萧条阶段，而不适用于经济周期的复苏与高涨阶段。

（3）弹性分析法是一种局部的均衡分析说，它假定其他条件不变，仅从汇率变动与进出口贸易之间的关系来分析问题。但实际上，影响贸易收支的因素并不仅有汇率，还有生产、收入等一系列因素。反过来，汇率变动也不仅对进出口产生影响，还会对资本流动甚至整个经济体产生巨大的冲击。

（4）弹性分析法是一种静态分析说，忽视了汇率变动效应的"时滞"（time lag）问题。实际上，汇率变动在贸易收支上的效应并不是立竿见影的，而是呈"J"形曲线。如果引进时间因素，考察汇率变动的长期效果，则贬值不是通过相对价格变动而是通过货币供给和绝对价格变动来影响贸易收支的。

（5）技术上的困难也使弹性分析法大为逊色。该理论中弹性参数是最重要的，但弹性参数如何确定则是一个极为复杂和困难的问题。这不仅是因为进口商品种类繁杂，不易对各类商品的供求弹性进行估计，而且各国的外贸商品结构也经常发生变动。更重要的是，供求弹性不仅受价格的影响，还要受国民收入、资源配置以及其他间接因素的影响。

4）贬值效应的时滞问题——J 曲线效应

在实际经济生活中，当汇率变化时，进出口的实际变动情况还要取决于供给对价格的反应程度。即使满足前文分析的贬值能改善贸易收支的前提条件，贬值也不能马上改善贸易收支。相反，在本币贬值后刚开始的一段时间内，贸易收支可能恶化。贬值对贸易账户的有利影响之所以要经过一段时滞后才能反映出来是因为：第一，在贬值之前已签订的贸易合同仍然必须按照原来的数量和价格执行。本币贬值后，凡以外币定价的进口，折成本币后的支付数额将增加；凡以本币定价的出口，折成外币的收入将减少。换言之，在贬值前已签订但在贬值后仍需执行的贸易合同中，出口数量不能增加以冲抵出口外币价格的下降，进口数量不能减少以冲抵进口价格的上升。于是，贸易收支可能趋向恶化。第二，即使在贬值后签订的贸易协议，出口增长仍然要受认识、决策、资源、生产周期等因素的影响。至于进口方面，进口商可能认为现在的贬值是以后进一步贬值的前奏，从而加速订货，导致进口量增加。

在短期内，由于上述种种原因，贬值之后有可能使贸易收支在初期趋于恶化。过一段时间以后，待出口供给（这是主要的）和进口需求进行了相应的调整后，贸易收支才会慢慢改善。出口供给的调整，一般被认为需要半年到一年的时间。整个过程用曲线描述出来，呈现字母"J"的形状（如图2-1所示），故在马歇尔-勒纳条件成立的情况下，贬值对贸易余额的时滞效应，被称为J曲线效应。

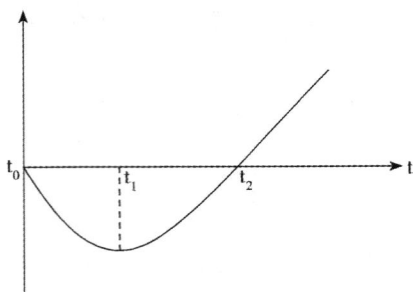

图2-1　J曲线效应

在图2-1中，从t_0点开始，本币贬值，但是本国的贸易差额状况首先恶化，从t_1点才开始好转；随着时间推移，直到t_2点，本国的贸易收支同贬值前相比才有所改善。

2.4.2　吸收分析法

吸收分析法（absorption approach）是詹姆斯·米德（J.Meade）和西德尼·亚历山大（S. Alexander）在1952年提出来的。第二次世界大战结束后，许多欧洲国家的货币虽先后贬值，但国际收支仍无显著改善，有些经济学家认为这是由于出口、进口需求弹性不足，更多的经济学家，尤其是凯恩斯理论的支持者们开始考虑弹性分析法的不足，从而在凯恩斯的国民收入方程式的基础上提出了吸收分析法，以解释当时各国面临的国际收支困境。该理论的创立者亚历山大将支出称为吸收，吸收分析法因此得名。

1）吸收分析法的基本理论

按照凯恩斯的宏观经济理论，开放经济条件下国民收入恒等式为：

$$Y=C+I+G+（X-M）$$

式中，Y为国民收入，C为私人消费，I为私人投资，G为政府支出，X为出口收入，M为进口支出。移项整理可得：

$$X-M=Y-（C+I+G）$$

式中，X−M实际上为贸易收支差额，可以视为经常账户和国际收支差额的代表。以B来代表国际收支，即B=X−M。而C+I+G为国内总支出，即国民收入中被国内吸收的部分，用A来表示。则有：

B=Y−A

此式表明：国际收支=总收入−总吸收。总收入如果与总吸收相等，国际收支平衡；总收入大于总吸收，国际收支出现顺差；总收入小于总吸收，国际收支出现逆差。

根据吸收分析法的基本公式，国际收支盈余是总吸收相对于总收入不足的表现，国际收支赤字则是总吸收相对过大的反映。而国际收支的调节政策无非就是改变总收入Y和总吸收A的政策。如果调节国际收支逆差，可以采用紧缩性财政政策和货币政策来减少对进口商品的需求，同时要注意消除紧缩性政策对总收入的负面影响，使进口需求减少的同时收入能增加，从而达到内外平衡的目标。

2）吸收分析法对货币贬值效果的分析

对货币贬值效果的分析是吸收分析法最主要的内容。该理论认为，任何调整国际收支的方法最终都是通过改变收入或吸收来改善国际收支的，汇率贬值亦然。

由B=Y−A可得：

$\Delta B = \Delta Y - \Delta A$

依据该式可以对货币贬值效应进行分析。货币贬值的效应可以分为对收入的直接效应ΔY、对吸收的直接效应ΔA_d、贬值引起的收入变动对吸收的间接效应$c\Delta Y$，其中c为边际吸收倾向，是边际消费倾向与边际投资倾向之和。于是有：

$\Delta B = (1-c) \Delta Y - \Delta A_d$

由上式可以看出，贬值改善贸易收支的条件是：

$(1-c) \Delta Y > \Delta A_d$

于是，一国货币贬值能否有效地调节国际收支，主要由三个因素共同决定：①贬值对收入的直接效应（ΔY）；②在一定的收入水平下，贬值对吸收的直接影响（ΔA_d）；③贬值引起的收入水平变化对吸收的影响，取决于边际吸收倾向（$c\Delta Y$）。

所以，贬值的国际收支效应完全取决于宏观经济状况、资源配置情况以及本国的吸收倾向。当经济尚未实现充分就业、资源配置尚未优化、吸收倾向小于1时，贬值的收入效应较为显著；反之，若经济已经达到充分就业、资源完成优化配置且吸收倾向大于1，则贬值主要引起吸收效应。具体地说，贬值的收入效应主要包括闲置资源效应、贸易条件效应和资源配置效应，贬值的吸收效应则应由现金余额效应、收入再分配效应和货币幻觉效应等构成。

3）对吸收分析法的评价

吸收分析法的主要贡献首先在于提出了一个较为完整的汇率调整国际收支模型，并且这个模型包括了汇率调整过程中较为主要的宏观经济关系，从而大大提高了传统汇率分析的严密性。其次，吸收分析法建立在一般均衡的基础上，它认为贸易收支取决于收入与吸收之间的关系，使人们得以摆脱弹性分析法只集中于个别商品的局限，这直到今天仍有一定的现实意义。再次，它指出了国际收支不平衡的宏观原因，并注意到国际收支不平衡的货币方面，因此，吸收分析法成为20世纪70年代出现的国际收支调节的货币分析理论的先驱。最后，吸收分析法的理论分析使人们较容易得出明确的政策结论：为了纠正贸易收支赤字，必须一方面增加生产，另一方面减少支出，直到收入与支出一致。

但是，从理论上分析，吸收分析法还存在一些不足和值得补充、发展的方面。第一，吸收分析法有两个假设：货币贬值是增加出口、改善国际收支的唯一手段，资源转移机制健全。这两个假设不大符合实际，事实上，除了货币贬值外，还有其他一些因素也能促进出口，达到平衡国际收支的目的。第二，在实际经济生活中，由于存在各种行政干预，闲置资源的转移往往会遇到一些困难。第三，吸收分析法也没有摆脱弹性分析法的根本缺陷，主要针对国际收支中的贸易收支项目，而对资本流动基本没有涉及。第四，吸收分析法是一种单一国家的模型，而完全的贬值分析必须至少在两国模型下进行。也就是说，汇率变动对国际收支不平衡的调节应考虑国外影响。

专栏2-3　　　　货币贬值的收入效应与吸收效应

货币贬值对收入的直接效应

1) 闲置资源效应

这是贬值的收入效应中最为重要的一个，因为如果来自国外的需求因本币贬值而增加，本国能否保证出口商品的充分供应就成为出口增长的最大制约。如果本国存在闲置资源，则本国的经济即可被拉动。

本币贬值→出口增加、进口减少→启用闲置资源→通过外贸乘数的作用，国民收入成倍增长→国际收支改善。

2) 贸易条件效应

本币贬值，以外币计算的出口价格下跌，以外币计算的进口价格上升→贸易条件恶化→实际国民收入下降→吸收减少、出口增加→国际收支改善。

3) 资源配置效应

本币贬值→出口增加、进口减少→出口生产部门和进口替代部门的利润上升→国内资源重新配置→国民收入提高→国际收支改善。

货币贬值对吸收的直接效应

1) 现金余额效应

这是货币贬值最重要的吸收效应，因为它既作用于商品市场，又同时作用于货币资本市场。

本币贬值→国内物价总水平上涨→居民手中现金余额减少→消费减少→商品与劳务进口下降→国际收支改善。

本币贬值→国内物价总水平上涨→居民手中现金余额减少→货币市场供求改变，利率上升→投资减少，居民出售外币资产→资本流入→资本账户改善。

2）收入再分配效应

本币贬值→国内物价总水平上涨→国民收入向利润收入者及政府部门转移→吸收倾向下降→吸收总量减少→国际收支改善。

3）货币幻觉效应

本币贬值→由进口品开始国内物价轮番上涨→出现对物价的货币幻觉→消费与投资下降→吸收总量减少→国际收支改善。

2.4.3　货币分析法

货币分析法（monetary approach）是随着现代货币主义的兴起，在 20 世纪 70 年代中后期开始流行的一种国际收支理论，其代表人物是美国经济学家蒙代尔（R. A. Mundell）和约翰逊（H.G. Johnson）。货币分析法实际上是现代货币主义理论在国际收支方面的延伸，但其代表人物却否认他们的理论同现代货币主义理论之间的这种联系。该理论认为国际收支是一种货币现象，因而强调货币供给与货币需求之间的状况，在形成国际收支不平衡及其调节过程中的作用。

1）货币分析法的假设前提

货币分析法有如下主要假设前提：

（1）货币需求是收入、价格、利率等变量的稳定函数，在长期内货币需求是稳定的。

（2）货币供给量变动不影响实际变量，即货币中性。

（3）购买力平价理论在长期内成立，国际套利活动能保证同一商品在各国间有同一价格，即贸易品价格是外生的。

（4）各国货币当局对国际资本流动不采取"冲销政策"[①]。

（5）从长期来看，一国处于充分就业的均衡状态。

2）货币分析法的主要内容

货币需求方程式是货币分析法进行国际收支分析的基础，即：

$M_d = KPY$

式中，M_d 是货币需求余额量，K 是期望的名义货币余额与名义国民收入之比，假定为一个常数，P 是国内价格水平，Y 是实际产量，PY 是名义国民收入或总产值（GNP）。

另外，根据货币分析法，假设一国的货币供应量取决于其基础货币，货币供给方程为：

$M_s = m(D+R)$

式中，M_s 是一国总的货币供给量，m 是货币乘数，假定为一个常数，D 是一个国家基础货币的国内部分，R 是一个国家基础货币的国外部分。

一国基础货币的国内部分（D）是由这个国家货币当局所创造的国内信用。一

---

① 所谓"冲销政策"（sterilizing policy），意指使国际资本流动不影响一国的货币供应量。各国货币当局之所以不采取这一政策，在货币分析法看来，是因为它们无力采取或不愿采取这一政策。

国基础货币的国外部分（R）被认为是一国的国际储备，它的增加或减少代表这个国家国际收支的盈余或赤字。D+R被称为一国的基础货币或高能货币。在现行银行准备金制度下，存入商业银行的每一单位货币D和R都会通过乘数m带来一国货币供给量的数倍扩张。

货币市场均衡意味着$M_d=M_s$，于是有：

$M_d=M_s=m（D+R）$

为研究方便，令m=1，于是有：

$R=M_d-D$

由于M_d中的K、P、Y均不易发生变化，可得出：

$\Delta R=\Delta D$

该式即是货币分析法关于国际收支不平衡的基本方程式。

该式的理论意义为：国际收支本质上是一种货币现象，国际收支的不平衡产生于国内货币存量的供给和需求的不协调。

如果一国货币当局扩大国内信用（提高D），货币供给就会超过货币需求。为恢复货币市场均衡，多余的货币需要寻找出路，对个人和企业来说，会增加货币支出，重新调整实际货币余额；对整个国家而言，表现为货币外流，R会减少。也就是说，国内信贷扩张会导致国际储备的减少，于是国际收支出现逆差；如果货币当局减少国内信贷（降低D），那么在货币需求不变的条件下，为了恢复货币市场均衡，R将上升，即国际储备增加，国际收支出现顺差。

既然国际收支失衡可归因于国内货币市场的不平衡，那么恢复国际收支平衡的途径也就在于恢复国内货币市场的平衡。然而，由于国内货币市场存在着自动平衡机制，国际收支的不平衡可以自动消除，政策手段只是暂时发挥作用。

在固定汇率制下，即使货币当局不采取任何措施，货币市场的不平衡也是不可能长期存在的，它可以通过货币供给的自动调整机制自行消除，即货币供给通过国际储备的增减来适应货币需求。假设当局实行扩张性货币政策，国内的名义货币供应量增加，国内居民在调整实际货币余额时，增加进口支出，国际收支出现逆差，本币面临贬值压力。为防止本币贬值，当局必须干预外汇市场，卖出外汇，买进本币，降低国际储备，进而降低货币供给，国际收支也由此改善。由货币存量增加引起的国际收支逆差仅仅是一种暂时自身纠正的现象。

在浮动汇率制下，货币当局无须对外汇市场进行干预，但是汇率的变化可以消除国际收支的失衡。如果一国采取扩张性货币政策，导致一国货币供给超过货币需求，国际收支出现逆差，国际收支逆差意味着外汇市场上外汇供给小于外汇需求，于是逆差国货币贬值，货币贬值又引起国内物价水平的上涨，导致货币需求增加，直至与货币供给平衡。在货币市场趋于平衡的过程中，国际收支逆差逐渐缩小，直至消失。

货币分析法的政策主张归纳起来有以下几点：

（1）国际收支不平衡在本质上是货币现象，需要用货币理论来分析。

（2）国际收支的不平衡可以由国内货币政策来解决。国内货币政策主要是指货币供给政策，一般说来，扩张性货币政策（使 D 增加）可以减少国际收支顺差，而紧缩性货币政策（使 D 减少）可以减少国际收支逆差。

（3）为平衡国际收支而采取的贬值、进口限额、关税、外汇管制等贸易和金融干预措施，只有当它们的作用是提高货币需求，尤其是提高国内价格水平时，才能改善国际收支。不过，这种作用是暂时的，前提是不能同时发生国内货币供给的扩张。

（4）从长期看，国际收支不平衡只是货币市场调节过程中出现的暂时现象，市场调节机制可以自发使其恢复平衡。

3）对货币分析法的评价

货币分析法具有浓厚的货币主义色彩，视国际收支为一种货币现象，并且区分了货币的国内起源和国外起源，弥补了以往在国际收支研究中长期忽视货币因素的缺陷。

货币分析法的主要贡献是突破了将国际收支等同于贸易收支的局限，因此对国际收支的分析比较全面，也比较符合经济运行的实际情况。此外，它还强调国际收支差额将引起货币存量的变化，至少在短期内能够影响一国的经济活动。人们只要了解到国际收支差额对货币存量变化不可忽视的影响，就可以在政策上采取有效的措施。

对货币分析法的批评主要有以下几个方面：

（1）它在强调货币作用时走上了极端，过分强调货币因素而忽视实际因素，认为货币因素决定了收入水平、支出水平、贸易条件和其他实物因素，很可能颠倒了国际经济的因果关系。

（2）货币分析法片面强调长期均衡，忽视了短期和中期分析，而决策人最关心的正是短期和中期的发展动态。

（3）货币分析法的一些基本假设难以成立，如货币供应量不影响实际产量、一价定律成立等，都与事实情况不符。

2.4.4　几种主要国际收支调节理论的比较

国际收支调节理论主要集中于一国国际收支的决定因素和保持国际收支平衡的政策研究上，其经典理论主要包括弹性分析法、吸收分析法和货币分析法。这三种调节理论各有侧重，具有一定的互补性。

弹性分析法以运用局部分析法为基础，认为进出口商品必须满足一定条件，货币贬值才能改善国际收支；吸收分析法侧重分析收入和支出，主要是从宏观经济整体角度考察贬值对国际收支的影响；货币分析法以货币数量论为基础，认为国际收支不平衡是货币供求存量不平衡的结果。

相比而言，从考察期限看，弹性分析法、吸收分析法注重中短期分析，而货币分析法侧重长期分析。从分析对象看，弹性分析法是对商品市场的微观分析，而吸收分析法和货币分析法是对商品市场和货币市场的宏观经济分析。从政策主张看，弹性分析法偏向于采用汇率政策作为调整国际收支失衡的最有效政策；吸收分析法倾向于总需求管理；货币分析法则主张用货币政策应对国际收支失衡。从贬值效果看，弹性分析法、吸收分析法都认为贬值在一定条件下会对经济产生扩张作用，而货币分析法则认为贬值会使国内经济收缩。

总之，弹性分析法和吸收分析法都强调商品市场流量均衡在国际收支调节中的作用，而货币分析法则强调货币市场存量均衡的作用；前两者注重经常账户，尤其是贸易收支，而货币分析法则将国际资产流动作为考察对象，强调国际收支的综合差额。

当前，弹性分析法、吸收分析法和货币分析法不仅为许多国家所重视，而且也成为国际货币基金组织调节国际收支方案的理论依据。比如，当某会员国际收支处于严重困难境地，并要求IMF提供高档信贷部分贷款时，IMF往往要求该会员采取大规模削减财政赤字、严格控制信贷和进行货币贬值等措施，以改善国际收支。IMF的这些要求，就是以货币分析法为基础，认为货币供求是决定国际收支的首要因素，因而强调实行以控制国内信贷为主的政策，同时这些要求还反映了吸收分析法以控制国内需求为主以及弹性分析法以货币贬值来促进出口的论点。

2.5   中国的国际收支

2.5.1   中国的国际收支平衡表

1979年以前，我国一直都未编制国际收支平衡表，只编制外汇收支计划，作为国民经济发展计划的组成部分。我国的外汇收支计划，只包括贸易收支计划、非贸易收支计划和对外援助计划三个部分。由于这个时期我国实行的是高度集中的计划经济体制，坚持实行"以收定支、收支平衡、略有结余"的方针，外汇收支和外汇储备的规模都很小，同时，我国与西方国家间的资金借贷关系很少。

我国实行改革开放政策以后，对外交往日益增多，国际收支在我国国民经济中的作用越来越大，编制我国的国际收支平衡表也就势在必行。同时，国际货币基金组织在1980年4月恢复了我国的席位和合法权益后，我国也有义务向IMF定期报送国际收支平衡表。我国从1980年开始试编国际收支平衡表，1982年开始对外公布，当时采取的是以行业统计为特点的具有计划经济色彩的国际收支统计办法。根据IMF的《国际收支手册》（第四版）并结合我国的实际情况分类、设置和编制。

1997年，我国开始采用《国际收支手册》（第五版）的原理和格式编制国际收支平衡表。2009年以来，为了配合《国际收支和国际投资头寸手册》（第六版）的实施，我国进行了充分的准备工作，包括统计制度调整、与相关部门的协调、历史数据的调整等。从2015年起，我国开始按第六版标准编制并发布国际收支平衡表。

需要说明的是，我国国际收支平衡表所反映的对外经济交易，既包括我国与外国之间的交易，也包括与中国香港、中国澳门、中国台湾地区之间的经济交易。

2.5.2 中国国际收支的基本情况

改革开放以来，我国国际收支状况的总体特征是：收支总量以较快的速度增长，反映出我国对外开放程度正在不断加深。

从差额和国家储备资产的变动状况看，到 20 世纪 90 年代上半期之前，波动十分明显，顺差和逆差交替出现。1994 年以后，我国的市场经济体制逐渐完善，对外开放的程度进一步加深。随着我国外汇体制等领域一系列改革措施的实施，我国国际收支状况也有了显著变化：经常账户与资本和金融账户持续双顺差，且顺差规模不断加大、增长迅速；资本和金融账户规模不断扩大，资本和金融账户的顺差成为我国国际收支顺差的主要因素之一；误差与遗漏账户数额偏大，且呈现不断扩大的趋势；外汇储备持续大幅度增加。我国的国际收支"双顺差"格局一直持续到 2011 年。

2012—2015 年，我国的国际收支呈现出经常账户顺差、资本和金融账户逆差的格局。2016—2019 年，我国国际收支呈现出双顺差局面，但是顺差幅度有所收窄。2020—2021 年，我国国际收支又呈现出经常账户顺差、资本和金融账户逆差的格局，具体见表 2-1。

表 2-1　　　　　　1982—2021 年中国国际收支简表（一级账户）　　　单位：亿美元

年份	经常账户差额	资本和金融账户差额	储备资产变动	误差与遗漏净额
1982	57	−17	−42	3
1983	42	−14	−27	−2
1984	20	−38	5	12
1985	−114	85	54	−25
1986	−70	65	17	−12
1987	3	27	−17	−14
1988	−38	53	−5	−10
1989	−43	64	−22	1
1990	120	−28	−61	−31
1991	133	46	−111	−68
1992	64	−3	21	−83
1993	−119	235	−18	−98
1994	77	326	−305	−98
1995	16	387	−225	−178

年份	经常账户差额	资本和金融账户差额	储备资产变动	误差与遗漏净额
1996	72	400	−317	−155
1997	370	210	−357	−223
1998	315	−63	−64	−187
1999	211	52	−85	−178
2000	205	19	−105	−119
2001	174	348	−473	−49
2002	354	323	−755	78
2003	431	549	−1 061	82
2004	689	1 082	−1 901	130
2005	1 324	953	−2 506	229
2006	2 318	493	−2 848	36
2007	3 532	942	−4 607	133
2008	4 206	401	−4 795	188
2009	2 433	1 985	−4 003	−414
2010	2 378	2 869	−4 717	−529
2011	1 361	2 655	−3 878	−138
2012	2 154	−1 283	−966	−871
2013	1 482	−853	−4 314	−629
2014	2 360	−1 692	−1 178	−669
2015	2 930	−912	3 429	−2 018
2016	1 913	272	4 437	−2 186
2017	1 887	179	−915	−2 066
2018	241	1 532	−189	−1 774
2019	1 029	263	193	−1 292
2020	2 488	−901	−289	−1 588
2021	3 173	−1 499	−1 882	−1 674

资料来源：根据国家外汇管理局网站相关资料整理。

1）经常账户

改革开放以来，我国货物贸易进出口总体保持了比较均衡的发展态势。进入21世纪以后，我国货物贸易一直保持顺差。但是，服务贸易却连年逆差，且规模不断扩大。服务贸易逆差较大的主要原因是我国服务行业的整体水平与世界发达国家的差距依然较大。

除个别年份外，收入（初次收入）项目总体呈逆差状态，这主要是外国在华直接投资与中国对外直接投资的严重不对称所致。经常转移（二次收入）近年来则顺逆交替出现。

2）资本和金融账户

1982—2004年，资本和金融账户累计顺差4 108亿美元，明显高出同期经常账户的累计顺差2 969亿美元。2004年之后，这种情况才发生改观。也就是说，改革开放以来的大部分时间里，资本项目顺差对中国国际收支总顺差的贡献要大于经常项目。从具体项目上看，直接投资是稳定的资本流入形式，是资本项目顺差的最主要来源。20世纪90年代以来，中国每年实际利用外商直接投资一直名列世界前茅，2002年、2003年更是超过美国跃居世界第一位，此后长期居于世界前三位。随着我国"走出去"开放战略的实施，近年来我国对外直接投资显著增长，但规模仍然小于外来直接投资。直到2016年上半年，由于我国企业国际竞争力和全球资源配置意愿增强，以及"一带一路"倡议落实促使对外直接投资快速增长，同时外国来华直接投资增速放缓，直接投资由持续净流入转变为有些年份的净流出。

证券投资和其他投资波动性较大，时而顺差时而逆差，近年来规模不断增大，对资本流动格局的影响也不可忽视。

3）误差与遗漏账户

一般而言，误差与遗漏的方向是不确定的，可能出现在借方，也可能出现在贷方。根据国际惯例，只要误差与遗漏规模不大，处于公认的国际收支规模5%的合理范围内，其出现在借方或贷方都是合理的。

我国国际收支平衡表中的误差与遗漏项目长期在借方，2002年首次出现在贷方，一直持续到2008年。2009年以后，该项目又持续出现在借方。虽然我国的误差与遗漏总额在国际公认的合理范围之内，然而，如果误差与遗漏项目的原因主要是统计技术问题，就必然出现借贷方差额交替变换。但是，2002年之前我国国际收支平衡表中该项目长期出现在借方，单纯的统计原因已不足以解释该项目的变化。这说明我国长期以来存在资本外逃的问题。2002年以后，我国本外币正向实际利差扩大，人民币汇率趋强，资本外逃现象得以缓和，但是由于存在对人民币升值的预期，热钱流入迹象显现。由此可见，误差与遗漏项目可以从侧面反映一国难以监测到的资本流出、流入情况。

知识拓展2-2

国际收支危机

● **思政课堂**

美国贸易逆差创历史新高

美国商务部公布的数据显示，2021年美国商品和服务贸易逆差达到前所未有的8 591亿美元，不仅刷新2006年的7 635.3亿美元纪录，也是美国自1960年开始追踪这一数据以来的最大数字。

不少分析提到，美国政府在疫情期间出台大规模财政支出措施，比如2021年3月通过1.9万亿美元的疫情纾困救助法案，使得内需强劲，刺激消费者购买更多商品，企业也因此大量增加库存。同时由于疫情，人们居家时间增多，对包括智能手机、个人电脑在内的电子设备、家具、玩具等日常用品的需求增加。此外，企业对原料的强劲需求，能源和食品价格上涨，增加了进口成本，也会带来贸易赤字的上升。

贸易逆差扩大，美国舆论不忘炒作美国对中国的所谓"依赖"。美国对来自中国的鞋类、服饰、电子产品、自行车甚至宠物食品等征收了上百亿美元关税，但2021年美国许多进口商品仍然来自中国。还有媒体说，拜登和特朗普都谈论过重振美国制造业，但美国仍严重依赖中国和其他低成本国家的工厂生产大量消费品。

中美之间巨大的贸易规模本质上反映了两国产业的高度互补性。尤其是疫情期间，中国作为全球重要生产制造基地，源源不断输出各种制成品和中间品，对世界经济复苏起到重要提振作用，在各国实施财经刺激政策的背景下，对抑制通胀起到重要作用。而美国依然限制高科技产品对华出口，并持续加大对中国企业的打压，阻断正常经贸行为，这些都不利于中美经贸合作和贸易平衡。

● **本章小结**

国际收支是一国宏观经济变量中反映对外经济关系的最主要指标。随着国际交往范围的日益扩大及国际货币制度的发展，国际收支的概念经历了一个不断演化的过程，从最初的贸易收支、外汇收支，到目前的广义国际收支。国际收支是流量概念，反映一个经济体的居民与非居民之间的经济交易。

国际收支平衡表是一国国际收支的具体体现，按照复式簿记原理，采用借贷记账法，运用货币计量单位编制，所包含的信息对政府的宏观决策及居民的微观行为都有重要的参考价值。根据国际货币基金组织出版的《国际收支和国际投资头寸手册》（第六版）的规定，国际收支账户所记录的交易可分为经常账户、资本账户、金融账户、误差与遗漏账户四大类，其中前两项属于国际收支平衡表的标准组成部分。经常账户是指对实际资源在国家间的流动行为进行记录的账户，包括货物、服务、收入和经常转移等项目。资本账户记录非生产非金融资产的取得和处置，包括两项内容：资本转移和非生产、非金融资产的收买或放弃。金融账户包括一国对外资产和负债所有权变更的所有权交易。根据投资类型或功能，这些交易可以分为直接投资、证券投资、金融衍生产品（储备除外）和雇员认股权、其他投资、储备资产五类。误差与遗漏账户是抵消账户，反映统计上的误差。

国际收支平衡表的分析方法有静态分析、动态分析和比较分析三种。国际收支平衡表是一种事后的会计性记录，其整体上总是平衡的，但就具体项目（账户）而言，需要分析的项目包括：贸易账户差额、经常账户差额、综合账户差额、误差与遗漏账户。

国际收支失衡是指基于自主性交易的失衡。国际收支失衡的一般原因包括周期性、收入性、货币性、结构性等几个方面，持续且大规模的国际收支失衡不利于一国经济的发展。当一国发生国际收支不平衡问题时，经济中的许多变量，诸如汇率、物价、利率、国民收入等都会作出相应反应，从而有使国际收支趋于自动恢复平衡的趋势。只有当一国发生了持续性的、巨额的顺差或逆差时，政府才有必要采取适当的措施，包括外汇政策、国内政策、直接管制等。

国际收支调节理论分析一国国际收支的决定因素、国际收支失衡的原因以及国际收支调节的政策含义等内容。弹性分析法建立在马歇尔微观经济学和局部均衡的基础上，把汇率水平的调整作为调节国际收支不平衡的基本手段，紧紧围绕进出口商品的供求弹性探讨通过货币贬值改善国际收支的条件。吸收分析法建立在凯恩斯的国民收入方程式基础上，提出了一个较为完整的汇率调整国际收支模型，包括了汇率调整过程中较为主要的宏观经济关系。货币分析法是货币主义思想在国际收支分析中的应用，该理论突破了将国际收支等同于贸易收支的局限，认为国际收支失衡在本质上是货币现象，可以依靠国内货币政策来解决。

我国从 1980 年开始试编国际收支平衡表，1982 年开始对外公布。改革开放以来，我国国际收支总量以较快的速度增长。20 世纪 90 年代上半期之前，顺差和逆差交替出现。1994—2011 年，我国国际收支状况也有了显著变化：经常账户与资本和金融账户持续双顺差，且顺差规模不断加大、增长迅速；资本和金融账户的顺差规模不断扩大，且成为我国国际收支顺差的主要因素之一；外汇储备持续大幅度增加。2012 年后，我国的国际收支逐渐结束了长期连续的"双顺差"局面。

● 延伸阅读

1. 国家外汇管理局每年对外公布中国的国际收支平衡表和国际收支分析报告，可以到国家外汇管理局的网站查阅，http：//www.safe.gov.cn。

2. 中国历年进出口贸易的历史性数据和最新数据可以到中华人民共和国海关总署网站查阅，http：//www.customs.gov.cn。

3. 国际货币基金组织（IMF）每年编制《世界经济概览》（World Economic Out-look）和《全球金融稳定报告》（Global Financial Stability Report），对全球各国的国际收支状况进行分析，可以到 IMF 的网站上阅读和下载，http：//www.imf.org。

● **基本概念**

国际收支　国际收支平衡表　经常账户　资本账户　金融账户　误差与遗漏账户　储备资产　自主性交易　调节性交易　周期性失衡　收入性失衡　货币性失衡　结构性失衡　马歇尔-勒纳条件　J曲线效应　双顺差

● **复习思考题**

随堂测试

1.什么是国际收支？为什么要研究国际收支？

2.按照国际货币基金组织编制的标准格式，国际收支平衡表应该包括哪些内容？

3.国际收支平衡的含义是什么？造成国际收支失衡的原因有哪些？

4.如何调节国际收支失衡？

5.弹性分析法有哪些主要内容？

6.货币分析法和吸收分析法的主要观点是什么？

7.比较几种不同的国际收支调节理论。

8.中国的国际收支状况有何特点？

● **附录 2-1　国际收支平衡表的基本框架**

国际收支平衡表的基本框架

	贷　方	借　方
经常账户		
（一）货物和服务		
1.货物		
国际收支统计口径的一般商品		
转手买卖货物的净出口		
非货币黄金		
2.服务		
对他人拥有的实物投入的制造服务（加工服务）		
别处未涵盖的维护和修理服务		
运输		
旅行		
建设		

续表

	贷　方	借　方
保险和养老金服务		
金融服务		
别处未涵盖的知识产权使用费		
电信、计算机和信息服务		
其他商业服务		
个人、文化和娱乐服务		
别处未涵盖的政府货物和服务		
（二）初次收入		
1.雇员报酬		
2.投资收益		
直接投资		
证券投资		
其他投资		
储备资产		
3.其他初次收入		
租金		
生产税和进口税		
补贴		
（三）二次收入		
1.个人转移		
2.其他经常转移		
对所得、财富等征收的经常性税收		
社保缴款		
社会福利		
非寿险和标准化担保净保费		

续表

	贷 方	借 方
非寿险索赔和标准化担保下的偿付要求		
经常性国际转移		
其他经常转移		
资本账户		
1.非生产非金融资产的取得（借记）/处置（贷记）		
自然资源		
契约、租约和许可		
营销资产		
2.资本转移		
资本转移		
债务减免		
其他		
金融账户		
1.直接投资		
2.证券投资		
3.金融衍生产品（储备除外）和雇员认股权		
4.其他投资		
5.储备资产		
（1）货币黄金		
（2）特别提款权		
（3）在基金组织中的储备头寸		
（4）其他储备资产		
（5）其他债权		
误差与遗漏净额		

资料来源　国际货币基金组织. 国际收支和国际投资头寸手册［M］. 6版. Washington, D. C：［s.n.］，2009：8.

● 附录 2-2　2021 年中国国际收支平衡表

中国国际收支平衡表（2021 年）　　　　　单位：亿美元

项　目	金　额
1.经常账户	3 173
贷方	38780
借方	−35607
1.A 货物和服务	4 628
贷方	35 543
借方	−30 915
1.A.a 货物	5 627
贷方	32 159
借方	−26 531
1.A.b 服务	−999
贷方	3 384
借方	−4 384
1.A.b.1 加工服务	135
贷方	142
借方	−7
1.A.b.2 维护和维修服务	40
贷方	79
借方	−38
1.A.b.3 运输	−206
贷方	1 273
借方	−1 479
1.A.b.4 旅行	−944
贷方	113

项　目	金　额
借方	−1 057
1.A.b.5 建设	56
贷方	154
借方	−97
1.A.b.6 保险和养老金服务	−144
贷方	49
借方	−193
1.A.b.7 金融服务	4
贷方	52
借方	−47
1.A.b.8 知识产权使用费	−351
贷方	117
借方	−468
1.A.b.9 电信、计算机和信息服务	106
贷方	507
借方	−401
1.A.b.10 其他商业服务	339
贷方	869
借方	−531
1.A.b.11 个人、文化和娱乐服务	−18
贷方	14
借方	−33
1.A.b.12 别处未提及的政府服务	−17
贷方	16

续表

项　目	金　额
借方	−32
1.B 初次收入	−1 620
贷方	2 745
借方	−4 365
1.B.1 雇员报酬	−13
贷方	171
借方	−184
1.B.2 投资收益	−1 638
贷方	2 536
借方	−4 174
1.B.3 其他初次收入	31
贷方	38
借方	−7
1.C 二次收入	165
贷方	492
借方	−327
2.资本和金融账户	−1 499
2.1 资本账户	1
贷方	3
借方	−2
2.2 金融账户	−1 500
资产	−8 116
负债	6 616
2.2.1 非储备性质的金融账户	382

项　目	金　额
资产	-6 234
负债	6 616
2.2.1.1 直接投资	2 059
2.2.1.1.1 直接投资资产	-1 280
2.2.1.1.1.1 股权	-992
2.2.1.1.1.2 关联企业债务	-288
2.2.1.1.2 直接投资负债	3 340
2.2.1.1.2.1 股权	2 772
2.2.1.1.2.2 关联企业债务	568
2.2.1.2 证券投资	510
2.2.1.2.1 资产	-1 259
2.2.1.2.1.1 股权	-856
2.2.1.2.1.2 债券	-403
2.2.1.2.2 负债	1 769
2.2.1.2.2.1 股权	831
2.2.1.2.2.2 债券	938
2.2.1.3 金融衍生工具	111
2.2.1.3.1 资产	179
2.2.1.3.2 负债	-68
2.2.1.4 其他投资	-2 298
2.2.1.4.1 资产	-3 873
2.2.1.4.1.1 其他股权	-6
2.2.1.4.1.2 货币和存款	-1 525
2.2.1.4.1.3 贷款	-1 205

项　目	金　额
2.2.1.4.1.4 保险和养老金	−44
2.2.1.4.1.5 贸易信贷	−616
2.2.1.4.1.6 其他	−478
2.2.1.4.2 负债	1 576
2.2.1.4.2.1 其他股权	0
2.2.1.4.2.2 货币和存款	656
2.2.1.4.2.3 贷款	51
2.2.1.4.2.4 保险和养老金	33
2.2.1.4.2.5 贸易信贷	335
2.2.1.4.2.6 其他	85
2.2.1.4.2.7 特别提款权	416
2.2.2 储备资产	−1 882
2.2.2.1 货币黄金	0
2.2.2.2 特别提款权	−416
2.2.2.3 在国际货币基金组织的储备头寸	1
2.2.2.4 外汇储备	−1 467
2.2.2.5 其他储备资产	0
3.净误差与遗漏	−1 674

注：本表计数采用四舍五入原则。

资料来源　国家外汇管理局. 2021 年中国国际收支报告 ［R/OL］. ［2022-03-25］. https：//www.safe.gov.cn/safe/2022/0325/20772.html.

● **附录 2-3　马歇尔-勒纳条件的数学推导**

以 TB 代表贸易差额，以 X、eM 分别代表出口与进口，则有：

TB=X-eM

这里，假设初始国际收支余额是均衡的，即 X=eM。

将上式予以动态化，求其导数，则有：

dTB=dX-e×dM-M×de

将上式两边同除以汇率变动 de，则有：

dTB/de=dX/de-e×dM/de-M

因为弹性可以表示为：

$\eta_X = \dfrac{dX/X}{de/e}$ 和 $\eta_M = -\dfrac{dM/M}{de/e}$

则意味着有：

dX/de=η_XX/e 和 dM/de=-η_XM/e

将上述变化带入 dTB/de=dX/de-e×dM/de-M，则有：

dTB/de=η_XX/e+η_MM-M

再将 X=eM 代入，则有：

dTB/de=η_XM+η_MM-M=M（η_X+η_M-1）

显然，若想使 dTB/de>0，则必须有：

η_X+η_M>1

η_X+η_M>1 即为马歇尔-勒纳条件的表达式。

第 2 部分
国际金融政策

第3章 / 汇率政策

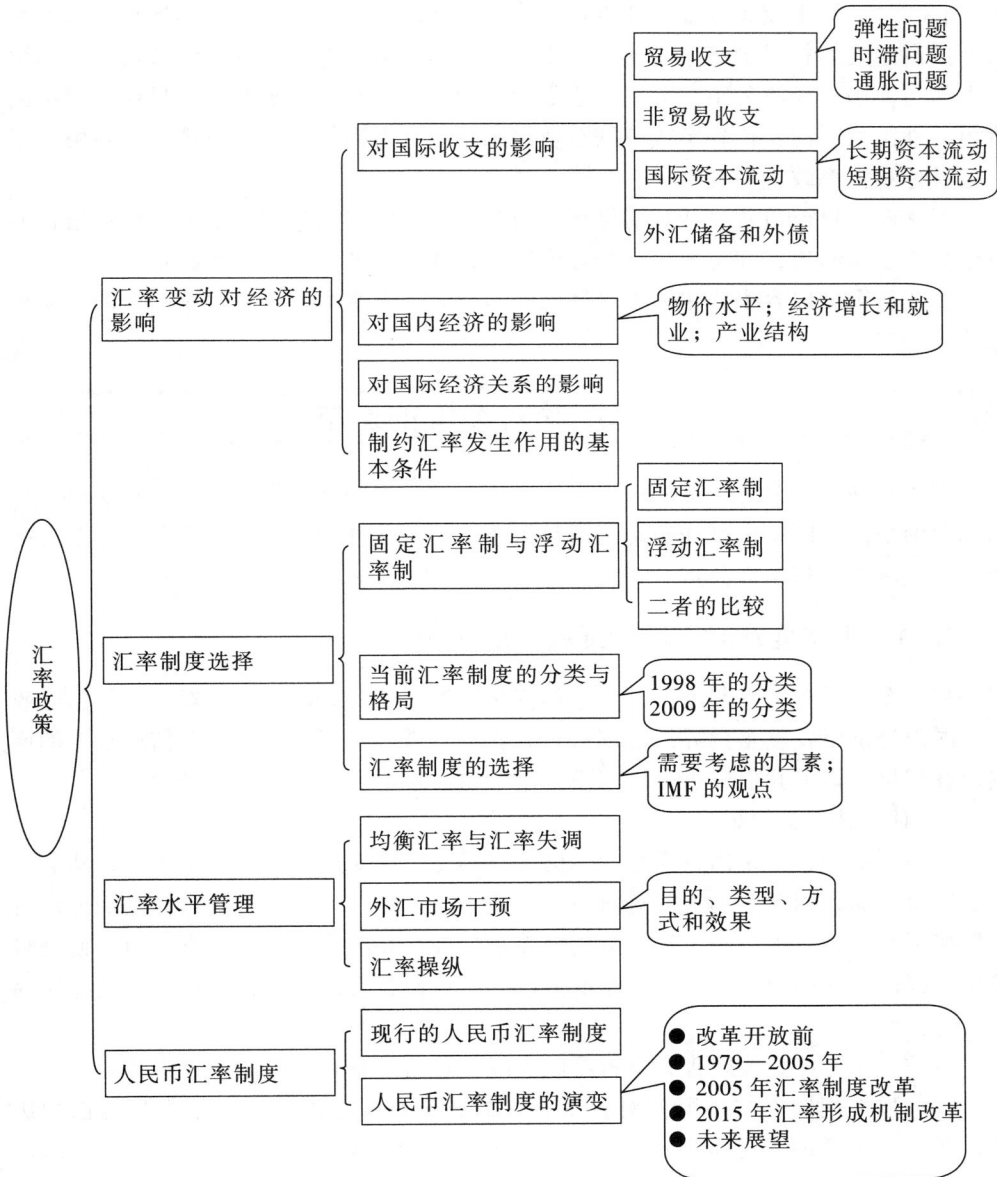

```
                                                              ┌─ 弹性问题
                                               ┌─ 贸易收支 ───┤  时滞问题
                                               │              └─ 通胀问题
                                               ├─ 非贸易收支
                              ┌─ 对国际收支的影响 ┤
                              │                ├─ 国际资本流动 ─┬─ 长期资本流动
                              │                │               └─ 短期资本流动
                              │                └─ 外汇储备和外债
            ┌─ 汇率变动对经济的 ┤
            │   影响          ├─ 对国内经济的影响 ──── 物价水平；经济增长和就
            │                │                        业；产业结构
            │                ├─ 对国际经济关系的影响
            │                └─ 制约汇率发生作用的基
            │                    本条件
            │                                  ┌─ 固定汇率制
            │                ┌─ 固定汇率制与浮动汇 ┤  浮动汇率制
            │                │   率制          └─ 二者的比较
            │                │
   汇率      ┤  汇率制度选择 ──┤  当前汇率制度的分类与 ─┬─ 1998 年的分类
   政策      │                │   格局              └─ 2009 年的分类
            │                │
            │                └─ 汇率制度的选择 ──── 需要考虑的因素；
            │                                      IMF 的观点
            │                ┌─ 均衡汇率与汇率失调
            │                │
            ├─ 汇率水平管理 ──┤  外汇市场干预 ──── 目的、类型、方
            │                │                    式和效果
            │                └─ 汇率操纵
            │                ┌─ 现行的人民币汇率制度   ● 改革开放前
            │                │                        ● 1979—2005 年
            └─ 人民币汇率制度 ┤                        ● 2005 年汇率制度改革
                             └─ 人民币汇率制度的演变 ──● 2015 年汇率形成机制改革
                                                       ● 未来展望
```

学习目标

　　熟悉和掌握汇率政策的内涵，掌握汇率变动对一国经济的影响。掌握汇率制度的概念、类型和内容，能够对不同的汇率制度进行比较。熟悉人民币汇率制度的历史演变过程。了解汇率管理的基本方式。

　　在经济全球化背景下，随着各国对外开放程度的提高，汇率逐渐成为经济运行的核心变量，汇率政策的重要性也日渐突出。同时，由于汇率变动会导致一国商品与外国商品之间相对价格的变化，汇率政策的制定不仅关乎本国的经济运行，也影响本国与他国的经济关系。汇率政策是指一国政府为实现一定的政策目标，把本国货币与外国货币的比价确定或控制在适度水平的一系列做法。汇率政策主要由汇率政策目标和汇率政策工具组成。

　　汇率政策目标通常包括：①保持出口竞争力，实现国际收支平衡与经济增长的目标；②稳定物价；③防止汇率的过度波动，从而保证金融体系的稳定。

　　汇率政策的内容主要包括汇率制度的选择、汇率水平的确定以及汇率的变动和调整。

3.1　　　　　　　　　汇率变动对经济的影响

　　汇率变动通过多种渠道作用于实体经济，对一国的国内经济和对外贸易产生影响。无论是对一国货币当局制定汇率政策还是对企业进行外汇风险管理，了解汇率变动的经济影响都是极其重要的。

3.1.1　汇率变动对一国国际收支的影响

　　在当今的浮动汇率制度下，汇率的变化频繁而剧烈。汇率变动对一国的国际收支、国内经济以及整个世界经济都有重大影响。就结果而言，货币升值或贬值的影响恰好相反，以下我们着重分析本币汇率下跌（本币贬值）的经济影响。

　　1）对贸易收支的影响

　　本币贬值后，如果出口商品的本国价格不变，则对应的外币价格下降，从而提高了出口商品在国际市场上的竞争力，会使出口增加；同时，若进口商品的外币价格保持不变，则本币价格上升，会削弱该进口商品在国内市场上的竞争力，使进口减少。因此，一般而言，一国货币贬值有利于该国扩大出口、抑制进口，改善贸易收支情况。

　　但是，在考虑贬值能否改善贸易收支时，还需注意几个问题：

　　（1）弹性问题。本币贬值对贸易收支的影响有两个方面：一是数量方面的影响，即出口量增加、进口量减少；二是价格方面的影响，即出口的外币价格降低、进口的本币价格上升，贸易条件恶化。这两方面的影响方向相反，只有当数量方面的影响超过价格方面的影响时，贸易收支才会改善。只有当出口供给弹性足够大，同时与进出口需求弹性之和大于 1 时（"马歇尔-勒纳条件"），贸易收支才能得到改善。

（2）时滞问题（J 曲线效应）。本币贬值对出口的刺激作用和对进口的抑制作用，会因出口合同的约束、生产调整以及需求变动滞后而难以发挥，这就导致贬值后进出口数量不会立即调整，但贸易差额将因贸易条件的恶化而恶化。只有经过一段时间后，货币贬值才会使国际收支改善。

（3）通胀问题。从短期来看，本币贬值可能扩大出口，但从长期来看，由于贬值影响国内物价水平，随着国内物价上涨，出口商品的成本上升，竞争力反而下降。因此，一国通过货币贬值来刺激出口，往往必须同时采取紧缩的货币政策，以保持国内币值和物价的稳定。

2）对非贸易收支的影响

所谓非贸易收支，是指国际收支平衡表中除货物之外的其他三项：服务、初次收入和二次收入。

一国货币贬值后，一方面，外国货币的购买力相对提高，对外国游客而言，本国的商品、劳务、旅游和住宿的费用就变得相对便宜，从而增加了吸引力，因此会促进本国的旅游业发展及相关收入的增加。另一方面，由于本币的购买力相对下降，国外的服务价格变得相对昂贵，进而抑制了本国的服务进口。所以，若不考虑国内物价水平的变动，贬值所形成的国内外的相对价格变化，将有利于一国非贸易收支的改善。应该注意的是，这里同样存在弹性问题。

3）对国际资本流动的影响

本币贬值对国际资本流动的影响十分复杂。国际资本流动的目的通常是追求利润和资金安全。一国货币贬值对资本流动的影响，在很大程度上取决于人们对汇率进一步变动的心理预期，而且它对长期资本流动和短期资本流动的影响也可能有所不同。

直接投资等长期资本流动的动因主要是劳动生产率和资本利润率的高低。一国货币贬值对外国投资者存在相互矛盾的影响。在其他条件不变的前提下，如果人们认为一国货币贬值是一次性的，那么，它可能吸引长期资本流入该国。因为贬值使外汇能够兑换更多的该国货币，意味着等量外资可以支配更多的实际资源，从而在该国投资可以获取更高的利润。但另一方面，一国货币贬值也会增加外国投资者的生产成本，特别是那些对进口成本依赖性较强的投资者，并使其投资利润在以外币衡量时相对下降。如果人们认为一国货币会进一步贬值，则贬值会令长期资本倾向于流出该国，因为这会使外商在将投资利润汇回本国时遭受损失。

短期资本流动对货币贬值的反应更加敏锐。当一国货币开始贬值时，为了避免持有该国货币可能遭受损失的风险，本国短期资本会外逃，另外，存放在本国银行的短期国际资本或其他投资（如证券等）也会调往国外。有时，上述行为会加剧本币贬值。若该国货币贬值已经到位，在具备投资环境的条件下，投资者不再担心资产受损，则外逃的资本就会抽回国内。当然，如果贬值过头，当投资者预期汇率将会反弹，就会纷纷将资本调到该国，以牟取汇率上升的好处。需要说明的是，汇率变动对国际资本流动的影响，是以利率、通货膨胀等因素不变或相对缓慢变动为前提的。

4）对外汇储备和外债的影响

通常一国货币贬值，出口增加和进口减少有利于形成贸易顺差，同时资本输入的增加和输出的减少又有利于形成资本项目顺差，所以外汇储备趋于增加。此外，外汇储备在一国国际储备构成中所占比重较大，如果储备货币的汇率发生变动，将直接影响外汇储备的实际价值。储备货币贬值使持有该储备货币的国家的外汇储备实际价值遭受损失；而储备货币的发行国则因该货币的贬值而减轻了债务负担，获得一定收益。为避免汇率变动对债务的不利影响，债务管理当局必须根据汇率变化的趋势，合理安排债务货币结构。

3.1.2　汇率变动对一国国内经济的影响

在开放经济条件下，汇率变动会对一国国内经济产生很大影响。这种影响一般会引起国内物价的变动，进而影响一国的生产结构、资源配置、收入分配以及就业等各个方面，从而对整个国内经济产生深远影响。

1）对国内物价水平的影响

汇率变化会直接影响贸易品价格，而这种影响也会传递到非贸易品价格上。一般说来，货币贬值会给一国带来通货膨胀压力，引起物价上涨。本币贬值可以通过以下几个渠道引发国内通货膨胀。

（1）从进口角度看，本币贬值将提高进口原材料的本币价格，导致国内使用进口原料的商品成本提高、价格上升，从而引发成本推动型的通货膨胀。同时，如果进口的是消费品，一方面会使得消费市场的物价水平上涨，另一方面会带来示范效应，国内相同的产品会提高价格。

（2）从出口角度看，一国货币贬值会促使出口增加，由于生产在短期内无法扩大，出口品在国内的供应将减少，其国内价格将上涨，也会造成通货膨胀压力。

（3）一国货币贬值有可能改善国际收支，增加外汇储备。国际收支顺差的增加，会促使中央银行不断买进外汇，从而使本国的外汇储备增加。同时，买进外汇的过程就是增加本币投放数量的过程，本国货币供应量的增加显然会给该国带来通货膨胀压力。

2）对经济增长和就业的影响

如果一国的货币贬值能够起到增加出口的作用，就会使生产扩大，国民收入和就业增加，因为出口收入的增加，会带来国内投资、消费和储蓄的增加。根据对外贸易乘数的原理，如果增加的出口收入中有一部分用于购买本国产品，出口就会对国民收入和就业的增加起到连锁推动作用。

另外，一国货币贬值会导致进口商品价格上涨，这会在一定程度上引导消费者转向购买本国产品，刺激本国生产进口商品的替代品，进而起到与出口增加同样的作用，增加国民收入。

应该注意的是，上述影响是以本币贬值前国内存在闲置资源为前提的。只有这样，出口增加或进口减少形成的国内商品需求的增加才可能使闲置资源得到利用，从而推动经济增长和就业。在发展中国家，收入增长经常性地遇到资金、技术、设备、原料等方面的约束。若政府实行本币贬值，压低本币汇率，使本国的土地和劳动力对外商来说更加便宜，便可能吸引长期资本流入。这有助于打破各种资源约束，推动收入增长和增加就业。

3）对产业结构的影响

无论从理论上还是在实践中，货币贬值都可以被视为一种赋税行为，即对出口是补贴，对进口则是税负。对于出口产品而言，本币贬值有助于企业扩大出口，增加利润，占领国际市场；对于进口商品而言，汇率贬值导致国内销售价格上升，从而使一部分需求转向国内商品，提高了国内生产的同类商品的竞争力，为本国进口替代品留下了生存和发展的空间，有利于一国实行进口替代战略。

但是，货币过度贬值也会有副作用：一方面，它使以高成本低效益生产出口产品和进口产品替代品的企业得到鼓励，因此具有保护落后产业的作用，不利于提高企业竞争力，同时也无法优化社会资源的配置。另一方面，它使本来需要进口的商品因国内价格变得过于昂贵而停止或减少进口，或者加重了进口企业的成本，不利于调整经济结构和提高劳动生产率。

3.1.3 汇率变动对国际经济关系的影响

在浮动汇率制下，外汇市场上各国货币频繁、不规则波动，不仅给各国对外贸易、国内经济等造成了深刻影响，也影响着各国的经济关系。

在国际经济交往中使用的货币主要是发达国家的货币。这些国家将汇率政策作为其对外扩张的手段，对国际经济联系产生深刻影响，常常加剧了发达国家与发展中国家的矛盾，也激化了发达国家之间争夺销售市场的矛盾，加大了国际贸易和国际金融活动的风险，为外汇交易的投机行为提供了可乘之机。

目前，通过货币的竞相贬值促进各自国家的商品出口是国际上很普遍的现象，这也就是所谓的"货币战"。由此造成的不同利益国家之间的分歧和矛盾层出不穷，这也加深了国际经济关系的复杂化。

另外，西方金融市场上某些货币的持续坚挺也同样会引起国际经济矛盾。例如，20世纪90年代初德国马克持续升值，对整个欧洲货币体系造成了巨大压力，其他国家货币（如意大利里拉、法国法郎等）在其强势对比之下大幅贬值，欧洲汇率机制终于支持不住而扩大了浮动界限。这一切都使当时欧共体各国之间原有的经济矛盾进一步加深，导致欧洲经济货币联盟的一体化进程停滞不前。

知识拓展 3-1

"广场协议"、
日元升值与
日本经济泡沫

3.1.4 制约汇率发生作用的基本条件

理论上，汇率变动会对一国经济以及国际经济关系产生复杂而深刻的影响，但这些影响是否发生、程度如何，还要取决于多种现实的制约因素。

（1）一国的对外开放程度。一国对外开放程度可用外贸依存度来衡量，即一国的对外贸易额与国内生产总值之比。一国的对外贸易依存度越高，汇率变化的影响就越大，反之则越小。

（2）一国商品生产的多样化程度。若出口商品结构单一，汇率稍有变动，便会影响该国出口及整体经济状况。因此汇率变化对生产单一商品的国家影响较大，而对生产多样化商品的国家影响较小。

（3）一国国内金融市场与国际金融市场的联系程度。一国的国内金融市场越开放，与国际金融市场的联系越密切，汇率变化的影响越大。

（4）货币的兑换性。一国货币的自由兑换程度越高，在国际支付中使用越频繁，汇率变化的影响也就越大。

3.2 汇率制度选择

汇率制度的选择是汇率政策的核心内容。

汇率制度（exchange rate regime），又称汇率安排（exchange rate arrangement），是指一国货币当局对本国汇率水平的确定、汇率的变动方式等问题所作的一系列安排或规定。

由于汇率的特定水平及其调整对经济有重大影响，并且不同的汇率制度本身也意味着政府在进行宏观经济调节的过程中需要遵循不同的规则，所以选择合理的汇率制度是一国乃至国际货币制度面临的非常重要的问题。

传统上，按照汇率变动的方式，汇率制度可分为固定汇率制与浮动汇率制两大基本类型。从历史发展上看，自19世纪后期金本位制在西方主要国家确立以来，一直到1973年，世界各国的汇率制度基本上属于固定汇率制；而1973年以后，世界主要工业国家实行的是浮动汇率制。

3.2.1 固定汇率制与浮动汇率制

1）固定汇率制

固定汇率制是指一国将本币与外币之间的比价基本固定，并且将汇率波动幅度限制在一定范围之内的汇率制度。

（1）国际金本位制下的固定汇率制

在国际金本位制下，汇率取决于两种货币的铸币平价，汇率的涨跌是有一定限度的，这个限度就是黄金输送点。在国际金本位制下，黄金的价格是稳定的，因此各国货币的汇率也基本固定。而在黄金输送点的作用下，汇率的调整是自动进行的而非人为操作的结果，由于黄金输送的费用与所运送的黄金价值相比很小，所以汇率的波动也很小。国际金本位制下的固定汇率制是比较典型的固定汇率制，它为促进国际贸易的发展提供了有利的条件。

（2）布雷顿森林体系下的固定汇率制

布雷顿森林体系是第二次世界大战结束后，以美国为首的各国为稳定和规范国际金融秩序而建立的。在这一制度下，各国规定货币的含金量，美元与黄金直接挂钩，各国货币与美元直接挂钩，从而间接与黄金挂钩。为此，各国承认美国1934年1月规定的美元含金量为0.888671克，即35美元等于1盎司黄金的黄金官价。各国根据本国货币与美元的含金量之比确定本国货币与美元的汇率，即法定汇率。各国货币对美元的汇率一般只能在法定汇率的±1%的范围内波动。各国政府有义务对外汇市场进行干预，以保证汇率的波幅不超过这一范围。当各国无力干预并难以维持法定汇率时，在国际货币基金组织的认可下，可以改变或调整其货币对美元的法定平价，调整幅度一般不超过10%。而一旦确定了新的平价，各国仍然要履行维持固定汇率的义务。

与国际金本位制下的完全固定汇率制相比，这种可调整的固定汇率制具有一定的灵活性。但是这种固定汇率制的维持和调整完全是人为的，汇率的波动幅度和调整幅度明显大于国际金本位制下的幅度。

布雷顿森林体系下的固定汇率制运行了20多年，由于制度本身的缺陷和美国经济实力的变化而渐渐难以维持。1973年以后，各国纷纷放弃固定汇率制，采用了浮动汇率制。

布雷顿森林体系下的固定汇率制与国际金本位制下的固定汇率制有本质上的区别：国际金本位制下的固定汇率制是自发形成的，布雷顿森林体系下的固定汇率制则是通过国家间的协议人为建立起来的；在国际金本位制下，各国货币的铸币平价一般不会变动，而在布雷顿森林体系下，各国货币的法定金平价则可以调整，其汇率制度又被称为"可调整的钉住汇率制度"。

2）浮动汇率制

浮动汇率制是指政府对汇率不加以固定，也不规定其上下波动界限，听任外汇市场根据外汇供求状况，自行决定本国货币兑换外国货币的汇率。

浮动汇率制由来已久。早在金本位制时代，一些殖民地、附属国，特别是实行银币本位制的国家，其货币汇率曾长期不稳定，这实际上就是最早的浮动汇率制。第一次世界大战后，法国、意大利、加拿大等国和亚、非、拉的一些发展中国家，也曾实行过浮动汇率制。但直到1976年1月，国际货币基金组织才正式承认浮动汇率制。1978年4月，国际货币基金组织理事会通过了"基金章程的第二次修正案"，宣布了浮动汇率制的合法地位，国际货币制度进入了牙买加体系。

在现实中，从不同的角度，浮动汇率制可以分为多种类型。

（1）按浮动的具体方式，浮动汇率制可分为单独浮动、联合浮动和钉住汇率制

单独浮动是指一国货币不与其他国家货币发生固定联系，其汇率根据外汇市场的供求变化自动调整，如美元、英镑、日元等货币均属单独浮动。

联合浮动又称共同浮动或集体浮动，指几个国家出于发展经济关系的需要达成协议，建立稳定的货币区，货币区成员之间实行固定汇率制，对非成员货币实行同升同降的浮动汇率。最典型的例子是欧洲经济共同体于1979年3月建立的欧洲货币体系。

钉住汇率制是指一国货币的汇率随着另一种或一组货币汇率的波动而上下波动的汇率制度。具体来说，又可分为钉住单一货币和钉住"一篮子货币"。钉住汇率制是当今一些发展中国家实行的独具特色的汇率制度。这些国家由于历史、地理等方面的原因，其对外经济往来主要集中于某一工业发达国家，或主要使用某一外国货币。为使这种贸易、金融关系得到稳定发展，免受相互间汇率频繁变动的不利影响，这些国家通常使本国货币钉住该工业发达国家的货币。实行钉住汇率制的国家，该钉住国的货币与被钉住的货币之间的汇率相对固定，但是由于被钉住货币是浮动的，因此钉住国的货币相对于其他货币的汇率也是浮动的。

（2）按政府是否干预，可以分为自由浮动和管理浮动

自由浮动又称清洁浮动，是指货币当局对汇率上下浮动不采取任何干预措施，汇率完全听任外汇市场供求变化而自由涨落、自由调节。这是纯理论上的划分，而在实际经济运行过程中，各国政府为了本国的经济利益，往往直接或间接地对外汇市场进行干预，不加干预的情况很少见。

管理浮动又称肮脏浮动，是指一国货币当局对外汇市场采取一定的干预措施，使本币朝着有利于本国的方向浮动。目前，世界上实行浮动汇率制的国家大都采用管理浮动汇率制。

3）固定汇率制与浮动汇率制的比较

（1）固定汇率制的主要优缺点

在固定汇率制下，汇率在短期内是比较稳定的，汇率变动的风险较小，这样有利于国际贸易和国际投资的发展。另外，实行固定汇率制的国家为了维护既定的汇率水平，在货币政策的实施上具有较强的纪律性，不会贸然采取扩张的货币政策，以免引发通货膨胀进而带来汇率贬值的压力。

但是，在固定汇率制下，要保持汇率稳定，在出现国际收支失衡时，就无法灵活运用汇率手段进行调整，政府只能通过其他政策组合来解决外部失衡的问题，本国经济往往需要付出较大的调整代价。而且，由于需要通过货币政策来控制汇率水平，货币政策无法兼顾国内经济目标，政策的独立性将受到影响。有关不同汇率制度下的国内政策效力，我们将在第6章中进行深入分析。

（2）浮动汇率制的主要优缺点

浮动汇率制度的优点主要体现在以下几个方面：

第一，浮动汇率制对国际收支失衡的调节具有自发性。在浮动汇率制下，只要一国的国际收支出现失衡，货币就会自动地贬值或升值，从而对国际收支与整个经济进行自发调节，不需要任何专门的政策或强制措施。

第二，浮动汇率制具有本国经济政策的自主性。在浮动汇率制下，一国可以听任本币在外汇市场上上浮或下跌，从而解放国内的货币政策和财政政策，政府可以

采取一系列措施，尽量同时实现经济内部平衡和外部平衡。

第三，浮动汇率制能在一定程度上抵御国外经济波动对本国经济的冲击。浮动汇率犹如一道堤坝，可以减少国外物价上涨对本国的压力，也有利于消除其他国家经济不景气对本国经济的影响。

第四，在浮动汇率制下，一国无须持有太多的外汇储备，可使更多的外汇资金用于经济发展。由于在浮动汇率制下，一国没有维持汇率稳定的义务，就不需要像在固定汇率制下持有那么多外汇储备，这部分节约下来的外汇资金，可用来进口更多的国外资本品，增加投资，促进经济增长。

浮动汇率制的主要缺点是汇率频繁与剧烈的波动，使进行国际贸易、国际信贷与国际投资等国际经济交易的经济主体难以核算成本和利润，面临较大的外汇风险，从而对世界经济发展产生不利影响。浮动汇率制的另一个缺点是为外汇投机提供了条件，助长了外汇投机活动，这必然会加剧国际金融市场的动荡与混乱。

3.2.2　当前汇率制度的分类与格局

牙买加体系下的浮动汇率制并非像国际金本位下的固定汇率制以及布雷顿森林体系下的可调整的钉住汇率制那样，是一个基本统一与完整的汇率制度。实际上，浮动汇率制下的各国都是从本国的现实经济状况和内外部经济制度环境出发，来选择汇率制度的。现实中，各国汇率制度选择的差异性决定了牙买加体系下多种汇率制度的并存。因此，传统的"固定与浮动"二分法已越来越难以反映各国汇率制度的实际情况，从 1982 年起，国际货币基金组织开始依据各国官方公布的汇率安排对各成员汇率制度进行分类。亚洲金融危机之后，考虑到原有汇率制度分类方案的缺陷以及欧元诞生等新情况，IMF 于 1998 年年底对汇率制度分类方法进行了较大修改。新方法依据的是各国在汇率制度方面的实际表现，而不是各国官方对外公布的名义汇率安排。同时，汇率制度的种类也明显增加，对各国汇率制度的分类更加细化。

知识拓展 3-2

1944 年 7 月—
1998 年 10 月
IMF 汇率制度
分类方法的演变

1）1998 年的汇率制度分类

根据 1998 年的分类方法，按照汇率弹性的大小，汇率制度主要分为 8 类。

（1）无独立法定货币的汇率安排，包括美元化和货币联盟两种情况（2007 年之前）。美元化是指一国或地区采用"锚货币"（主要是美元）逐步取代本币并最终自动放弃本国货币和金融主权的过程。其实质是一种彻底而不可逆转的严格固定汇率制。货币联盟是指联盟成员共用同一法定货币，欧元区就是突出的例子。货币联盟也是一种彻底而不可逆转的严格固定汇率制。2007年，IMF 调整了对货币联盟的界定，货币联盟不再作为一个单独的汇率制度而存在。货币联盟成员所采用的汇率制度将按照其货币汇率的实际表现来判定，比如欧元区各国，按照欧元的实际表现，其汇率制度被定为自由浮动。

知识拓展 3-3

实行美元化
安排的国家
和地区

（2）货币局制度，是指在法律中明确规定本国货币与某一外国可兑换货币保持固定的交换率，并且对本国货币的发行作特殊限制以保证履行这一法定义务的汇率制度。货币局制度通常要求货币发行必须以一定的（通常是百分之百）该外国货币作为准备金，并且要求在货币流通中始终满足这一准备金要求。这一制度中的货币当局被称为货币局，而不是中央银行，因为在这种制度下，货币发行量的多少不再完全听任货币当局的主观愿望或经济运行的实际状况，而是取决于可用作准备的外币数量的多少。中央银行失去了货币发行者和最后贷款人的功能。目前中国香港采取的"联系汇率制"就属于货币局制度。货币局制度和美元化的主要区别在于：货币局制度保留了退出选择权，而美元化彻底丧失了退出选择权。另外在货币局制度下，由于本国还保有货币发行权，因此仍可以获得铸币税收入。

（3）传统的固定钉住，又称固定但可调整的钉住制。货币当局通过干预来维持固定汇率，但是必要的时候仍可以调整汇率水平，具体可分为钉住单一货币、钉住货币篮子等。

（4）钉住水平汇率带，是指汇率保持在官方承诺的汇率带内浮动，其波幅大于其他传统的钉住制，即超过中心汇率的±1%。

（5）爬行钉住，是指汇率按照固定的、预先宣布的比率经常地定期小幅度调整。

（6）爬行带内浮动，又称汇率目标区，指汇率围绕着中心汇率在一定幅度内上下浮动（例如中心汇率的上下各10%），同时中心汇率按照固定的、预先宣布的比率做定期调整。

（7）不事先宣布汇率路径的管理浮动，是指货币当局通过在外汇市场上积极干预来影响汇率的变动，但不事先宣布汇率的路径。

（8）独立浮动，又称自由浮动，是指汇率基本上由市场决定，偶尔的外汇干预只是为了防止汇率过度波动，而不是为汇率确定一个基准水平。这种汇率制度的灵活性最大，是典型的浮动汇率制。

在上述8种类型中，前两类，即美元化与货币联盟、货币局制度属于严格固定的汇率制度，通常被称为"硬钉住"，带有固定汇率制的典型特征，因此固定汇率制的优势与缺陷在这几种形式上都有集中体现。

第（3）类到第（7）类通常被称为"中间汇率制度"，或者"软钉住"，因为这几种形式的汇率制度介于极端固定和极端浮动之间，采用这几种制度的国家或地区也是为了能够兼顾固定汇率制和浮动汇率制的优势。按照顺序，汇率制度的灵活性逐渐增加，第（3）类比较接近固定汇率制，而第（7）类则与典型的浮动汇率制非常近似。

上述各种汇率制度都有一定的优势，又都存在固有的缺陷。各国在选择汇率制度的时候，往往根据自身的情况选择比较适宜的汇率制度，也根据条件的变化对汇率制度进行调整。因此，在牙买加体系下，呈现出多种汇率制度并存与相互转换的局面。根据IMF的统计，汇率制度分类及其成员方的具体汇率制度选择和变化趋势可见表3-1。

2）2009年的汇率制度分类

1998年的汇率制度分类理念的影响很大，并广为各国理解和接受，但在实际操作时也遇到了一些问题，如管理浮动和独立浮动之间的界限不清，各国对汇率的

表 3-1　　　　　　　　IMF 成员方汇率制度详细分类（1999—2008）

汇率制度　日期	成员数量						
	1999. 12.31	2001. 12.31	2003. 4.30	2005. 12.31	2006. 4.30	2007. 4.30	2008. 4.30
1.无独立法定货币	38	40	41	41	41	10	10
2.货币局	8	8	7	7	7	13	13
3.传统的固定钉住	45	41	42	45	49	70	68
4.钉住水平汇率带	6	5	5	6	6	5	3
5.爬行钉住	5	4	5	5	5	6	8
6.爬行带内浮动	6	6	5	0	0	1	2
7.管理浮动	27	42	46	53	53	48	44
8.独立浮动	50	40	36	30	26	35	40

资料来源　根据国际货币基金组织《Annual Report on Exchange Rate Arrangement and Exchange Restrictions》有关各期整理.

干预手段日趋复杂和隐蔽等。为此，IMF 在 2009 年年初重新修订了汇率分类。新的分类没有从根本上修改原有的理念，只是使原有的分类方法更具备可操作性。

新的分类方法将汇率制度分为无独立法定货币、货币局、传统钉住、稳定性安排、区间钉住、爬行钉住、类爬行安排、浮动、自由浮动、其他管理安排等 10 种类别。新增的类爬行安排、稳定性安排、其他管理安排等种类，是为了在实践中区分那些虽然没有明示汇率干预措施，但是采取了类似措施使汇率稳定在一定范围内的汇率制度。新旧汇率制度分类方法的对比见表 3-2。其中，稳定性安排和类爬行安排都属于软钉住，均表现为在一段时间内汇率波动稳定在较窄的幅度内，通常货币当局都采取了锚定措施。比较而言，类爬行安排下的汇率波动幅度更大。

表 3-2　　　　　　　　1998 年与 2009 年汇率制度分类对比

汇率制度	1998 年	2009 年
硬钉住	无独立法定货币	无独立法定货币
	货币局	货币局
软钉住	传统的固定钉住	传统钉住
		稳定性安排
	钉住水平汇率带	区间钉住
	爬行钉住	爬行钉住
	爬行带内浮动	类爬行安排
浮动汇率安排	管理浮动	浮动
	独立浮动	自由浮动
其他		其他管理安排

资料来源　IMF. Annual Report on Exchange Rate Arrangement and Exchange Restrictions 2009 ［EB/OL］. (2010-10-08). http：//www.imf.org/en/Publications/Annual-Report-on-Exchange-Arrangements-and-Exchange-Restrictions/Issues/2016/12/31/Annual-Report-on-Exchange-Arrangements-and-Exchange-Restrictions-2009-22924.

按照新的分类方法，2009 年以后，IMF 成员汇率制度选择的情况见表 3-3。

单位：%

表3-3　　各种汇率制度国家（地区）占比（2010—2022）

汇率安排	2010	2011	2012	2013	2014	2015	2016	2017	2018	2019	2020	2021	2022
硬钉住	13.2	13.2	13.2	13.1	13.1	12.6	13.0	12.5	12.5	12.5	12.5	13.0	13.4
无独立法定货币	6.3	6.8	6.8	6.8	6.8	6.8	7.3	6.8	6.8	6.8	6.8	7.3	7.2
货币局	6.9	6.3	6.3	6.3	6.3	5.8	5.7	5.7	5.7	5.7	5.7	5.7	6.2
软钉住	39.7	43.2	39.5	42.9	43.5	47.1	39.6	42.2	46.4	46.4	46.9	47.7	46.9
传统钉住	23.3	22.6	22.6	23.6	23.0	23.0	22.9	22.4	22.4	21.9	21.4	20.7	20.6
稳定性安排	12.7	12.1	8.4	9.9	11.0	11.5	9.4	12.5	14.1	13.0	12.0	12.4	11.9
爬行钉住	1.6	1.6	1.6	1.0	1.0	1.6	1.6	1.6	1.6	1.6	1.6	1.6	1.5
类爬行安排	1.1	6.3	6.3	7.9	7.9	10.5	5.2	5.2	7.8	9.4	12.0	12.4	12.4
区间钉住	1.1	0.5	0.5	0.5	0.5	0.5	0.5	0.5	0.5	0.5	0.0	0.5	0.5
浮动	36.0	34.7	34.7	34.0	34.0	35.1	37.0	35.9	34.4	34.4	32.8	33.2	34.0
浮动	20.1	18.9	18.4	18.3	18.8	19.4	20.8	19.8	18.2	18.2	16.7	16.6	18.0
自由浮动	15.9	15.8	16.3	15.7	15.2	15.7	16.1	16.1	16.1	16.1	16.1	16.6	16.0
其他													
其他管理安排	11.1	8.9	12.6	9.9	9.4	5.2	10.4	9.4	6.8	6.8	7.8	6.2	5.7

资料来源　IMF. Annual Report on Exchange Arrangements and Exchange Restrictions，2018—2023. Washington DC.

专栏 3-1　　　　　　　　　　中国香港的联系汇率制

1）联系汇率制的产生背景

中国香港自 1935 年放弃银本位制以来，先后实行过英镑汇兑本位制和纸币管理本位制。在汇率制度方面，也分别采取过与英镑挂钩的固定汇率制、与美元挂钩的管理浮动汇率制和港币完全自由浮动的浮动汇率制。从 1978 年开始，中国香港经济环境不断恶化，贸易赤字增加，通货膨胀严重，加之实行以港币存款支持港币发行、保障不足的港币自由发钞制度，为港币信用危机埋下了祸根。1982年，在中国香港房地产业出现大幅度滑坡、香港公众和外国投资者对香港未来前途产生怀疑、港英当局取消外币存款利息税而保留港币存款利息税等因素的推动下，爆发了港元危机。1982 年 7 月 1 日至 1983 年 6 月 30 日的一年间，港币对美元的汇率由 1 美元对 5.913 港元跌至 1 美元对 7.2 港元，港币贬值 18%。这一港币危机在 1983 年 9 月达到高峰，9 月 1 日的港币对美元的汇率为 1 美元对 7.58 港元，至9 月 26 日已到 1 美元对 9.6 港元，这导致了居民的挤兑和抢购风潮。在此背景下，为挽救港币危机，恢复港币信用，当局决定改变浮动汇率制，转而实行联系汇率制。

2）联系汇率制的主要内容

1983 年 10 月 15 日，中国香港在取消港元利息税的同时，对港币发行和汇率制度作出新的安排：要求发钞银行在增发港元纸币时，必须按 1 美元对 7.8 港元的固定汇率水平向外汇基金缴纳等值美元，以换取港元的债务证明书，作为发钞的法定准备金。以上新安排宣告港币联系汇率制的诞生，并使港币的发行重新获得百分之百的外汇准备金支持，对稳定中国香港经济起到了积极的作用。

3）联系汇率制的运作机制

在联系汇率制下，中国香港存在两个平行的外汇市场：由外汇基金与发钞银行因发钞关系而形成的公开外汇市场，以及发钞银行与其他持牌银行因货币兑换而形成的同业现钞外汇市场。相应地，也就存在着官方固定汇率和市场汇率两种平行的汇率。而联系汇率制度的运作，正是利用银行在上述平行市场上的竞争和套利活动进行的，也即政府通过对发钞银行的汇率控制，维持整个港元体系兑换美元的联系汇率。通过银行之间的套利活动，市场汇率围绕联系汇率波动并向后者趋近。具体而言，当市场汇率低于联系汇率时，银行会以联系汇价将多余的港币现钞交还发钞银行，然后用换得的美元以市场汇价在市场上抛出，赚取差价；发钞银行也会将债务证明书交还外汇基金，以联系汇价换回美元并在市场上抛售获利。上述银行套汇活动的结果是港币的市场汇率逐渐被抬高。另外，上述银行套汇活动还引起港币供应量的收缩，并通过由此导致的港币短期利率上升及套息活动使港币的需求量增加，从而调整了外汇市场上港币的供求关系，促使港币的市场汇率上浮。同样，当市场汇率高于联系汇率时，银行的套利活动将从相反方向进行，从而使市场汇率趋于下浮。无论是哪种情况，结果都是市场汇率向联系汇率趋近。

4）联系汇率制的利弊

联系汇率制的最大优点是有利于中国香港金融环境的稳定，而市场汇率围绕联系汇率窄幅波动也有助于中国香港国际金融中心、国际贸易中心和国际航运中心地位的巩固和加强，增强市场信心。但是，这一汇率制度也存在一些缺点。它使中国香港的经济行为及利率、货币供应量指标过分依赖和受制于美国，从而严重削弱了运用利率和货币供应量杠杆调节本地区经济的能力。同时，联系汇率制也使通过汇率调节国际收支的功能无从发挥。此外，联系汇率制还被认为导致了香港高通货膨胀与实际负利率并存现象的出现。因此，目前应当保留还是抛弃联系汇率制，成为一个颇有争议且又十分敏感的问题。

3.2.3　汇率制度的选择

世界上没有尽善尽美的汇率制度，但是通过贸易和资本的流动，世界各国已经日益紧密地联系在一起。在这样的背景下，一国汇率制度的作用已经成为影响经济政策制定的一个关键因素。选择什么样的汇率制度是一国政府的政策行为，也是一个非常复杂的问题。

1）选择汇率制度需要考虑的因素

汇率制度的选择需要考虑多方面的因素，从实践看，各国总是根据本国经济发展状况和所处的国际环境来选择适合本国的汇率制度。

从经济规模来看，一国的经济规模越大，越倾向于采用浮动汇率制；反之，则倾向于采用固定汇率制。这是由于大国多为发达国家，经济较为独立，资本管制少，如果实行固定汇率制，必须放弃货币政策的独立性。而且，大国的对外贸易依存度通常低于小国，因而往往会更少地从汇率角度出发考虑经济问题。此外，大国的对外贸易多元化，很难选择一种基准货币实施固定汇率制。而对于经济规模较小的国家，经济结构往往较为单一，许多消费品和投资品依赖进口，出口的多是初级产品，这会大大削弱浮动汇率的有效性，而且，小国维持经济内外均衡的能力较弱，为了防止汇率变动对经济带来的冲击，采用固定汇率制是一种有效的办法。

从经济开放程度看，开放程度高的国家更倾向于选择固定汇率制。因为一国的开放程度越高，贸易品价格在整体物价水平中所占的比重越大，汇率变动对国家整体价格水平的影响也就越大，选择固定汇率制能最大限度地稳定国内价格水平。同时，经济开放度较高的国家经济规模往往较小，抵御外部冲击的能力较弱，为了防止汇率变动对经济的冲击，往往采用固定汇率制。

从贸易伙伴国的集中程度来看，主要与一国发生贸易关系的国家通常选择钉住该国货币，这样在进出口收支方面可获得很大的稳定性；而对于贸易伙伴国较分散的国家，则倾向于选择浮动汇率制。

从特定的政策意图看，对于面临高通货膨胀的政府来说，通过与低通货膨胀国家组成货币同盟，实行固定汇率制，可有效地控制通货膨胀；而如果采取浮动汇率制，往往会产生恶性循环现象，使通货膨胀更加严重和一直持续。但是如果为了防止从国外输入通货膨胀，则适合选择浮动汇率制，这将使该国货币政策的自主性加强，从而拥有确定适合本国的通货膨胀水平的权利。

2）国际货币基金组织的观点

国际货币基金组织在1997年5月的《世界经济展望》中曾经做过分析，认为在选择汇率制度时，应考虑以下因素：

（1）经济规模和开放度。如果对外贸易占国民生产总值（GNP）的份额很大，那么货币不稳定的成本就会很高，最好采用固定汇率制。

（2）通货膨胀率。如果一国的通货膨胀率比它的贸易伙伴高，那么它的汇率必须浮动，以防止它的商品在国际市场上的竞争力下降。如果通货膨胀的差异适度，那么最好选用固定汇率制。

（3）劳动力市场弹性。工资越具有刚性，就越需要选择浮动汇率制，以利于经济更好地对外部冲击作出反应。

（4）金融市场发育程度。金融市场发育不成熟的发展中国家，选择自由浮动汇率制是不明智的，因为少量的外币交易就足以引起市场行情的剧烈动荡。

（5）政策制定者的可信度。中央银行的声望越差，采用钉住汇率制度来建立控制通货膨胀的信心就越有必要。固定汇率制帮助拉丁美洲减缓了恶性通货膨胀带来的不利影响。

（6）资本的流动性。一国经济对国际资本越开放，保持固定汇率制就越困难，就越倾向于采取浮动汇率制。

实际上，汇率制度选择是一个动态问题，因为各种影响汇率制度选择的因素本身是随着政治、经济和文化的变动而不断发生变化的，因而一国对汇率制度的选择不可能是一劳永逸、一成不变的，制度退出和重新选择的情况肯定不可避免，其结果必然导致多元化汇率制度之间的相互转化。总之，现代汇率制度体系是一个多种汇率制度并存和相互转化的动态体系，一国汇率制度应当根据本国的具体情况相机选择。

专栏3-2　　　　　　　汇率制度选择理论的新发展

1）中间制度消失论

在实践中，人们发现发生货币危机的多为实行"中间汇率制度"的国家，而与之形成鲜明对比的是，实行"角点汇率制度"的国家或地区大都有效地防止了危机的发生。于是便有中间汇率制度消失假说（the hypothesis of the vanishing intermediate regime）和汇率制度角点解（the corner solution）假说的提出。角点解假说的要点是：唯一可持续的汇率制度是自由浮动或者是具有强硬钉住承诺机制的固定汇率制（如货币联盟和货币局制度），即所谓的角点解或两极论（the two-polar system）。介于两者之间的中间汇率制度，则正在消失或应当消失，即将会出现"中空（hollow the middle）"的现象。

首先提出中间汇率制度消失概念的是 Eichengreen（1994），随后 Obstfeld 和

Rogoff（1995）也表达了同样的观点。该理论的主要依据是"不可能三角"学说，认为在资本流动高度自由的条件下，一国若要保持货币政策独立性，必须实行浮动汇率制。理论的另一个主要依据是"两极制"有助于消除货币投机，从而可以避免货币危机。实行中间汇率制度的基础往往是货币当局对汇率的波动幅度有公开或不公开的承诺，这种承诺允许了一个汇率波动区间且要维持该区间。在这种情况下，货币当局必须有良好的宏观经济政策进行支持，并具备充足的国际储备。但是当大规模的货币投机行为出现时，与庞大的市场力量相比，一国货币当局的力量总是非常有限的，这就使得政府维持汇率波幅的承诺相当不可靠。

尽管两极论在理论上符合逻辑，也有一定的实践经验支持，但仍有学者持反对意见，如Frankel（1999）和Williamson（2000）。以Williamson为代表的经济学家是"中间道路"的倡导者。亚洲金融危机之后，沿着这一思路，Dornbusch和Park（1999）又将钉住篮子货币、爬行钉住和宽带钉住统称为"BBC制度（basket，band，crawling，the BBC rules）"。

2）原罪论

亚洲金融危机的爆发使得经济学家关于汇率制度的看法发生了深刻变化。汇率制度在资本流动条件下的可持续性和危机的预防，成为判断一国汇率制度是否适当的重要标准。对于发展中国家而言，究竟什么是比较适宜的汇率制度，也有很多有针对性的研究，这其中比较有代表性的是"原罪说（doctrine of the original sin）"和"害怕浮动论（the fear of floating hypothesis）"。这两个学说重在探讨发展中国家不适用浮动汇率制的根源。

所谓"原罪"，是指发展中国家的金融市场具有的不完全性导致的一种固有缺陷。金融市场的不完全性是指一国的货币不能用于国际借贷，甚至即使在本国市场上实现了本国货币的可兑换，企业也不容易获得本币的长期贷款。这种不完全必然导致金融系统的脆弱——因为所有的国内投资不是出现货币错配，就是期限错配，且无法进行风险对冲。一旦国际贷款人事先逼债或抽逃资金，本国很容易爆发金融危机。

同时，由于"原罪"的存在，无论政府或企业都不愿意看到汇率发生明显波动，更不愿意本币贬值，因此汇率逐渐变得无法浮动，政府也无法运用贬值或利率政策来应对投机攻击，最后只得放任金融系统崩溃。

这一理论认为，"原罪"是发展中国家容易遭受金融危机的根本原因。同时该理论还指出，不管在何种汇率制度下，"原罪"状况及其造成的种种不利后果都会存在。

3）害怕浮动论

害怕浮动论由Calvo和Reinhart（2000）首先提出，主要针对发展中国家群体中的新兴市场经济体。该假说指出，许多国家有"自由浮动"之名，却没有"自由浮动"之实。究其原因，主要是因为这些国家"害怕浮动"。这些号称实行弹性汇率制的国家，其实采用的是"软钉住"，即往往将其汇率维持在对某一货币（通常为美元）的一个狭小波幅里。这些国家害怕浮动的原因很多，如缺乏公信力，希望以固定汇率为名义锚，或担心升值会影响出口竞争力等。

害怕浮动论的政策建议是：由于新兴经济体有不适合浮动的结构性缺陷，故这些国家应实行完全美元化。虽然这未必适用于拉美以外的经济体，但它的理论分析有独到之处，并且已有经验支持。当然，从另外的角度看，该理论忽略了政治因素等其他方面的影响，偏于片面。

3.3   汇率水平管理

将本国汇率维持在合理水平，避免汇率过度波动，是一国汇率政策的核心内容之一。对汇率水平的管理，在固定汇率制下，可以通过改变法定汇率来实现；在浮动汇率制下，可以通过干预外汇市场来实现。

3.3.1 均衡汇率与汇率失调

1）均衡汇率

在固定汇率制下，汇率有法定升值和法定贬值两种波动现象；在浮动汇率制下，汇率则可以上下波动。在上涨下跌的表象背后，汇率是否存在一个"合理的"基准水平？理论上，这个合理的汇率被称为均衡汇率。学术界对于均衡汇率有着不同的解说，归纳起来，可以分为两类：一类偏重汇率水平，以购买力平价或外汇市场供求平衡作为均衡汇率的内涵；另一类偏重汇率功能，以国际收支均衡和内部充分就业、经济稳定作为均衡汇率的内涵。我们已经在第 1 章中对购买力平价理论和基本均衡汇率理论进行过介绍。

2）汇率失调

当汇率长期偏离合理水平时，就被称为汇率失调（exchange rate misalignment）。汇率失调包括货币高估（currency overvalued）与货币低估（currency undervalued）两种类型。

在很多情况下，一国政府往往有意识地把汇率定得高于或低于均衡汇率。但从长远看，一国货币汇率是不能长期高估或低估的，因为这意味着对汇率合理水平的扭曲，是价格信号的失真，必须通过各种方式对其进行调整，以便实现经济平衡。

3.3.2 外汇市场干预

为了防止汇率变动对国内经济活动和涉外经济交易产生不良影响，英国于1932 年率先创立了外汇平准基金（exchange equalization account），并凭借这一基金成功地将英镑汇率维持在极小的波幅内。此后，美欧各国纷纷效仿，逐步建立起特定的干预制度。

1）干预外汇市场的目的

干预外汇市场的主要目的是：第一，阻止短期汇率发生波动，避免外汇市场混乱；第二，减缓汇率的中长期变动，调整汇率的发展趋势；第三，促进国内货币政策与外汇政策的协调。

2）外汇市场干预的类型

各国货币当局一般通过直接参与外汇市场交易的方式来干预汇率水平，从形式上看，对外汇市场的干预主要有以下类型：

（1）按干预手段，可分为直接干预与间接干预。直接干预是指货币当局直接到外汇市场买卖外汇，改变市场上的供求格局，从而改变汇率水平。间接干预是指货币当局不直接进入市场，而是通过其他方式干预汇率，主要做法有两种：一是改变利率等国内金融变量，通过影响不同货币资产的收益率影响汇率；二是通过公开宣告的方式影响市场预期，进而影响汇率。

（2）按照是否引起货币供应量的变化，可分为冲销式干预与非冲销式干预。这是货币当局对外汇市场进行干预的最重要的分类方式。

冲销式干预（sterilized intervention）是指货币当局在外汇市场上进行交易的同时，通过其他货币政策工具（主要是在国债市场上的公开市场业务）来抵消外汇市场操作对货币供应量的影响，从而使货币供应量维持不变的外汇市场干预行为。非冲销式干预则是指货币当局在干预外汇市场的同时，不采取相应的抵消操作，这将引起一国货币供应量的变化。

（3）按参与干预的国家数量，可分为单边干预与联合干预。单边干预是指一国独自对本国货币与某外国货币之间的汇率变动进行干预，没有相关的其他国家配合。联合干预是指两国乃至多国联合行动，对汇率进行干预。

（4）按照干预的方向，可分为稳定性干预和侵略性干预。稳定性干预是指干预方向与汇率波动方向相反，也就是所谓的"逆风而行"（leaning against the wind）。比如，当外汇市场上外汇需求大于外汇供给导致外汇汇率上升时，一国货币当局卖出外汇，增加外汇供给，以维持外汇市场稳定。与此相对的是干预方向与汇率波动方向相同的干预，如当外汇市场上外汇供给已经大于外汇需求时，政府继续增加供给，以便使汇率波幅增大。这种干预遭到国际货币基金组织的反对，通常被称为侵略性干预（aggressive operation）。

3）外汇市场干预的方式和效果

一国货币当局若要在外汇市场进行干预，则需持有一定数量的能在外汇市场进行买卖的外国货币，这类货币称为干预货币（intervention currency）。干预货币通常是在国际上被广泛使用和接受的货币，并且是国际外汇市场上的主要买卖对象。干预外汇市场的资金来源主要是各国设立的外汇平准基金、发达国家各国间的"互换货币协议"提供的备用信贷以及各国中央银行从国外的借款等。

通常，政府干预对汇率的引导作用通过两条途径得以实现：一是直接效果，即干预直接改变外汇及其他各种金融资产的供求状况，这可称为"资产调整效应"；二是间接效果，即通过干预行动对市场参与者的心理产生影响，进而影响外汇供求，这可称为"信号效应"。有时仅仅是口头干预，或是披露干预的意图，并没有干预行为，也能达到同样的目的。

至于政府的干预行动能否取得预期效果，一般认为，当市场对汇率走势的预期较为一致时，也就是根据对各种因素特别是基本经济条件的分析，市场参与者普遍认为汇率将上升或下跌时，政府干预往往难以扭转汇率走势，因为此时政府干预所引起的外汇供求量远远小于市场上的交易总量。但如果市场参与者由于汇率前景不明朗而在走向预测上产生分歧时，政府干预常常可以引导市场走向，从而收到较好的干预效果。

专栏3-3　　　　　　　美国政府对外汇市场的干预

美国对外汇市场干预的态度以1985年为界可分为两个阶段。1985年以前，美国采取的是"善意忽视（benign neglect）"的汇率政策。美国在20世纪80年代早期的里根政府时期，实行的是扩张的财政政策与紧缩的货币政策相结合的政策搭配措施。税收的大幅削减和国防开支的增加导致美国政府的财政赤字迅速上升。为保证政府财政支出得到稳定的融资，同时防止经济过热现象，美联储提高了利率。高利率吸引了大批资金流入美国。在国内需求增长导致进口增加的情况下，汇率却因资金大量流入难以贬值，无法刺激出口。于是，美元高利率和高汇率使出口部门受到双重打击，导致美国的国际收支经常账户不断恶化。在此期间，美国对外汇市场基本上不进行任何干预，只是在极少数偶然情况下（如里根遇刺时）才入市防止市场汇率的过分波动。这样，美国外部经济呈现为美元持续升值与经常账户赤字达到创纪录的水平这两种情况的结合，美国的国际收支平衡主要依赖外资流入。

美元的持续高估也影响了国际金融体系的稳定。1985年9月22日，西方五国（英、美、德、日、法）财长在纽约的广场饭店召开会议讨论美元币值问题，发表了将采取联合干预措施以使美元从过去高估的汇率水平上降下来的"广场宣言"（Plaza Announcement），外汇市场上的美元汇率在宣言发布的第二天开始下降。同时，美国开始采取降低利率等宽松货币政策。这些措施使美元持续贬值到1987年。"广场宣言"的发表，标志着美国乃至西方各国在干预外汇市场问题上态度的转变，各国不仅认识到了对外汇市场进行干预的必要性，而且对外汇市场的干预也进入了各国协调联合干预的阶段。

自1986年起，美元币值再次成为国际关注的焦点，各国都认为美元的贬值已经足够。1987年2月22日，在法国卢浮宫又召开了一次会议，达成了"卢浮宫协议（Louvre Accord）"，各国承诺将美元汇率稳定在目前水平，确定了一个不公开的汇率变动目标区。卢浮宫会议后，西方各国对外汇市场进行了较多的干预，汇率基本上趋于稳定。1987年10月，美国股票市场爆发危机，外汇市场进入了相对动荡的时期，"卢浮宫协议"确定的汇率变动范围基本上被放弃。从那以后，政府主要是在汇率出现大幅度波动时才对外汇市场进行干预，政府倾向于避免承诺将汇率维持在特定水平或某个变动范围之内。

3.3.3　汇率操纵

按照一般的理解，如果某个国家（或地区）人为控制本国（或地区）汇率，使其故意偏离本国（或地区）经济正常水平，从而使本国（或地区）获得了不正当的竞争优势，那么这种行为就可被称为汇率操纵（currency manipulation）。目前，判断汇率操纵的主要依据是国际货币基金组织的相关法律文件。《国际货币基金协定》第4条第1款规定，成员有义务建立相互间有秩序的外汇关系，在汇率安排方面应避免为阻止国际收支的有效调整或获得对其他成员不公平的竞争优势而操纵汇率。判断一国是否操纵汇率，应从主客观两个层面分析。主观层面，主要是指是否存在汇率操纵的主观意图，即影响汇率的目的是阻碍其他成员对国际收支的有效调整，或者不公平地取得优于其他成员的竞争地位。

客观层面主要有两个要件：一是进行调控和影响的条件，即是否存在汇率操纵行为；二是指行为的结果，指实施这些政策是否给其他成员的正当利益造成负面影响。

2007年6月，IMF通过了《对成员国政策双边监督的决定》（以下简称《2007年决定》），对成员汇率监督框架作出了重大调整，替代1977年制定的《关于汇率政策监督的决定》。其中，对汇率操纵的监测指标更为具体。2012年7月，IMF又通过了《双边和多边监督的决定》（以下简称《2012年决定》），替代《2007年决定》，但关于汇率操纵的监测指标并未发生变化。[①]是否操纵了汇率，可以从该国（或地区）的汇率水平、干预外汇市场情况、国际收支状况、国际收支政策等方面进行判断。

汇率操纵的行为主要包括：

（1）在外汇市场进行持续、大规模的单向干预。

（2）出于国际收支目的、不正常的官方借款或外国资产积累。

（3）出于国际收支目的，对经常交易支付或资本流动实施限制性或鼓励性措施。

（4）出于国际收支目的，实行非正常的影响资本流动的货币金融政策。

（5）根本性汇率失衡。

（6）大量和持续的经常账户逆差或顺差。

（7）私人资本流动导致的对外部门显著脆弱性，包括流动性风险。

专栏3-4　　中方坚决反对美国认定的所谓"汇率操纵国"？

2019年8月5日，继人民币对美元汇率破7和美股大跌后，美国财政部将中国列为"汇率操纵国"。

那么，美国"汇率操纵国"的量化标准是什么呢？

① 《2012年决定》在保留《2007年决定》对汇率政策双边监督的基础上，将其扩展到多边监督，同时提高了对成员国内政策（包括经济和金融政策、社会和政治政策）的关注。

1）如何认定？

依据美国1988年颁布的《贸易和竞争力综合法案》，财政部需与国际货币基金组织统筹判断一国或地区是否存在汇率操纵行为。若认定一国或地区对美存在大额贸易顺差或巨额经常账户盈余可通过IMF裁决或双边对话进行协调磋商，促使该国将汇率调整至合理水平。

而依据美国在2015年颁布的《贸易便捷与贸易促进法》，判断一国或地区是否存在汇率操纵行为应满足以下三点：

（1）大量的对美贸易顺差：对美贸易顺差超过200亿美元。

（2）巨额的经常账户盈余：经常账户盈余超过GDP的3%。

（3）对外汇市场的持续单向干预：对外汇进行多次重复的净购入，并且在12个月内的净购买额超过GDP的2%。

从数据对比来看，中国海关总署的数据显示，2018年中国对美贸易顺差达3 233亿美元，对美贸易顺差超过其认定标准。不过第二条低于标准。2018年中国经常账户差额占GDP比重仅0.4%，低于3%。第三条缺乏相关数据。不过近年中国加快汇率市场化改革，中国人民银行已基本退出汇市常态化干预。

中国人民银行援引国际清算银行公布的数据表示，2005年初至2019年6月，人民币名义有效汇率升值38%，实际有效汇率升值47%，是二十国集团（G20）经济体中最强势的货币，在全球范围内也是升值幅度最大的货币之一。2018年以来，美国不断升级贸易争端，中国始终坚持不进行竞争性贬值，中国没有也不会将汇率作为工具来应对贸易争端。

2）有何影响？

自1988年颁布《贸易和竞争力综合法案》以来，美国财政部每年发布两次汇率报告，就他国对美国的经常账户顺差以及汇率进行评估，判定是否存在汇率操纵行为，并于1988年判定中国台湾和韩国存在"汇率操纵"。1991年，美国发起针对中国的贸易政策调查，并于1992—1994年将中国列为"汇率操纵国"。

一般而言，被认定为"汇率操纵国"后，美国首先会与认定对象进行谈判与沟通，敦促其解决币值低估的问题，并告知对方美国总统有权对其采取行动。若被认定为"汇率操纵国"超过1年仍未改变，美国总统将有权采取包括被排除在政府采购之外、限制美国私人部门对该国的海外投资、指示贸易代表进行贸易谈判等措施进行制裁。

3）各方反应

中国人民银行表示，美方不顾事实，无理给中国贴上"汇率操纵国"的标签，是损人又害己的行为，中方对此坚决反对。这不仅会严重破坏国际金融秩序，引发金融市场动荡，还将大大阻碍国际贸易和全球经济复苏，最终会自食其果。美国这一单边主义行为还破坏了全球关于汇率问题的多边共识，会对国际货币体系的稳定运行产生严重的负面影响。

面对美国的无端指控，从国际货币基金组织到七国集团（G7）成员再到各大外媒，国际舆论纷纷讲出公道话。

"美国政府将中国列为'汇率操纵国'，但在国际货币基金组织（IMF）的最新报告中没有看到任何支持。"德国《世界报》8月11日称，当地时间9日，IMF发布中国年度第四条款磋商报告，认为人民币过去一年"总体上基本是稳定的"，汇率水平与经济基本面基本相符。

IMF中国部前负责人普拉萨德表示，美国政府正以"武断和明显报复性的方式"使用"汇率操纵国"这一名称。

"继IMF后，G7也不支持美国的指控。"据欧洲新闻电视台8月12日报道，G7不愿意支持美国将中国列为"汇率操纵国"的做法。

德国新闻电视台评论认为，美国将中国列为"汇率操纵国"，却得不到G7和IMF的支持，这让美国感到意外。不过，这种局面的产生却并不令其他人感到意外。因为这些国家知道，支持美国的做法，只会让中美贸易争端恶化，甚至引发全球"货币战争"，全球经济前景将更加不确定。

《华盛顿邮报》发表美前财长、哈佛大学教授萨默斯的署名文章称，中国并没有通过干预外汇市场、压低人民币汇率扩大出口、抑制进口，指控中国操纵汇率没有可信依据。

资料来源 佚名.美国如何认定"汇率操纵国"？有何影响？中方坚决反对［EB/OL］.（2019-08-16）. http：//static.nfapp.southcn.com/content/201908/06/c2495678.html；贾平凡."汇率操纵国"这锅，中国不背！［N］. 人民日报（海外版），2019-08-17.作者有删改.

3.4　人民币汇率制度

3.4.1　现行的人民币汇率制度

人民币汇率制度是我国经济政策体系的重要组成部分，它规范了人民币汇率的波动方式。制定人民币汇率是我国对外金融工作的重要内容之一。人民币汇率由国家外汇管理局制定、调整并公布，一切外汇买卖和对外结算，除另有规定外，都必须按国家外汇管理局公布的汇率计算。目前，人民币实行以市场供求为基础、参考一篮子货币进行调节、有管理的浮动汇率制。

人民币汇率又称人民币汇价，是人民币与外币的比价，是人民币对外价值的表现。中国人民银行授权中国外汇交易中心，在每个工作日上午9时15分对外公布当日人民币对美元等主要外汇币种汇率中间价，作为当日银行间即期外汇市场以及银行柜台交易汇率的中间价。外汇交易的指定银行和经营外汇业务的其他金融机构以基准汇价为依据，根据国际外汇市场行情自行套算人民币兑换其他各种可自由兑换货币的中间价。

每日银行间外汇市场美元对人民币的交易价可在中国外汇交易中心公布的美元中间价上下2%的幅度内浮动，其他非美元货币对人民币的交易价在当日交易中间价上下 3%、5% 或 10% 的幅度内浮动。各外汇银行在此浮动区间内自行制定外汇买入价、外汇卖出价以及现钞买入价，办理外汇业务，并对外挂牌。

知识拓展 3-4

人民币汇率采用直接标价法，是以 100 元、1 万元、10 万元外币单位为标准，折算为相应数额的人民币。人民币汇率实行外汇买卖双价制，现汇、现钞挂牌买卖价没有限制，银行可基于市场需求和定价能力对客户自主挂牌人民币对各种货币汇价。人民币汇率分为中间价、现汇买入价、现钞买入价、卖出价，现钞卖出价与现汇卖出价相同。

中国银行间外汇市场买卖价差限制变化历程

3.4.2　人民币汇率制度的演变

1）改革开放前的人民币汇率制度

中华人民共和国成立以来至改革开放前，在传统的计划经济体制下，人民币汇率由中央政府进行严格的管理和控制。根据不同时期的经济发展需要，改革开放前我国的汇率体制经历了成立初期的单一浮动汇率制（1949—1952）、五六十年代可调整的固定汇率制（1953—1972）和布雷顿森林体系后的钉住"一篮子货币"时期（1973—1978）。

（1）单一浮动汇率制（1949—1952）

人民币对西方国家货币的汇率于 1949 年 1 月 18 日在天津首次挂牌。朝鲜战争爆发后，人民币对美元的外汇牌价停止挂牌，直至 1972 年 4 月前，人民币对美元的汇价只作为内部统计使用，在此期间改按英镑计算进出口比价。

这一时期，人民币汇率政策的基本框架是钉住美元实行浮动。汇率调整的基本依据是国内物价和国外物价的相对水平的变化，同时也考虑调节进出口贸易与鼓励侨汇的需要。

（2）可调整的固定汇率制（1953—1972）

这一阶段正处于布雷顿森林体系时期，各国货币普遍钉住美元，汇率基本固定。人民币汇率也实行了固定汇率。

（3）布雷顿森林体系后的钉住"一篮子货币"时期（1973—1978）

1972 年 3 月，布雷顿森林体系崩溃，西方国家普遍实行了浮动汇率制，各国汇率变动十分剧烈和频繁。我国对人民币汇率的调整原则作出新规定。在计算人民币汇率时，采用了钉住"一篮子货币"的办法，篮子中的货币都是在我国对外贸易计价中所占比重较大的外币。

2）改革开放后的人民币汇率制度

党的十一届三中全会以后，我国进入了改革开放新时期。我国的人民币汇率制度经历了三个重要发展阶段。

（1）官方汇率与贸易外汇内部结算价并存阶段（1979—1984）

1981 年 1 月 1 日，我国出现了公开牌价（1 美元兑换 1.5 元人民币）与贸易内部结算价（1 美元兑换 2.8 元人民币）并存的局面。同一时期，我国开始试办外汇调剂业务，调剂市场汇集了半数以上的外汇供求，发挥了一定的市场调节功能。

（2）官方汇率与外汇调剂市场汇率并存的双重汇率阶段（1985—1993）

1985年1月1日，我国取消贸易内部结算价，恢复了单一汇率。但是由于存在外汇调剂市场汇率，形成了官方汇率与外汇调剂市场并存的局面。

（3）有管理的浮动汇率制阶段（1994—2005）

1994年1月1日，我国进行了大规模的外汇体制改革，人民币官方汇率与外汇调剂价格正式并轨，我国开始实行以市场供求为基础的、单一的、有管理的浮动汇率制。企业和个人按规定向银行买卖外汇，银行进入银行间外汇市场进行交易，形成市场汇率。中央银行设定一定的汇率浮动范围，并通过调控市场保持人民币汇率稳定。

1997年以前，人民币汇率稳中有升，国内外对人民币的信心不断增强。但此后由于亚洲金融危机爆发，为防止亚洲周边国家和地区货币轮番贬值使危机深化，我国收窄了人民币汇率浮动区间。虽然人民币汇率名义上仍然实行有管理的浮动汇率制，但从实际操作和汇率的实际变动来看，人民币汇率波幅很小，对美元的汇率一直保持在相对稳定的状态。正因为如此，国际货币基金组织于1999年将我国的汇率制度列入"固定但可调整钉住"之列，人民币汇率制度实际上已经演变成为钉住美元的可调整钉住制度。

随着亚洲金融危机的影响逐步减弱，我国经济持续、平稳较快发展，经济体制改革不断深化，金融领域改革取得了新的进展，为我国进一步改革人民币汇率制度创造了条件。

3）2005年的人民币汇率制度改革

自2005年7月21日起，我国开始实行以市场供求为基础、参考一篮子货币进行调节、有管理的浮动汇率制。这是我国1994年汇率制度改革以来，经多次政策微调之后，人民币汇率制度的一次重大变革。

此次人民币汇率改革的核心内容包括三个方面：

（1）汇率的调控方式。人民币不再钉住单一美元，而是参照一篮子货币[①]、根据市场供求关系来进行浮动。

（2）中间价的确定方法。中国人民银行于每个工作日闭市后公布当日银行间外汇市场美元等交易货币对人民币汇率的收盘价，作为下一个工作日该货币对人民币交易的中间价格。

（3）初始汇率的调整。2005年7月21日19时，美元对人民币交易价格一次性升值2%，调整为1美元对8.11元人民币，作为次日外汇市场上外汇指定银行之间交易的中间价。

从长期看，这次汇率制度改革对我国经济的长远发展意义重大，对我国贯彻以内需为主的经济可持续发展战略，增强货币政策的独立性，改变外贸增长方式，都

----

① 根据中国人民银行公布的货币篮子的组成原则，篮子货币的选取以及权重的确定主要是考虑中国国际收支经常项目的主要交易国家、地区及其货币。货币篮子中主要包括美元、欧元、日元、韩元。此外，新加坡、英国、马来西亚、俄罗斯、澳大利亚、泰国、加拿大等国与中国的贸易比重也较大，它们的货币汇率对人民币汇率也有一定影响。

起到了积极的推动作用。由于汇率调整幅度和时机选择适当，前期准备充分，这次人民币汇率形成机制改革的实施状况较为平稳。改革方案实施后，人民币汇率波动体现了国际主要货币之间汇率的变化，弹性逐渐增强。

4）人民币汇率形成机制改革

汇率形成机制是人民币汇率制度的基础，没有完善的人民币汇率形成机制，人民币也就无法实现稳定、合理、均衡的汇率水平。为此，我国在 2005 年 7 月 21 日的汇率制度改革之后实施了一系列措施，以改变外汇市场发展长期滞后、市场自发调节机制得不到充分发挥的问题，为汇率机制改革提供微观的市场基础。这些措施包括扩大银行间外汇市场交易主体、引进询价交易方式和做市商制度、改进外汇管理以方便居民和企业的用汇需求、增加市场避险工具等。

2005 年外汇体制改革之后，人民币对美元汇率总体呈上升趋势，截至 2013 年年底，人民币对美元的汇率较汇改前累计升值达 35%。同时，人民币双向波动的趋势也日趋明显，波动幅度有所扩大，人民币汇率的市场化程度有了明显提高。

知识拓展 3-5

银行间即期外汇市场人民币交易价格浮动幅度逐步放宽

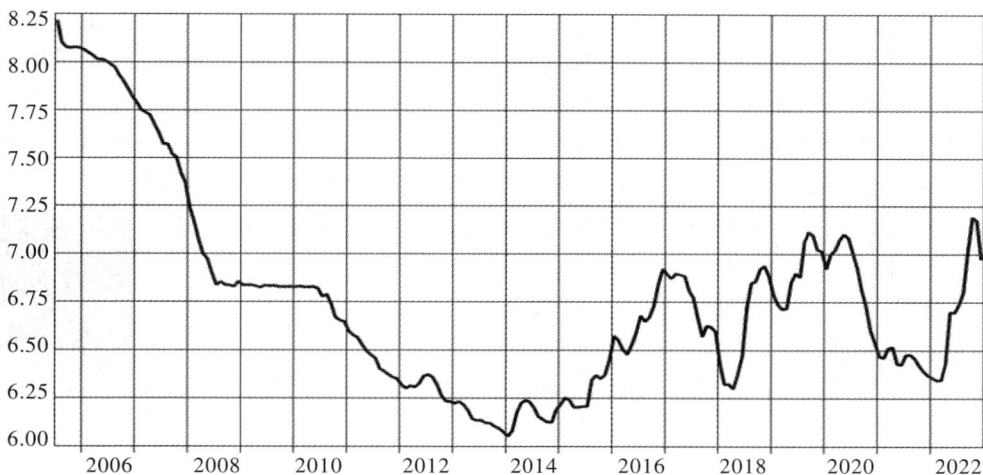

2015 年 8 月 11 日，为增强人民币对美元汇率中间价的市场化程度和基准性，中国人民银行决定完善人民币对美元汇率中间价报价，实施人民币汇率形成机制改革，做市商在每日银行间外汇市场开盘前，参考上日银行间外汇市场收盘汇率，综合考虑外汇供求情况以及国际主要货币汇率变化向中国外汇交易中心提供中间价报价，同日大幅调低人民币对美元中间价。这次改革有利于提高中间价的市场化程度和基准作用，是人民币汇率形成机制迈向浮动汇率的重要一步，但是由于前期缺乏与市场的充分沟通，造成人民币汇率在短期内的急剧贬值，在岸人民币出现自 1994 年汇率并轨以来最大单日跌幅（如图 3-1所示），随之而来的是大规模的资本外流和剧烈的贬值预期。

图 3-1 人民币汇率走势（2005 年 7 月—2022 年 12 月）

资料来源 根据 http：//fx.sauder.ubc.ca/plot.html 资料整理.

2015年12月11日，中国外汇交易中心发布人民币汇率指数，强调要加大参考一篮子货币的力度，以更好地保持人民币对一篮子货币汇率基本稳定。基于这一原则，做市商在进行人民币对美元汇率中间价报价时，需要考虑"收盘汇率"和"一篮子货币汇率变化"两个组成部分。其中，"收盘汇率"是指上日16时30分银行间外汇市场的人民币对美元收盘汇率，主要反映外汇市场供求状况。"一篮子货币汇率变化"是指为保持人民币对一篮子货币汇率基本稳定所要求的人民币对美元双边汇率的调整幅度，主要是为了保持当日人民币汇率指数与上一日人民币汇率指数相对稳定。

2016年5月8日，中国人民银行正式公布以"收盘价+篮子货币"为基础的人民币汇率形成机制。这一机制较好地兼顾了市场供求指向、保持对一篮子货币基本稳定和稳定市场预期三者之间的关系。此后，人民币贬值程度有所缓解，但仍具有较强的贬值预期。

2017年5月26日，中国人民银行宣布在人民币汇率形成机制中引入"逆周期因子"，并将中间价改为"收盘价+一篮子货币汇率变化+逆周期因子"报价机制。"逆周期因子"的引入，强化了中间价对经济基本面和市场供求合理变化的反映程度，对冲了外汇供求中的非理性因素和外汇市场的顺周期波动，既不会改变外汇供求的趋势和方向，也非逆市场而行，可以在尊重市场的前提下促进市场行为更加理性。引入"逆周期因子"后，人民币对美元汇率的单边贬值预期显著削弱并逐渐消失，人民币对美元汇率弹性显著增强，双向浮动特征更加显著。

此后，随着人民币汇率预期的分化和外汇市场上顺周期贬值预期的大幅收敛，2018年1月，人民币对美元汇率中间价报价行陆续将"逆周期因子"调整至中性。[①]但是受美元指数走强和贸易摩擦等因素的影响，外汇市场又出现了一些顺周期行为，2018年8月24日，"逆周期因子"重启，并取得了积极效果，市场预期逐渐平稳，人民币汇率在合理均衡水平上保持了基本稳定。随着人民币汇率以市场供求为基础双向浮动弹性增强，2020年10月27日，中国外汇交易中心发布公告称"逆周期因子"在人民币对美元汇率中间价报价机制中淡出使用。中国人民银行在《2020年第三季度中国货币政策执行报告》中进一步声明，调整后的报价机制有利于提升报价行中间价报价的透明度、基准性和有效性。

知识拓展3-6

IMF关于人民币汇率制度的分类

总体来看，本轮汇率形成机制改革后，人民币双向浮动弹性明显增强，不再单边升值；人民币不再钉住美元，逐步转向参考一篮子货币；人民币中间价形成的规则性、透明度和市场化水平显著提升。

---

① 此次调整只是调整了"逆周期系数"，"收盘价+一篮子货币汇率变化+逆周期因子"的中间价报价机制并未改变。

5）人民币汇率制度改革的未来展望

人民币汇率制度改革的总体目标是建立健全以市场供求为基础的、有管理的浮动汇率体制，保持人民币汇率在合理、均衡水平上基本稳定。从长远来看，人民币汇率制度的改革方向是增加汇率的弹性和灵活性，扩大汇率的浮动区间，以有效地发挥汇率在国际收支调节中的杠杆作用，并且保持中国货币政策的独立性。未来我国需要继续完善人民币汇率形成机制，进一步健全面向市场、更加具有弹性的汇率制度。

知识拓展3-7

深化汇率市场化改革是建设现代化经济体系重要内容

专栏3-5　　　　　　　　我国外汇市场概况

我国的外汇市场是银行间各种外汇交易发生的市场，参与主体包括商业银行、国际公司、非银行金融机构、中国人民银行和个体（企业和居民）；主要参与者是商业银行、国际公司、非银行金融机构、中国人民银行。其中，银行间外汇交易占外汇市场交易活动的大部分。银行间外汇市场包括即期、远期、掉期、期权四类人民币外汇产品。

中国现有的外汇市场是以中国外汇交易系统为中心，该系统是在1994年外汇管理体制改革基础上建立起来的。1994年，中国外汇交易中心开始进行人民币外汇即期交易。2005年8月10日，中国人民银行建立了银行间人民币外汇远期市场，人民币外汇远期交易作为一种具有真正流动性和交易价值的避险产品开始操作，初步形成有代表性的国内人民币远期汇率，标志着人民币汇率衍生产品真正意义上的开端。此后，我国一直在循序渐进地推进人民币汇率衍生品市场的发展。2006年和2007年相继推出人民币外汇掉期交易和货币掉期交易；2011年4月1日起，我国银行间外汇市场正式推出人民币外汇期权交易。至此，除了人民币汇率期货仍然缺位以外，以远期、掉期、期权为核心产品的人民币汇率衍生品市场基本形成。

根据《2021年中国国际收支报告》，2021年，人民币外汇市场累计成交36.9万亿美元（日均1 517亿美元），较上年增长23%。其中，银行对客户市场和银行间外汇市场业务分别占比14.9%和84.8%。从交易产品构成看，外汇和掉期业务比重最大，达55.5%，即期交易占38.6%。

现阶段，中国外汇市场的主要特征为：①实行强制性集中交易模式，即银行间外汇交易必须通过中国外汇交易中心进行，不得进行场外交易。②在市场结构上，中国外汇交易中心实行会员制，对非中央银行会员核定外汇周转限额，超买和超卖额度必须在当日内平盘；截至2023年7月末，共有人民币外汇即期市场会员762家，远期、外汇掉期、货币掉期和期权市场会员各280家、276家、225家和164家。为增加市场流动性，2005年，我国外汇市场引入做市商制度。③银行间外汇市场采用电子竞价交易方式，中国外汇交易中心运用现代化的通信网络和计算机联网为各金融机构提供外汇交易与清算服务。④决定市场汇率的基础是外汇市场的供求情况，国家外汇管理局每日公布基准汇率，对外汇市场进行宏观调控和管理。

随着人民币汇率形成机制改革的深入，我国外汇市场发展迅速并取得了显著成绩，市场规模不断扩大，品种逐渐丰富。随着金融体制改革的深入和人民币汇率形成机制的逐步完善，今后应当不断加强外汇市场建设，推进人民币外汇衍生产品市场建设，丰富外汇市场交易主体，增强外汇市场交易机制的灵活性与多样性；完善做市商制度，为市场提供充足的流动性；加强对市场风险的预警和评估，完善市场自律机制，提高监管效率等。

专栏3-6   **做市商制度**

做市商（market maker）是指在证券或资本市场上，由具备一定实力和信誉的证券经营法人担任特许交易商，不断地向公众投资者报出某些特定证券或其他标的物的买卖价格（即双向报价），并在该价位上接受公众投资者的买卖要求，以其自有资金和证券，与投资者进行证券交易。做市商通过这种不断买卖的行为，维持市场的流动性，满足公众投资者的投资需求。

做市商制度也是国际外汇市场的基本市场制度。做市商通过自身的连续报价和交易，为市场提供流动性，平滑市场价格波动，提高交易效率，分散风险，并通过买卖价差盈利。同时，做市商也集中了市场供求信息，成为重要的定价中心。

2005年11月24日，国家外汇管理局发布《银行间外汇市场做市商指引（暂行）》（以下简称《指引》）及《关于在银行间外汇市场推出即期询价交易有关问题的通知》，决定在银行间外汇市场引入做市商制度，并于2006年年初在银行间外汇市场推出即期询价交易方式。

正式的《银行间外汇市场做市商指引》于2010年颁布，后又于2013年4月、2021年1月和2023年3月进行了修订。《指引》所称银行间外汇市场做市商，是指经国家外汇管理局核准，在我国银行间外汇市场进行人民币与外币交易时，承担向市场会员持续提供买、卖价格义务的银行间外汇市场会员。《指引》明确了做市商的基本条件、权利义务和对做市商交易的管理等内容。《指引》发布后，凡符合条件的外汇指定银行均可持规定的申请材料，向国家外汇管理局申请做市商资格。经核准后，履行做市商义务，并接受定期评估。截至2023年7月底，已有人民币外汇做市商25家，人民币外汇即期尝试做市机构25家、远期尝试做市机构20家、期权尝试做市机构7家，全年做市商交易量超过询价和竞价市场总成交量的90%。

2002年，我国银行间外汇市场在欧元和港币交易中就已经进行了做市商制度的试点。引入做市商制度，是我国进一步发展银行间外汇市场，完善人民币汇率形成机制的配套举措，有利于活跃外汇市场交易、提高外汇市场流动性、增强中央银行调控的灵活性，有助于进一步提高人民币汇率形成的市场化程度，更好地发挥市场在资源配置中的基础作用。

从运行情况看，银行间外汇市场做市商制度已经取得了良好的成效，市场主体参与交易的自主性增强，对汇率行情的反应更加敏感和快捷，人民币汇率形成机制的灵活性得到了进一步改善。做市商数量不断增加，也有利于推动外汇指定银行增强报价能力，增加市场竞争力度，提高银行间外汇市场的市场化程度和交易效率。

专栏3-7　　　　　　　　　**NDF市场与CNH市场**

NDF是无本金交割远期（non-deliverable forward）的英文缩写。无本金交割远期合约在离岸柜台市场（offshore OTC market）交易，所以又常被称为离岸无本金交割远期。NDF市场起源于20世纪90年代，它为中国、印度、越南等新兴市场国家的货币提供了套期保值功能，几乎所有的NDF合约都以美元结算。人民币、越南盾、韩元、印度卢比、菲律宾比索等亚洲新兴市场国家货币都存在NDF市场，与这些国家存在贸易往来或设有分支机构的公司可以通过NDF交易进行套期保值，以此规避汇率风险。NDF市场的另一功能是可用于分析这些国家汇率的未来走势。

人民币离岸NDF市场开始于1996年左右，中国香港地区和新加坡人民币NDF市场是亚洲最主要的离岸人民币远期交易市场。

由于人民币不能自由兑换，通过这种合约对人民币远期汇率进行交易可以不必持人民币进行结算，而用国际上主要的可兑换货币报价、交割。银行是NDF交易的中介机构，供求双方基于对汇率看法的不同，签订非交割远期交易合约，合约到期时只需将约定汇率与实际汇率差额进行交割清算，一般以美元作为结算货币，无须对NDF的本金，即受限制的货币进行交割。由于人民币未能完全自由流通，所以人民币NDF是人民币外汇市场参与者对冲人民币风险的主要工具。

在形成初期，人民币离岸NDF市场的发展缓慢，交易也不算活跃。2002年后，在亚洲金融危机影响逐渐消退、中国贸易顺差和宏观经济持续增长等因素的影响下，人民币离岸NDF市场对人民币的预期从贬值转向升值，交易也逐渐活跃起来。在2008—2009年的高峰时期，每日成交量高达100亿美元左右。

2009—2010年前后，人民币离岸NDF市场进入重大转折期。2009年7月，中国国务院批准开展跨境贸易人民币结算试点，人民币国际化征程正式启动。2010年7月，中国人民银行和香港金融管理局同意扩大人民币在中国香港的贸易结算安排，香港银行为金融机构开设人民币账户和提供各类服务不再面临限制，个人和企业之间可通过银行自由进行人民币资金的支付和转账，离岸人民币市场，即CNH市场随之启动。随着CNH市场的建立和发展，境外很多银行可以提供远期、掉期和跨货币掉期等多种风险对冲的产品，这些离岸人民币产品又都是可交割的，可供选择的离岸市场人民币汇率风险对冲工具大大丰富起来，人民币离岸NDF的吸引力不断下降，市场不断萎缩，成为边缘化市场。2015年，人民币离岸NDF市场的每日成交量已经降至8亿美元左右。

专栏3-8　　　　**"破7"后能上能下　人民币汇率弹性十足**

2019年12月中旬，人民币对美元汇率重返7元。不到两个月时间里，人民币对美元汇率已两度升破7元。2019年"破7"之后，人民币汇率没有大幅下跌，跨境资金流动和外汇市场供求基本平衡，人民币汇率"危机论""失控论"逐一被证伪。这依托于坚实基本面，得益于坚定扩大开放，更离不开过去几十年持续推动并完善人民币汇率形成机制改革。专家认为，人民币"破7"又"返6"，打开了"心理枷锁"，为稳步深化汇率市场化改革创造了条件。

　　如果要评选2019年人民币外汇市场的大事，"破7"的得票率肯定不低。8月5日，离岸和在岸人民币对美元市场汇率先后跌破7，为过去11年来首次"破7"；8月8日，中间价亦宣告7元失守，人民币对美元汇率全面"破7"。

　　"破7"之所以被看作一件"大事"，很大程度上是因一段时间以来7元这个本身没有太大意义的数字逐渐变成一个抽象化指标，成了重要"心理关口"。一些市场参与者担心，一旦关口失守，可能引发资本流出，甚至引发系统性风险。尤其是过去几年人们发现，几乎每次逼近7元时，人民币汇率走势便会峰回路转，更让人认定人民币汇率不会"破7"。

　　事实证明，人民币汇率不仅能"破7"，而且能上能下。"破7"之后，人民币汇率没有大幅下跌，中间价在9月初下行至7.09元一线悄然触底。随着市场风险偏好回升，近期人民币震荡上行，分别于11月8日、12月16日两度升破7元。"破7"之后，我国跨境资金流动和外汇市场供求仍基本平衡，外汇储备规模总体稳定，虽然外汇市场出现一些波动，但居民、企业和金融机构等市场主体并未出现恐慌，市场预期保持平稳。

　　"破7"之后，人民币汇率"危机论""失控论"被证伪，同时人们还发现不少"闪光点"。

　　首先，人民币汇率在弹性与稳定性之间取得了较好平衡。近年来，人民币汇率弹性不断增强，汇率双向波动成为常态，汇率形成的市场化程度提高。人民币对美元汇率中间价年化波动率已接近主要发达国家货币水平。与此同时，人民币汇率始终保持在合理均衡水平上，"破7"之后没有继续大幅贬值，"返6"之后也没有继续大幅升值，汇率波动始终正常、可控，抵御外部冲击能力增强。即便5月至8月人民币汇率波动加大，在全球货币中表现仍相对稳定。

　　其次，外汇市场自身调节作用增强，市场主体更加理性。今年在人民币波动加大特别是"破7"后，无论是外汇供求还是跨境收支都呈现总体稳定、基本平衡格局，市场主体跨境投融资活动和结售汇意愿保持平稳，充分显示中国外汇市场更加成熟，市场主体更加理性。中国人民银行副行长、国家外汇管理局局长潘功胜发文指出，当前个人购汇更加平稳，企业对外直接投资更加理性有序，市场主体囤积外汇现象逐步消失。国家外汇管理局总经济师、国际收支司司长王春英10月时称，在近几个月人民币汇率波动增强后，市场主体表现为"逢高结汇、逢低购汇"，起到调节外汇供求、平抑汇率波动，促进市场稳定的作用。

　　最后，汇率作为"自动稳定器"功能得到验证。作为货币之间的比价，汇率波动是常态，有了波动，价格机制才能发挥资源配置和自动调节的作用。今年人民币汇率在市场力量作用下"破7"，在宏观上起到经济和国际收支"自动稳定器"的功能。

　　资料来源　张勤峰. 能升能贬　人民币汇率弹性十足［N］. 中国证券报，2019-12-19.

● **思政课堂**

经贸合作中的金融博弈：透视中美人民币汇率之争

　　汇率武器，是货币霸权国的专利。历史上，美国曾不止一次用它来成功打压其重要的贸易伙伴国，其中尤以指责他国"汇率操纵"最为典型。美国将他国列为"汇率操纵国"主要源于双边贸易逆差，并意图迫使对方通过货币升值或汇率改革来主动减少对美贸易顺差。20 世纪 90 年代以后，随着中国经济的崛起和中国逐渐成为美国的重要贸易伙伴，美国将汇率武器的矛头又指向了中国。1992 年 5 月至 1994 年 7 月，美国财政部向国会提交的《国际经济与汇率政策报告》连续 5 次将中国定性为"汇率操纵国"。美国财政部所谓的"依据"是当时中国实行双重汇率制度和美国对华贸易逆差开始增长。亚洲金融危机爆发后，中国坚持人民币不贬值的政策避免了区域内货币竞争性贬值的危机，有力地维护了全球经济的稳定，美国政府不再指责中国。

　　进入 21 世纪，随着 2000 年中国超过日本成为美国最大的贸易逆差来源地，人民币汇率问题再次引起了美国国内利益集团、国会和政府的关注，并成为中美经贸领域的重要议题之一。此后，美国历届政府均指责人民币汇率存在低估，认为正是这一原因导致美国对华贸易逆差不断增加，并通过多种渠道在这一问题上对中国政府施加压力。尤其特朗普政府时期，美国一直指责中国进行所谓的"汇率操纵"，频繁使用人民币汇率问题打压中国，2019 年 8 月 5 日美国财政部更是时隔 25 年再次将中国列为"汇率操纵国"。尽管此后随着中美第一阶段经贸协议的签署，美国于 2020 年 1 月 13 日将中国移出"汇率操纵国"名单，但拜登政府上台后，2021 年 12 月 3 日美国财政部再次以"中国在汇率问题上存在'数据不透明现象'"为由，指责中国有"操纵汇率的嫌疑"，并将中国列入"汇率操作国"观察员名单。

　　面对美国的指责和施压，中国也一直给予有理有力反击。21 世纪初，时任国家主席胡锦涛多次明确指出"中国不认同美国要求中国政府让人民币升值的理由""美国的贸易逆差和就业等结构性问题不是由人民币汇率造成的，即使人民币大幅升值也解决不了美国经济面临的问题"，时任总理温家宝也明确指出"人民币的币值没有低估"，商务部、中国人民银行、外交部亦多次表示"人民币汇率问题不是中国有顺差、美国有逆差的根本原因""美国不应该把经济失衡问题归结于人民币汇率问题"。党的十八大以来，习近平总书记在多个重要场合强调"中国反对搞货币竞争性贬值，反对打货币战""不会压低人民币汇率刺激出口""中国将不断完善人民币汇率形成机制"。2019 年美国将中国列为"汇率操纵国"后，中国人民银行立即发表声明进行回应和表示坚决反对。2021 年 12 月美国将中国列入"汇率操纵国"观察员名单后，中国外交部也进行了有力回应，并指出"中国是一个负责任的大国，我们曾多次重申不会搞竞争性货币贬值，没有也不会将汇率作为工具来应对贸易争端等外部扰动"。

　　尽管近期中美经贸关系有所缓和，但是这并不意味着中美围绕人民币汇率问题的博弈会结束，随着中国经济的进一步崛起和人民币国际化进程的推进，这一问题在未来很长一段时期内仍将存在。以中国领导层的智慧和远见，我们必能化危为机。中美关于人民币汇率问题的争论，至少给我们带来以下启示：

第一，美国对人民币汇率的施压和指责是任性的单边主义行为和保护主义行为，严重破坏国际规则。长期以来，美国对人民币汇率的指责大都从其自身利益出发，以其国内法为判断标准，美国的这一系列做法显然是将本国法律凌驾于国际规则之上。IMF对中国的汇率制度早已有权威的评估结论，2019年8月9日IMF发布的中国年度第四条款磋商报告更是明确指出，人民币汇率水平与中国经济基本面基本相符。事实上，即使按照美国自己制定的所谓"汇率操纵国"量化标准，中国也不符合。美国罔顾事实，随意给中国贴上"汇率操纵国"标签或指责人民币汇率低估，显然是一种不负责任的单边主义行为和保护主义行为，会严重破坏全球关于汇率问题的共识，危害国际货币体系的稳定运行。

第二，美国贸易逆差根本原因在其自身，美国以贸易逆差为由打压人民币汇率的根本目的是扰乱中国经济发展的步伐，遏制中国崛起。美国贸易逆差是由其经济结构、在全球价值链分工中的地位、美元的主导国际货币地位、低储蓄高消费的经济发展方式、对高技术产品出口管制等一系列因素决定的，与人民币汇率无关。事实上，自2005年7月人民币汇率制度改革以来，人民币一直保持升值趋势，但美国对外贸易逆差并未减少，相反还呈现不断扩大之势。在中美贸易中，美国不仅获得了大量物美价廉的消费品，更是获得了巨额的国际贸易利益。美国以贸易逆差为名，要求人民币大幅升值的根本目的在于干扰中国崛起。因为人民币的突然、大幅升值，将冲击中国经济的稳定健康发展，扰乱中国经济崛起进程。当然，人民币的突然、大幅升值也会打击本就脆弱的世界经济复苏进程。

第三，中国始终根据本国经济发展水平选择人民币汇率制度，中国的汇率政策是负责任的。汇率制度选择，关乎国家安全，是一国的主权行为。当前的人民币汇率制度，符合中国所处的发展阶段，符合总体国家安全观和稳中求进的工作总基调。美国指责人民币汇率问题，是对中国经济主权的干扰。中国也从未实行竞争性贬值，更没有将汇率作为打压他国的武器。

第四，中国政府始终保持战略定力，从容应对美国对人民币汇率的无端指责，坚定渐进推进人民币汇率市场化。美国前总统特朗普、前副总统彭斯、前国务卿蓬佩奥等多次以人民币不可自由兑换和汇率没有自由浮动为由指责中国不具备西方式的市场经济，污蔑中国发展道路，美国也经常借人民币汇率问题，对华实行贸易保护主义行为。但中国政府始终不受其干扰，坚持立足社会主义初级阶段基本国情，充分认识和把握国内经济发展规律，保持战略定力，坚定不移走中国特色社会主义道路，坚持自主性、渐进性和可控性原则，稳步推进人民币汇率市场化改革。中国发展道路，不仅使中国实现了从站起来、富起来到强起来的伟大飞跃，也为世界经济发展作出了重大贡献，更为世界经济发展提供了新的选择。

● 本章小结

汇率是开放经济中的主要经济变量，它的变动通过多种渠道作用于经济的运行。汇率变动的影响会直接体现在一国的国际收支上。一般而言，一国货币贬值有利于该国扩大出口、抑制进口，改善该国的贸易收支。但是，在考虑贬值能否改善贸易收支时，还需注意几个问题：首先是弹性问题，其次是时滞问题，最后是通货膨胀问题。贬值对非贸易收支的影响可以参照贸易收支进行具体分析。汇率变动对国际资本流动的影响比较复杂。国际资本流动主要是为了追求利润和资金安全。贬值对资本流动的影响在很大程度上取决于人们对汇率进一步变动的心理预期，而且它对长期资本流动和短期资本流动的影响不同。通常一国货币贬值时，出口增加和进口减少有利于形成贸易顺差，同时资本输入的增加和输出的减少又有利于形成资本项目顺差，所以外汇储备趋于增加。

汇率变动也会对一国国内经济产生很大影响。这种影响一般会引起国内物价的变动，进而影响一国国内生产结构、资源配置、收入分配以及就业等各个方面，从而对整个国内经济产生深远影响。在浮动汇率制度下，汇率的频繁波动，也影响着各国之间的经济关系。理论上，汇率变动会对一国经济以及国际经济关系产生复杂而深刻的影响，但这些影响是否发生、程度如何，还要取决于多种现实的制约因素。

汇率制度是指一国货币当局对本国汇率水平的确定、汇率的变动方式等问题所作的一系列安排或规定。选择合理的汇率制度是一国乃至国际货币制度面临的非常重要的问题。

传统上，按照汇率变动的方式，汇率制度可分为固定汇率制与浮动汇率制两个基本类型，这两种汇率制度各有优缺点。布雷顿森林体系崩溃后，国际汇率制度进入浮动汇率制时代，各国都从本国现实的经济状况和内外部经济制度环境出发来选择汇率制度。现实中各国汇率制度选择的差异性决定了牙买加体系下多种汇率制度形式的并存。目前，IMF的分类方法将汇率制度主要分为十类，各种汇率制度各自都有一定的优势，又都存在固有的缺陷。各国在选择汇率制度的时候，往往根据自身的情况选择比较适宜的汇率制度，也根据条件的变化对汇率制度进行调整。

将本国汇率维持在合理水平，避免汇率过度波动，是一国汇率政策的核心内容之一。为了防止汇率变动对国内经济活动和涉外经济交易产生不良影响，各国都会对外汇市场进行干预。政府干预对汇率的引导作用通过两条途径得以实现：一是直接效果，即干预直接改变外汇及其他各种金融资产的供求状况；二是间接效果，即通过干预行动对市场参与者的心理产生影响，进而影响外汇供求。然而，如果某个国家（或地区）人为地控制本国（或地区）汇率，使其故意偏离本国（或地区）经济正常水平，从而使本国（或地区）获得了不正当的竞争优势，那么这种行为就可被称为汇率操纵。

人民币汇率制度是我国经济政策体系的重要组成部分。人民币汇率由国家外汇管理局制定、调整并公布，一切外汇买卖和对外结算，除另有规定外，都必须按照国家外汇管理局公布的汇价折算。目前，人民币实行以市场供求为基础、参考一篮子货币进行调节、有管理的浮动汇率制度。人民币汇率改革的总体目标是，建立健全以市场供求为基础的、有管理的浮动汇率体制，保持人民币汇率在合理、均衡水平上的基本稳定。随着金融体制改革的不断深入，人民币汇率形成机制的逐步完善，我国外汇市场建设也需要进一步完善和加强。

● **延伸阅读**

1.我国的汇率政策及人民币汇率制度的具体内容，可以登录中国人民银行网站查阅，http：//www.pbc.gov.cn。

2.人民币基本汇率变动情况以及我国外汇市场的管理法规，可以登录国家外汇管理局网站查询，http：//www.safe.gov.cn。

3.人民币汇率报价以及人民币外汇市场会员信息，可以登录中国外汇交易中心网站查询，http：//www.chinamoney.com.cn/。

4.国际货币基金组织各成员的汇率制度安排，可登录IMF网站查询，http：//www.imf.com。

● **基本概念**

汇率制度　固定汇率制度　浮动汇率制度　管理浮动　货币局制度　美元化可调整钉住　爬行钉住　中间汇率制度　汇率失调　冲销式干预　逆风而行　汇率操纵

● **复习思考题**

随堂测试

1.汇率变动对一国经济有哪些影响？

2.制约汇率发挥作用的因素有哪些？

3.试比较固定汇率制与浮动汇率制。

4.国际货币基金组织将汇率制度分为哪些种类？

5.货币局制度与美元化有何区别？

6.一国如何选择合理的汇率制度？

7.一国对外汇市场的干预通常有哪些类型？

8.现行人民币汇率制度包括哪些内容？

在线课堂

IMF《汇兑安排与汇兑限制年报》介绍

第4章 / 外汇管制与货币自由兑换

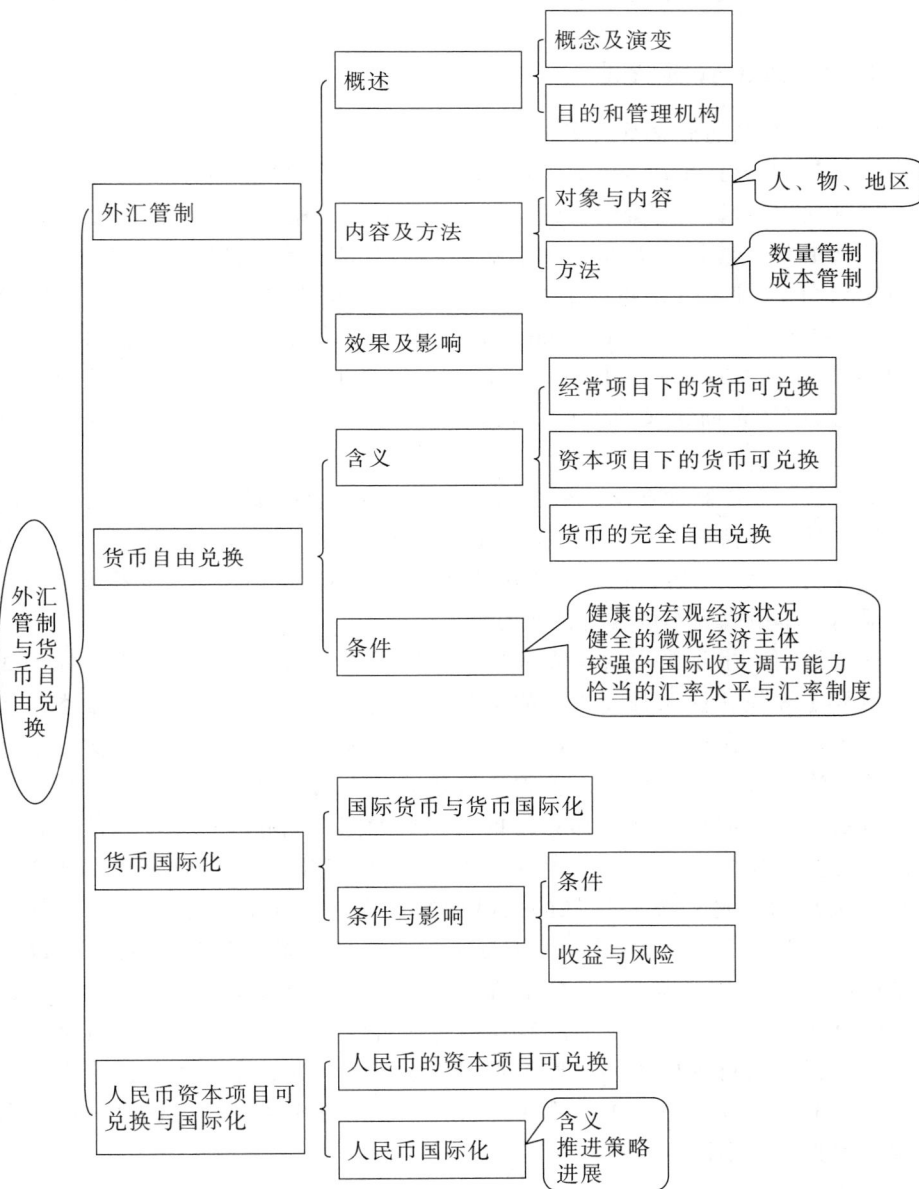

外汇管制与货币自由兑换

- 外汇管制
  - 概述
    - 概念及演变
    - 目的和管理机构
  - 内容及方法
    - 对象与内容 —— 人、物、地区
    - 方法 —— 数量管制 成本管制
  - 效果及影响

- 货币自由兑换
  - 含义
    - 经常项目下的货币可兑换
    - 资本项目下的货币可兑换
    - 货币的完全自由兑换
  - 条件
    - 健康的宏观经济状况
    - 健全的微观经济主体
    - 较强的国际收支调节能力
    - 恰当的汇率水平与汇率制度

- 货币国际化
  - 国际货币与货币国际化
  - 条件与影响
    - 条件
    - 收益与风险

- 人民币资本项目可兑换与国际化
  - 人民币的资本项目可兑换
  - 人民币国际化
    - 含义
    - 推进策略
    - 进展

4.1 　　　　　　　　　外汇管制

4.1.1　外汇管制概述

1）外汇管制的概念及演变

外汇管制（foreign exchange control），又称外汇管理（foreign exchange management），按照国际货币基金组织的分类，外汇管制的概念有广义和狭义之分。

广义的外汇管制，是指一国按法律、法令或法规对外汇资金的收支、买卖、借贷、转移、国际结算和本国货币的兑换及汇率所进行的管理。狭义的外汇管制，又称外汇限制（foreign exchange restriction），是指一国政府对国际交易或本国货币与外国货币的兑换实行的严格限制。简单地说，广义的外汇管制侧重的是"管理"的内涵，而狭义的外汇管制更偏重"限制"。本节所涉及的是外汇管制的狭义概念。

外汇管制是体制性概念，往往同一个国家的经济体制有密切的联系（如战时管理经济、计划经济等）。外汇管制与货币自由兑换密切相关，一国货币的可兑换性是外汇管制的核心内容，在外汇管制条件下，本国货币同外币的兑换部分或全部地受到限制，本币成为不可自由兑换的货币。

外汇管制产生于第一次世界大战后的纸币流通制度下。第一次世界大战爆发后，世界主要发达国家都卷入了战争并实行黄金禁运，先后停止了金本位制度而代之以纸币流通制度，为防止汇率的剧烈波动和资本外流，各国都实行了外汇管制。第一次世界大战结束后，各国先后建立了金块本位制和金汇兑本位制，外汇管制有所放松。但在1929—1933年的大危机期间，国际货币制度崩溃，各国又开始使用外汇管制手段。第二次世界大战爆发后，各国的外汇管制更加严格。第二次世界大战后，遭受战争重创的西欧国家和发展中国家仍实行外汇管制。直到1958年，西欧各国才不同程度地恢复了货币自由兑换。20世纪80年代以后，随着全球经济、金融一体化趋势的加强，加之国际货币基金组织的极力倡导，取消外汇管制成为一种明显的发展趋势。但由于种种原因，大多数外汇资金还不宽裕的国家，仍然实行程度不同的外汇管制。事实上，完全不受管制的自由外汇交易是不存在的。世界上所有国家都实行某种程度的外汇管制，各国之间的区别只是管制松紧程度的不同。

2）外汇管制的目的和管理机构

外汇管制的主要目的是平衡国际收支，维护本币对外汇率的稳定，限制资本外逃和外汇投机，以及避免受国际市场价格较大变动的影响，稳定国内物价。

世界上一般都由主权国家政府授权其中央银行作为执行外汇管理的机构，但也有一些国家另设专门的管理机构，如我国进行外汇管理的机构就是国家外汇管理局；还有一些国家由财政部施行外汇管理，如英国的财政部、日本的大藏省。

4.1.2　外汇管制的内容及方法

外汇管制所指向的对象，包括人、物、地区三个方面。人包括自然人和法人，各国外汇法令一般将人区分为居民和非居民。一般来说，由于居民的外汇收支对本国的国际收支影响较大，所以，多数国家对居民实行较为严格的外汇管制，而对非居民的外汇管制较为宽松。对物的管理就是对外汇的管理，主要包括外国货币、有价证券和支付凭证，此外还有贵重金属。本国货币携带出入国境，也属外汇管制的范畴。对地区的管理是指有的国家对国内不同地区实行不同的外汇管制政策，如对本国的出口加工区和自由港，实行较松的外汇管制。

从方法上看，外汇管制主要是从数量管制和成本管制两方面入手。数量管制主要是对外汇交易的数量进行限制，通常采用进出口结汇、外汇配给、进口许可证等方式对国际收支账户的各个项目进行管理。

成本管制主要是汇率管理，通常包括两种措施：一种是实行复汇率制；另一种是制定单一的官方汇率，往往是高估本币。

复汇率制（multiple exchange rates）是指一国实行两种或者两种以上汇率的制度，包括双重汇率制（dual exchange rates）和多重汇率制。通常，外汇管理部门根据不同的外汇交易规定不同的汇率，对需要鼓励的交易规定优惠的汇率，对需要限制的交易规定不利的汇率。

复汇率制按照其表现可以分为公开的和隐蔽的两种。公开的复汇率制就是政府明确公布针对不同交易应适用不同的汇率。最常见的就是贸易汇率和金融汇率的区分，前者适用于经常账户交易，而后者适用于资本和金融账户的交易。此外，还可以根据进出口商品种类的不同来规定不同的汇率。在实践中，有的国家汇率甚至多达几十种。

隐蔽的复汇率制可以有多种表现形式。例如，对进出口商品按类别课征不同的关税或给予不同的财政补贴，导致实际汇率不同；再如，可以采用影子汇率，即附在不同类别进出口商品之后的不同的折算系数①。采取不同的外汇留成比例也是一种隐蔽的复汇率制。外汇留成是对不同的企业或出口商品实行不同

---

① 例如，假设某商品的国内平均生产成本为6.5元人民币，国外售价为1美元，而官方汇率为1美元兑换5.7元人民币，按照官方汇率只能弥补该产品5.7元的生产成本。为鼓励出口，可在该类产品的官方汇率之后附加一个1.2的折算系数。则该产品出口后，1美元可换到6.84元人民币（5.7×1.2）。

的收汇留成比例，允许企业在市场上将其外汇留成以高于官方价格的汇率进行交易。

4.1.3　外汇管制的效果及影响

外汇管制作为一种经济政策，在实施过程中，既有一定的积极作用，同时又有一定的消极作用。

从总体上看，外汇管制可以隔绝外国的冲击，使一国经济少受或不受外来因素的影响，达到如前所述的一些目的，如稳定经济、改善国际收支状况、稳定币值等，对抑制物价上升、促进产业结构改善也能起到一定的作用。

但是与此同时，外汇管制的实施对本国经济和世界经济也会带来许多不利影响：

（1）阻碍国际贸易的正常发展，降低资源的配置效率。实行外汇管制，限制了外汇的自由买卖与支付，无疑会阻碍国际贸易的顺利进行和规模的扩大。另外，外汇管制人为地割裂了国内市场和国外市场的联系，国际贸易无法按照比较利益原则来进行，资源的有效配置机制被破坏。

（2）外汇市场机制的作用不能得到充分发挥。在没有管制的自由外汇市场上，由于市场机制的作用，在外汇供求之间、远期汇率和利率之间，存在一定的内在平衡机制。而在外汇管制下，汇率由政府决定，外汇的供求也受到严格的控制，因此这种内在联系被破坏，而且在外汇市场上不能进行多边交易，资本也不能自由流动，这就造成了国际金融市场被人为地分割。

（3）导致不公平竞争。复汇率制实际上是一种变相的财政补贴，使得不同企业处于不同的竞争地位，不利于建立公平竞争关系和形成透明的市场关系。本币高估必然形成外汇黑市，使外汇市场陷入混乱状态，并导致社会分配的不公平。

（4）带来额外的管理成本。实行复杂的外汇管制，势必涉及大量的人力成本。管理人员知识上的缺陷和信息的不完全都有可能导致管理措施的错误运用，使经济的运行效率下降。

（5）无助于外汇失衡的消除和从根本上解决国际收支问题，除非配套采取其他改善经济结构的政策措施。外汇管制是"治标不治本"的措施，只能临时性地缓解矛盾，必须要辅之以根本性的改革措施才能彻底解决问题。

4.2　　　　　　　　货币自由兑换

4.2.1　货币自由兑换的含义

货币自由兑换是针对外汇管制而言的。在实行严格外汇管制的国家，外汇这种稀缺资源同本国货币之间的联系被严格地隔离开来，本国货币便成为不可自由兑换货币。可见，一国货币的不可兑换性正是外汇管制的核心内容和必然结果。

所谓货币自由兑换，是指在外汇市场上，能自由地用本国货币购买（兑换）某种外国货币，或用某种外国货币购买（兑换）本国货币。

在实践中，由于国际经济环境不同，各国经济发展程度和金融条件不一样，不同国家或同一国家的不同时期都采取了各种各样的措施和手段对货币的自由兑换进行限制，从而形成了不同含义的货币自由兑换。根据产生货币可自由兑换需要的国际经济交易的性质不同，货币自由兑换通常有三层含义：经常项目下的货币可兑换、资本项目下的货币可兑换①、货币的完全自由兑换。按照国际货币基金组织的规定，一国若能实现经常项目下的货币可兑换，那么该国货币就被列为可兑换货币。货币自由兑换程度主要取决于一国的经济实力，同时也是一国外汇管理制度和政策选择的结果。

1）经常项目下的货币可兑换

经常项目下的货币可兑换是指一国对经常项目下的对外支付解除了限制或管制。国际货币基金组织在其章程第八条的二、三、四款中规定，凡是能实现不对经常性支付和资金转移施加限制，不实行歧视性货币措施或多重汇率，能够兑付外国持有的在经常性交易中所取得的本国货币的国家，该国货币就是可兑换货币。可见，IMF所指的可兑换实际上是经常账户下的货币可兑换。实现了经常账户下货币可兑换的国家也即承担了《国际货币基金协定》第八条款所规定的义务，成为IMF的第八条款国。

此外，《国际货币基金协定》还规定实现经常账户项下可兑换应对以下四项内容的对外支付不加限制：①所有与对外贸易、其他经常性业务包括服务在内以及正常的短期银行信贷业务有关的对外支付；②应付的贷款利息和其他投资收入；③数额不大的偿还贷款本金或摊提直接投资折旧的支付；④数额不大的家庭生活费用汇款。

根据IMF《汇兑安排与汇兑限制：2022年年报》，在IMF的190个成员中，已有174个接受了第八条款。我国于1996年12月1日正式成为IMF第八条款国。

根据《国际货币基金协定》第十四条款的规定，成员方可以暂时保留"国际经常性往来的付款和资金转移"的限制，于是，保留严格外汇管制的成员方被称为IMF第十四条款国，这类国家的货币是不可兑换货币。鉴于各国的国情不同，IMF没有规定"暂时"是多长时间，但从《国际货币基金协定》的宗旨看，IMF希望成员方尽快放松外汇管制。

2）资本项目下的货币可兑换

资本项目下的货币可兑换是指对资本流入和流出的兑换均无限制。《国际货币基金协定》第六条款区分了经常项目和资本项目的自由兑换，允许成员方运用必要的控制手段调节资本的转移，即成员方没有义务来实施资本项目的可兑换。

---

①　按照IMF1993年以后的规定，"资本项目"改为"资本和金融项目"，但IMF自身仍然使用"资本项目可兑换"这个术语，所以本章依然使用"资本项目"这个说法。

在第二次世界大战结束后初期，各国都对资金流动实施了严格的控制。随着经济的发展，一些发达国家逐步取消了资本和金融账户管制。近年来，金融市场全球一体化的趋势又推动了各国对资本和金融账户管制的进一步放开。IMF在1997年中国香港年会上，确定了将以推动各国实行资本账户下的可兑换为目标，试图推行资本项目可兑换。然而，由于当时正处于亚洲金融危机期间，反对资本自由流动的呼声较高，IMF的计划只好暂时搁置。

知识拓展 4-1

IMF 关于跨境
资本流动的
观点变迁

1997年亚洲金融危机爆发后，IMF将原先对成员资本账户开放的单项认定细分为7大类11项40个子项，并且以这11项为框架对成员的资本管制状况进行评估（见表4-1）。此外，IMF还考察成员对商业银行和其他信贷机构、机构投资者的专门规定，反映一国对外资金融机构管理的基本框架。

表4-1 国际货币基金组织对资本项目的划分

序号	类别	项目	对此项有限制的国家数量
1	资本和货币市场工具	（1）资本市场证券	156
		（2）货币市场	127
		（3）集体投资类证券	131
2	衍生工具和其他工具	（4）衍生工具	103
3	信贷业务	（5）商业信贷	87
		（6）金融信贷	113
		（7）担保、保险和备用信贷支持	75
4	直接投资	（8）直接投资	154
5	直接投资清盘	（9）直接投资清盘	34
6	不动产交易	（10）不动产交易	150
7	个人资本交易	（11）个人资本转移	96
专门规定	商业银行和其他信贷机构		174
	机构投资者		156

资料来源 IMF, Annual Report on Exchange Arrangements and Exchange Restrictions 2022. 数据截至2021年12月.

目前大多数IMF的成员都在对资本和金融项目实行不同程度的限制。在已实行资本项目可兑换的成员中，绝大多数是发达国家。经济合作与发展组织规定其成员有义务实现资本项目的货币可兑换，所以其成员均放弃了对资本流动的管制。此

外，一些经济发展较快或者外汇收入充裕的国家也相继实现了资本自由流动，东南亚、东欧、中东、拉美乃至非洲的一些国家都属此类。

根据国际经验，大多数国家都是先实现经常项目可兑换，再逐步创造条件，过渡到资本项目可兑换，如法国、日本、意大利等在成为第八条款国20多年以后才完全取消资本项目下的外汇限制。

3）货币的完全自由兑换

如果一国货币在经常项目、资本和金融项目下都实现了自由兑换，该国货币就被称为完全的可自由兑换货币。

要实现货币的完全自由兑换，一国货币往往要经历不可兑换、经常项目有条件可兑换、经常项目可兑换、经常项目可兑换加上资本项目的有条件可兑换，直至资本项目可兑换，这其实是外汇管制不断放松的过程。

通常，经常项目下的可兑换是货币自由兑换的第一步，也是最为基本的一步，它往往成为各国货币自由兑换实践的突破口。纵观第二次世界大战之后的金融史，从1958年欧洲共同体实现有限度的自由兑换，1964年日本实现部分的自由兑换，到20世纪七八十年代以来的拉美国家、东欧国家以及东南亚各国货币的自由兑换，再到1996年年底我国实行的人民币经常项目完全可兑换，大多数国家都是以经常项目下的自由兑换作为开端的，少数国家（如阿根廷、波兰）首先实行资本项目下的可兑换都没有成功，造成了金融市场动荡。

这主要是因为：首先，就经常项目和资本项目开放对一国宏观经济的影响程度而言，后者投机性因素较强，比前者的控制难度与风险大得多。所以，一般实行货币自由兑换的国家比较倾向于由易到难，按照比较安全的顺序来实现货币的可兑换。其次，从国际货币基金组织来看，只要做到了经常项目自由兑换，该种货币就可以被认为是自由兑换货币了。IMF对资本和金融项目下的自由兑换并无强制性规定，因此成员在资本项目下取消管制的压力大为减轻。最后，从国际经济交易的发展进程来看，首先实现经常项目下的自由兑换与第二次世界大战后关贸总协定（GATT）和世界贸易组织（WTO）一直推动的贸易自由化有关。贸易自由化在前，资本自由化在后，是第二次世界大战后世界经济的一个重要特点，这无疑对货币自由兑换安排的阶段性产生了影响。

4.2.2 货币自由兑换的条件

实现货币的自由兑换，有助于提高该货币的国际地位，使其在国际收支、外汇储备、市场干预等方面发挥更大的作用，也有利于形成多边国际结算，促进本国的对外经济交往，同时还有利于维护贸易往来和资本交易的公平性，降低汇率风险、储备风险和交易成本。

然而，实现货币自由兑换也会给一国经济带来一定的负面影响。货币自由兑换之后，国内金融市场与国际金融市场融为一体，商品与资本的跨国流动就会对该国的宏观经济形成一定的冲击，而该国的企业也将面对激烈的来自国外的竞争。如果一国在其条件未具备时过早、过快地让其货币自由兑换，其面对外部冲击的风险更大。因此，在考虑实现货币自由兑换之前，一国需要对本国经济抵抗冲击的能力进行评估。

一国要成功地实现货币自由兑换，需要满足以下一些基本条件：

1）健康的宏观经济状况

它是指一国的经济运行处于正常有序状况，没有严重的通货膨胀等经济过热现象，不存在大量失业等经济萧条问题。同时还应具备有效率的市场体系，市场上的价格应能充分反映真实的供求状况，对市场上各种因素的变动反应灵敏，且与国际市场价格差异不大。此外，政府必须能熟练有效地运用各种宏观政策工具对经济进行调控，以应对各种复杂的局面。

2）健全的微观经济主体

其要求企业必须具备现代企业制度，自主经营，自负盈亏；以市场为导向，能够对市场信号的变动作出及时反应；具备较强的竞争能力，能够应对外来的挑战。

3）较强的国际收支调节能力

一国实现货币自由兑换后，政府很难再以直接管制的方式强有力地控制各种国际经济交易，因此要特别关注国际收支平衡的维持，避免外汇短缺的出现。外汇短缺的消除从根本上讲取决于本国企业的国际竞争力。同时该国还应有充足的国际储备。在货币自由兑换后，一国不仅有可能面临着临时性的经常账户赤字，还有可能直接面临着国际资金流动尤其是短期投机性资金的频繁冲击，如果一国没有及时从国际金融市场上获取大量资金的能力，则势必要持有相当数量的国际储备以维持外汇市场的稳定。

4）恰当的汇率水平与汇率制度

汇率水平恰当不仅是货币自由兑换的前提，也是货币自由兑换后保持汇率稳定的基础，而汇率制度的选择直接关系到汇率水平的恰当调整和合理水平的保持。一般来说，在资本可以自由流动时，选择具有更多浮动汇率特征的汇率制度更为合适。

总的来说，一国货币的自由兑换特别是资本和金融账户下的自由兑换是与该国的经济发展水平有直接联系的，因此在条件不成熟时强行实施货币的自由兑换只会给经济带来灾难。

4.3　货币国际化

4.3.1　国际货币与货币国际化

一国货币实现自由兑换后，理论上就可以被非居民获得和使用，该货币的使用范围也就由国内扩展向国际。当某种货币超越了货币发行国的国界，在更大的范围内发挥货币职能时，这种货币也就成了国际货币。

学术界对国际货币的定义往往是从货币职能出发的。货币在发行国国内通常具有价值尺度、交换媒介、支付手段、贮藏手段等多种职能，而在货币发行国之外，国际货币不一定能够同时具有上述全部职能，某些国际货币可能只具有其中某些方面的职能。

学者 Hartmann（1998）对国际货币的不同职能进行了分类（见表4-2），其观点影响较为广泛。他认为国际货币职能可以分为三类：第一，作为价值尺度，在私人领域，国际货币被用于在国际商品、服务贸易和金融交易中计价。在政府层面，将该货币确定为基准货币，在确定汇率时制定本币对该货币的基准汇率；如果采用钉住汇率制，则将该货币作为锚货币。第二，作为支付手段，在国际贸易往来和资本交易中进行直接支付，同时作为其他两种货币之间的交换媒介，同时也被官方机构作为干预外汇市场和平衡国际收支的工具。第三，作为贮藏手段，国际货币在私人部门选择金融资产时被运用，表示非居民持有的存款、贷款和债券等的价值；官方部门则持有该种货币和以它计价的金融资产作为储备资产。

表4-2　　　　　　　　　　　　国际货币的职能

职能＼层次	私人部门	政府部门
价值尺度	计价货币	基准货币
支付手段	结算货币	干预货币
贮藏手段	资产货币	储备货币

资料来源　HARTMANN P. Currency competition and foreign exchange markets：the Dollar，the Yen and the Euro［M］. London：Cambridge University Press，1998.

IMF 对国际货币的含义也有规定，在《国际货币基金协定》第三十条（第 f 款）中，国际货币被定义为"国际往来支付中被广泛使用的以及在主要外汇市场上被广泛使用的"货币。这一概念强调的是国际货币的使用范围。

国际货币是自由兑换货币的高级阶段，但同自由兑换货币的内涵又有明显的不同。货币自由兑换是由一国货币当局宣布实施的，即一国可以通过政策选择单方面使本国货币实现自由兑换；而成为国际货币则不是货币发行国能自主决定的，哪些货币能执行国际货币的职能在很大程度上是市场选择的结果。

知识拓展 4-2

全球央行数字货币研发进展

货币国际化就是一国货币的职能部分或全部地由本国扩展至其他国家、该货币由国内货币演进为国际货币的过程。这一过程也是不同货币之间竞争和市场选择的过程。

4.3.2　货币国际化的条件与影响

按照 IMF 的标准，截至 2022 年上半年，在 IMF 成员中，可兑换货币已达 174

种，其中，能够实现自由兑换的货币有数十种，而国际货币通常却被认为只有美元、欧元、日元、英镑四种。一种自由兑换货币，只有被广泛接受、认可和使用，才能发展成为国际货币。

1）货币国际化的条件

从历史经验看，成为国际货币，往往需要以下几个条件：

（1）货币发行国经济实力强大，对外贸易和投资规模巨大。该国货币因此才可能具有广泛的国际影响力，在国际经贸活动中被频繁使用。

（2）货币价值稳定。只有币值保持稳定性，才能够发挥货币计价和贮藏手段的职能。

（3）货币发行国的金融市场高度开放和发达，并且具有相当的市场容量，用该货币投融资便利。

2）货币国际化的收益与风险

一国货币如果发展成为国际货币，随着货币影响力的扩大，货币发行国也能从中获益。

铸币税收益通常被认为是货币国际化收益中最为核心的一部分。铸币税（Seigniorage）是由货币发行主体获得的"通货币面价值超出生产成本"的收益[①]。当一种货币成为国际货币后，货币持有人的范围从居民扩大至非居民，则货币当局所获得的铸币税就不仅来自本国居民的货币持有额，也包括非居民货币持有部分。

货币国际化除了能获取铸币税收益之外，还能获取其他收益：一是降低汇率风险。一国货币国际化之后，该国可以在对外经济交往中使用本币、减少外汇储备，从而可以降低汇率风险、消除汇兑成本。二是提高本国在国际金融体系中的地位。国际关键货币的发行国在国际经济和金融事务中拥有重要的话语权，可以为自身谋求更大的经济利益和政治利益。三是在货币国际化条件下，货币输出国的金融资产流动性增强，由此可以提高资金利用效率，获取更高的市场收益，进而提高本国福利水平。

货币国际化固然会给货币发行国带来收益，但货币国际化也存在维系成本，本国货币供求的可预测性及本国经济、金融政策的独立性也会受到影响，对本币币值的控制力也将下降。资本账户开放也会带来相关的成本与风险，一国经济会面临更直接的外部冲击，规模庞大且波动加剧的资本流动可能与国内货币政策方向相背，从而增加国内企业和金融机构面临的风险。

此外，一国在货币国际化进程中可能遇到与"特里芬难题"类似的问题（"特里芬难题"详见第7章），即国际货币的发行国应该保持大量的货币净输出，才能向非居民提供足够的流动性，这就需要该国要么保持经常账户逆差，要么有大量的资本输出以保持资本和金融账户逆差，而这都有可能影响该国货币币值的稳定性，甚至对该国经济增长造成不利影响。

---

① 纽曼，米尔盖特，伊特韦尔. 新帕尔格雷夫货币金融大辞典 [M]. 胡坚，等译. 第三卷. 北京：经济科学出版社，2000.

专栏4-1　　　　　　　我国外汇管理的发展历程

新中国成立以来，我国外汇管理工作始终围绕党和国家中心工作，高效集约配置和使用外汇资源，为不同时期经济建设发展大局作出了重要贡献。我国外汇管理改革与发展的历程大致经历了五个阶段。

一、第一阶段（1949—1978）：高度集中的外汇管理体制时期

改革开放以前，我国实行高度集中的计划经济体制，一直实行比较严格的外汇管制。彼时，全国外汇由国家计划经济委员会综合平衡和统一分配使用，实行"统收统支、以收定支、基本平衡、略有结余"的方针。同时，实行"以收定支、以出定进"的国际收支平衡政策，依靠指令性计划和行政办法保持外汇收支平衡。这一时期，除了在新中国成立初期和"一五"时期向苏联借用了少量政府贷款外，我国基本不举借外债，也很少允许外国来华直接投资。

二、第二阶段（1979—1993）：计划管理与外汇市场调节相结合时期

1978年实行改革开放政策后，我国外汇管理体制改革也就此拉开序幕，至1993年，我国初步形成了计划管理与市场调节相结合的外汇管理模式。1979年8月，为配合外贸体制改革和鼓励企业出口创汇，我国开始实行外汇留成制度，在外汇由国家集中管理、统一平衡的基础上，按照一定比例给予出口企业购买外汇的额度，允许企业通过外汇调剂市场转让多余的外汇，由此逐步形成了官方汇率和外汇调剂市场汇率并存的双重汇率制度。同时，外汇管理部门配合国家政策，采取"宽进严出"政策，积极支持相关企业利用外资、合理利用境外贷款。20世纪80年代起，我国又开始建立外汇储备经营管理制度。这一时期，计划配置外汇资源仍处于主导地位，但是外汇管理体制开始向市场调节逐步转变。

三、第三阶段（1994—2000）：社会主义市场经济条件下的外汇管理体制初步确定时期

1994年之后，我国推行了一系列与社会主义市场经济相适应的外汇管理体制改革措施，至2000年，社会主义市场经济条件下的外汇管理体制框架初步确定。1994年，人民币官方汇率和外汇调剂市场汇率实现并轨，我国开始实行以市场供求为基础的、单一的、有管理的浮动汇率制度，建立统一规范的外汇市场。同时取消外汇留成制度，实行银行结售汇制度，1998年进一步取消外汇调剂业务。1996年取消了所有经常性国际支付和转移的限制，1996年12月1日，我国正式接受《国际货币基金组织协定》第八条款，实现了人民币经常项目可兑换。1997年亚洲金融危机期间，我国在坚持经常项目可兑换的同时，加强真实性审核管理，并重点加强对逃汇骗汇等违法违规资本流动的管理和打击。这一时期，市场配置外汇资源的决定性地位初步奠定。

四、第四阶段（2001—2012）：以市场调节为主的外汇管理体制进一步完善时期

2001年12月，我国加入世界贸易组织，为顺应进一步开放的趋势，我国在外汇管理体制领域又推出了一系列改革措施，至2012年，以市场调节为主的外汇管

理体制已进一步完善，市场配置外汇资源的作用愈加重要。这一时期，随着我国加速融入全球经济，国际收支在较长一段时期内呈现持续大规模顺差，外汇储备跃居全球第一，外汇管理逐渐转向"均衡管理"，明确了国际收支平衡的管理目标。主要措施包括：

第一，经常项目方面，2007年相继将个人经常项目下购汇限额从每人每年3 000美元上升至每人每年5万美元、取消境内机构经常项目外汇账户限额。2009年7月起，逐步全面推进跨境贸易人民币计价结算。2012年，在取消强制结售汇的同时，取消货物贸易外汇收支逐笔核销制度，贸易便利化程度大幅提升。

第二，资本项目方面，在持续完善外商直接投资和对外直接投资外汇管理的同时，2002年建立合格境外机构投资者（QFII）制度，2003年3月1日起实施《外债管理暂行办法》，2006年开始实施合格境内机构投资者（QDII）制度，2011年年底开始实施人民币合格境外机构投资者（RQFII）制度，跨境证券投资开放取得重大进展。同时，资本项目人民币国际化试点稳步有序推进。

第三，外汇储备经营与运用方面，2003年成立中央汇金公司，向国有商业银行注资，外汇储备探索多元化运用。

第四，汇率制度和外汇市场建设方面，2005年7月21日起，实行新的人民币汇率制度，人民币不再单一钉住美元，同时出台了包括扩大银行间外汇市场交易主体、引进询价交易方式和做市商制度、增加市场避险工具等一系列促进外汇市场发展的政策。

第五，法治化建设方面，2008年修订《中华人民共和国外汇管理条例》，2009年，提出外汇管理理念和方式的"五个转变"，全面推进简政放权。

五、第五阶段（2013年至今）：与更高水平开放相适应的跨境资本流动管理框架逐步建立时期

党的十八大以来，外汇管理部门坚持稳中求进工作总基调，统筹平衡促进贸易投资自由化便利化与防范跨境资本流动风险之间的关系，在开放的环境中适应开放，不断完善跨境资本流动"宏观审慎+微观监管"两位一体管理框架，与治理体系治理能力现代化要求相适应的外汇管理体制机制日趋完善。这一时期，我国在外汇管理体制领域改革的主要举措包括：

第一，有力推动经常项目外汇业务便利化。2013年，改革服务贸易外汇管理制度，全面取消服务贸易事前审批，修订《国际收支统计申报办法》。2015年全面采纳国际货币基金组织的数据公布特殊标准（SDDS）。此外，我国还在货物贸易、保险机构、外币现钞、个人外汇业务等领域推出多项便利化措施，推进区块链技术在外汇管理领域应用。支持"一带一路"沿线贸易投资活动，每年更新发布《"一带一路"国家外汇管理政策概览》。

第二，有序推进资本项目开放，稳步扩大金融市场双向开放。持续推动外商直接投资落实准入前国民待遇加负面清单管理，优化对外直接投资外汇管理，2015年直接投资实现基本可兑换。2014年起，先后推出"沪港通""内地与香港基金互

认""深港通""债券通""沪伦通""跨境理财通"等跨境证券市场交易互联互通机制；完善合格机构投资者制度，进一步增加 QDII 额度，取消 QFII 资金汇出比例限制，取消 QFII、RQFII 锁定期要求和投资额度限制，扩大合格境内有限合伙人（QDLP）和合格境内投资企业（QDIE）试点，开展跨国公司本外币一体化资金池业务试点，推动银行间债券市场和境内商品期货市场对外开放。

第三，积极拓展外汇储备多元化运用。坚持商业化原则服务共建"一带一路"高质量发展，陆续设立丝路基金、中拉产能合作投资基金、中非产能合作基金，积极为"一带一路"搭建资金平台。践行可持续负责任投资原则，将 ESG（环境、社会、治理）因素纳入经营管理流程，有效发挥储备投资对绿色低碳发展的支持和引领作用。

第四，持续深化人民币汇率形成机制改革。2012 年 4 月起，逐步提高银行间外汇市场人民币交易价格浮动幅度，2015 年 8 月 11 日，进一步调整人民币对美元汇率中间价报价机制。同时，不断推动外汇市场建设，先后推出人民币对包括欧元、日元、英镑、加拿大元、韩元、泰铢等多种货币的直接交易，开展人民币对哈萨克斯坦坚戈、蒙古图格里克、柬埔寨瑞尔、印度尼西亚卢比银行间市场区域交易。2013 年 4 月、2021 年 1 月和 2023 年 3 月，三次修订《银行间外汇市场做市商指引》，2021 年 11 月制定并发布《外汇市场交易行为规范指引》。

第五，建立健全跨境资本流动宏观审慎管理框架。在 2016 年建立全口径跨境融资宏观审慎管理框架的基础上，进一步建立和完善跨境资本流动监测、预警和响应机制，充分运用中间价逆周期因子、风险准备金、全口径跨境融资宏观审慎等各类政策工具。为提升外汇管理政策传导效率，2019 年出台《银行外汇业务微观合规与审慎经营评估办法》，不断完善外汇市场微观监管。

资料来源　潘功胜. 我国外汇管理改革事业 70 年 [J]. 中国金融，2019（10）：14-16；国家外汇管理局.外汇管理历史沿革 [EB/OL].［2018-11-30］. http://www.safe.gov.cn/safe/2018/1109/10674.html.作者有删改.

专栏 4-2　　　　　　　　QFII 与 QDII

1）QFII

QFII 是 qualified foreign institutional investors（合格境外机构投资者）的简称。QFII 机制是指外国专业投资机构到境内投资的资格认定制度。

QFII 是一国在货币没有实现完全可自由兑换、资本项目尚未开放的情况下，有限度地引进外资、开放资本市场的一项过渡性制度。这种制度要求外国投资者若要进入一国证券市场，必须符合一定的条件，获得该国有关部门的审批后可汇入一定额度的外汇资金，并转换为当地货币，通过严格监管的专门账户投资当地证券市场。在这一机制下，任何打算投资境内资本市场的人士必须通过合格机构进行证券买卖，以便政府进行外汇监管和宏观调控，目的是减少资本流动尤其是短期"游资"对国内经济和证券市场的冲击。而通过 QFII 制度，管理者可以对外资进入进行必要的限制和引导，使其与本国的经济发展和证券市场发展相适应，控制外来资本对本国经济独立性的影响，抑制境外投机性游资对本国经济的冲击，推动资本市场国际化，促进资本市场健康发展。

QFII限制的内容主要有资格条件、投资登记、投资额度、投资方向、投资范围、资金的汇入和汇出限制等。

我国于2003年7月1日开始实行QFII制度。在2002年QFII制度颁布之初，投资总额度上限只有40亿美元，且伴随诸多的投资限制条件。但即便准入严苛流程繁琐，在当年依旧抵挡不住外资进入中国资本市场的热情。之后，国家外汇管理局分别在2005年、2007年、2012年、2013年将QFII投资总额度上限逐步从最初的40亿美元提升到了1 500亿美元，并在2019年1月再次将总额度提升至3 000亿美元。

2019年9月10日，经国务院批准，国家外汇管理局决定取消合格境外机构投资者（QFII）投资额度限制。这个声明意味着境外投资者参与境内金融市场的便利性将获得大幅提升，显示了我国进一步对外开放金融市场的决心。

2）QDII

QDII是qualified domestic institutional investors（合格境内机构投资者）的简称。它是在一国境内设立，经该国有关部门批准，从事境外资本市场的股票、债券等有价证券投资业务的证券投资基金。

QDII的概念由中国香港于2001年最早提出，是与QFII反方向操作的一种投资制度。QDII也是一种过渡性措施，是资本项目未开放条件下的一种保护性措施。在此制度下，境内居民投资境外资本市场需通过国家核定的中介机构进行，国家可以有效地监管本国投资者的国际投资行为，从而稳定本币币值和抑制外汇资金的流失，维护本国的金融秩序。所投资资本市场的监管机构也会提出其监管要求，这也有利于境内机构投资者的健康发展。

QDII制度的实质是对境内资本投资境外资本市场进行额度管理，其内容主要涉及投资者的资格认定、资金进出的监控以及允许投资的证券品种和比例的限制等方面。

我国于2006年开始实施QDII制度，至此，我国资本市场已经实现了有限度的双向开放。

3）RQFII与RQDII

RQFII（RMB qualified foreign institutional investors）是指人民币合格境外机构投资者。其源自QFII，即给予合格境外机构投资者以预设的人民币额度投资内地股市或债市，外国投资者可以用从中国内地以外的地方筹集的人民币投资中国内地市场。对RQFII放开股市投资，是允许境外人民币回流境内进而加速人民币国际化的举措之一。2011年12月16日，中国证券监督管理委员会、中国人民银行、国家外汇管理局三部委联合发布《基金管理公司、证券公司人民币合格境外机构投资者境内证券投资试点办法》，允许符合条件的基金公司、证券公司的中国香港子公司作为试点机构开展RQFII业务。初始试点额度为200亿元人民币，9家基金公司旗下的香港子公司获得批准，分享了100亿元人民币的额度，12家证券公司旗下的香港子公司获得批准，分享了另外100亿元人民币的额度。2013年3月1日，三部委又联合发布《人民币合格境外机构投资者境内证券投资试点办法》，将合格境外机构投资者扩大至境内基金管理公司、证券公司、商业银行、保险公司等的中国香港子公司，以及注册地及主要经营地在中国香港的金融机构。随后，RQFII试点地区相继扩大至中国台湾以及英国、新加坡、法国、韩国、德国、卡塔尔、加拿大、澳大利亚、瑞士、卢森堡、智利、匈牙利、马来西亚、阿联酋、泰国、美国、爱尔兰、日本、荷兰等20个国家和地区，中国香港的试点额度也扩大至5 000亿元人民币，截至2019年6月5日，RQFII试点总额度达1.99万亿元人民币。截至2020年5月31日，共有来自中国香港以及新加坡、英国、法国、韩国、德国、澳大利亚、瑞士、加拿大、卢森堡、泰国、美国、马来西亚、爱尔兰、日本等15个国家和地区的229家金融机构以及国际货币基金组织获得了RQFII投资额度批准，累计批准总额达7 229.92亿元人民币。

2014年11月15日，我国又出台了人民币合格境内机构投资者（RQDII）制度。合格境内机构投资者可以运用来自境内的人民币资金投资于境外金融市场的人民币计价产品。与RQFII推出之初需要额度审批不同的是，RQDII一经推出便不另设额度审批，RQDII项下的人民币境外投资资金汇出规模以实际募集规模为准，并不得超过其向国务院金融监督管理机构报送的产品最大发行规模，但最大发行规模可以根据实际募集情况在报送国务院金融监督管理机构的基础上适当上调。

2019年9月16日，国家外汇管理局宣布，经国务院批准，决定取消RQFII投资额度限制。同时，RQFII试点国家和地区限制也一并取消。

专栏4-3　　　　　　　　沪港通、深港通与债券通

沪港通是指上海证券交易所和香港联合交易所有限公司允许两地投资者通过当地证券公司（或经纪商）买卖规定范围内的对方交易所上市的股票，是沪港股票市场交易互联互通机制。沪港通包括沪股通和港股通（沪港通下的港股通）。其中，沪股通是指投资者委托中国香港经纪商，经由香港联合交易所在上海设立的证券交易服务公司，向上海证券交易所进行申报（买卖盘传递），买卖沪港通规定范围内的上海证券交易所上市的股票。沪港通下的港股通是指投资者委托内地证券公司，经由上海证券交易所在中国香港设立的证券交易服务公司，向香港联合交易所进行申报（买卖盘传递），买卖沪港通规定范围内的香港联合交易所上市的股票。

深港通则是深港股票市场交易互联互通机制的简称，指深圳证券交易所和香港联合交易所有限公司建立技术连接，使内地和中国香港投资者可以通过当地证券公司（或经纪商）买卖规定范围内的对方交易所上市的股票。深港通包括深股通和港股通（深港通下的港股通）。其中，深股通是指投资者委托中国香港经纪商，经由香港联合交易所在深圳设立的证券交易服务公司，向深圳证券交易所进行申报（买卖盘传递），买卖深港通规定范围内的深圳证券交易所上市的股票。深港通下的港股通是指投资者委托内地证券公司，经由深圳证券交易所在中国香港设立的证券交易服务公司，向香港联合交易所进行申报（买卖盘传递），买卖深港通规定范围内的香港联合交易所上市的股票。

债券通是内地债券市场和中国香港债券市场的互联互通，是指境内外投资者通过中国香港与内地债券市场基础设施机构连接，买卖两个市场交易流通债券的机制安排。债券通包括北向通和南向通。其中，北向通是指境外投资者经由中国香港与内地基础设施机构之间在交易、托管、结算等方面互联互通的机制安排，投资于内地银行间债券市场。南向通是指境内投资者经由两地基础设施机构之间的互联互通机制安排，投资于中国香港债券市场。

作为内地与中国香港股票与债券市场互联互通、国际投资者以及全球资金共同参与、两地机构共同营运和监管、封闭循环的重大开创性制度设计，沪港通自2014年11月17日启动，深港通自2016年12月5日开通，债券通的北向通自2017年7月3日开通，南向通自2021年9月24日开通。

自开通以来，沪港通、深港通一直保持平稳运行，交易、登记结算、换汇和公司行为等各项业务处理正常。截至2022年11月30日，沪股通和深股通累计成交额达89.4万亿元人民币，累计1.7万亿元人民币净流入内地股票市场；沪港通下的港股通和深港通下的港股通累计成交额30.4万亿港元，累计2.6万亿港元内地资金净流入港股市场；债券通北向通累计交易额达22.6万亿元人民币，通过金融基础设施互联互通模型托管的南向通债券3 677.3亿元人民币。

沪港通、深港通、债券通是中国资本市场对外开放的重要内容，有利于加强两地资本市场联系，推动资本市场双向开放。这一机制的运行，一是有利于深化内地与中国香港的交流合作。沪港通、深港通和债券通的推出，会促进两地在监管执法合作、投资者保护、金融市场基础设施互联互通等方面的紧密沟通、加强协调，实现双赢或多赢的效果。二是有利于促进内地金融市场开放和改革。股票市场和债券市场开放是中国金融对外开放的重要内容，沪港通、深港通和债券通会进一步丰富境外投资者的投资渠道、增强投资者信心，改善境内股票和债券市场投资者结构，也有利于在开放环境下更好地促进国际收支平衡。三是有利于巩固和提升中国香港作为国际金融中心的地位。沪港通、深港通、债券通连接起中国内地与多个不同经济体市场与投资者，可进一步强化中国香港在内地金融市场对外开放中的桥头堡地位，有利于增强中国香港在全球金融中心中的竞争力，维护香港的长期繁荣稳定。四是有利于推动人民币国际化。沪港通、深港通、债券通既可方便内地投资者直接使用人民币投资中国香港市场，也可增加境外人民币资金的投资渠道，便利人民币在两地的有序流动。

知识拓展 4-3

沪伦通与中欧通

4.4 人民币资本项目可兑换与国际化

一般而言，货币的自由兑换取决于一国的经济实力，其实现需要一个很长的过程。自1996年12月1日起，我国实现了人民币经常项目可自由兑换，但是仍然对资本项目的外汇收支实行严格的管制。人民币何时实现资本项目可兑换，实现什么样的可兑换，怎样实现资本项目可兑换，都是值得深入思考的问题。

2008 年全球金融危机爆发后，为摆脱危机造成的困境，改变国际货币体系中过于依赖美元的局面，我国开始推进跨境贸易人民币结算试点，人民币国际化进程自此开启。经过 10 余年发展，人民币国际化稳步推进，《中华人民共和国国民经济和社会发展第十四个五年规划和 2035 年远景目标纲要》提出，将"稳妥推进银行、证券、保险、基金、期货等金融领域开放，深化境内外资本市场互联互通""稳慎推进人民币国际化，坚持市场驱动和企业自主选择，营造以人民币自由使用为基础的新型互利合作关系"。党的二十大报告也提出要"有序推进人民币国际化"。逐步实现人民币资本项目可兑换、推进人民币国际化已经成为我国推进高水平对外开放的明确目标。

4.4.1　人民币的资本项目可兑换

实现资本项目可兑换是一个国家经济发展到一定阶段，参与世界经济合作与竞争必然面临的问题，特别是在经常项目可兑换的情况下，随着对外开放的深入，资本流动的管制效率会越来越低，资本项目开放已经成为一国经济融入全球化的必然结果。因此，实现包括资本项目可兑换在内的人民币可兑换是中国外汇管理体制改革的长远目标，但人民币资本项目可兑换将是一个长期的、渐进的过程。

实现资本项目可兑换后，经济的对外开放度进一步提高，资本流动更加自由，这种较为开放的资本流动能带来许多潜在的利益，包括促进资本双向流动，促进社会资源的合理配置；推动一国金融市场的发育和完善，提高金融服务的竞争力和经济效率等。

然而，这些潜在的利益能否变成现实的利益还取决于各国的具体情况。资本项目可兑换在给一国带来潜在利益的同时，也蕴含着许多潜在风险，主要表现为：本国容易遭受国际投机资本的攻击；资本大量外流可能使国际收支和贸易条件恶化；资本的频繁流动会影响国内金融市场的货币数量、信贷规模、利率水平和价格水平；严重抑制外汇需求关系，扭曲汇率。

改革开放以来，我国渐进式地推进资本账户开放。1993 年，我国明确提出，"中国外汇管理体制改革的长远目标是实现人民币可自由兑换"[①]。"十一五"期间，我国提出要"稳步推进利率市场化改革，完善有管理的浮动汇率制度，逐步实现人民币资本项目可兑换"[②]。2009 年 12 月，国家外汇管理局发表声明表示，将逐步实现人民币资本项目下可自由兑换。2013 年年底，党的十八届三中全会明确提出，要"加快实现人民币资本项目可兑换"。2020 年 3 月，《中共中央 国务院关于构建更加完善的要素市场化配置体制机制的意见》指出，要"稳步推进人民币资本项目可兑换"。2020 年 5 月，《中共中央 国务院关于新时代加快完善社会主义市场

---

① 胡晓炼. 优化资本账户开放路径　降低开放风险［EB/OL］.［2008-05-09］. http://finance.qq.com/a/20120223/000270.htm.
② 2005 年 10 月，中共十六届五中全会，"十一五"规划建议。

经济体制的意见》明确提出"有序实现人民币资本项目可兑换"。

近年来，我国资本账户开放步伐明显加快。在国际收支形势、国内国际经济形势发生变化的情况下，我国对资本项目管理进行了一系列的改革，资本流动管理已由"宽进严出"向"双向均衡管理"转变，行政管制逐步减少，内资与外资企业之间、国有与民营企业之间、机构与个人之间的差别待遇逐步取消。

根据国际货币基金组织2022年《汇兑安排与汇兑限制年报》，在评估资本项目可兑换的7类11项中，我国对各项均有不同程度的限制。在40个子项中，虽大都实现了基本或部分可兑换，但基本可兑换的项目较少，主要集中在直接投资及其清盘、信贷工具交易以及担保、保证和备用融资便利等方面；而与股票市场交易、债券市场交易、货币市场工具、集体投资类证券、衍生工具与其他工具、个人资本交易等相关的项目仍只实现了部分可兑换，甚至对其中的部分项目还有较为严格的管制。总体而言，我国对资本账户兑换的限制程度仍然较高。

实现人民币资本项目可兑换是我国外汇管理体制改革及整个经济体制改革的长远目标。现阶段我国在微观经济基础、金融体系稳定和金融监管上还有很多不足，因此，人民币资本项目可兑换应伴随着这些矛盾的化解而逐步实现。

目前我国实现人民币资本项目可兑换的总体思路是：在风险可控的前提下，依照循序渐进、统筹规划、先易后难、分步推进的原则，分阶段、有选择地逐步推出资本项目开放措施。根据经济发展阶段的不同需要，加快放开市场主体需求强烈、风险相对较小的项目，对风险较大和无真实贸易投资背景的项目，如跨境证券投资、衍生品交易等，采取试点、规模控制等方式，为扩大开放创造更好的条件。在资本项目可兑换的整体把握上，要与经济发展阶段、市场发育程度、企业承受能力、金融监管水平等相适应。同时，在放松部分管制的同时，需要不断改进和加强审慎性监管，防范国际资本冲击，保证风险可控。

专栏4-4　　　　　　　我国资本账户开放的路径选择

优化资本账户各子项目的开放顺序是资本账户开放成功的基本条件。其一般原则是"先流入后流出、先长期后短期、先直接后间接、先机构后个人"。具体步骤是先推行预期收益最大的改革，后推行最具风险的改革；先推进增量改革，渐进推进存量改革。当然，资本账户开放的顺序和期限是相对而言的，基本原则应该是成熟一项，开放一项。

1）短期安排（1～3年），放松有真实交易背景的直接投资管制，鼓励企业"走出去"

直接投资本身较为稳定，受经济波动的影响较小。实证表明，放松直接投资管制的风险最小。当前，我国推进海外直接投资已进入战略机遇期。过剩的产能对对外直接投资提出了要求，雄厚的外汇储备为对外直接投资提供了充足的外汇资金，看涨的人民币汇率为对外直接投资提供了成本优势，西方金融机构和企业的收缩为中国对外直接投资腾出了空间。

2）中期安排（3～5年），放松有真实贸易背景的商业信贷管制，助推人民币国际化

有真实贸易背景的商业信贷与经常账户密切相关，稳定性较强，风险相对较小。随着我国企业在国际贸易、投资、生产和金融活动中逐步取得主导权，商业信贷管制也应逐步放开。目前，我国进出口贸易量约占全球贸易总量的10%，贷款占全球的1/4以上。放松商业信贷管制有助于进出口贸易的发展，也能为人民币跨境结算和香港离岸市场建设拓宽人民币回流渠道。同时，适度放松商业信贷管制，有利于促进国内银行业的竞争，改善企业特别是中小企业的融资状况。

3）长期安排（5～10年），加强金融市场建设，先开放流入后开放流出，依次审慎开放不动产、股票及债券交易，逐步以价格型管理替代数量型管制

不动产、股票及债券交易与真实经济需求有一定联系，但往往难以区分投资性需求和投机性需求。一般开放原则是按照市场完善程度"先高后低"，降低开放风险。当前，房地产市场价格易涨难跌，向合理价格水平回归尚需时日。境内股市"重融资轻投资"，价格发现机制还有待完善。债券类市场发育在很大程度上与利率市场化有关，市场规模不大，且企业债券没有形成统一规范的市场，政府债券市场还有待发展。从总体上看，市场完善程度从高到低依次为房地产市场、股票市场和债券市场。

在开放的过程中，一是要加强金融市场建设，增强市场活力，夯实不动产、股票及债券市场开放的基础；二是要按照"先一级市场后二级市场""先非居民的国内交易后居民的国外交易"的开放原则，降低开放风险；三是谨慎推进，相机决策，遇险即收，逐步以价格型管理替代数量型管制。

至此，我国已经基本实现资本账户开放。剩下的项目按照风险程度依次为个人资本交易、与资本交易无关的金融机构信贷、货币市场工具、集合投资类证券、担保保证等融资便利、衍生工具等资本账户子项，可以择机开放。与资本交易无关的外汇兑换交易自由化应放在最后。投机性很强的短期外债项目可以长期不开放。

资料来源 中国人民银行调查统计司课题组. 我国开放资本账户条件基本成熟 [N]. 中国证券报，2012-02-23.

4.4.2 人民币国际化

人民币国际化，是指人民币跨越国界，在境外流通并获得国际市场的广泛认可和接受，逐渐发展成为计价、结算及投资货币的过程。

人民币国际化的含义应该包括三个方面：其一，人民币现金在境外有一定的流通度；其二，国际贸易中以人民币结算的交易要达到一定的比重；其三，也是最重要的，是以人民币计价的金融市场规模不断扩大，以人民币计价的金融产品成为国际各主要金融机构包括中央银行的投资工具。

1997年的亚洲金融危机使人们深刻认识到，发展中国家在参与国际经济活动时的一个先天缺陷是无法使用本币计价、结算，即在进行国际贸易和对外投资或举

债时都用美元等国际货币计价，因而只要国际汇率出现大幅波动，本国经济就将遭受巨大伤害。2008年全球金融危机之后，以美元为中心的国际货币体系的缺陷更为突出地暴露出来。美国为应对危机采取了量化宽松政策，美元因此贬值，中国的巨额外汇储备缩水，资产安全面临威胁。而且可以预见，当美国进入加息周期时，全球资金将回流美国，资本外流会影响其他国家经济、金融稳定性。中国作为世界上第二大经济体、第一大贸易国，若要降低美元对中国经济的影响，推进人民币国际化便是一个自然的选择。

人民币国际化可以追溯到2003年年末。2003年11月，中国人民银行宣布为中国香港银行办理相关人民币业务提供清算安排。但是人民币国际化的真正开始，则应该是2009年跨境贸易人民币结算的推出。中国政府主要从以下三个方面来推进人民币国际化：

1）扩大人民币在跨境贸易与投资中的计价与结算

2009年4月，国务院决定在上海和广州、深圳、珠海、东莞等城市开展跨境贸易人民币结算试点。7月，试点正式启动，随后试点范围不断扩大，直至扩大至中国全境的所有企业，并由贸易结算扩展至投资结算。跨境人民币业务作为人民币国际化的发端，首先以基本的贸易支付结算功能为切入点，而后逐步放宽至资本项目下的跨境投融资和以国际债券为代表的金融资产计价职能，最后过渡到储备货币的职能。

2）发展离岸人民币金融市场

随着人民币跨境结算规模的扩大，人民币的海外沉淀越来越多，国际社会对人民币的货币汇兑、支付结算、贸易融资、风险管理、资产管理等金融服务需求也越来越强烈，建设离岸人民币金融市场应运而生。

首先发展的是中国香港人民币离岸中心。香港作为特别行政区和中国对外开放的重要窗口，同时也因其重要的国际金融中心地位，自然是人民币国际化的第一站。中国政府积极鼓励并支持中国香港成为人民币离岸中心，2010年7月，中国人民银行和香港金融管理局修改了《关于人民币业务的清算协议》，明确中国香港的银行可以按照本地法规和市场因素开展企业和机构人民币业务，离岸人民币存款量开始大幅增长。中国香港外汇交易市场所形成的离岸人民币（CNH）交易取代了无本金交割远期外汇（NDF）交易成为境外企业和投资者最有效的外汇对冲工具，中国香港离岸人民币债券市场（"点心债"市场）交易量日益扩大。

除了中国香港之外，中国澳门、中国台湾、新加坡、伦敦等多个离岸人民币市场已经形成并逐渐延伸至法兰克福、首尔、巴黎、卢森堡、多伦多、多哈等地。在澳大利亚、非洲、美洲地区也逐渐出现了新的离岸人民币聚集地，离岸人民币债券、人民币资金交易等金融产品更趋丰富。

3）签署双边本币互换协议

双边本币互换协议旨在保持双方贸易正常发展，避免周边金融不稳定带来的不利影响。这种协议可以推进双边贸易的本币结算，对降低对外部因素的依赖具有相当重要的意义。双边本币互换协议是输出人民币最重要和公开的渠道，是向境外市场提供人民币流动性、促进中国与这些国家和地区之间贸易投资便利化非常重要的金融基础设施。在人民币实现完全自由可兑换之前，双边本币互换协议的大面积覆盖，为境外的人民币交易网络先行提供了必要的基础，为中短期内人民币交易的进一步活跃创造了更大空间。

除了上述方式外，我国政府还通过国际开发和援助计划扩大人民币的对外输出。2011年，中国进出口银行和美洲开发银行合作建立了以人民币为基础的基金，用于支持拉丁美洲和加勒比地区的投资。2014年7月，由中国、巴西、俄罗斯、印度以及南非一同建立的金砖国家新开发银行（NDB）正式成立，并于2015年7月开业。2015年12月，亚洲基础设施投资银行（Asian Infrastructure Investment Bank，AIIB，简称亚投行）正式成立。

上述改革措施有效地推进了人民币国际化，人民币国际使用继续较快发展，人民币国际地位持续提升，人民币国际接受程度不断提高。

从2009年7月跨境人民币业务试点开始，人民币国际化已走过10余年历程，成绩也令人瞩目。2016年10月人民币纳入国际货币基金组织特别提款权（SDR）货币篮子，权重为10.92%，位列第三；2022年5月，IMF将SDR货币篮子中人民币的权重上调至12.38%。截至2022年年底，人民币成为第二大贸易融资货币，第五大国际支付货币、第七大国际债券发行货币、第五大外汇储备货币、第十大利率衍生品交易货币、第五大外汇交易货币。具体的进展表现见知识拓展4-4。

知识拓展4-4

SDR篮子货币选择标准与权重计算方法

一是人民币跨境贸易结算迅猛发展。据中国人民银行统计，2009年跨境贸易人民币结算金额只有35.80亿元，而2022年跨境贸易人民币结算业务总计10.51万亿元，增长2 935倍。根据SWIFT数据，2012年1月，全球支付中以人民币支付的比重仅为0.25%，人民币在所有支付货币中排名第二十，2022年12月，人民币占全球所有货币支付金额比重已升至2.15%，为全球第五大支付货币。

二是人民币投融资货币功能不断深化。2022年直接投资人民币结算业务金额为6.76万亿元，而该业务刚刚启动时的2011年这一数字只有1 108.70亿元。同时，离岸人民币存贷款和债券规模亦快速增加。2021年主要离岸市场人民币贷款余额为5 271亿元；截至2021年年底，离岸人民币存款余额超过1.54万亿元，同比增长21.30%。2022年全年，主要离岸市场人民币债券发行量达4 281亿元，同比增长50%；年末离岸人民币债券未偿还余额7 186亿元，较2021年增长46%。据国际清算银行（BIS）统计，截至2022年第四季度，人民币计价国际债券存量规模升至1 733.51亿美元，在全球国际债券存量规模的占比也增至0.63%，人民币成为第七大国际债券发行货币。2019年以来，人民币债券先后被纳入并称为国际三大债券指数的彭博巴克莱全球综合债券指数、摩根大通全球新兴市场政府债券指数和富时罗素全球政府债券指数，人民币资产对境外投资者的吸引力显著增强。2022年，沪港通、深港通、债券通、跨境理财通和沪伦通业务、RQFII投资等均有迅猛增长，SWIFT 报告显示，目前人民币已成为第二大贸易融资货币。

三是储备货币功能初步显现。越来越多的国家或地区与中国签署双边本币互换协议，以此来满足双边贸易投资的需求。据中国人民银行统计，截至 2021 年年末，中国人民银行已与 40 个国家和地区（包括日本、欧元区等发达经济体）的中央银行或货币当局签署了双边本币互换协议，总额达 4.02 万亿元人民币。2022 年 7 月，中国人民银行与香港金融管理局签署常备互换协议，将自 2009 年起建立的货币互换安排升级为常备互换安排，协议长期有效，互换规模也由此前的 5 000 亿元人民币扩大至 8 000 亿元人民币。2016 年人民币正式加入 SDR 货币篮子，这是人民币国际化进程的一个重要里程碑。根据 IMF 数据，2014 年，共有 38 个经济体持有人民币资产约合 718 亿美元，而到 2022 年年底，全球外汇储备中人民币资产规模达 2 876.90 亿美元，增长 300.68%，居第五位。据不完全统计，目前全球已有80 多个国家或地区的中央银行或货币当局将人民币纳入外汇储备。

四是人民币计价功能实现突破。除了在货物与服务贸易、直接投资、股票与债券等金融交易发挥国际货币的计价职能外，在大宗商品计价方面，人民币也有多个创新突破。例如，"上海金"、人民币铁矿石期货、人民币原油期货、人民币精对苯二甲酸（PTA）期货等相继挂牌交易。推动大宗商品以人民币计价是人民币国际化的重要举措，有助于提高我国在国际市场上的话语权。

五是人民币外汇与衍生品交易屡创新高。BIS 的数据显示，2022 年，全球外汇市场人民币日均交易额为 5 262.32 亿美元，较 2019 年增长了 84.62%，全球外汇交易人民币交易金额比重增至 7.01%，人民币跃升为全球第五大外汇交易货币；全球利率衍生品市场人民币交易规模为 295.44 亿美元，占比为 0.57%，人民币成为第十大利率衍生品交易货币。

六是基础设施建设积极推进。为满足市场主体对人民币跨境资金清算、结算安全高效的需求，2015 年人民币跨境支付系统（CIPS）一期成功上线运行。2018 年 CIPS 二期投入使用并在制度安排、结算模式和流动性机制等方面进行了升级优化。截至 2022 年 12 月末，CIPS 系统共有参与者 1 360 家，覆盖全球 109 个国家和地区，实际业务覆盖全球 180 多个国家和地区，实现了对全球各时区金融市场的全覆盖。

知识拓展 4-5

人民币跨境资金循环及其阶段性特征

10 多年来，人民币国际化取得了显著成效，但同时也面临一些突出问题和挑战。总的看来，就是国际化仍处于较低水平。一是跨境贸易人民币结算发展不平衡，主要集中于周边国家和地区，而在欧盟、美国等主要发达经济体和主要贸易伙伴以及其他新兴经济体贸易结算中人民币比例较低。二是人民币在国际支付中的比重偏低。根据 SWIFT 统计，人民币在国际支付中使用的份额大约在 2%，与美元的40% 以上、欧元 30% 以上的份额差距巨大，且主要用于我国与其他国家和地区的双边支付结算，第三方国家之间人民币使用水平不高。三是目前人民币发挥货币储备功能依然有限。人民币储备规模占标明币种构成外汇储备总额的 2.61%，而美元占全球储备货币的 58% 以上。四是尽管金融市场开放推动境外投资者显著增持了人民币股票和债券，但境外投资者持有量的占比仍然偏低。

人民币国际化，未来还有很长一段路要走，下一阶段的人民币国际化，一是坚持市场驱动和企业自主选择，培育境外对人民币的真实需求，逐步消除限制人民币使用的障碍，为人民币与其他主要可兑换货币创造公平竞争的环境。二是拓展人民币的国际货币功能，逐步扩大人民币在跨境投资、金融市场交易和储备中的使用。这就需要继续推动国内金融市场开放，建立健全成熟、具有深度和广度的国内金融市场，为人民币的扩大使用提供市场基础。三是协调推进相关金融改革，继续深化利率和汇率市场化改革，稳妥有序实现资本项目高水平开放，不断提升境外投资者投资境内金融市场的便利化水平，夯实人民币国际化的基础；同时有效统筹开放、发展和安全，构建与高水平开放相适应的风险防控体系。

知识拓展 4-6

有序推进
人民币国际化

● **思政课堂**

统筹金融开放与金融安全：阿根廷的教训与启示

阿根廷曾以金融自由化闻名于世，是国际货币基金组织积极推荐的自由化改革典范，是美国赞扬的金融自由化的典型。但也正是由于在国内市场发育尚不成熟时期，阿根廷过早和过快地启动金融自由化和金融开放进程，使其多次陷入金融危机，甚至从曾经的"准发达国家"逐步陨落为"准破产国家"。

由于当时实行的进口替代战略已无法满足国内进一步发展的要求，20 世纪 70年代开始，阿根廷启动了金融自由化与金融开放进程。1975 年，阿根廷放弃了固定汇率制度，开始实施爬行钉住汇率制度，并逐步取消经常账户和资本账户的大部分限制，同时开始大力推进利率市场化改革，取消了对除存款利率之外的其他所有利率的管制。1977 年，阿根廷进一步推进金融体制改革，取消境外机构准入限制，随着当年 6 月《金融法》的颁布，阿根廷取消了对所有利率的管制，开始实行利率的全面自由化。过于激进的开放政策，不仅没有改变阿根廷国内经济高通胀和慢发展的状况，反而引发了剧烈的经济波动，并使国内金融体系受到严重冲击。进入20 世纪 80 年代后，受美联储连续加息和国际市场利率攀升的影响，大量资金外流，比索被迫贬值，阿根廷外债负担不断加重，并于 1982 年爆发了严重的债务危机。

债务危机的爆发，使阿根廷不得不中断金融改革与开放进程。但进入 20 世纪90 年代，为尽快恢复经济，阿根廷加大了金融开放的步伐，并开始推行"新自由主义改革"，包括实行出口导向型发展战略、实施货币局制度、推进国有企业私有化改革、推动贸易自由化、实施自由化的外汇管理制度、对外开放国内资本市场等。随着"新自由主义改革"的推进，阿根廷的确吸引了大量外资，经济也实现了增长，但短期内外资的大量进入也带来了诸多风险，外资甚至掌控了阿根廷的金融控制权，这不仅严重削弱了国内金融体系的抗风险能力，也使国内金融安全风险迅速集聚。在 1997 年亚洲金融危机和 1999 年巴西金融危机的冲击下，阿根廷经济陷入困局。2001 年 11 月，阿根廷政府宣布无力偿还债务，该国再次陷入债务危机，甚至引发了政治危机和社会危机。

此后，阿根廷政府开始反思和汲取"新自由主义改革"的教训，对金融自由化与金融开放的态度趋于谨慎。2002 年开始，阿根廷宣布废除货币局制度，实行浮动汇率制度，同时为了限制资本外逃，关闭外汇市场、实行外汇管制，并拒绝国际货币基金组织的相关干预。在严格的资本账户管制下，阿根廷经济开始逐步复苏，并于 2003—2008 年保持了快速增长，但是受全球金融危机的影响，2009 年阿根廷经济又开始出现一定程度的衰退。随后爆发的欧洲主权债务危机，更是加剧了阿根廷的资本外逃。

2015 年 11 月，马克里当选阿根廷新任总统后，选择了回归市场和开放贸易的改革路线，推出了一系列新自由主义经济政策，包括汇率方面实行"休克式"自由化改革，让比索一次性贬值；贸易方面取消大部分贸易管制；资本流动方面取消资本管制，允许自由买卖外汇，对外资实行优惠政策等。但是这次改革并未收到良好的效果，经济发展中的顽疾也没有得到根治。此后阿根廷比索依然不断贬值，通货膨胀率和失业率仍然较高。2018 年 5 月，阿根廷再次陷入货币危机。

总体来看，阿根廷金融自由化与金融开放进程中既有外资大量流入带来的经济短暂繁荣，更是始终遭遇强烈冲击，并最后导致金融危机频发。阿根廷金融开放的案例，至少给我们带来以下启示：

第一，在金融开放进程中，要尤其重视金融安全，平衡好金融开放与金融安全的关系。阿根廷的案例再次证明了金融开放是一把"双刃剑"，风险和机遇并存。因此，在推进金融开放时，要坚持不发生系统性金融风险的底线思维，要重视金融监管和金融治理体系建设，完善与之相适应的国内宏观经济基础，否则过早、过快和激进的开放只能带来更多的风险，甚至引发危机。当然，维护金融安全并不意味着要进行金融管制，如果过分强调安全而过度地管制又会导致金融体系运行效率低，金融功能难以充分发挥，此时金融安全也失去了意义。事实上，适度、有序、渐进、可控的金融开放不仅有助于打造更加健康而富有效率的金融体系，由开放带来的竞争的提升也有利于提高国内金融体系的创新能力和风险控制能力。

第二，金融开放要坚持"以我为主"。所谓"以我为主"，是指金融开放不能刻板地照搬国际经验、盲目推进或受制于外部压力，要按照自身需要，充分考虑本国国情、经济发展程度和金融市场承载能力，独立选择开放领域和开放路径。阿根廷在国内经济困难重重的背景下，试图通过金融开放来摆脱困境，盲目推进金融自由化，并在西方发达国家要求开放的压力下，迅速向外资全面开放银行、证券领域，结果短短几年金融命脉控制权就旁落西方手中。

第三，金融开放要坚持系统观念。所谓的坚持系统观念，就是在金融开放过程中，一方面要统筹发展和安全、宏观和微观、长期和短期、全局和局部、国内和国际等重大关系，服务实体经济、服务国家战略需要。另一方面要统筹兼顾金融领域的各种关系。金融开放涉及外汇管理、资本市场、外汇市场、汇率制度、市场准入等多个领域，推进金融开放要把各领域的开放进程作为一个完整系统的有机组成部分进行统筹协调。阿根廷在金融开放过程中，虽然快速放开资本管制，但是依然实行相对僵化的汇率制度，直接导致其无法根据国内经济发展需要自主调整货币政策。同时，在金融开放进程中，由于尚未建立起国际经济金融环境变化的应对措施体系，导致阿根廷频繁遭遇跨境资本流动的负向冲击，加速了国内危机的爆发。

● **本章小结**

外汇管制的概念有广义和狭义之分。广义的外汇管制，是指一国按法律、法令或法规对外汇资金的收支、买卖、借贷、转移、国际结算和本国货币的兑换及汇率所进行的管理。狭义的外汇管制，是指一国政府对国际交易或本国货币与外国货币的兑换实行的严格限制。

外汇管理的主要目的是平衡国际收支，维护本币对外汇率的稳定，限制资本外逃和外汇投机，以及避免受国际市场价格较大变动的影响，稳定国内物价。世界上所有国家都实行某种程度的外汇管制，各国之间的区别只是管制松紧程度不同。外汇管制的类型一般分为三种：严格的外汇管制、部分外汇管制、基本放弃外汇管制。外汇管制指向的对象包括人、物、地区三个方面。从方法上看，外汇管制主要从数量管制和成本管制两方面入手。数量管制主要就是对外汇交易的数量进行限制，通常采用进出口结汇、外汇配给、进口许可证等方式对国际收支账户的各个项目进行管理。成本管制主要是汇率管理，一般采用复汇率制和本币高估的做法。

从总体上看，外汇管制可以隔绝外国的冲击，使一国经济少受或不受外来因素的影响。然而，外汇管制无法从根本上消除外汇供求和国际收支的失衡，也会阻碍国际贸易的正常发展，降低资源的配置效率，使得外汇市场机制不能充分发挥作用，导致不公平竞争，带来额外的管理成本。

货币自由兑换是针对外汇管制而言的。所谓货币自由兑换，是指在外汇市场上，能自由地用本国货币购买（兑换）某种外国货币，或用某种外国货币购买（兑换）本国货币。根据产生货币可自由兑换需要的国际经济交易的性质不同，货币自由兑换通常有三层含义：经常项目下的货币可兑换、资本项目下的货币可兑换、货币完全自由兑换。按照国际货币基金组织的规定，一国若能实现经常项目下的货币可兑换，那么该国货币就被列为可兑换货币，即成为IMF的第八条款国。

一国要成功地实现货币自由兑换，需要基本满足一些条件，主要包括健康的宏观经济状况、健全的微观经济主体、较强的国际收支调节能力、恰当的汇率制度与汇率水平。

国际货币是指超越货币发行国的国界，在更大的范围内发挥货币职能的货币。国际货币是自由兑换货币的高级阶段，但与自由兑换货币的内涵却又明显不同。

从历史经验看，成为国际货币，往往需要货币发行国经济实力强大、对外贸易和投资规模巨大、货币价值稳定、金融市场高度开放和发达。

国际货币会使货币发行国获得铸币税收益，降低汇率风险，同时提高本国在国际金融体系中的地位和本国福利水平。但货币国际化也存在维系成本，本国货币供求的可预测性及本国经济金融政策的独立性也会受到影响，一国经济会面临更直接的外部冲击等。

改革开放以来，我国的外汇管理体制有序地由高度集中向与社会主义市场经济相适应的方式转变。1996年12月1日，我国正式接受国际货币基金组织协定第八条款，实现了人民币经常项目可兑换。包括实现资本项目可兑换在内的人民币可兑换是中国外汇管理体制改革的长远目标，但人民币资本项目可兑换将是一个长期的、渐进的过程。

人民币国际化，是指人民币跨越国界、逐渐在国际范围内发挥货币职能的过程。2009年7月，我国推出跨境贸易人民币结算，开启了人民币国际化进程。通过扩大人民币跨境计价与结算、发展离岸人民币金融市场、签署双边本币互换协议等措施，人民币的国际地位持续提升，人民币的国际接受程度不断提高。

● 延伸阅读

1.我国外汇管理方面的政策法规和最新动态，可以查阅国家外汇管理局官方网站，http：//www.safe.gov.cn。

2.国际货币基金组织对外汇管制和货币自由兑换的相关规定，可以查阅IMF官方网站，http：//www.imf.org。

3.QFII、QDII、RQFII的最新进展，可以查阅国家外汇管理局官方网站。

4.人民币国际化的相关政策与发展状况，可以查阅中国人民银行官方网站，http：//www.pbc.gov.cn/。

● 基本概念

外汇管制　复汇率制　第八条款国　货币自由兑换　货币国际化

● 复习思考题

随堂测试

1.何谓外汇管制？外汇管制的利弊有哪些？

2.何谓货币自由兑换？货币自由兑换需要哪些条件？

3.IMF对可兑换货币有哪些规定？

4.国际货币应具有哪些职能？成为国际货币通常需要具备哪些条件？

5.货币国际化有哪些收益与风险？

6.人民币目前是否已经成为国际货币？

在线课堂

如何使用 IMF 数据库查找外汇储备币种构成数据

第 5 章 / 国际储备政策

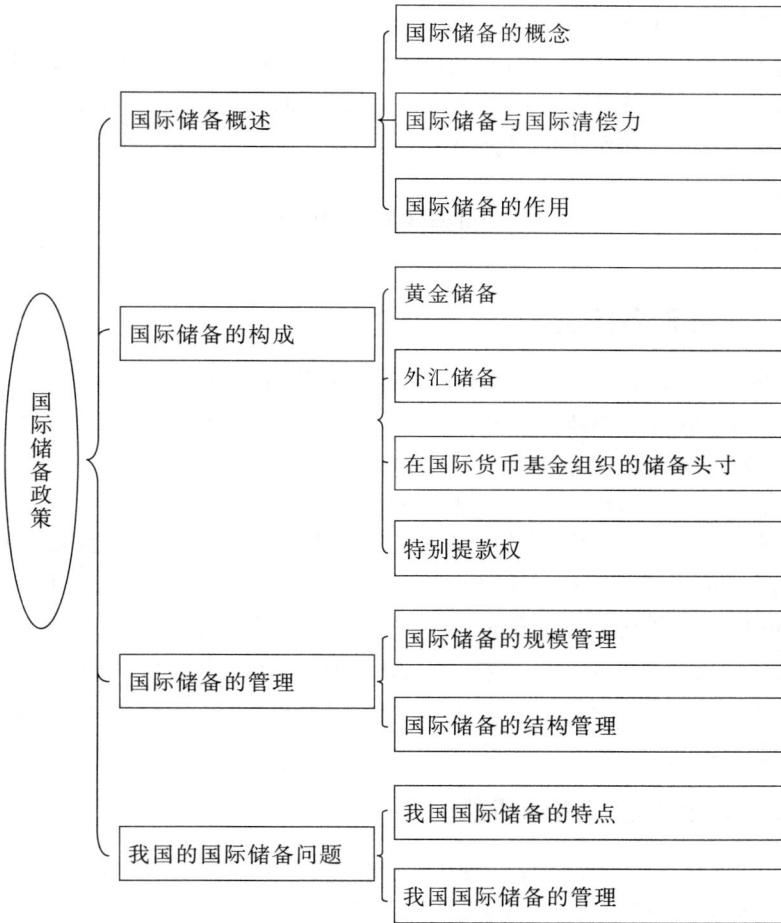

国际储备政策
- 国际储备概述
  - 国际储备的概念
  - 国际储备与国际清偿力
  - 国际储备的作用
- 国际储备的构成
  - 黄金储备
  - 外汇储备
  - 在国际货币基金组织的储备头寸
  - 特别提款权
- 国际储备的管理
  - 国际储备的规模管理
  - 国际储备的结构管理
- 我国的国际储备问题
  - 我国国际储备的特点
  - 我国国际储备的管理

　　一国的国际收支失衡是经常现象。这种失衡如果是顺差，会使其外汇储备增加；如果是逆差，该国必须以外汇资金来弥补。这些外汇资金，一是来自该国的国际储备，二是来自向国外的借款。而一国能向外借款规模的大小与借款条件的优劣，一般同其国际储备的规模有重要联系。所以，每个国家都必须保有国际储备。对一国而言，国际储备可以在短期内提供融资缓冲，是实现外部均衡的重要政策工具；在开放经济中，其作用更加突出。

5.1　　　　　　　　　　　　国际储备概述

5.1.1　国际储备的概念

　　国际储备（international reserve），又称官方储备或自有储备，是指一国货币当局持有的，用于弥补国际收支逆差、维持其货币汇率和作为对外偿债保证的国际普遍接受的各种流动资产的总称。

　　按照定义，国际储备资产必须具备以下四个特征：

　　（1）官方持有性，即作为国际储备资产，必须是掌握在该国货币当局手中的资产，非官方金融机构、私人企业和私人持有的黄金、外汇不能算是国际储备资产。

　　（2）可得性，即它是否能随时地、方便地被政府得到。

　　（3）流动性，即变为现金的能力，作为国际储备的资产必须是随时可以动用的资产。

　　（4）普遍接受性，即是否能在外汇市场上自由兑换或在政府间清算国际收支差额时被普遍接受。

5.1.2　国际储备与国际清偿力

　　根据来源的不同，国际储备又有广义和狭义之分。本章的国际储备概念，也就是人们通常所讲的国际储备，实际上是狭义的外汇储备，指自有储备。

　　广义国际储备则可用国际清偿力（international liquidity）来表示。国际清偿力是一国平衡国际收支和干预外汇市场的总体能力。更确切地说，它是一国官方所能动用的一切储备资产的总和。国际清偿力包括自有储备和借入储备，即除了包括该国货币当局直接掌握的国际储备外，还包括该国向外国的临时借款，如向国际货币基金组织的借款、向外国政府和银行的借款等。

　　可见，国际清偿力包含国际储备，自有储备只是国际清偿力的一部分。借入储备通常包括一国同IMF之间的备用信贷、两国之间的互惠信贷以及本国商业银行的对外短期可兑换货币资产等。其中，本国商业银行的对外短期可兑换货币资产，尤其是在离岸国际金融市场或欧洲货币市场上的资产，虽其所有权不属于政府，也未被政府借入，但由于这些资产流动性强、对政策的反应十分灵敏，故政府可以通过政策、新闻、道义的手段来诱导其流动方向，从而间接达到调节国际收支的目的。故这些资产又被称为诱导性储备。

从含义上看，国际储备反映的是一国具有的现实的对外清偿能力；国际清偿力则是该国现实的对外清偿能力和可能的对外清偿能力的总和，是一国综合国力、国际地位和对外资信的主要标志。通常，判断一国短期对外支付能力采用国际储备这一指标；而判断一国国际经济地位、金融资信和长期对外支付能力，则往往采用国际清偿力指标。

5.1.3　国际储备的作用

国际储备的作用，可以从两个层次来理解：第一个层次是从世界范围来考察国际储备的作用。随着世界经济和国际贸易的发展，国际储备也相应增加，它起着促进国际商品流动和推动世界经济发展的作用。第二个层次则是具体到每一个国家来考察。对一国而言，国际储备的持有是以牺牲储备资产的生产性运用为代价的。然而，一国持有适度的国际储备又是一种理性的行为，因为持有国际储备会给该国带来一定的收益，其收益主要是通过国际储备的作用体现出来的。

1）弥补国际收支差额，维持对外支付能力

一国在对外经济交往中，不可避免地会出现国际收支不平衡。如果这种不平衡得不到及时弥补，将不利于本国国内经济和对外经济关系的发展。为此，政府必须采取措施予以纠正。如果国际收支不平衡是暂时性的，则可通过使用国际储备予以解决，而不必采取影响整个宏观经济的财政货币政策来调节；如果国际收支不平衡是长期的、巨额的或根本性的，则国际储备可以起到一种缓冲作用，它使政府有时间渐进地推进财政货币政策，以避免因猛烈的调节措施可能带来的冲击。

2）干预外汇市场，稳定本国货币汇率

当本国货币汇率在外汇市场上发生剧烈动荡时，该国政府就可动用国际储备来缓和汇率的波动，或改变其变动的方向。各国用来干预外汇市场的储备基金，称为外汇平准基金，它由黄金、外汇和本国货币构成。当外汇汇率上升，超出政府限定的目标区间时，就可通过在市场上抛出储备购入本币，缓和外币升值；反之，当本币升值过快时，就可通过在市场上购入储备放出本币增加本币供给，抑制本币升值。不过，国际储备干预资产的职能，要以发达的外汇市场和本国货币的完全自由兑换为前提条件，而且外汇干预只能对汇率产生短期影响，无法根本改变决定汇率的基本因素。

3）充当信用保证

国际储备的信用保证作用包括两层含义：其一，它是债务国债务到期还本付息的基础和保证，是一国政府在国际上资信高低的标志。其二，它可以用来维持对本国货币价值稳定性的信心，持有足够量的国际储备无论是从客观上还是心理上都能提高本国货币在国际上的信誉。因此，比较充足的国际储备有助于增强一国的资信和货币稳定性的信心。

5.2　国际储备的构成

国际储备的构成在不同历史时期有所不同。在国际金本位制时期，黄金是一国国际储备的主要内容，随着英镑地位的提高，英镑逐渐成为各国国际储备的主要组成部分，形成了黄金-英镑储备体系。第二次世界大战后，根据布雷顿森林会议建立的国际货币基金组织的协定规定，黄金是国际储备的基础，美元按照黄金官价自由兑换黄金，并被赋予国际储备货币的特殊地位，形成了黄金-美元储备体系。20世纪70年代初期，布雷顿森林货币体系崩溃后，美元继续作为国际储备货币，但由于浮动汇率制取代了固定汇率制，美元汇率极不稳定，世界各国为减少持有单一外汇资产的风险，逐步开始分散持有几种相对稳定的货币作为外汇储备，国际储备多元化的时期也由此开始。

目前，根据国际货币基金组织的表述，一国的自有国际储备包括黄金储备、外汇储备、成员在国际货币基金组织的储备头寸和国际货币基金组织分配给成员尚未动用的特别提款权四个部分。

5.2.1　黄金储备

黄金储备（gold reserves）是指一国货币当局持有的作为金融资产的货币性黄金（monetary gold）。

黄金作为国家储备资产已有较长的历史，并经历了一个由盛到衰的过程。从19世纪初到第一次世界大战爆发，在金本位制下，资本主义国家一直把黄金作为官方储备；同时，黄金也是一国国际支付的最后平衡手段。第二次世界大战结束后，随着布雷顿森林体系的建立，黄金作为国际货币制度和国际储备的基础再一次被肯定。但是，第二次世界大战后黄金在国际储备中所占的比重，呈现出不断下降的趋势。黄金国际储备的地位步步下降的主要原因是布雷顿森林体系瓦解后，黄金由直接弥补国际收支逆差变为备用的二级储备，即需要将黄金卖出换回外汇才能用来弥补国际收支逆差，黄金储备的作用因而降低。

自1976年起，根据国际货币基金组织的《牙买加协议》，黄金同国际货币制度和各国的货币脱钩，不准成为货币制度的基础，也不准用于政府间国际收支差额的清算。但是，国际货币基金组织在统计和公布各成员方的国际储备时，依然把黄金储备列入其中，主要原因是黄金长期以来一直被人们认为是最后的支付手段，它的贵金属特性使它易于被人们所接受，加之世界上存有发达的黄金市场，各国货币当局可以方便地通过向市场出售黄金来获得所需的外汇，平衡国际收支的差额。目前，世界上并没有一个国家完全放弃和废除其黄金储备，甚至世界黄金储备的实物量都没有明显的变化，一直维持在 10 亿盎司①左右的水平。②因此，黄金还将在相当长的时期内充当国际储备资产。

5.2.2　外汇储备

外汇储备（foreign exchange reserves）是指一国货币当局持有的对外流动性资产。其主要形式为国外银行存款与外国政府债券。IMF 对外汇储备的解释为：是货币当局以银行存款、财政部库存、长短期政府证券等形式所保有的在国际收支逆差时可以使用的债权。外汇储备是当今国际储备中的主体，是最活跃的部分，同时也是各国国际储备资产管理的主要对象。

在金本位制下，外汇储备处于极其次要的地位。在布雷顿森林体系创立之后，外汇储备的地位虽有提高，但在第二次世界大战结束后初期，同黄金储备相比，仍处于次要地位。后来随着布雷顿森林体系的崩溃，外汇储备在国际储备总额中的比重迅速提高，1970 年超过黄金储备的比重而占首要地位（见表 5-1）。目前，世界各国的外汇储备，除了在总金额上超过所有其他类型的储备外，在实际操作中，使用的频率也最高，规模也最大。

表 5-1　　　　　　　　　　国际储备结构表（%）

年份	1950	1970	1980	1990	2000	2016
国际储备总额	100.0	100.0	100.0	100.0	100.0	100.0
	484.4	931.8	3 548.7	6 686.9	15 894.2	83 175.4
黄金储备	69.1	39.7	9.4	4.9	2.1	0.1
外汇储备	27.5	48.6	82.5	88.5	93.7	96.5
在 IMF 的头寸	3.4	8.3	4.8	3.6	3.0	0.95
SDR	—	3.4	3.3	3.0	1.2	2.45

注：①"国际储备总额"一栏中，第二行数字为当年国际储备总额（单位：亿 SDR）。
②黄金按每盎司 35 特别提款权计算。
资料来源　IMF《国际金融统计》有关各期.

由于外汇储备是国际储备中的主体，因此，就全球而言，外汇储备的供应状况直接影响世界贸易和国际经济交往能否顺利进行。供给太少，很多国家将被迫实行外汇管制或采取其他不利于国际经贸活动顺利开展的措施；反之，若供给太多，又会增加世界性通货膨胀的压力。因此，外汇储备的供应如何在总体上保持适量，是国际金融研究的一个重要课题。

在第一次世界大战前，英镑是最主要的储备货币。到了 20 世纪 30 年代，美元

---

①　盎司（ounce），重量单位，分常衡制和金衡制两种，1 金衡盎司等于 31.1035 克。
②　当前，世界上计算黄金储备的方法不一，主要方式包括：按重量（盎司）计算；按价值计算，如 1 盎司=35 特别提款权；按市场价格计算。

崛起，与英镑共享主要储备货币的地位。第二次世界大战以后，由于美元是唯一在一定条件下可兑换为黄金的货币，处于"等同于"黄金的地位，从而成为各国外汇储备中最主要的储备货币。在20世纪70年代以前，外汇储备的供给主要依赖美元。美国通过其国际收支逆差使大量美元流出美国，其中一部分被各国政府所拥有，成为各国的美元储备。自60年代开始，由于美元危机频发，其储备货币的地位逐渐下降。其他一些国家，如日本、联邦德国在经济上的崛起以及在世界经贸领域中作用的增强，使得日元、马克的储备货币地位不断上升，从而形成储备货币多元化的趋势。目前，虽然美元在世界外汇储备中所占的比重仍然最大，但与20世纪70年代初相比，其重要性已经有所下降（见表5-2）。

表5-2 国际货币基金组织成员外汇储备的货币构成（%）

年份	1973	1980	1990	2000	2010	2016	2019	2022
美元	84.6	68.6	50.6	70.5	62.1	63.3	61.4	59.5
英镑	7.0	2.9	3.1	2.8	3.9	4.5	4.6	4.9
日元	—	4.3	8.1	6.3	3.7	4.5	5.6	5.2
欧元	—	—	—	18.8	25.7	20.3	20.4	19.8
德国马克	5.8	14.9	17.3					
法国法郎	1.0	1.7	2.3					
人民币							1.9	2.9

资料来源 国际货币基金组织数据库，2016年为第三季度数据，此后人民币在各国外汇储备中的占比开始被单独计算公布。2022年为第二季度数据。

5.2.3 在国际货币基金组织的储备头寸

国际货币基金组织的储备头寸（reserve position in IMF）也称普通提款权（general drawing rights），指国际货币基金组织的成员按照规定从基金组织提取一定数额款项的权利。它是国际货币基金组织最基本的一项贷款，用于解决成员的国际收支不平衡问题，但不能用于成员贸易和非贸易的经常项目支付。

国际货币基金组织实行"基金制"，当一个国家加入国际货币基金组织时，必须按一定的份额向该组织缴纳一笔款项，作为入股基金，称为份额。按该组织现在的规定，认缴份额的25%必须以可兑换货币缴纳，其余75%用本国货币缴纳。当成员发生国际收支困难时，就有权向国际货币基金组织申请普通贷款。普通贷款有以下几个特点：

（1）贷款的方式是换购，即成员以本国货币向IMF申请换购所需的外币款项；还款方式是购回，即成员再以外汇买回本国货币。

（2）贷款对象限于IMF的成员政府或政府财政、金融部门，如财政部、中央银行、外汇平准基金组织等。

（3）贷款额度的大小与成员所缴份额成正比，但最高额度不能超过所缴份额的125%。

（4）贷款条件随贷款额度的增加而越来越严格，IMF把成员可申请的贷款额分为5档，每档占其认缴份额的25%。由于第一档提款额等于该成员认缴的可兑换货币额，因此，条件最宽松，在实践中，只要提出申请，便可提用这一档。该档为储备部分提款权，其余四部分为信用提款权，贷款条件逐档严格，利率逐档升高，年限为3~5年，多采用备用信贷方式提供，即成员方与IMF事先商定不将款项全额立即提用，而是在规定的有效期内，也就是备用信贷安排期内（一般为1年），按实际需要随时提用。所谓储备头寸，是指一成员方在国际货币基金组织的储备部分提款权余额，再加上向国际货币基金组织提供的可兑换货币贷款余额。

5.2.4　特别提款权

特别提款权（special drawing rights，SDR）是国际货币基金组织创设的分配给各成员国用以补充现有储备资产的一种国际储备资产。

IMF在1969年9月正式决定创造无形货币，作为成员的账面资产。从1970年起，开始向成员分配SDR。其分配的方法是：按照成员缴付的份额，以比例关系进行无偿分配。

特别提款权作为各国国际储备资产的补充，较其他储备资产具有以下几个特点：第一，特别提款权的获得更为容易。普通提款权的获得要以成员方的缴足摊额（份额）为条件，而特别提款权是由国际货币基金组织按参加国的摊额予以"分配"的，不需要缴纳任何款项，且这项权利的动用也不必事先签订协议或事先审查。第二，普通提款权的融通使用需要按期偿还，而特别提款权无须偿还，是一种额外的资金来源。第三，特别提款权是一种有名无实的资产，虽然被称为"纸黄金"，但不像黄金那样具有内在价值，也不像美元、英镑那样以一国的政治、经济实力作为后盾，而仅仅是一种用数字表示的记账单位。第四，特别提款权仅仅是一种计价结算工具，不能直接用于流通。

特别提款权的定价经历了三个时期：在创立之初，特别提款权以黄金表示其代表的数量，1特别提款权的金平价等于当时美元的金平价，即0.888671克黄金，或35特别提款权等于1盎司黄金。但不能兑换为黄金，因而也被称为"纸黄金"（paper gold）。第二个时期从1974年7月1日到1980年年底，随着20世纪70年代初黄金与国际货币制度的脱钩以及美元币值的不稳定，IMF采用了一种加权平均的方法来确定特别提款权的价值。IMF选择了在过去5年中出口贸易占世界出口贸易比重超过1%的16个国家的货币，以16国各自对外贸易在16国总贸易中的百分比作为权数，分别乘以16国货币计算当日（或前一天）在外汇市场上对美元的比价，来求得特别提款权当天的美元价值，然后再通过市场汇率，套算特别提款权同其他货币的比价。第三个时期是1981年至今。为了简化特别提款权的定值方法，扩大其商业应用，IMF改用世界贸易中5个主要国家（美国、德国、日本、英国、法国）的货币来定值，各种货币的权重由这些国家的商品、劳务出口总值和国际货币基金组织各成员官方持有这些货币的总额来确定，并规定每5年的第一天对各种货币权重修改一次，至今已修改 8 次（见表5-3）。

表5-3 特别提款权的计算权数变化表

币种	美元	德国马克	欧元	日元	英镑	法国法郎	人民币
1981年1月1日	42%	19%	—	13%	13%	13%	—
1986年1月1日	42%	19%	—	15%	12%	12%	—
1991年1月1日	40%	21%	—	17%	11%	11%	—
1996年1月1日	39%	21%	—	18%	11%	11%	—
2001年1月1日	45%		29%	15%	11%		—
2006年1月1日	44%		34%	11%	11%		—
2010年1月1日	41.90%		37.40%	11.30%	9.40%		—
2016年10月1日	41.73%		30.93%	8.33%	8.09%		10.92%
2022年8月1日	43.38%		29.31%	7.59%	7.44%		12.28%

欧元诞生以后，国际货币基金组织对特别提款权货币选择及其权重的确定做了相应改变，欧元取代德国马克和法国法郎，成为SDR货币篮子中的新币种。2016年10月，人民币正式进入SDR货币篮子，成为篮子中的第五种货币。

由于特别提款权是一种"篮子货币"，它的价值相对比较稳定。"篮子"中任何一种货币汇率的波动，经过权数（小于1）化后传导给特别提款权的影响大大缩小了。此外，这5种货币是当前世界上的主要货币，一种货币汇率的下跌，必有其他一种（或几种）货币汇率的上浮，不同货币汇率的不同方向运动，可以彼此抵消对特别提款权的影响，从而使其价值相对稳定。因此，价值稳定是特别提款权的一大特征。

特别提款权的持有人分为两类：一类是法定持有人，它是指作为国际货币基金组织成员方的各国政府；另一类是指定持有人，它是指国际货币基金组织特别指定可以持有和使用特别提款权的区域性或国际性金融机构，包括国际清算银行、世界银行、国际开发协会、亚洲开发银行和瑞士国民银行等机构。

知识拓展5-1

特别提款权（SDR）的发展历史

专栏5-1 SDR货币篮子组成货币的入选标准

目前，SDR继续发挥着其作为合成替代储备资产的初始作用，同时也被用作官方机构各种交易的参考，并被国际清算银行（BIS）等机构作为计账单位。

每5年，IMF的执行董事会都对SDR货币构成及权重进行例行修订，审查确定篮子货币的相对权重，以及构建用于计算SDR利率的金融工具。尽管早在2010年的审议中，IMF就对人民币的入篮可能进行了讨论，但直到2015年11月，才作出最终决定。这一决定基于IMF的两大标准：

第一是货币篮子必须是IMF参加国或货币联盟所发行的货币，该经济体在篮子生效日前1年的前5年考察期内是全球4个最大的商品和服务贸易出口地之一。此标准反映了在全球经济中发挥显著作用的货币才可以被考虑列入SDR。

第二是要求该货币为《国际货币基金协定》第30条第f款规定的"自由使用货币"。"自由使用货币"有两条认定要求：一是在国际交易中广泛使用，包括该国在IMF参加国中出口所占份额、以该货币计价的资产作为官方储备资产的数量；二是在主要外汇市场上广泛交易，包括外汇交易量、是否存在远期外汇市场、以该货币计值的外汇交易的价差等指标。这意味着市场上可以在任何时候，在没有引起汇率显著波动的情况下，大量地交易该种货币（即能够全天候交易）。换言之，各篮子货币必须存在一个既广且深的外汇市场，包括用于避险。"自由使用"的概念不同于自由浮动和完全可兑换：一种货币可以自由浮动，但不一定能自由使用（例如，即使存在某种资本管制，日元和英镑仍被认为是可自由使用的）。同样，货币是完全可自由兑换的，但可能不被广泛使用或交易。"自由使用"的标准反映了某种需求，即从IMF购买其他货币的成员方可以直接或间接地使用该货币（即将它交换成另一种货币），以满足国际收支的需求。

纳入SDR篮子的货币要求有不少于70%的国际货币基金组织成员投票支持。

5.3　　国际储备的管理

从一国的角度来看，国际储备的管理主要涉及两个方面：一是规模管理，即量的管理，指的是一国应保持多少储备才算合理；二是结构管理，即质的管理，指的是怎样搭配不同种类的资产形式或储备货币，才能使风险最小或收益最大。

5.3.1　国际储备的规模管理

国际储备作为一国调节国际收支逆差、稳定外汇市场的现实能力的标志，如果规模过小，就容易导致支付危机、经济脆弱，不利于该经济的稳定增长。同时，国际储备的规模也不宜过大。国际储备的来源主要是出口商品换取的外汇资金，这部分储备资产实质上是国内的物资以资金形式存放在国外。外汇储备越多，意味着从国内抽出的物资越多，这是一种变相的物资闲置，是资源的浪费。此外，一国国际储备的增加将导致该国货币发行量的扩大，国际储备过多还会给一国带来通货膨胀压力。

1）影响一国国际储备规模的因素

在一国国际储备特别是外汇储备的来源比较明确的前提下，决定一国国际储备规模的主要是该国对国际储备的需求程度。分析影响国际储备需求的因素，应从国际储备的用途方面来考虑，即一国在多大程度上需要国际储备来进行本国的对外支付、干预本币汇率、保障本国的对外信用。综合起来，影响一国国际储备需求的因素主要包括：

（1）进口规模

对外支付是国际储备最基本的职能，而一国最传统、最主要的对外支付就是商品进口，所以进口规模是影响一国国际储备规模的最基本因素。进口量越大，对国际储备的需求就越多。

（2）进出口贸易（或国际收支）差额的波动幅度

这是推算一国的最佳储备量时应重点参考的因素，因为进出口或国际收支差额反映了资金的双向运动及对储备的实际需求。对一个国家来说，其进出口贸易每年的差额是不一样的，有时大，有时小；有时顺差，有时逆差，即有一个波动的幅度问题。波动幅度越大，对储备的需求就越大；反之，波动幅度越小，对储备的需求就越小。

（3）汇率制度

储备需求同汇率制度有密切关系。如前所述，国际储备的作用之一就是干预汇率。如果一国采取的是固定汇率制，并且政府不愿意经常性地改变汇率水平，那么相应地，它就需要持有较多的储备，以应对国际收支可能产生的突发性巨额逆差或外汇市场上突然的大规模投机；反之，一个实行浮动汇率制的国家，其储备的保有量可相对较低。与这个概念有关的是外汇管制情况。实行严厉外汇管制的国家，储备保有量可相对较低；反之，则较高。

（4）国际收支自动调节机制和调节政策的效率

一国发生国际收支逆差时，该国的自动调节机制和政府调节政策的效率也影响储备需求。如果自动调节和政府政策的效率较低，国际收支的不平衡主要靠该国的国际储备来调节，则所需的储备数量自然就高；反之，这些政策的效率较高，储备需求就较低。另外，国际收支逆差的政策调节，往往会改变货币供应量、收入水平、就业水平等，带来调节负担。猛烈的调节还可能导致经济萎缩、失业猛增。因此，承受调节负担的能力以及与之相关的政府采用政策调节的意愿，有时会严重影响一国对储备需求的判断。

（5）金融市场的发育程度

发达的金融市场能提供较多的诱导性储备，并且对利率、汇率等调节政策的反应比较灵敏。因此，金融市场越发达，政府持有的国际储备相应越少；反之，金融市场越落后，调节国际收支对政府自有储备的依赖就越大。

（6）国际货币合作状况

如果一国政府同外国货币当局和国际货币金融机构有良好的合作关系，签订了较多的互惠信贷和备用信贷协议，或当国际收支发生逆差时，其他货币当局能协同干预外汇市场，则该国政府对自有储备的需求就越少；反之，该国政府对自有储备的需求就越大。

（7）国际资金流动情况

传统的衡量国际储备数量的主要角度是针对经常账户而言的，国际储备的功能主要被视为用于弥补进出口之间的差额。而在国际资金流动非常突出的情况下，国际储备对国际收支平衡的维持更多地体现在抵消国际资金流动的冲击上。由于国际资金流动的规模非常大，因此一国在不能有效、及时地利用国际金融市场借入储备的情况下，其自有储备的数量就大大增加。国际资金流动条件下一国储备的合理数量尚是一个在探讨之中的问题。在 1997 年的亚洲金融危机中，部分国家运用国际储备与国际游资较量，力图以国际储备来维持其缺乏弹性的汇率制度，结果不仅国际储备几乎耗尽，而且还导致金融危机进一步恶化。

（8）持有储备的机会成本

一国政府的储备，往往以存款的形式存放在外国银行。将获取的储备存放在国外会产生一定的成本。举例来说，若动用储备进口物资所带来的国民经济增长和投资收益率高于国外存款的利息收益率，其差额就构成持有储备的机会成本。再如，持有储备导致国内货币供应量增加，物价上升，也构成持有储备的一种成本。因此，持有储备的相对机会成本越高，则储备的保有量就应越低。

以上列举了影响一国适度国际储备量的种种因素。这些因素有经济的，也有政治的、社会的，它们交织作用，使最佳储备量的确定复杂化。一般来讲，最佳储备量的确定需要对这些因素进行综合考虑。

2）测度国际储备适度规模的主要方法

在实践中，测度储备规模是否适度，往往采用"拇指法则"，即出自经验总结、具有较强操作性且简便易行的方法。测度国际储备适度规模的"拇指法则"包括：

（1）非黄金储备/进口比例法

美国耶鲁大学教授罗伯特·特里芬（Robert Triffin）在 1960 年出版的《黄金和美元危机》（Gold and the Dollar Crisis）一书中，总结了第一次世界大战和第二次世界大战之间以及第二次世界大战后初期（1950—1957）世界上三四十个国家的储备状况，并结合考察的外汇管制情况，得出结论：对大多数国家来讲，保持储备占年进口总额的 30%～40% 是比较合理的。特里芬的这项研究开创了系统研究国际储备的先例。自此以后，国际储备适度规模的研究得到了很大发展。

储备是一个存量，进口是一个流量。为克服这一差别，一般采用年进口额这一指标，以其为分母，以储备为分子，采用比例法来推算一国的最佳储备量。比例法比较简单，但正是由于其简单、易操作，至今仍然是国际储备需求研究中最常用的方法之一。然而，由于当前国际资金流动迅速，30%～40% 这一比例范围的适用性明显下降。

（2）外汇储备/外债比例法

该比例体现的是一国外汇储备对外债的清偿能力。常用的比例包括：

①外汇储备/总体外债比例。其体现的是外汇储备对外债的总体清偿能力。按

照国际经验，一国的外汇储备与外债余额的比例正常情况下应该在30%～50%之间。

②外汇储备/短期外债比例。其反映一国对即期债务的清偿能力。根据国际经验，这一比例不能低于100%。

③圭多惕-格林斯潘规则，即一国的最低外汇储备与短期外债之比应该等于1。这一规则的出发点是一个国家应该持有充足的外汇储备来抵制短期外债的大量撤出，主要用于应对潜在的债务危机。

圭多惕（Guidotti）是阿根廷前副财长，基于对拉美债务危机和亚洲金融危机的反思，他于1999年在33国协调组织会议上率先提出该法则，随后美联储前主席格林斯潘（Greenspan）在世界银行的讲话中对其进行了深入阐述。

以上列举的方法，都是出自经验总结，一国的国际储备究竟以多少为宜，没有统一的标准，因为一个国家在不同的发展阶段、不同国家在相同发展阶段的不同情况下，对国际储备的需求都会不同。因此，各国必须根据本国的具体情况决定适度储备量。

专栏5-2   国际货币基金组织的《外汇储备充足性评估》框架

从2011年起，IMF开始关注适度外汇储备规模问题，并致力于将其纳入对成员对外稳定性的评估及政策监督中。为此，IMF制定了一套关于外汇储备"充足性"（adequacy of foreign reserves）的评价指标。

IMF将指标的适用对象分为新兴市场经济体、低收入经济体和发达经济体三种类别，不同类别采用不同的标准。同时，评估指标还与汇率制度（固定或浮动）、资本管制程度这两个因素密切相关。如果一个经济体汇率固定但毫无资本管制，那将适用最严格的要求。

根据IMF2015年提出的《外汇储备充足性评估》框架，对存在较高资本管制、实行固定汇率制的新兴市场经济体来说，对应四个核心指标：出口收入、短期外债和其他外债、广义货币（M_2）。

（1）出口收入

传统上，进口额是更为常用的交易需求变量，但IMF认为，进口额不能充分反映外部需求下降的风险，是内生变量，在危机期间通常会下降，从而改善而不是恶化国际收支状况；相反，出口收入可以反映新兴市场经济体因国外需求下降或贸易条件恶化所导致的潜在外汇亏损，因此利用出口收入数据更能反映外汇收入减少的潜在风险。

（2）短期外债和其他外债

IMF认为，仅仅考虑短期外债还不够，新兴市场经济体外汇储备还需要满足其他负债流出需求，主要包括外币中长期外债和股权债务。

（3）广义货币（M_2）

其主要是为了应对居民将高流动性的境内资产置换为境外资产时带来的资本流出，当汇率大幅贬值时，居民会把本币资产转换成外币资产。广义货币M_2用来代表本币的流动性资产存量。

以新兴市场经济体为例，参照上述指标，充足的外汇储备额应为：

固定汇率制下：30% 短期外债 +15% 其他外债 +10%M_2 +10% 出口收入

浮动汇率制下：30% 短期外债 +10% 其他外债 +5%M_2 +5% 出口收入

IMF 还指出，上述标准只是"充足性"标准，其实是储备下限，外汇储备是区间管理，在"够用"的基础上，还可以向上浮动。上限才应该是适度储备规模。同时，IMF 也承认，由于各国情况不同、外部冲击风险各异，关于适度外汇储备规模（appropriate level of foreign reserves）的量化评价标准很有挑战性。

5.3.2　国际储备的结构管理

一国持有的国际储备，除了在水平上要适度之外，在结构上也要合理。合理的国际储备结构是指国际储备资产最佳的分布格局，即黄金储备、外汇储备、普通提款权和特别提款权之间，以及作为外汇储备的各种货币之间、不同形式的资产之间保持适当的比例关系。

在布雷顿森林体系崩溃之后，外汇成为各国储备资产的主体，黄金、特别提款权和国际货币基金组织头寸在国际储备中所占的比重较小，且变动幅度不大，国际储备的结构管理主要为外汇储备币种结构和资产结构管理。

外汇储备结构管理的基本原则是保证储备资产的安全性、流动性和盈利性。安全性是指储备资产的价值应得到合理保持。因此货币当局在确定储备货币时，要事先充分了解储备货币的稳定性、储备资产的种类和安全性等相关因素。流动性是指储备资产要具有较高的变现能力，一旦需要，能够及时兑现，灵活调拨。为此，一国货币当局应对储备资产投资工具的期限进行选择，以保证外汇储备充分的流动性。盈利性是指在满足安全性和流动性的基础上，尽可能使原有的外汇储备资产产生较高的收益，使储备资产增值。

1）币种管理

储备资产币种管理的必要性和重要性，是由国际货币制度的演变所决定的。20 世纪 70 年代初期以前，各国的外汇储备基本上都是美元储备，各国货币同美元保持固定的比价，储备资产币种管理的任务也就未成为国际金融管理的一个组成部分。当时的储备资产品种管理，主要在于处理美元储备与黄金储备的关系上。70 年代初期，国际货币制度发生了重大的变化，单一的固定汇率制度转变为多种的管理浮动汇率制度，储备货币之间的汇率开始频繁波动。而且，储备货币从单一的美元转变为美元、马克、日元、英镑、法郎等多种储备货币同时存在，不同储备货币的汇率、利率、通货膨胀率都不一致。因此，做好币种管理工作显得十分重要，恰当调度和搭配储备资产的币种构成能够减少损失、增加收益。

币种管理应遵循的主要原则是：

第一，币值的稳定性。以什么储备货币来持有储备资产，首先，要考虑币值的稳定性或称保值性。在这里，主要考虑不同储备货币之间的汇率以及相对的通货膨胀率。一种储备货币的贬值（或预期贬值），必然有另外一种（或几种）储备货币的升值。其次，不同储备货币的通货膨胀率也是不一样的。管理的任务就是要根据汇率和通货膨胀率的实际走势、预期走势，经常地转换货币，搭配币种，以达到收益最大或损失最小。

第二，盈利性。不同储备货币资产的收益率高低不同，它们的名义利率减去通货膨胀率再减去汇率的变化，即实际收益率。币种管理的关键是要观测利率、通货膨胀率、汇率的变化趋势，预测将来的汇率走势，以决定自己的币种选择。另外，同一币种如采取不同的投资方式，风险和收益率也各不相同。盈利性要求适当地搭配币种和投资方式，以求得较高的收益率或较低的风险。

第三，国际经贸往来的方便性。方便性管理是指在储备货币币种的搭配上，要考虑对外经贸和债务往来的地区结构以及经常使用的清算货币的币种。在当今世界上，由于外汇市场的发达和货币兑换的方便性大大提高，方便性在决定币种选择中的重要性已大为降低。但在实际生活中，一国对外贸易的地区结构、债务结构及其所使用的支付和清算手段，依然是币种搭配和币种选择中要考虑的一个因素。

2）资产结构管理

外汇储备的资产形式主要包括银行存款和证券资产两大类投资工具。资产结构的管理就是实现合理的风险和收益组合。总的说来，各国货币当局作为外汇储备的持有者，整体上是比较保守的投资主体。外汇储备绝大部分投资于具有较低信用风险以及流动性风险的工具，如银行存款和国债，其中政府债券所占比重最大，而股权类产品只占极小比重。

从发展趋势上看，从20世纪70年代中期开始，各国的储备管理者逐步将外汇储备资产结构多样化，比如在外汇储备的美元资产组合中，资产构成并不再局限于美国国库券，银行存款也成为一个主要投向。到了20世纪八九十年代，各国的储备管理者逐渐降低对存款类资产的配置，转而投向其他投资期限更长、收益更高的资产。除传统的国债外，很多国家在外汇储备中逐渐加大了对机构债、企业债的配置，一些国家还配置了股权投资。

5.4　　　　　　　我国的国际储备问题

5.4.1　我国国际储备的特点

1980年4月17日，我国恢复了在IMF的合法席位。同IMF的其他成员一样，我国的国际储备也由黄金储备、外汇储备、在国际货币基金组织的储备头寸和特别提款权这四部分构成。1981年，我国正式对外公布国家黄金外汇储备，从国家黄金库存中划拨400吨（约合1 267万盎司）黄金作为国际储备中的黄金储备部分，外汇储备则由国家外汇库存和中国银行外汇结存两部分构成。为同前述IMF关于外汇储备的概念接轨，我国从1993年起将外汇储备的统计口径改为仅指国家外汇库存。

我国的国际储备有以下两个特点：

1）黄金储备在我国国际储备中所占比重较小

改革开放之后，我国执行的是稳定的黄金储备政策。2000 年之前，我国的黄金储备除 1979 年和 1980 年为 1 280 万盎司，其余年份均为 1 267 万盎司。直至 2001 年以后，我国的黄金储备才开始有所增长，但前期增长缓慢。2010 年后，我国开始不断增持黄金储备，截至 2022 年 9 月，中国人民银行黄金储备已增至 6 264 万盎司（约 1 948.32 吨），在世界各国中排名第六位。

我国虽然近期持续增持黄金储备，但黄金在我国储备资产中的占比仅为 2.3%，远低于国际上 5% ~ 10% 的通行标准。而发达国家黄金储备在其储备资产中的占比普遍高达 40% ~ 60%，相比之下，黄金在我国国际储备中的比重较小。

2）外汇储备作为我国国际储备的主体，近年来迅猛增长

1979—1992 年，我国外汇储备由国家外汇库存和中国银行外汇结存两部分构成。经济体制改革之初的 1979 年，我国的外汇储备只有 8.4 亿美元。从 1992 年开始，我国按照国际惯例计算国际储备，即不包括商业银行在经营外汇业务时的结存，当年我国的外汇储备仅 194.43 亿美元。1993 年以后，我国的外汇储备迅速增加，并于 2006 年超过日本，成为全球外汇储备最多的国家。2004—2013 年，我国外汇储备每年的增加额都在 2 000 亿美元以上。2014 年 6 月，我国外汇储备达到 39 932 亿美元的峰值。此后，受人民币贬值预期等因素的影响，我国的外汇储备规模开始呈现小幅下降趋势，基本稳定在 3 万亿美元之上，到 2021 年年底，我国外汇储备为 3.25 万亿美元（见附录 5-1）。

在我国的国际储备构成中，外汇储备所占比重不断上升，目前已经占到 95% 以上。在 IMF 的储备头寸和特别提款权在我国的国际储备中所占比重不大。

知识拓展 5-2

我国外汇储备规模持续稳定

5.4.2　我国国际储备的管理

1）我国国际储备的管理体制

1979 年以前，我国的外汇储备由中国人民银行实行集中管理，统一经营。中国银行作为下属机构，具体执行国家外汇储备的管理。1979 年以后，中国银行从中国人民银行中分设出来，独立履行国家外汇专业银行的职能，继续管理外汇储备。1982 年，中国人民银行的中央银行地位确立，其作为中央银行统一管理外汇储备的职能便被提到议事日程上来。国家外汇管理局成立于 1979 年，隶属于中国人民银行，主要行使管理外汇储备和外债的职能，但国家外汇储备实际上仍由中国银行管理。目前，仅有 9 个主要币种的外汇向国家外汇管理局移存，其他币种仍由中国银行结汇。国家外汇管理局的行政级别现已升级，不再隶属于中国人民银行，而是受中国人民银行委托，代管国家外汇储备和外汇移存事宜。

现在，国家外汇管理局掌握着国家每年出售黄金所得的款项和各专业银行移存过来的外汇，中国银行则仍掌握着国家外汇储备的主要部分，两者共同管理国家的外汇储备。我国的特别提款权和储备头寸一直由中国人民银行国际司基金组织处管

理，黄金管理则由中国人民银行黄金管理司负责。因此，我国目前还没有一个统一的国际储备管理机构，国际储备的几个组成部分分属不同的管理主体，内部关系复杂，缺乏统一协调。

2）我国国际储备的规模管理

我国国际储备的规模管理，主要是外汇储备的适度规模的确定。适度的储备水平，实际上是个"区间"概念，其上下限的确定，应该参照国际通用的标准，并考虑我国的具体情况。例如，下限的水平可以根据特里芬的进口比例分析法，不低于相当于3个月进口需要的储备量，以保证满足弥补国际收支逆差、稳定人民币汇率和充当偿付外债保证的需要；上限的确定，应充分考虑各种可能对我国国际收支产生冲击的因素，如经济发展的规模和速度、进出口的变动、汇率安排、外债负担情况、国际收支波动情况、获取国际资金的能力等。

3）我国国际储备的结构管理

我国国际储备的结构管理，主要是外汇储备的结构管理。我国外汇储备的结构管理，在遵循安全性、流动性、盈利性原则的前提下，还应注意币种应趋于多样化，存放要安全可靠，资产投向组合合理，币种的构成与外汇资金的借入、使用、偿还货币尽量一致等。

自2001年起，为适应我国储备规模快速增长和进一步规范化、专业化经营的需要，我国外汇储备建立了以投资基准为核心的管理模式。投资基准确定了货币、资产、期限、产品分布的结构和比例，是投资管理过程中衡量某项资产或投资组合构成和收益的重要参照指标。

长期以来，我国的储备资产结构不尽合理，主要表现在两个方面：一是外汇储备币种构成不合理。我国选择外汇储备的币种尽管也采取国际上通用的"一篮子货币"法，但在具体操作中，选择货币时考虑的因素过于单一，在我国的外汇储备币种中，美元占的比重过大。因此，一旦国际外汇市场出现波动，我国的储备资产就面临亏损的风险。二是国际储备资产的营运缺乏流动性、增值性，资产的投向单一。

加强对我国国际储备结构的管理，可以从以下两个方面入手：

第一，优化外汇储备币种构成。根据要求保值的程度，建立以较坚挺货币为主的多元货币储备结构，并根据情况的变化不断调整权数，把中国与主要对外贸易国、举债国的数量、付汇情况和货币储备量结合起来，把币种构成与储备币种国家的经济、金融、汇率、利率等变动趋势结合起来。

第二，合理搭配外汇储备中有价证券和其他金融资产的结构。对于有价证券，要注意其票面币种构成、发行人的资信情况，及时评估证券市场行情，适时、适度地调整有价证券与其他金融资产的结构，以多元结构分散风险。

专栏5-3　　　　　　　　**主权财富基金**

主权财富（sovereign wealth），与私人财富相对应，是指一国政府通过特定税收与预算分配、可再生自然资源收入和国际收支盈余等方式积累形成的，由政府控制与支配，通常以外币形式持有的公共财富。传统上，主权财富的管理方式非常被动、保守，对本国与国际金融市场的影响也非常有限。近年来，得益于国际油价的飙升和国际贸易扩张，主权财富急剧增加，其管理成为一个日趋重要的议题。国际上最新的发展趋势是成立主权财富基金（sovereign wealth funds，SWFs），并设立通常独立于央行和财政部的专业投资机构管理这些基金。

主权财富基金早在 20 世纪 50 年代就已出现。1953 年，科威特利用其石油出口收入成立了科威特投资局，投资于国际金融市场。虽然 SWFs 成立时间较早，但因总量规模一直不大，并没有引起世人的注意。据估计，1990 年全球 SWFs 的规模只有约 5 亿美元。在最近 10～15 年间，得益于油价上涨和新兴市场经济体国际收支大幅盈余，SWFs 管理的资产才获得惊人的增长，根据西班牙 IE 大学发布的《2018 年主权财富基金报告》，截至 2018 年第三季度，全球共有 91 家主权财富基金在运作，资产总额高达 8 万亿美元。这些主权财富基金的主要资金来源是石油等资源类商品的出口、各国的官方外汇储备、政府预算盈余、养老金储备等。

随着主权财富基金数量的迅速增加与规模的迅速扩大，主权财富基金的投资管理风格也更趋主动活跃，其资产分布不再集中于西方发达国家的定息债券类工具，而是着眼于包括股票和其他风险性资产在内的全球性多元化资产组合，甚至扩展到了外国房地产、私人股权投资、商品期货、对冲基金等非传统投资类别。主权财富基金已成为国际金融市场上一个日益活跃且重要的参与者。

主权财富基金常与官方外汇储备相提并论，引起了不少混淆。二者的共同点显而易见，即皆为国家所拥有，同属于广义的国家主权财富，来源也颇相似。但我们可从以下几个方面对它们加以区分：

第一，官方外汇储备反映在央行资产负债表中，主权财富基金则在央行资产负债表以外，有独立的平衡表和相应的其他财务报表。

第二，官方外汇储备资产的运作及其变化与一国国际收支和汇率政策密切相关，而主权财富基金一般与一国国际收支和汇率政策没有必然、直接的联系。

第三，官方外汇储备资产的变化产生货币政策效应，即其他条件不变，央行外汇储备资产的增加或减少将通过货币基础变化引起一国货币供应量的增加或减少。而主权财富基金的变化通常不具有货币效应。

第四，各国央行在外汇储备管理上通常采取保守谨慎的态度，追求最大流动性与最大安全性；而主权财富基金通常实行积极管理，可以牺牲一定的流动性，承担更大的投资风险，以实现投资回报最大化目标。

正因为存在这些区别，近年来国际上的一个趋势是把官方外汇储备的多余部分（即在足够满足国际流动性与支付能力之上的超额外汇储备资产）从央行资产负债表中分离出来，成立专门的政府投资机构，即主权财富基金，或委托其他第三方投资机构进行专业化管理，使其与汇率或货币政策"脱钩"，只追求最高的投资回报率。新加坡政府投资公司（GIC）是这一模式的先驱；中国投资有限责任公司于 2007 年成立，注册资金 2 000 亿美元，是此模式最新也是最重要的案例。

资料来源　百度百科．

● 思政课堂

金砖国家应急储备安排

金砖国家应急储备安排（以下简称"应急储备安排"）即 2014 年 7 月 15 日五国央行行长签署的《关于建立金砖国家应急储备安排的条约》。该安排是在有关金砖国家出现国际收支困难时，其他成员国向其提供流动性支持、帮助纾困的集体承诺，是对由国际货币基金组织、区域金融安排、中央银行间双边货币互换协议及各国自有的国际储备构成的全球金融安全网的补充和强化。

2008 年全球金融危机以来，欧美国家为了避免世界经济的尾部风险，不断放宽货币政策，给新兴市场国家带来很大的通胀压力。金砖国家应急储备安排建立后，将帮助金砖国家应对短期流动性压力，防范发达国家宽松货币政策的外溢效应以及世界经济的尾部风险，有效提高金砖国家应对金融冲击的能力，也增加投资者对金砖国家金融市场的信心。此外，应急储备定位于解决成员国及其他发展中国家短期融资的应急需求，会对国际货币基金组织产生竞争压力，在一定程度上加快其改革步伐。

应急储备安排是中国为提高全球金融治理的公平、公正和包容性贡献的"中国方案"，是中国推动全球金融治理体系"增量"改革的具体体现。其不仅标志着新兴市场和发展中国家积极主动参与全球金融治理体系改革迈出了实质性步伐，也开辟了南南合作的新阶段和新模式，更为重要的是，这还意味着新兴市场和发展中国家在未来全球金融治理中将拥有更多的话语权与决定权。

● 本章小结

对一国而言，国际储备可以在短期内提供融资缓冲，是实现外部均衡的重要政策工具。国际储备是指一国货币当局持有的，用于弥补国际收支逆差、维持其货币汇率和作为对外偿债保证的国际普遍接受的各种流动资产的总称。根据来源的不同，国际储备又有广义和狭义之分。从含义上看，国际储备反映的是一国具有的现实的对外清偿能力，而国际清偿力则是该国现实的对外清偿能力和可能的对外清偿能力的总和，是一国综合国力及国际地位和对外资信的主要标志。

国际储备的构成在不同历史时期有所不同。目前，根据国际货币基金组织的表述，一国的自有国际储备包括黄金储备、外汇储备、成员在国际货币基金组织的储备头寸和基金组织分配给成员方尚未动用的特别提款权四个部分。黄金作为国家储备资产已有较长的历史，并经历了一个由盛到衰的过程。外汇储备是当今国际储备的主体，是最活跃的部分，同时也是各国国际储备资产管理的主要对象。国际货币基金组织的储备头寸也称普通提款权，是国际货币基金组织的成员按照规定从基金组织提取一定数额款项的权利。它是国际货币基金组织最基本的一项贷款，用于解决成员方国际收支不平衡问题，但不能用于成员方贸易和非贸易的经常项目支付。特别提款权是国际货币基金组织创设的分配给各成员用以补充现有储备资产的一种国际储备资产。

从一国的角度来看，国际储备的管理主要涉及两个方面：一是规模管理，即量的管理，指的是一国应保持多少储备才算合理；二是结构管理，即质的管理，指的是怎样搭配不同种类的储备货币及资产形式，才能使风险最小或收益最大。决定一国适度储备规模的因素主要包括：进口规模、进出口贸易（或国际收支）差额的波动幅度、汇率制度、国际收支自动调节机制和调节政策的效率、持有储备的机会成本、金融市场的发育程度、国际货币合作状况、国际资金流动情况等。一国持有的国际储备，除了在水平上要适度之外，在结构上也要合理，以确保流动性、安全性和收益性。合理的国际储备结构是指国际储备资产最佳的分布格局，即黄金储备、外汇储备、普通提款权和特别提款权之间，以及作为外汇储备的各种货币之间保持适当的比例关系。

从我国的国际储备情况看，黄金储备在我国国际储备中所占比重较小，而外汇储备作为我国国际储备的主体，近年来取得了迅猛增长。对我国国际储备规模的管理，主要是外汇储备适度规模的确定。适度的储备水平，实际上是个"区间"的概念，其上下限的确定，应该参照国际通用的标准，并考虑我国的具体情况。我国国际储备的结构管理，主要是外汇储备的结构管理。我国外汇储备的结构管理在遵循安全性、流动性、盈利性原则的前提下，还应注意币种应趋于多样化，存放要安全可靠，资产投向组合要合理，币种的构成与外汇资金的借入、使用、偿还货币尽量一致等。

● 延伸阅读

1.国家外汇管理局按月公布我国国际储备的年度和月度数据，可以查阅国家外汇管理局的官方网站，http：//www.safe.gov.cn。

2.国际货币基金组织会定期公布各国储备的规模和结构情况，以及特别提款权、储备头寸的分配持有情况，可以查阅IMF的官方网站，http：//www.imf.org。

3.中国历年进出口贸易、国际收支、国际储备的历史数据和最新数据，可以查阅中国海关官方网站，http：//www.customs.gov.cn。

● 基本概念

国际储备　国际清偿力　外汇储备　普通提款权　特别提款权

● 复习思考题

1.什么是国际储备？它与国际清偿力是怎样的关系？
2.简述国际储备的作用。
3.简述国际储备的构成及其发展变化。
4.影响一国国际储备适度规模的因素有哪些？
5.简述一国国际储备结构管理应遵循的原则。

随堂测试

6.我国的国际储备管理存在哪些问题？

● 附录 5-1 中国历年外汇储备（1950—2021）

中国历年外汇储备（1950—2021）　　　　　　　单位：亿美元

年份	储备	年份	储备	年份	储备
1951	0.45	1975	1.83	1999	1 546.75
1952	1.08	1976	5.81	2000	1 655.74
1953	0.90	1977	9.52	2001	2 121.65
1954	0.88	1978	1.67	2002	2 864.07
1955	1.80	1979	8.40	2003	4 032.51
1956	1.17	1980	−12.96	2004	6 099.32
1957	1.23	1981	27.08	2005	8 188.72
1958	0.70	1982	69.86	2006	10 663.44
1959	1.05	1983	89.01	2007	15 282.49
1960	0.46	1984	82.20	2008	19 460.30
1961	0.89	1985	26.44	2009	23 991.52
1962	0.81	1986	20.72	2010	28 473.38
1963	1.19	1987	29.23	2011	31 811.48
1964	1.66	1988	33.72	2012	33 115.89
1965	1.05	1989	55.50	2013	38 213.15
1966	2.11	1990	110.93	2014	38 430.18
1967	2.15	1991	217.12	2015	33 303.62
1968	2.46	1992	194.43	2016	30 105.17
1969	4.83	1993	211.99	2017	31 399.49
1970	0.88	1994	516.20	2018	30 727.12
1971	0.37	1995	735.97	2019	37 079.24
1972	2.36	1996	1 050.29	2020	32 162.22
1973	−0.81	1997	1 398.90	2021	32 501.66
1974	0	1998	1 449.59	—	—

资料来源　国家外汇管理局.

第6章 /开放经济条件下的宏观经济政策

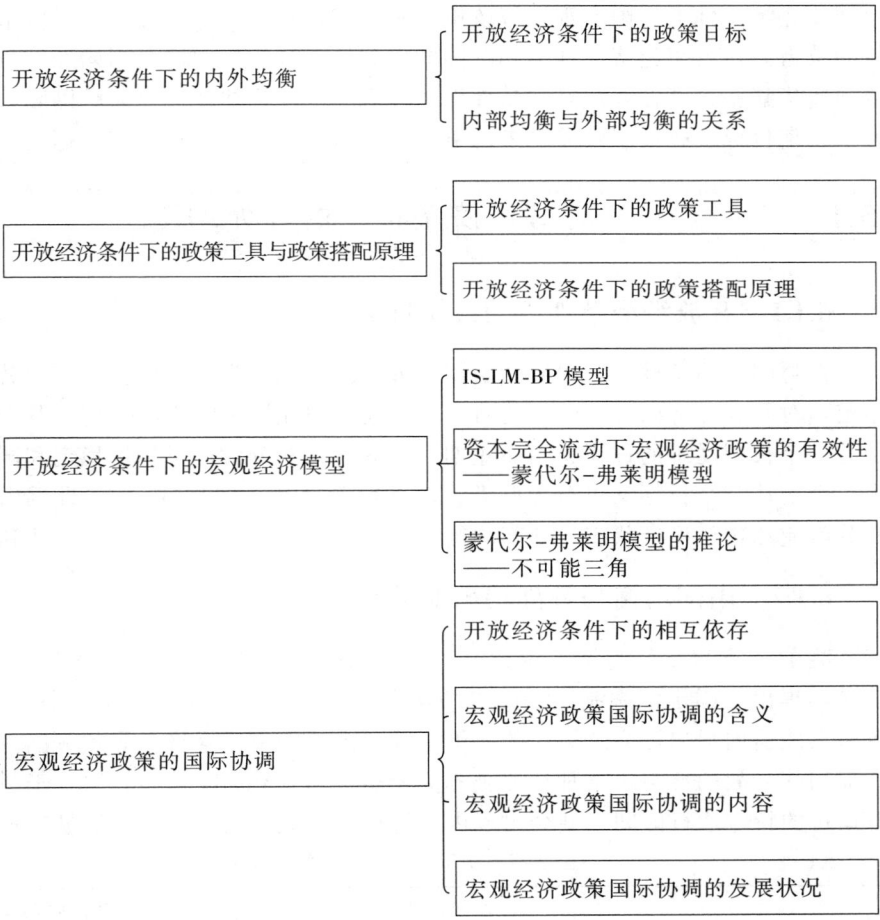

开放经济条件下的宏观经济政策

开放经济条件下的内外均衡
- 开放经济条件下的政策目标
- 内部均衡与外部均衡的关系

开放经济条件下的政策工具与政策搭配原理
- 开放经济条件下的政策工具
- 开放经济条件下的政策搭配原理

开放经济条件下的宏观经济模型
- IS-LM-BP 模型
- 资本完全流动下宏观经济政策的有效性——蒙代尔-弗莱明模型
- 蒙代尔-弗莱明模型的推论——不可能三角

宏观经济政策的国际协调
- 开放经济条件下的相互依存
- 宏观经济政策国际协调的含义
- 宏观经济政策国际协调的内容
- 宏观经济政策国际协调的发展状况

┌─学习目标─┐

　　熟悉开放经济条件下内部均衡与外部均衡的目标，掌握米德冲突、丁伯根法则、斯旺模型、蒙代尔有效市场分类原则、IS-LM-BP模型。重点学习和掌握内外均衡目标、宏观经济政策搭配理论、蒙代尔-弗莱明模型。

　　前面的章节分别讨论了一国的汇率政策、管制政策和储备政策，本章将综合讨论开放经济条件下一国宏观经济政策的制定和运用，并重点分析货币政策和财政政策的效力。在封闭经济条件下，一国的宏观经济政策指向的是国内经济目标，如就业和通货膨胀，而在开放经济条件下，宏观经济政策往往还要兼顾国际收支这样的外部均衡目标，政策制定需要考虑更多的因素，政策环境和政策目标更为复杂。

6.1　开放经济条件下的内外均衡

6.1.1　开放经济条件下的政策目标

　　在封闭经济条件下，政府的宏观调节目标可概括为经济增长、充分就业和物价稳定。对开放经济而言，除上述目标外，还要关注国际收支的平衡。其中，经济增长是一个长期动态的过程，因而短期目标只包括充分就业、物价稳定和国际收支三个。而上述三个目标又可分为两类：内部均衡（internal balance），即国内经济处于充分就业和物价稳定状态；外部均衡（external balance），即国际收支达到平衡。

6.1.2　内部均衡与外部均衡的关系

　　英国经济学家詹姆斯·米德（James Meade）于1951年在其著作《国际收支》中最早提出了固定汇率制度下的内外均衡冲突问题。他指出，在汇率固定不变时，政府只能运用影响社会总需求的政策来调节内外均衡，这将会导致一国内部均衡和外部均衡之间的冲突，这种情况被称为米德冲突（Meade's conflict）。于是在开放经济运行的特定运行区间，便会出现内外均衡难以兼顾的情况，具体见表6-1。

表6-1　　　　　　　　固定汇率制下内外均衡的搭配与矛盾

	内部状态	外部状态
1	经济衰退/失业增加	国际收支逆差
2	经济衰退/失业增加	国际收支顺差
3	通货膨胀	国际收支逆差
4	通货膨胀	国际收支顺差

　　1）内外均衡的一致与米德冲突

　　某一均衡目标的实现同时使得另一均衡目标改善就是内外均衡的一致。在表6-1中，第二和第三种情况意味着内外均衡的一致。如在第二种情况下，为实现内部均衡，显然要求政府采取增加社会总需求的措施进行调控，这会导致进口相应增加，在出口保持不变时，就会改善原有的顺差状态使国际收支趋于平衡。在这种情形下，政府在采取措施实现内部均衡的同时也对外部均衡的实现发挥了积极影响，因而是内外均衡一致的情况，是一种和谐状态。

而表6-1中的第一和第四种情况则意味着内外均衡的冲突，即某一均衡目标的实现会同时使得另一均衡目标受到干扰和破坏，也就是米德冲突。如第一种情况，为实现内部均衡，政府应当采取增加社会总需求的措施进行调控，这会导致进口增加，使国际收支逆差更加严重。这表明，政府在通过调节社会总需求实现内部均衡时，使外部经济状况距离均衡目标更远，即此时内外均衡存在冲突。

2）米德分析的不足

米德分析的不足在于只考虑了固定汇率制度。实际上，在浮动汇率制度下，内外均衡冲突同样存在。由于在浮动汇率制度下，政府不可能完全依靠外汇市场对国际收支的自发调节功能，在汇率变动受到一定管理的条件下，通过国内总需求的变动来实现内外均衡仍是常见的做法，因此浮动汇率制度下也会出现与固定汇率制度下相似的内外均衡冲突现象。并且，在汇率波动剧烈的情况下，内外均衡之间的相互影响或干扰更加复杂，内外均衡冲突可能深化。

此外，米德分析也忽略了资本因素。在现代经济中，国际资本流动是影响一国经济的重要因素，特别是在全球经济一体化的背景下，活跃在国际金融市场上的巨额资金会直接影响国内宏观经济的运行，使各国国内经济政策受到更多的影响和制约，从而使一国同时实现内外均衡的目标变得更加困难。

从前面的分析可以看出，内外均衡的根源在于经济的开放性。在开放经济条件下，各种变量之间的关系更加复杂，一国经济的内在稳定性与合理开放性之间的协调难度也越来越大。此外，内外均衡冲突的产生也与某种特定的调控方式相对应，在开放经济条件下，单纯运用调节社会总需求这一封闭经济政策工具是不足以同时实现内外均衡目标的，开放经济的调控需要有新的政策工具以及对政策工具有新的运用方式。

6.2 开放经济条件下的政策工具与政策搭配原理

6.2.1 开放经济条件下的政策工具

在开放经济条件下，宏观经济调控仍然主要通过对社会总需求进行调节而实现，故称为需求管理。对总需求的调节又可从需求总量和结构两个方面来进行，因此又可将需求管理政策进一步分为两种类型，即支出增减政策（expenditure changing policies，也译为支出调整政策）和支出转换政策（expenditure switching policies）。

1）支出增减政策

支出增减政策主要通过改变支出水平来调节社会需求的总水平，包括财政政策与货币政策。财政政策和货币政策都可以直接影响社会需求总水平，进而调节内部均衡；同时，社会总需求的变动又可以通过边际进口倾向影响进口和通过利率影响资本流动，进而调节外部均衡。

2）支出转换政策

支出转换政策是不改变总支出、总需求水平而改变其方向的政策，也就是将国内支出从外国商品和劳务转移到国内的商品和劳务上来。

这类政策主要包括汇率政策和直接管制政策。所谓汇率政策，就是通过货币的升贬值，改变进口商品和进口替代品的相对价格，调节国际收支。汇率政策的效果与进出口商品的需求弹性有关。直接管制政策包括外贸管制政策和外汇管制政策。

3）其他政策工具

除需求管理政策外，开放经济条件下的政策工具还有供给调节政策和资金融通政策等。它们的作用机制有所不同。供给调节政策一般又称结构政策，包括产业政策和科技政策等，旨在改善一国的经济结构和产业结构，提高产品质量，降低生产成本，增强社会产品的供给能力。供给调节政策的特点是长期性，在短期内难以取得显著的效果，但它可以从根本上提高一国的经济实力与科技水平，从而为实现内外均衡创造条件。

资金融通政策是在短期内利用资金融通的方式弥补国际收支出现的超额赤字，以实现经济稳定的一种政策，包括官方储备和国际信贷的使用。从一国的宏观角度看，它主要表现为国际储备政策。对外部均衡调控的首要问题就是"融资还是调整"，因为如果国际收支只是临时性失衡、是由短期冲击引起的，那么可以用融资的方式弥补以避免调整的痛苦；如果是由国内经济原因等中长期因素导致的，那么就必须运用其他政策进行调整。可见，资金融通政策与需求管理政策之间是有一定的互补性与替代性的，但实际运用中的难点在于无法判断失衡的性质，难以在两者之间进行选择。

6.2.2 开放经济条件下的政策搭配原理

既然开放经济条件下的政策目标包括内部均衡和外部均衡两部分，那么仍像封闭条件下一样，单纯运用控制社会需求总量的政策进行调控会造成内外均衡之间的冲突。20世纪50年代以来，关于政策配合的"丁伯根法则""斯旺模型"和政策分配的"有效市场分类原则"等理论的出现发展了开放经济的政策调控理论。

1）丁伯根法则

首届诺贝尔经济学奖得主丁伯根最早提出了将政策目标和政策工具联系在一起的正式模型，提出一国可以运用的独立的政策工具数目至少要与所要实现的经济政策目标数目相等，即要实现N个独立的政策目标，至少需要相互独立的N个有效的政策工具，即丁伯根法则（Tinbergen's Rule）。

具体而言，在政策工具与经济目标的关系中，经济目标可以被看作未知数的解，政策工具可以被看作已知参数，只要未知数（经济目标）与参数（政策工具）

之间有函数关系存在，就可以建立起众多未知数与众多参数之间函数关系的联立方程式。只要独立的方程式数目等于未知数的数目，则联立方程有唯一的解存在。只要将已知的参数值代入，即可求得未知数的解。

丁伯根法则的政策含义是：在开放经济条件下，只运用支出增减政策，通过调节支出总量来同时实现内部平衡和外部平衡两个目标是不够的，必须搭配新的政策工具。

丁伯根法则中目标的实现需要一个假设前提：各种政策工具可以供决策当局集中控制，即通过各种工具的紧密配合来实现政策目标，但它没有明确指出每种工具在调控中是否应侧重于某一目标的实现，因而不能满足实际调控的需要。

2）斯旺模型

针对米德冲突问题，1955年澳大利亚经济学家斯旺（T.Swan）进行了深入研究，提出了著名的斯旺模型，如图6-1所示。

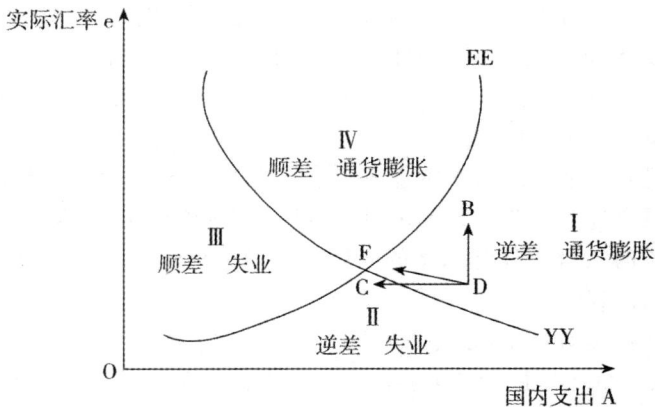

图6-1 斯旺模型

图6-1中的纵轴表示实际汇率e，在直接标价法下，e的提高为本币贬值，下跌为本币升值；横轴表示国内支出A的增减变化，包括消费、投资和政府支出，也就是支出调整政策。

EE曲线表示外部均衡，即能够使国际收支经常账户保持平衡的实际汇率e和国内支出A的组合点，其公式为X-M=0或B（e）=0。EE曲线的斜率为正，向右上方倾斜，这是因为本币贬值（e值上升）时，国际收支状况改善，为维持平衡，国内支出水平也必须相应提高，以便增加进口。所有EE曲线右边的点均处于逆差状态，即在现有的国内支出水平下，相应的实际汇率水平不足以保持经常账户的平衡；所有EE曲线左边的点均处于顺差状态，即在现有的国内支出水平下，相应的实际汇率水平已经超过了保持经常账户平衡所需要的水平。

YY曲线表示内部均衡，即能够维持国内充分就业的所有实际汇率和国内支出水平的组合，其公式为Y=C+I+G+B（e）或Y=A+B（e）。YY曲线向右下方倾斜，这是因为实际汇率e的降低（本币升值）将导致贸易逆差，从而使总支出A+B小于充分就业的收入水平，国内出现失业。要恢复平衡就必须提高国内支出水平。所有YY曲线右边的点表示国内经济处于通货膨胀状态，即在现有的国际竞争力或实际汇率水平下，国内总支出水平已经超过了创造充分就业需要的水平，从而导致了国内通货膨胀。所有YY曲线左边的点表示国内处于通货紧缩或失业状态，即总支出水平不足以形成充分就业。

只有在EE曲线和YY曲线的交点F处，一国才同时实现了内部均衡和外部均衡。EE曲线和YY曲线划分出四个区域（如图6-1所示）。

政府在对宏观经济进行调控时，面临的情况相当复杂。假设一国经济由于某种原因陷入区域Ⅰ的D点，该状态既承受着通货膨胀压力，又存在经常账户的逆差。如果当局试图在维持汇率稳定的条件下减少经常账户逆差，可以采取宏观紧缩政策，即通过紧缩国内支出促使经济状态向C点移动，然而实施这样的政策会造成严重的经济衰退和大量失业。政府还可以采取货币贬值的方法来解决逆差问题，这样，经济状态将会向B点移动，其结果是离YY曲线越来越远，即经常账户逆差的解决要以国内更严重的通货膨胀为代价。综上所述，斯旺模型说明了这样一种观点，即仅使用一种政策工具来同时解决内外部均衡问题是无法成功的，必须同时使用支出调整政策和支出转换政策。

从现实情况看，多数国家不愿意通过本国货币的公开升值或贬值政策来实现对外均衡，而希望通过支出调整政策来促成内外部均衡的实现。然而，单纯依靠支出调整政策能否同时实现内外部均衡的问题，直到蒙代尔提出"有效市场分类原则"之前一直都未能得到解决。

3）蒙代尔的"有效市场分类原则"

蒙代尔（R.A.Mundell）于20世纪60年代提出了关于政策指派的"有效市场分类原则"，弥补了丁伯根法则和斯旺模型的不足。蒙代尔对政策调控的研究基于这样一个出发点：在许多情况下，不同政策工具实际上掌握在不同的决策者手中，如果决策者之间不能紧密协调这些政策而是独立决策的话，就无法取得最佳的政策效果。由此，蒙代尔得出结论：如果每种政策工具都被合理地指派给某一个政策目标，并且在该目标偏离其最佳水平时按一定规则进行调控，那么在分散决策的情况下仍有可能实现理想目标。

关于每种政策工具应如何指派给相应的目标，蒙代尔提出了有效市场分类原则，即对每一个目标，都应当指派给对这一目标有着相对最大影响力因而在影响政策目标上有相对优势的政策工具。工具指派不合理则会导致经济发展不稳定而离均衡点越来越远，这一原则实质上是比较优势原理在政策指派中的运用。

蒙代尔在其提出的理论中首先假定：①当一国出口既定时，国内支出的增加会使进口随之增加，经常收支恶化；如果国内支出减少，进口也会随之减少，经常收支会得到改善。②资本流动的利率弹性较高。③短期内充分就业的产量是一定的，国内支出仅受财政政策和货币政策的影响。

蒙代尔的政策指派模型如图6-2所示。图6-2中纵轴r为利率，代表货币政策；

横轴为政府支出 G，代表财政政策。r 沿纵轴向上移动表明实行的是紧缩的货币政策，G 沿横轴向右移动表明一国实行的是扩张性的财政政策。在 IB 线和 EB 线的交点 F 处，表示一国同时处于内部均衡和外部均衡。而 IB 线和 EB 线上的每一点都只实现了一种均衡，即内部均衡或外部均衡。

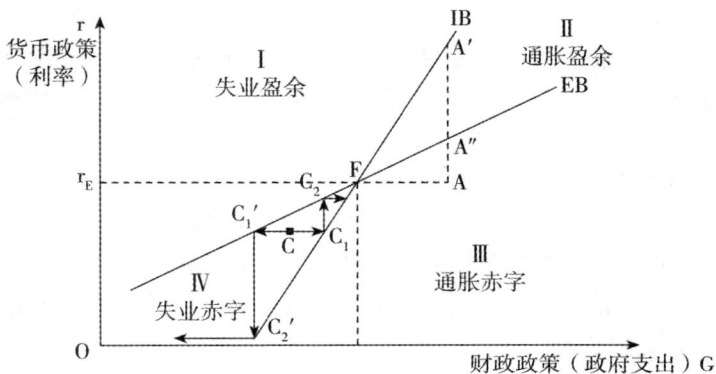

图6-2 蒙代尔的政策指派模型

IB 线显示了导致内部均衡的财政政策和货币政策的各种组合。IB 线向上倾斜说明了扩张性的财政政策必须与紧缩性的货币政策共同作用才能实现内部均衡。如从图6-2中的 F 点出发，当一国的 G 增加时，该国的总需求大于充分就业收入水平，出现了通货膨胀，如 A 点，此时要恢复内部均衡就必须提高利率，抑制投资从而降低总需求。但若总需求下降过多，如超过 A′点，则会造成失业。因此，IB 线的右下方代表通货膨胀，左上方代表失业。

EB 线显示了导致外部均衡的财政政策和货币政策的各种组合。它也是一条向右上方倾斜的曲线，说明应同时实施扩张的财政政策和紧缩的货币政策来达到外部均衡。如从 F 点出发，一国的 G 增加，会刺激收入提高并促使进口增加，导致该国的国际收支恶化，如 A 点的位置，要重新回到外部均衡必须实施紧缩性货币政策，调高利率，从而吸引外资的流入，平衡国际收支。但资本流入过多则会产生国际收支顺差，如 r 的上升可能超过 A″点。因此，EB 线的右下方代表对外逆差，左上方代表对外顺差。EB 线比 IB 线较为平缓，是因为资本流动的利率弹性大于投资的利率弹性。

财政政策和货币政策在实现内外部均衡方面起到了不同的作用。扩张性的财政政策可以提高国民收入，增加一国的货币交易需求。如果该国的货币管理当局提高货币供给量以满足增长的需求而保持利率不变，则财政政策只能影响国民收入水平，而不能影响利率水平。货币政策则可以通过改变货币供给和利率水平来影响投资和国民收入水平，并且影响国际资本的流动。因此，一国若要达到外部均衡，使用货币政策比财政政策要更有效。这样，根据有效市场分类原则，就应该运用货币政策来实现外部均衡，运用财政政策来实现内部均衡。如果反向操作，该国离内外部均衡就会越来越远。

蒙代尔认为有两种政策配合方法：一种方法是以财政政策对外、货币政策对内。这样的配合只会扩大国际收支不平衡。如图6-2中的C点表明国内存在着失业和国际收支存在着赤字，如果一国首先运用紧缩的财政政策来消除对外逆差，即C点移动到EB线上的C_1'点，然后再运用宽松的货币政策来刺激需求，消除失业，使其移动到IB线上的C_2'点，这个国家离均衡点F就会越来越远。可见，这种政策搭配是不恰当的。另一种方法是以财政政策对内、货币政策对外。仍以图6-2中的C点为例，一国首先运用扩张性的财政政策使其达到内部均衡，即IB线上的C_1点，然后运用紧缩性的货币政策使其达到外部均衡，即EB线上的C_2点。这样该国在实现外部均衡的同时更加接近内部均衡线，如此进行下去，最终会趋于内外均衡点F。因此，在出现内外部失衡时，运用正确的政策措施来重新达到均衡是必要的，这种财政政策和货币政策交替使用的方法能够实现良性循环，逐渐缩小国际收支的不平衡，但更重要的是要选择好应采取的财政政策和货币政策。在各种区间内的财政政策和货币政策搭配见表6-2。

表6-2   财政政策和货币政策的搭配

区间	经济状况	财政政策	货币政策
Ⅰ	失业/国际收支顺差	扩张	扩张
Ⅱ	通货膨胀/国际收支顺差	紧缩	扩张
Ⅲ	通货膨胀/国际收支逆差	紧缩	紧缩
Ⅳ	失业/国际收支逆差	扩张	紧缩

蒙代尔的有效市场分类原则为一国政府如何采用政策工具以实现内外部均衡的宏观经济目标开辟了新的思路，丰富了开放经济条件下的宏观经济调控理论。它与丁伯根法则一起确定了开放经济条件下政策调控的基本思想，即针对内外均衡目标，确定不同政策工具的任务，并尽可能地协调以达到内部平衡与外部平衡。

6.3　　　　开放经济条件下的宏观经济模型

在开放经济条件下，决定一国国民收入的因素不仅有各种封闭经济条件下的宏观经济变量，还包括国际收支这个新变量。本节我们将建立一个包括国际收支在内的宏观经济模型，即开放经济条件下的IS-LM-BP模型，作为分析宏观经济政策的基本框架。然后在这一模型的基础上，再运用蒙代尔-弗莱明模型对开放经济条件下货币政策和财政政策的效力进行分析。

6.3.1　IS-LM-BP模型

开放经济条件下的IS-LM-BP模型以标准的IS-LM模型为基础，引入国际收支因素，以一个开放的小国为分析对象，采取流量分析方法，由商品市场与货币市场的均衡扩展到包括国际收支的外汇市场的三个市场同时达到均衡。

1）开放经济条件下的 IS 曲线、LM 曲线

开放经济条件下的 IS 曲线是考虑货币因素后，反映商品市场均衡的曲线。IS 曲线描述的是在商品市场达到均衡时国民收入与利率之间的关系。IS 曲线的斜率为负（如图 6-3 所示），因为当利率降低时，投资需求增加，从而总需求水平也提高，为维持商品市场平衡，必须提高国民收入水平。当与国民收入无关的自主性支出或自主性贸易余额发生变化时，IS 曲线会发生平移，如政府支出增加会导致 IS 曲线向右平移。

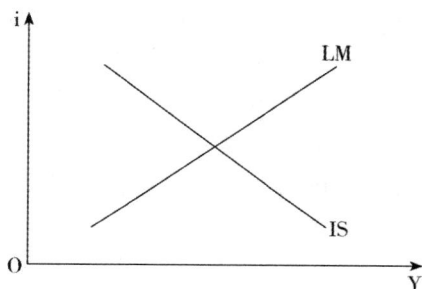

图 6-3　开放经济条件下的 IS 曲线、LM 曲线

LM 曲线表示的货币市场的均衡，描述的是货币市场达到均衡时国民收入与利率之间的关系。在开放经济条件下，LM 曲线的斜率为正（如图 6-3 所示），因为对于既定的货币供给，当利率提高时，对货币的投机性需求减少，为维持货币总供求的平衡，必须提高国民收入以增加交易性需求。当名义货币供给水平提高、物价水平不变时，会使 LM 曲线向右平移。

2）开放经济条件下的国际收支均衡线——BP 曲线

开放经济条件下的 BP 曲线是反映外部均衡——国际收支均衡的曲线，表示在固定汇率条件下，利率与国民收入水平在一国国际收支达到平衡时的各种组合。

国际收支等于经常账户差额与资本和金融账户差额之和，经常账户主要受国民收入水平的影响，而资本和金融账户对利率比较敏感。由于资金流动情况不同，BP 曲线有三种形状（如图 6-4 所示）。

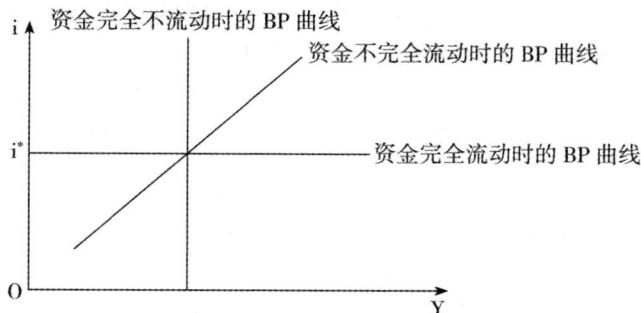

图 6-4　BP 曲线的三种形状

当资金不完全流动时，资本和金融账户、经常账户对国际收支都有影响，此时BP曲线是一条斜率为正的曲线，这是因为对于既定的汇率水平，收入增加引起的经常账户逆差需要提高利率以吸引资金流入进行弥补。资金流动性越大，这一曲线就越平缓，因为较小的利率提高就能吸引更多的资金流入。如果汇率不变，BP曲线的位置是不变的。如果一国货币升值，则BP曲线会向上移动；如果该国货币贬值，则BP曲线会向下移动。这种假设与实际情况比较接近，所以典型的BP曲线就是这样一条向上倾斜的曲线。

当资金完全不流动时，这一曲线意味着经常账户的平衡。对于某一真实汇率水平，存在着与之对应的能使经常账户平衡的收入水平，BP曲线在坐标空间内就是与这一收入水平垂直的直线。汇率的贬值会使其右移。

当资金完全流动时，资金的流动情况决定了国际收支平衡与否。假定风险中立以及汇率的静态预期，那么当该小国利率水平与世界利率水平一致时，该国国际收支处于平衡状态，资金流动可以弥补经常账户收支的任何不平衡。此时，BP曲线是一条水平线，汇率的贬值将对其没有任何影响。

3）开放经济条件下的宏观经济均衡

开放经济条件下的宏观经济均衡要求一国在商品市场、货币市场和国际收支方面同时处于均衡状态，即该国不仅实现了内部均衡，而且也达到了外部均衡。也就是说，一国的IS曲线、LM曲线、BP曲线三条曲线要相交于一点。但是在同一点达到内外部均衡的情况是很少见的，即BP曲线不一定经过IS-LM曲线的交点。IS-LM-BP模型就是通过利率、国民收入将对外均衡和对内均衡联系起来，这样就可以运用财政政策和货币政策来同时实现两种均衡。

在固定汇率制下，因为无法调整汇率，要实现内外部均衡只能运用支出调整政策，即运用财政政策和货币政策来实现目标。固定汇率制下实行财政政策和货币政策的特殊之处在于：由于汇率不能变化，所以不能用汇率政策来达到外部均衡，因此只能采用政策分配的方法来解决这个问题。鉴于财政政策和货币政策在调节国内总需求方面的不同影响，可以运用财政政策来实现内部均衡，而运用货币政策来实现外部均衡。

如果一国实行的是浮动汇率制，该国实行财政政策、货币政策的过程和作用就会与在固定汇率制下有很大的不同。汇率可以自由变动，意味着一国的外汇供给与外汇需求是相等的。也就是说，该国在长期内不应存在外部失衡问题。这时，就可以集中运用财政政策和货币政策实现内部均衡。此外，在短期内还可以采用汇率变动的支出转换政策来实现外部均衡。

6.3.2 资本完全流动下宏观经济政策的有效性——蒙代尔-弗莱明模型

蒙代尔-弗莱明模型（Mundell-Fleming model，M-F model）是以资本具有完全流动性为假设的开放经济模型，是一类特殊的IS-LM-BP模型。其特殊性表现在BP

曲线由于资本的完全流动而成为一条水平线。此模型是在20世纪60年代浮动汇率盛行之前,由美国经济学家蒙代尔和弗莱明所创立的。尽管其分析后来被不断地修正,但最初的蒙代尔-弗莱明模型解释资本具有高度流动性的情况下政策如何发挥作用的部分均被完整地保留下来。

1)固定汇率制下的货币政策和财政政策效果分析

在资本完全流动的情况下,利率的任何微小变动都会引发资本的无限量流动,一国国际收支的状况完全取决于资本和金融项目。在这种假定条件下,当该国利率水平完全与世界利率水平一致时,该国国际收支处于均衡状态,资本的流动将弥补任何形式的经常项目差额,BP曲线为水平线,汇率的贬值对其无影响。

(1)固定汇率制下的货币政策

固定汇率制下货币政策的效果如图6-5所示。假设中央银行采取扩张性的货币政策,增加货币供给,从而使LM曲线向右移动到LM′,内部均衡点——IS和LM曲线的交点E移到E′的位置,国民收入增加,利率水平下降。在资本完全流动的情况下,利率的下降导致资本大量流出,国民收入的增加又导致进口增加,该国的经常账户与资本和金融账户同时出现逆差趋势,本币面临贬值压力。在固定汇率制下,为维持汇率稳定,中央银行必须干预市场,抛出外汇买入本币,这种操作一方面减少了外汇储备,另一方面减少了国内的货币供应量,这就导致LM′曲线左移,直到回到原来的位置。该国的内外均衡点也重新回到E点。结果是国民收入未变,但国际储备下降了。

因此可以得出结论,在固定汇率制下,货币政策是无效的。更为准确地说,一旦一国实施固定汇率政策,就很难再拥有独立的货币政策了。从本质上讲,在固定汇率和资本可流动的情况下,LM曲线的位置是内生的。货币供给被内生化,中央银行只能随着外汇市场上的供求变化被动地改变货币供应量。因此,固定汇率制度使得政府在很大程度上失去了一个重要的政策工具。

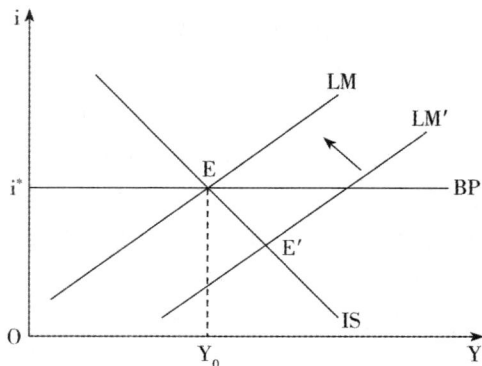

图6-5 固定汇率制下资本完全流动时的货币政策分析

(2)固定汇率制下的财政政策

固定汇率制下财政政策的效果如图6-6所示。假定政府实施扩张性的财政政策，则 IS 曲线右移，国内的经济均衡点移至 E′点，国民收入增加，利率水平上升。而利率的微小上升就会引起资本的大量流入，给本币带来升值压力。中央银行在干预的时候抛出本币，导致货币供应量增加，于是 LM 曲线右移直至利率恢复到初始水平。也就是说，在 IS 曲线右移的过程中，始终伴随着 LM 曲线的右移，以维持利率水平不变。在财政政策扩张结束后，货币供给也相应扩张，经济同时处于长期均衡状态。此时，利率不变，收入 Y* 不仅高于期初水平，而且高于封闭经济条件下的水平 Y′，同时国际储备增加。

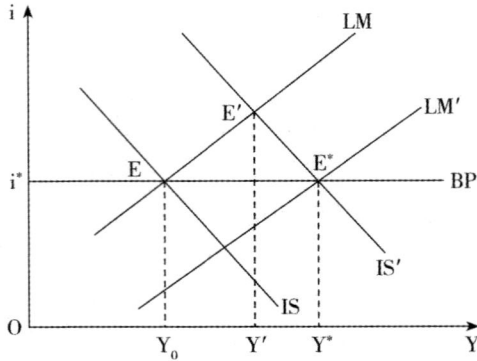

图6-6   固定汇率制下资本完全流动时的财政政策分析

因此，在开放经济和固定汇率制下，财政政策在增加国民收入和就业方面的效果非常显著，即在固定汇率制下，财政政策有效。但是需要注意的是，扩张性财政政策的有效性是以经济没有实现充分就业、尚有闲置资源为前提的，否则财政扩张只能导致物价上涨并带来本币贬值的压力。

综上所述，在固定汇率制下，当资本完全自由流动时，一国的货币政策无法影响收入水平，只能影响储备水平；而财政政策在影响收入方面非常有效，因为它造成的资本流入增加了货币供给量，从而避免了利率上升对收入增长的副作用。

2）浮动汇率制下的货币政策和财政政策效果分析

（1）浮动汇率制下的货币政策

在浮动汇率制下，假设一国货币当局实行扩张性的货币政策，则 LM 曲线右移至 LM′，利率水平下降，国民收入或产出增加（如图6-7所示）。一方面，国民收入增加会导致进口增加；另一方面，利率水平下降会导致资本大量流出，这两种效应是同向的，共同作用导致国际收支出现逆差。于是外汇市场上本币贬值，本币贬值一方面使得本国出口竞争力增强，出口增加，进口减少，致使 IS 曲线右移，直至与 LM 曲线相交确定的利率水平与世界利率水平相等为止。此时，收入高于期初水平，本币贬值。

由此可见，在浮动汇率制下，当资本完全流动时，扩张性的货币政策会使收入上升，本币贬值，对汇率无影响。此时的货币政策是非常有效的。

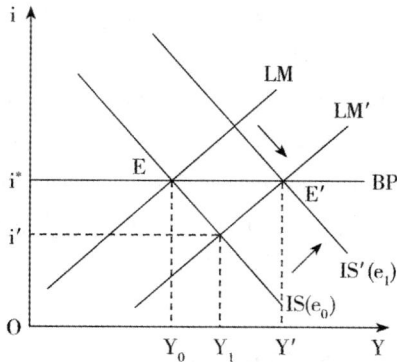

图6-7 浮动汇率制下资本完全流动时的货币政策分析

（2）浮动汇率制下的财政政策

假设一国实施扩张性的财政政策，IS曲线右移至IS′，则本国利率上升，引起资本大量流入，导致国际收支顺差，本币升值，本国出口产品的竞争力下降，这会推动IS′曲线左移，直至返回到原来的位置，利率水平重新与世界利率水平相等为止。此时与期初相比，利率不变，本币升值，收入不变。需要指出的是，此时收入的内部结构已发生变化，财政政策通过本币升值对出口产生了完全挤出效应，财政支出增加造成了等量的出口下降，如图6-8所示。

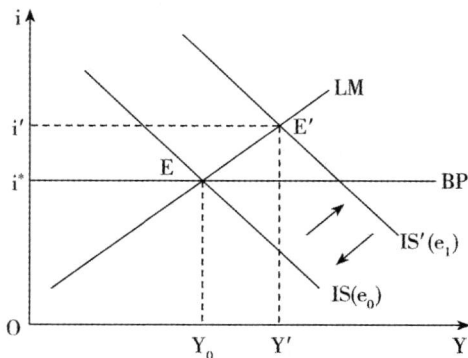

图6-8 浮动汇率制下资本完全流动时的财政政策分析

可见，在浮动汇率制下，当资本完全流动时，扩张性的财政政策会造成本币升值，对收入、利率均不能产生影响，此时的财政政策是完全无效的。

因此，在浮动汇率制下，当资本完全自由流动时，一国的财政政策无法影响收入水平；而货币政策在影响收入方面非常有成效。所以在浮动汇率制下，实行货币政策比财政政策更能有效地达到外部均衡。

3）对蒙代尔-弗莱明模型的评价

蒙代尔-弗莱明模型是一个至今仍被广泛运用的开放经济模型，模型中的基本观点被国际经济学界广为接受，也为以后的研究奠定了基础。M-F模型也是研究开放经济条件下财政政策和货币政策有效性的经典模型之一，它所得出的结论在一定前提下是符合实际情况的，因而该模型具有很高的理论性和实用性。

但是，M-F模型也有不足之处：该模型既没有考虑汇率的预期变化，也没有考虑净国外债权存量和与其相关的利息支付流量等，显然，M-F模型严格的假设前提是它存在诸多不足的原因，因为这些假设与现实情况并不相符。从发展趋势看，经济学家们对M-F模型的扩展主要是在以下几个方面：①改变小国的假设条件，代之以大国为前提，即以利率的制定国而不是以利率的接受国为研究对象；②取消关于资本完全流动的假定；③在模型中引入汇率预期；④增加对财富效应的考虑；⑤否定价格固定的假设。经过扩展后的M-F模型无疑更接近现实。

6.3.3 蒙代尔-弗莱明模型的推论——不可能三角

1979年，克鲁格曼[①]将蒙代尔-弗莱明模型的结论进一步表述为"不可能三角"（impossible trinity），又称"三元悖论"或"三难困境"（trilemma），即在汇率稳定、货币政策独立性和资本自由流动这三个目标中，一国只能同时实现两个目标，三者无法同时实现。

如图6-9所示，克鲁格曼认为，自布雷顿森林体系瓦解以来，各国的金融发展模式都可以被概括进这个三角形之中。这三种组合的具体搭配为：

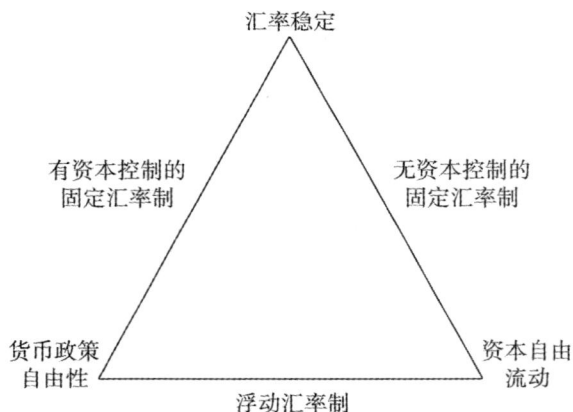

图6-9 不可能三角图示

一是选择固定汇率政策并期望保持货币政策的独立性，这就需要对资本流动进行管制。我国曾经是这种政策选择的代表，把相对稳定的汇率同某种程度独立的货币政策协调起来，但是需采用会带来其他问题的资本管制制度。

二是选择资本自由流动，即开放资本和金融项目，同时维持固定汇率制，这就需要牺牲货币政策的独立性，使其无法服务于内部均衡目标。实行货币局制度的中国香港、南美洲的部分国家采用的就是此种模式。

三是放弃固定汇率，选择资本自由流动和货币政策独立性为目标。目前主要的

---

① KRUGMAN. A model of balance of payments crises [J]. Journal of Money, Credit and Banking, 1979 (11): 311-325.

发达国家或集团间多采取这种制度安排，如美国、日本和欧元区。

6.4　　　宏观经济政策的国际协调

6.4.1　开放经济条件下的相互依存

根据蒙代尔-弗莱明模型，我们可以得出在浮动汇率和资本完全流动情况下财政政策无效、货币政策有效的结论。但是这一结论是在不考虑他国经济政策影响的前提下得出的。如果考虑他国经济政策的影响，那么一国的货币政策能否达到目标就值得怀疑了。比如，当一国经济面临有效需求不足时，政府应该采取宽松的货币政策。可是如果与该国经济密切相关的国家采取紧缩的货币政策，该国增加的资金将会大量外流，从而一方面使本国宽松货币政策的效果因为资金的流出而被抵消，另一方面对方国家紧缩的货币政策也会因为资金的流入而变得难以发挥作用；相反，当一国采取紧缩的货币政策时，其效果又会被与其密切相关的国家的宽松货币政策所抵消。

一般来说，在开放经济条件下，当一国经济面临突然冲击时，这一冲击会通过以下机制在国与国之间传导：

1）收入机制

假定其他条件不变，一国收入增加会造成本国进口增加，也就是外国出口的增加。通过乘数效应，外国出口的增加会带来该国国民收入的成倍增加，这就是开放经济中的溢出效应（spill-over effects）。沿着这个思路继续分析，该外国国民收入增加后，又会相应地造成外国对本国商品需求（支出）的增加，即导致本国的出口增加，从而本国的国民收入又会因乘数效应而增加。这样，本国国民收入的增加在对外国国民收入产生扩张效应后，外国国民收入的扩张又进一步地反作用于本国的国民收入，这被称为反馈效应（repercussion effects）。

由于国与国之间基本上都存在着商品贸易联系，收入机制是非常重要的国际传导机制。一国的边际进口倾向越高，另外一国的出口乘数越大，那么溢出效应就越显著。

2）利率机制

在资本完全流动的条件下，一国利率的变动，势必引起资金在国家间的流动，进而带来相应变量（如汇率水平或外汇储备）的变动，对另一国经济产生影响。显然，国际资金流动程度越高，这一机制对冲击的传导效果就越明显。

3）相对价格机制

相对价格机制包含两个方面：一是汇率不变但一国国内的价格水平发生变动；二是本国名义汇率发生变动。由于实际汇率是由名义汇率和价格水平共同决定的，因此，上述任何一个因素变动都会引起实际汇率的变动，带来两国商品竞争力的变化，从而对他国经济产生冲击。

由于上述机制的作用，开放经济条件下各国经济相互依存、相互影响。而一国宏观经济政策的效果也会因为溢出效应、反馈效应而受到影响，因此，各国在制定宏观经济政策时，不仅要考虑国内经济目标，还要考虑其国际影响，各国在宏观经济政策方面进行协调便显得十分必要。

6.4.2　宏观经济政策国际协调的含义

广义地看，凡是在国际范围内能够对各国国内宏观政策产生一定程度制约的行为均可视为宏观经济政策的国际协调。宏观经济政策国际协调的目标是在各国经济利益发生冲突或无法确保相关国家的经济利益同时达到最大化的情况下，通过协调相关国家的经济政策，寻求各参与协调国家的整体利益最大化。

根据协调程度，宏观经济政策的国际协调从低到高可以分为以下几个层次：

（1）国际协调的最低层次是信息交换。各国政府相互交流本国的宏观调控目标范围、调控重点、政策工具种类等信息，但各国仍独立决策。通过信息交换，各国政府可以避免对他国政策调控活动的估计错误，更好地分析本国经济与外国经济之间的溢出效应。

（2）国际协调的第二个层次是危机管理，是指针对世界经济出现的重大突发事件，各国进行共同的政策调整以缓解和化解危机。危机管理通常是偶然出现的、临时性的措施，主要目的在于防止各国独善其身的政策使危机更加严重或蔓延。

（3）国际协调的第三个层次是避免共享目标变量的冲突。当两国要面对同一目标时，如果两国设定的目标值不同，便会产生直接的冲突。最典型的是浮动汇率制下两国间的竞争性贬值。

（4）更高层次的国际协调是合作确定中介目标。为避免本国一些经济变量的变动对他国产生不良的溢出效应，各国有必要对这些中介目标进行合作协调再向前推进，各国可以进行部分协调和全面协调。部分协调是指不同国家就国内经济政策的部分目标或工具进行协调。全面协调则是指将不同国家的所有主要政策目标、工具都纳入协调范围，从而最大限度地获取政策协调的收益。

从协调方式上看，宏观经济政策国际协调有两种方式，即相机性协调（discretion-based coordination）与规则性协调（rule-based coordination）。相机性协调是指根据经济面对的具体条件，在没有明确规则指导的情况下，通过各国间的协商确定针对某一特定情况各国应采取的政策组合。一般认为，这一方法的优点在于针对性强，协调的范围泛，而缺点在于可行性与可信性交叉。规则性协调是通过制定明确的规则来指导各国采取政策措施进行协调，其优点是决策过程清晰，稳定性和可信性高。

6.4.3　宏观经济政策国际协调的内容

具体而言，宏观经济政策的国际协调主要包括货币政策协调、财政政策协调和汇率政策协调三个方面。

1）货币政策协调

各国货币政策协调主要指有关国家利率的协调，这种协调主要针对利率的调整方向。一旦一国希望通过利率的调整来干预经济，以达到控制经济过热或经济衰退的目的，该国不仅要确定一个利率调整的方向，而且还要同有关国家协商，既要协调它们之间利率调整的基本方向，也要协调各国利率调整的幅度。各国利率水平之间的差异将带来资金在各国之间的流动，这种流动会持续到利差消除为止。

在一些学者看来，控制利率不如控制货币的增长量。因此，各国货币政策的协调还可以采用控制货币供应增长率的方式。

2）财政政策协调

实际上，在经济关系比较密切的国家之间，不仅要协调货币政策，还要协调财政政策。因为货币政策协调的效果在很大程度上还依赖于财政政策的协调。如果一国的财政支出过度，政府就需要通过货币政策加以配合。这种配合意味着货币发行量的增加，或者物价上涨率较高，这将导致一国货币供应增长率的上升，从而出现因没有协调好财政政策使各国之间货币政策的协调难以维持的现象，因此，成功的货币政策协调常常伴随着财政政策的协调，或者说，各国之间只有协调好货币政策和财政政策，其经济政策目标才能顺利实现。

3）汇率政策协调

在开放经济条件下，尽管一国可以采取完全浮动的汇率制度，使政府只需照顾自己的内部平衡，但是为了维持本国经济的稳定发展，特别是减少对外贸易风险，各国还是趋向于采取有管理的浮动汇率制。这意味着一国不仅要照顾本国的内部平衡，还要照顾外部平衡。当一国经济中的有效需求不足时，政府可以采取货币贬值政策，以便刺激出口、限制进口。但是如果各国政府都这样做，就会出现各国竞相贬值本国货币的现象，结果是各国货币之间的兑换率可能回到原来的出发点。任何一国的货币贬值幅度如果超过其他国家，各国之间的贸易风险也就随之产生。同时，该国货币汇率的变化还会引起投机和资金的转移，这种单纯由于汇率变动引起的资金转移不利于各有关国家经济的稳定和正常的经济增长。因此，汇率政策的协调十分必要。

实际上，各国货币政策、财政政策和汇率政策协调的最高阶段是统一各国货币，即用一种货币代替各国自行使用的货币。当各国使用统一货币时，各国不能自行增加或减少货币供应，也不能提高或降低本国的利息率。同样，统一货币意味着各国必须有协调一致的财政政策；否则，统一的货币之下不可能给财政政策的实施提供条件。因为扩张性或紧缩性的财政政策有赖于信用的扩张，否则政府支出的增加在货币供应量不变的情况下将引起利率上升，从而产生"挤出效应"，同样会抵消财政政策的作用。当然，统一各国的货币以后，汇率协调将不复存在。因此，统一货币是各国经济政策协调的最高形式（关于统一货币的详细内容，参见第8章）。

然而，各国的经济发展情况差异，特别是各国经济波动程度的差异使得它们在协调经济政策方面会遇到许多困难。因此，在多边协调中，各国一般会选择比较松散的协调方式，除非它们之间的经济关系达到了十分密切的程度。

知识拓展6-1

国际货币政策
的协调

6.4.4 宏观经济政策国际协调的发展状况

真正意义上的宏观经济政策国际协调出现于第二次世界大战结束之后。联合国成为协调国际事务的常设机构，而经济领域的协调则主要体现在布雷顿森林协定的签订和国际货币基金组织、世界银行的建立上。

1）布雷顿森林体系框架下的国际经济政策协调

第二次世界大战后直到20世纪70年代，国际经济政策协调主要是在布雷顿森林体系的框架下运行的。这一阶段的国际经济政策协调基本上是规则性协调。《布雷顿森林协定》的签署和有关国际机构的建立，使得国际经济政策协调有了严格的组织管理机构和明确的宗旨，因而能保证世界经济在这一协调体系下正常运行。同时，国际合作与协调的规则、范围都很明确，成员能在世界范围内更充分地利用各种资源，可以在具体领域对所出现的问题进行调节（有关布雷顿森林体系的具体内容，参见第7章第2节）。

尽管布雷顿森林体系框架下的协调机制以美国为中心，更多地代表了发达国家的利益，但它毕竟是多个国家共同协商产生的新型国际经济制度，在第二次世界大战后所起的作用是明显的。在此期间，世界经济与贸易的发展水平超过了历史上任何时期，发达国家再也没有出现像20世纪二三十年代那样的全球性经济危机。

2）以七国集团为主导的国际经济政策协调

布雷顿森林体系瓦解后，随着浮动汇率制的实施，汇率短期过度波动及长期失调、投机活动盛行、政策纪律放松等现象开始出现，各国都开始重视国际协调并采取了一定的措施，七国集团就在这样的背景下产生了。西方主要国家的经济政策协调，尤其是多边汇率政策协调，主要在七国集团的主导下进行：一是七国首脑会议。1975年，第一次七国会议在法国朗布依埃举行，这标志着以大国会议方式进行国际经济政策协调的开始。不过，这次会议主要强调的是各国内部事务管理的重要性，没有讨论国际经济政策协调问题。在1978年的波恩会议上，与会国第一次提出七国政府应该联合行动，共同实行扩张性的财政政策和货币政策，带动世界经济复苏。这次会议是国际经济政策协调的真正开端。七国首脑会议每年举行一次，讨论世界经济、政治的协调问题。二是七国财长及央行行长会议。1982年，法国凡尔赛会议建立了由美国、英国、德国、法国、日本财政部部长和中央银行行长参加的五国财长会议制度。1986年，加拿大和意大利加入，成为七国财长会议。1986年的东京首脑会议商定，七国集团财长会议每年至少召开一次，以考察各国经济政策目标的相容性。另外，还将对包括经济增长、通货膨胀、贸易和经常账户差额、汇率、货币供应增长率、政府预算在内的经济指标进行监督，使其成为各国制定政策目标的基础。其中，1985年的"广场协议"是汇率政策协调的典型例子；1987年的"卢浮宫会议"增加了包括利率、经济增长速度、失业率等在内的有关宏观经济指标的内容，成为利率政策协调的一个典型例子。

七国集团主导下的国际宏观经济政策协调从形式上看属于相机性协调。各国针对具体问题主要通过协商的方式进行协调，没有明确的规则和组织架构。

3）国际经济政策协调的新进展

20世纪90年代以后，国际经济政策协调出现了一些新的特点：

第一，全球性国际经济组织的协调作用下降。第二次世界大战后建立的国际货币基金组织、世界银行、关税与贸易总协定（即后来的世界贸易组织）、联合国的有关经济职能部门，一直以来都是规则性协调的主要组织机构。近年来，由于这些国际经济组织在运行过程中的缺陷及区域经济一体化的发展，其协调作用已受到很大影响。以国际货币基金组织为例，它在处理亚洲金融危机中的表现广受批评，面临着来自多方面的改革压力。

第二，七国集团的协调效力下降，未来有可能被二十国集团取代。20世纪80年代中后期是七国集团在宏观经济政策国际协调方面的高潮期，这一时期的协调措施发挥了一定的积极作用，但仍没有达到政策制定者预期的效果。1998年俄罗斯被正式接纳为会员，七国集团更名为八国集团，但俄罗斯只参加政治议题的讨论，在经济问题上仍保持七国体制。此外，世界经济发展的不平衡使这些国家在某些重大问题上的协调性降低，八国集团峰会很难再达成实质性的协议或者制定实质性的策略，近年来美国的单边主义倾向更加剧了这种趋势。以往的协调主要由美国推动，而美国推动国际经济政策协调的动因往往是为了解决国内经济问题。其不从自身寻找原因，总是将本国的经济问题归咎于外国的经济政策，要求他国进行经济政策的调整。美国的这种做法越来越受到各国的抵制。

1999年6月，美国等7个发达国家的财政部部长在德国科隆提出建立二十国集团，目的是让有关国家就国际经济、货币政策举行非正式对话，以利于国际金融和货币体系的稳定。二十国集团由八国集团和11个重要新兴工业国家（中国、阿根廷、澳大利亚、巴西、印度、印度尼西亚、墨西哥、沙特阿拉伯、南非、韩国和土耳其）以及欧盟组成。二十国集团会议最初只是各国财长或各国中央银行行长参加，自2008年全球金融危机使得金融体系成为全球的焦点之后，开始举行二十国集团首脑会议，增加各个国家的发言权，取代了之前的八国集团首脑会议或二十国集团财长会议。由于成员的代表性更强，二十国集团未来有可能取代八国集团的位置，成为国际经济合作的主要协调机制。

第三，区域经济政策协调及双边经济政策协调不断发展。在全球性的规则性协调难以达成的情况下，区域乃至双边协调由于协调难度较小、可操作性强而渐渐成为国际经济政策协调的主要方式。欧洲、美洲、亚洲都有各自的区域经济合作组织，次区域性的国际合作也在迅猛发展。在合作领域上，区域贸易合作最为活跃，区域自由贸易成为新潮流。在区域经济合作组织中，欧盟各成员国的政策协调是目前级别较高的，并且已经在朝着更紧密的经济联盟的方向迈进（有关欧盟的区域合作，参见第8章）。

第四，发展中国家在国际经济政策协调中的作用逐渐增强。近年来，一些新兴经济体的经济发展取得了令人瞩目的成绩，在全球经济的影响力也相应提高，二十国集团中发展中成员的加入充分体现了这一点，金砖四国更是其中的突出代表。所谓金砖四国，是指巴西、俄罗斯、印度、中国这四个有希望在未来几十年内取代七国集团成为世界最大经济体的国家。这个简称来自这四个国家英文国名开头字母Bric（Brazil、Russia、India、China）的谐音。金砖四国这一说法在2001年被首次提出①，此后四国作为新兴经济体的代表和发展中国家的领头羊受到世界更多的关注。作为一个概念被提出近8年后，金砖四国终于携手正式亮相国际舞台。2009年6月16日，金砖四国领导人在叶卡捷琳堡举行首次正式会晤，四国领导人重点就应对国际金融危机冲击、二十国集团峰会进程、国际金融机构改革等重大国际问题交换了看法，进一步讨论了金砖四国未来对话与合作的前景。

2010年11月，在二十国集团首尔峰会上，南非申请加入金砖四国。12月，中国作为该合作机制轮值主席国，与俄罗斯、印度、巴西一致商定，吸收南非作为正式成员加入金砖国家合作机制，金砖四国即变成金砖五国，并更名为金砖国家（BRICS）。

金砖四国在推动国际金融体系改革方面已经付诸行动，如推动二十国集团领导人在2009年9月的匹兹堡峰会上达成共识，把国际货币基金组织3%的投票权和世界银行5%的投票权重新分配给新兴和发展中经济体。

此外，金砖国家间的金融合作也卓有成效。2011年4月，金砖国家领导人发表《三亚宣言》，首次推行本币贸易结算，正式签署《金砖国家银行合作机制金融合作框架协议》。2012年3月，金砖国家领导人会议发表《新德里宣言》和行动计划，大大推动了金砖国家之间的务实合作，进一步拓展了金砖国家的合作领域，强化了合作机制维护新兴国家和发展中国家利益的特征。2014年7月，金砖国家发表《福塔莱萨宣言》，宣布成立"金砖国家新开发银行"，初始资本为1 000亿美元，由5个创始成员平均出资，总部设在中国上海。2015年7月，金砖国家新开发银行正式开业。金砖国家新开发银行主要资助金砖国家以及其他发展中国家的基础设施建设，对金砖国家具有非常重要的战略意义。

知识拓展 6-2

大变局下金砖国家合作的态势及走向

金砖国家就国际经济和发展领域的重大问题交换看法、加强合作，有利于增强新兴市场和发展中国家的影响力，也有利于国际金融体系向着公平、合理的方向调整。

专栏6-1 "广场协议"与"卢浮宫协议"

从1980年起，美国出现了对外贸易赤字和政府预算赤字并存的"双赤字"现象，于是美国政府便以提高国内基本利率、引进国际资本的方式来摆脱困境，发展经济。高利率吸引了大量的海外资金流入美国，导致美元大幅升值，从1979年年底到1984年年底，美元汇率上涨了近60%，美元对主要工业国家的汇率超过了布

① "金砖四国"（BRIC）一词最早是由高盛证券公司首席经济学家吉姆·奥尼尔在2001年11月20日发表的一份题为《全球需要更好的经济之砖》（The World Needs Better Economic BRICs）的报告中提出的。2003年10月，该公司在题为《与BRICs一起梦想：通往2050年的道路》（Dreaming with BRICs：The Path to 2050）的全球经济报告中预言，到2050年，全球新的六大经济体将变成中国、美国、印度、日本、巴西和俄罗斯。高盛的这份经济报告，使中国、印度、俄罗斯、巴西四国作为新兴经济体的代表和发展中国家的领头羊受到世界更多的关注，由此BRICs（译称"金砖四国"）的称谓便风靡世界。

雷顿森林体系瓦解前达到的最高水平。美元的不断升值导致美国的贸易逆差快速扩大。因此，美国便寄希望以美元贬值来加强美国产品的对外竞争力，以降低贸易赤字。

1985年9月，美国、英国、联邦德国、法国、日本五个发达工业国家的财政部部长和中央银行行长在纽约广场饭店举行会议，达成了五国政府联合干预外汇市场，使美元对主要货币有秩序地下调的协议，以解决美国巨额的贸易赤字。协议中规定日元与马克大幅升值以调整被过分高估的美元价格。因协议在广场饭店签署，故该协议又被称为"广场协议"（Plaza Accord）。协议签订后，五国联合干预外汇市场，各国开始抛售美元，继而形成市场投资者的抛售狂潮，导致美元持续大幅度贬值。

协议签订之后，尽管美元对日元等非美元货币大幅度贬值，但由于美国政府未能采取有效措施改善自身的财政状况，同时由于货币贬值存在"J曲线效应"，在"广场协议"签订之后两年多的时间里，美国对外贸易逆差不仅没有减少，反而继续恶化。美国贸易收支状况恶化和外债的急剧增加影响了外资向美国的流入，市场对美元信心下降，继续让美元贬值明显弊大于利，美国与日本和联邦德国的贸易摩擦加剧。同时，受日元和马克升值的影响，日本和联邦德国外贸出口下滑，经济增长率下降。此外，美元大幅度过快贬值也引起了国际外汇市场和世界经济的较大震荡，主要发达国家都意识到要尽快阻止美元下滑，保持美元汇率基本稳定，这有利于世界各国共同发展。

在美国的主导下，为了稳定国际外汇市场，阻止美元汇率过多、过快下滑，通过国际协调解决发达国家面临的政策难题，1987年2月，七国财长和中央银行行长在巴黎的卢浮宫达成协议，一致同意七国要在国内宏观政策和外汇市场干预两方面加强"紧密协调合作"，保持美元汇率在当时水平上的基本稳定。这便是著名的"卢浮宫协议"。

"卢浮宫协议"描绘了以汇率目标区为基础的汇率合作[1]的雏形，同时也制定了合作性货币、财政政策的目标：美国削减财政赤字，联邦德国减税，日本通过货币扩张来降低利率并扩大政府预算支出。该协议签订后，国际主要货币汇率在近两年的时间里保持基本稳定，没有发生太大动荡。

● **思政课堂**

开放经济"不可能三角"的可能性探讨

"不可能三角"，又称"三元悖论"，是开放经济条件下一国经济谋求内外均衡之政策选择与搭配的重要分析框架。该理论的原始形态是一个等边三角形，即资本自由流动、汇率自由浮动和货币政策独立三者是同一个量级。伴随着全球经济一体化和金融自由化程度的加深，实践中"不可能三角"之一角：资本流动的量级显著

---

[1]　其具体内容为：七国加强外汇市场"干预协调"，秘密保持美元对日元和马克汇率的非正式浮动区，如果汇率波动超出预期目标的5%，各国要加强合作干预等。

增大，其重要性不断提高，而汇率制度和货币政策独立性的量级则相对下降，这意味着"等边三角形"向"不等边三角形"转化的趋势越来越明显。

许多中国学者对"不可能三角"理论进行了拓展。易纲和汤弦（2001）依据中国实践经验，证明了货币政策有限独立、资本有限流动和汇率有限浮动可以达到某种共生稳态。结合经济运行不同阶段经济内外矛盾重要性的变化，以动态的角度看待"不可能三角"具有必要性。中国人民银行前行长周小川更是强调，从动态演变的过程来看，可在三角形中寻找非稳态的立足点、以便寻找向前运动的空间，而且随着开放程度扩大，三角形的三个角点的政策定义及其功效模糊化了，由"一点"变为"一片"。

一般来说，开放经济体只能根据自己的具体经济条件和基础去尽量调和货币政策独立、资本自由流动、汇率浮动这三者之间的关系。比如，如果更看重货币政策独立性就必须在资本自由流动和更有弹性的汇率制度间作出取舍，即要么严格限制资本流动，要么增强汇率的弹性。然而更一般的情况是三者都要有，但都不纯粹，即相对的货币政策独立，相对的资本自由流动和相对的汇率自由浮动，中国目前就是这样一种状态。考虑到中国当前内外宏观环境情况，应进一步完善资本流动的宏观审慎管理、保有充足的外汇储备、稳定经济预期、坚持人民币汇率市场化改革、积极参与国际协调，以使"不可能三角"具有更多的可能性。

● 本章小结

在开放经济条件下，政府的宏观调控目标包括经济增长、充分就业、物价稳定和国际收支平衡。在汇率固定不变时，政府只能运用影响社会总需求的政策来调节内外均衡，这将会导致一国内部均衡和外部均衡之间的冲突，这种情况被称为米德冲突。开放经济条件下宏观经济调控仍然主要通过对社会总需求进行调节来实现，故称为"需求管理"。对总需求的调节又可从需求总量和结构两个方面来进行，因此又可将需求管理政策进一步分为支出增减政策和支出转换政策。

20世纪50年代以来，关于政策配合的丁伯根法则、斯旺模型和政策分配的"有效市场分类原则"等理论的出现发展了开放经济的政策调控理论。丁伯根法则的政策含义是：在开放经济条件下，只运用支出增减政策，通过调节支出总量的途径来同时实现内部平衡和外部平衡两个目标是不够的，必须搭配新的政策工具。斯旺模型的结论是仅使用一种政策工具来同时解决内外均衡问题是无法成功的，必须同时使用支出调整政策和支出转换政策。蒙代尔于20世纪60年代提出了关于政策指派的"有效市场分类原则"，即每一目标应当指派给对这一目标有着相对最大影响力，因而在影响政策目标上有相对优势的政策工具。在出现内外部失衡时，运用正确的政策措施来重新达到均衡是必要的，以财政政策对内、货币政策对外，即可有效实现内外均衡。

在开放经济条件下，IS-LM-BP模型是分析宏观经济政策的基本框架。蒙代尔-弗莱明模型是以资本具有完全流动性为假设的特殊的IS-LM-BP模型，其特殊性表现在BP曲线由于资本的完全流动而成为一条水平线。模型的结论是：在固定汇率制下，当资本完全自由流动时，一国的货币政策无法影响收入水平，只能影响储备水平；而财政政策在影响收入方面非常有效果；在浮动汇率制下，当资本完全自由流动时，一国的财政政策无法影响收入水平；而货币政策在影响收入方面非常有成效。克鲁格曼将蒙代尔–弗莱明模型的结论进一步表述为"不可能三角"，即在汇率稳定、货币政策独立和资本自由流动这三个目标中，一国只能同时实现两个目标，三者无法同时实现。

在开放经济条件下，经济冲击会通过收入、利率和相对价格机制在国与国之间传导，各国经济相互依存、相互影响。而一国宏观经济政策的效果也会因为溢出效应、反馈效应而受到影响，各国在宏观经济政策方面进行协调便显得十分必要。国际经济政策协调的目标是在各国利益发生冲突或无法确保相关国家的经济利益同时达到最大化的情况下，通过协调相关国家的经济政策，寻求各参与协调国家的整体利益最大化。根据协调程度，宏观经济政策的国际协调从低到高可以分为信息交换、危机管理、避免共享目标变量的冲突、合作确定中介目标等几个层次。从协调方式看，国际宏观经济政策协调有相机性协调与规则性协调两种形式。宏观经济政策国际协调的内容主要包括货币政策协调、财政政策协调和汇率政策协调三个方面。

真正意义上的国际经济政策协调出现于第二次世界大战结束之后，主要体现在《布雷顿森林协定》的签订和国际货币基金组织、世界银行的建立上。布雷顿森林体系瓦解后，西方主要国家的经济政策协调，尤其是多边汇率政策协调，主要在七国集团的主导下进行。20世纪90年代以后，国际经济政策协调出现了一些新的特点，全球性国际经济组织的协调作用下降；七国集团的协调效力下降，未来有可能被二十国集团取代；发展中国家在国际经济政策协调中的作用逐渐增强；区域经济政策协调及双边经济政策协调不断发展。

● 延伸阅读

1.米德. 国际收支［M］. 李翀，译. 北京：首都经济贸易大学出版社，2001.
2.蒙代尔. 蒙代尔经济学文集：国际宏观经济模型［M］. 向松祚，译. 第3卷. 北京：中国金融出版社，2003.

● 基本概念

内外均衡　米德冲突　需求管理　支出转换政策　支出增减政策　丁伯根法则

● 复习思考题

1.开放经济条件下的宏观调控目标是什么？
2.简述内外均衡目标之间的关系。
3.开放经济条件下的政策工具有哪些？

随堂测试

4.斯旺模型的政策含义有哪些?

5.什么是蒙代尔有效市场分类原则?

6.讨论开放经济与封闭经济在宏观经济调控目标和手段方面的差异。

7.运用蒙代尔-弗莱明模型比较货币政策和财政政策的效果。

8.何谓"不可能三角"?

9.经济冲击的国际传导机制有哪些?

10.宏观经济政策国际协调的层次和方式有哪些?

第7章/国际货币体系

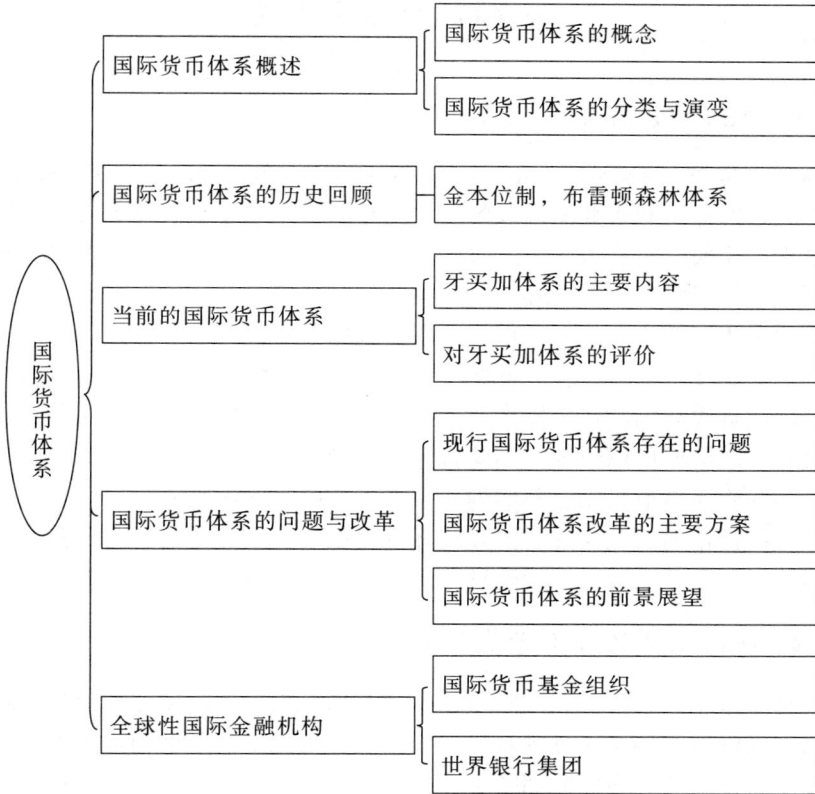

```
                          ┌─ 国际货币体系的概念
         ┌─ 国际货币体系概述 ─┤
         │                └─ 国际货币体系的分类与演变
         │
         ├─ 国际货币体系的历史回顾 ── 金本位制，布雷顿森林体系
         │
国        │                  ┌─ 牙买加体系的主要内容
际        ├─ 当前的国际货币体系 ─┤
货        │                  └─ 对牙买加体系的评价
币        │
体        │                     ┌─ 现行国际货币体系存在的问题
系        ├─ 国际货币体系的问题与改革 ─┼─ 国际货币体系改革的主要方案
         │                     └─ 国际货币体系的前景展望
         │
         │                  ┌─ 国际货币基金组织
         └─ 全球性国际金融机构 ─┤
                            └─ 世界银行集团
```

———————学习目标———————
　　掌握国际货币体系的概念，了解国际货币体系的发展历程；掌握布雷顿森林体系的主要内容和发展过程，掌握牙买加体系的建立及主要内容，了解国际货币基金组织和世界银行的基本情况，了解国际货币体系的改革及前景展望。

7.1　　　国际货币体系概述

7.1.1　国际货币体系的概念

国际货币体系（international monetary system），亦称国际货币制度，是指支配各国货币关系的规则和机构所形成的一个完整系统。它是各国政府为适应国际贸易和国际结算的需要，对货币在国际收支的调节等方面所做的安排或确定的原则，以及为此而建立的组织形式的总称。

国际货币体系的主要内容一般包括四个方面：

（1）汇率制度。各国货币之间的汇率应如何确定和维持，能否变动及如何变动。

（2）国际货币和国际储备资产。以什么（黄金或某国货币）作为国际货币用于国际支付；一国政府应以何种国际储备资产来维持国际收支。

（3）国际收支调节机制。各国如何调节国际收支的不平衡。

（4）各国货币的可兑换性与国际结算的原则。一国货币能否自由兑换；在结算国家间的债权债务关系时，采用何种结算方式；对支付是否加以限制等。

7.1.2　国际货币体系的分类与演变

储备货币或本位货币是国际货币体系的基础。根据国际储备货币或国际本位货币的不同，国际货币体系可分为金本位制度、金汇兑本位制度和信用本位制度。金本位制度是指以黄金作为国际储备资产或国际本位货币的制度；金汇兑本位制度是指同时以黄金和可直接自由兑换的货币作为国际储备资产的制度；信用本位制度是指以外汇作为国际储备资产而与黄金无任何联系的制度。

汇率制度是国际货币体系的核心。根据汇率制度的不同，国际货币体系可分为固定汇率制度和浮动汇率制度；有时也可以同时以国际储备货币和汇率制度作为国际货币体系的分类标准。例如，金本位制度下的固定汇率制度，以美元为本位货币的固定汇率制度，以黄金和外汇为国际储备资产的可调整的固定汇率制度或管理浮动汇率制度，以及完全不需要保有国际储备资产的纯粹的自由浮动汇率制度等。

在不同的历史时期，国际货币体系在不断演变，最早的国际货币体系是大约形成于1880年并延续到1914年的金本位制度。此后，第一次世界大战的爆发使金本位制度崩溃，国际货币关系混乱，各国不得不纷纷停止黄金的兑换，并采取浮动汇率制度。1925年以后，各国又开始致力于恢复金本位制度，但这时建立的是金汇兑本位制度和金块本位制度。1929—1933年，资本主义国家经济危机的爆发又使得国际货币关系陷于混乱，随后金汇兑本位制度和金块本位制度相继垮台。第二次世界大战以后，1945—1973年，国际上实行的是布雷顿森林体系，这是一种以美元和黄金为基础的金汇兑本位制，采用可调整的固定汇率制度。1973年，布雷顿森林体系瓦解，各主要西方国家从此进入了浮动汇率制时期，或者说是有管理的浮动汇率制，后来又称之为牙买加货币体系。

7.2　国际货币体系的历史回顾

7.2.1　金本位制

金本位制是世界上第一次出现的国际货币体系。英国于1816年采用金本位制，是世界上最早实行金本位制的国家。到1880年，欧洲和美洲的主要国家都实行了金本位制。因此，人们一般把1880年作为金本位制开始的年份。金本位制的产生不是各国协商的结果，而是许多国家的经济发展到一定阶段后，必然要以贵金属作为货币，从而使黄金开始执行世界货币的职能，使金本位制具有了国际货币制度的性质。

所谓金本位制，是指一国的本位货币用一定重量或成色的黄金来表示，并且其货币当局愿意随时按规定的货币单位的含金量，根据一定条件买卖黄金。根据货币与黄金联系程度的不同，金本位制可分为金币本位制、金块本位制和金汇兑本位制三种类型。

1）金本位制的运行和崩溃

金本位制有三项基本运行规则：①所有参加国的货币均以一定数量的黄金定值，本国货币当局随时准备以本国货币固定的价格买卖黄金。②黄金能够自由输出和输入。③本国的货币供应量受本国黄金储备的制约，黄金流入则货币供应增加，黄金流出则货币供应减少。

这三项规则的前两项保证了在金本位制下，各参加国货币之间的汇率是固定的，或只在极小的范围内波动。由于各国间的货币以黄金表示的价格是固定的，而且黄金能够自由兑换和输出入，因此各国间的黄金套汇交易将使汇率的波动保持在由铸币平价和黄金输送费用决定的黄金输送点以内。第三项规则要求参加国的国内货币供应量与其国际收支状况相联系，即逆差国的货币供应量下降，顺差国的货币供应量增加。这使得金本位制具有一种自动平衡国际收支的机制，可以保证国际收支的失衡能够自动纠正。

第一次世界大战成为终结金本位制的导火索。战争期间，各国实行了黄金禁运和外汇管制，金本位制宣布瓦解。战争结束后，由于人们依然留恋金本位制曾经带来的稳定和繁荣，因此恢复金本位制成为必然的选择。经过努力，到1928年前后，第一次世界大战以前实行金本位制的国家先后恢复了不同形式的金本位制，黄金再次实现了在各国间自由流通。实际上，恢复以后的金本位制是以美元、英镑和法郎为中心的金汇兑本位制。各国国内并没有黄金流通，实行金汇兑本位制的国家将本国货币与另一个实行金（块）本位制的国家（主要指美国、英国和法国）的货币（基准货币）保持固定比价。这是金本位制的变形，是以黄金为基础、各国货币同基准货币相联系的固定汇率制。基准货币同黄金一起成为国际储备资产。

然而，这种削弱了的金本位制存在严重的内在不稳定性。在这种制度下，纸币的发行不是完全以黄金作为储备，各国间也缺乏公平有效的国际收支调节机制。这些内在缺陷表明，金汇兑本位制终究只是权宜之计，在1929—1933年大萧条的冲击下，崩溃是必然的结果。在1929年爆发的世界经济危机中，英国难以应对挤兑黄金的困境，于1931年9月21日宣布放弃金块本位制，随后各国也相继放弃了金汇兑本位制，金本位制彻底崩溃，各国货币的汇率开始自由浮动。

金本位制崩溃后，国际货币体系一片混乱，正常的国际货币秩序遭到破坏，资本主义国家普遍实行了管理通货制度。从统一的金块本位制和金汇兑本位制分裂为若干货币集团，如英镑集团、美元集团等。货币集团内部以某一个国家的货币为中心，并以这个货币作为集团内部的储备货币进行清算。各货币集团内部的货币比价、货币波动界限及货币兑换与支付均有统一严格的规定，对货币集团外的国际支付则采取严格的管制，从而导致各国间的货币战接连不断，严重阻碍了国际贸易的发展，各国要求建立新的国际货币体系的愿望日益强烈。

2）对金本位制的评价

理论上，金本位制是完美的，其基本特征是以黄金作为国际储备货币，实行固定汇率制度和国际收支的自动调节机制。从实际情况来看，长期以来，金本位制也普遍受到称赞。19世纪形成的古典金本位制为当时的主要国家提供了至今最为稳定、最有效率的国际货币制度。币值和汇率的稳定促进了生产的发展，有利于国际贸易和资本流动；各国均看重外部均衡，主要国家之间因此有可能协调经济政策，进行国际合作。这些都为世界经济的增长提供了有力的支持。

然而，金本位制的缺陷也是相当明显的。从国家内部来看，实行金本位制使得货币当局丧失了制定货币政策的自主性，货币当局无法利用货币的紧缩或扩张政策实现经济的稳定。各国都有义务维持本币汇率稳定，这使得外部均衡的目标高于内部均衡的目标，而外部均衡的实现往往是以牺牲内部均衡为代价的。从外部条件来看，在金本位制下，本位货币是黄金，于是货币的供应量和价格水平都与黄金的供应量相联系，但黄金的供应量受自然条件和技术水平的限制，在长期内无法与社会财富的增长保持适当、稳定的比率。此外，自动调节机制要求物价具有充分的弹性，生产和贸易对价格的反应灵敏，而自动调节必然是以国内的物价波动为前提的，这也使得各国的国内经济难以稳定。

7.2.2　布雷顿森林体系

第二次世界大战使西方国家之间的力量对比发生了巨大的变化。原来的头号经济大国——英国在战争期间经济遭到严重破坏。美国则通过战争受益，一跃成为世界第一经济大国。1938—1944年，美国工业生产总值提高了近2倍。1948年，美国工业生产总值在资本主义国家中所占的比重高达53.9%，出口贸易总额占当时世界出口贸易总额的1/3，世界黄金储备的3/4掌握在美国手中，美国还取代英国成为资本主义世界最大的债权国。当时，英、美两国政府都从各自的利益出发，设计了新的国际货币制度，分别为英国财政部顾问凯恩斯（J.M.Keynes）拟订的"国际清算同盟计划"和美国财政部长助理怀特（H.D.White）拟订的"国际稳定基金计划"。

两个计划提出后，英、美两国政府代表团就此展开了激烈的争论。由于美国在政治、经济及军事上的优势，1944年7月1日，在美国新罕布什尔州的布雷顿森林举行的"联合国货币金融会议"上，44个国家或政府的代表通过了以"国际稳定基金计划"为基础的《国际货币基金协定》和《国际复兴开发银行协定》，总称《布雷顿森林协议》（Bretton Woods Agreement），以美元为中心的国际货币体系，即布雷顿森林体系确立。

1）布雷顿森林体系的主要内容

（1）建立永久性的国际金融机构——国际货币基金组织

国际货币基金组织是各国就货币金融问题进行协商和合作的国际性机构。其主要职能是促进汇率的稳定，防止竞争性贬值，为成员方融通资金以及调节国际收支的不平衡。国际货币基金组织的各项规定构成了国际金融领域的基本秩序。

（2）将美元作为最主要的国际储备货币，实行美元黄金本位制

将美元和黄金挂钩，规定35美元等于1盎司的黄金官价。美国保证各国政府或中央银行随时可用美元向美国按官价兑换黄金；另外，其他国家可根据自身情况确定其货币与美元的平价，这一平价一旦确定下来，就不得随意更改，各国有义务维持汇率稳定。这种安排使美元成为关键货币，美元取得了等同黄金的资格，并同黄金一起构成了各国的国际储备资产。

（3）实行可调整的钉住汇率制

布雷顿森林体系下的汇率制度是一种"双挂钩"制度，即美元与黄金挂钩，各国货币通过与美元挂钩从而间接与黄金挂钩。这种"双挂钩"制度构成了布雷顿森林体系的"两大支柱"。各国政府或中央银行可以随时用美元按黄金官价向美国兑换黄金，各国货币与美元保持固定的比价，各国政府或中央银行有义务保证汇率波动的幅度不超过平价上下1%的范围。只有当成员方出现国际收支"根本性失衡"时，才可以较大幅度地调整汇率。在平价10%以内的汇率变动需要通知国际货币基金组织，超过10%的汇率调整则需要经国际货币基金组织批准。在实际运行中，成员方调整汇率平价的情况很少，偶尔有变动，也是贬值多于升值。

（4）确定国际收支的调节机制

国际货币基金组织将协助成员方调整国际收支。对于暂时性的国际收支失衡，国际货币基金组织设立了普通贷款账户，向国际收支赤字国提供短期资金融通。在成员方出现国际收支逆差时，可用本国货币向国际货币基金组织按规定程序购买一定数额的外汇，将来在规定的期限内通过用黄金或外汇购回本币的方式偿还借用的外汇资金。成员方认缴的份额越大，借款能力就越强。普通贷款是国际货币基金组

织最基本的一种贷款，它只限于弥补国际收支赤字。

对于国际收支的根本性不平衡，国际货币基金组织规定可对平价进行调整，实行法定升值或法定贬值，但"根本性失衡"并没有明确标准，因此在实践中难以运用。

（5）取消外汇管制

《国际货币基金协定》第八条规定：不得限制经常项目的支付，不得采取歧视性的货币措施，要在兑换性的基础上实行多边支付。该规定允许成员方对资本流动实施外汇管制，不允许成员方在经常项目交易中限制外汇买卖。当成员方处于战后过渡时期时，可以延迟履行货币兑换义务。同时，成员方有权对"稀缺货币"采取暂时性的兑换限制。

在上述内容中，"两个挂钩"对保障重建的国际货币体系的统一性和稳定性具有特别重要的意义，是构成布雷顿森林体系的两大支柱。这种双挂钩"的国际货币制度表明，各国的货币是不能直接兑换黄金的，但是可以通过能够兑换黄金的美元间接与黄金挂钩。美元起着世界货币的职能，而其他国家的货币则依附于美元。这和金汇兑本位制非常相似，有人称第二次世界大战后以美元为中心的国际货币制度为新金汇兑本位制。

2）对布雷顿森林体系的评价

布雷顿森林体系建立后，形成了一个相对稳定的国际环境，世界经济增长迅速，国际贸易和投资也有很大的发展，有人把这个时期称为资本主义世界的第二个"黄金时代"，并认为它和第一个"黄金时代"，即第一次世界大战前的金本位制有相同之处，即都与实行固定汇率制度有关。布雷顿森林体系确实对第二次世界大战后世界经济的发展起到了一定的积极作用，它稳定了第二次世界大战后资本主义世界货币金融混乱动荡的局面，促进了国际贸易和世界经济的发展，在一定程度上解决了国际支付困难，缓解了国际收支危机。

布雷顿森林体系在发挥巨大作用的同时，也渐渐陷入了危机之中。随着美元霸权地位的不断衰落和美国国际收支逆差的日趋扩大，布雷顿森林体系自身存在的问题和弊端也逐渐显现出来：

一是布雷顿森林体系的可调整汇率制过于僵化，难以按照实际情况经常调整。美元是基准货币，即使美元汇率偏高或偏低，也不便作出调整。对其他国家而言，往往也是盈余国不愿升值，赤字国不愿贬值。即使采取措施来维持汇率，也经常会受到投机资本的冲击，从而难以对国际收支进行灵活调整。

二是国际收支失衡调节乏力，且调节责任不对称。美国发生国际收支赤字，可用增发短期债务的办法来弥补；其他国家则不得不以牺牲内部平衡来换取外部平衡。在布雷顿森林体系下，各国不能利用汇率杠杆来调节国际收支，且国际货币基金组织提供的贷款又十分有限，因此各国只能采取一些有损国内经济目标实现的经济政策，这就会造成国内经济的不稳定，从而出现为实现外部平衡而牺牲内部平衡的状况。

三是布雷顿森林体系造成了储备货币发行国与其他国家之间利益分配的不公平。在布雷顿森林体系建立之初，美国通过高估美元、低价掠夺他国黄金，以后又通过美元贬值以减轻其他国家用美元向美国兑换黄金的压力。作为储备货币的发行国，在布雷顿森林体系下，美国可以通过向国外发行美元牟取大量铸币税。此外，美国可以用本币来清偿自己的外债，不必通过国内经济政策去调整；其他国家则不得不积聚美元，这无异于为美国的对外开支提供了资金。

四是布雷顿森林体系自身存在着不可克服的矛盾。1960年，美国经济学家特里芬（R.Triffin）在其著作《黄金与美元危机——自由兑换的未来》中指出：布雷顿森林体系以一国货币作为主要国际储备货币，在黄金生产停滞的情况下，国际储备的供应完全取决于美国的国际收支状况。若美国的国际收支保持顺差，则国际储备资产不能满足国际贸易发展的需要；若美国的国际收支保持逆差，则国际储备资产过剩，美元发生危机，从而危及国际货币制度。这种难以解决的矛盾被称为"特里芬难题"，它决定了布雷顿森林体系的不稳定性和垮台的必然性。

此外，还有一些学者用古老的格雷欣法则[①]（Gresham's Law）解释布雷顿森林体系的内在不稳定性。最早提出这一设想的是尼翰斯（J.Niehans，1978）；1989年，格劳威（Paul D.Grauwe）又进行了系统的分析。在布雷顿森林体系中，美元即所谓的"劣币"。20世纪60年代，美国的物价水平上涨了30%，黄金官价却没有发生变化。于是人们不断地以美元兑换黄金，最终导致黄金被逐出流通领域。

3）布雷顿森林体系的运行与崩溃

布雷顿森林体系的运行经历了美元荒、美元灾、美元危机三个发展阶段。布雷顿森林体系在运行之初，西欧各国尚未从战争的破坏中恢复过来，对外汇需求旺盛，因此美元出现了短缺，也就是所谓的"美元荒"。此时，布雷顿森林体系的内在矛盾尚未显现。随着"马歇尔计划"的推行，欧洲经济走上正轨，对美国的贸易转向顺差，美元在国外逐渐过剩，直至泛滥成灾。1960年，美国的短期外债达到210亿美元，第一次超过其黄金储备78亿美元，人们对美元-黄金固定比价的信心开始动摇，抛售美元、抢购黄金的投机潮出现，美元陷入危机。

实际上，布雷顿森林体系真正意义上的运行是1958年以后才开始的。因为直到1958年，主要西欧国家的货币才取消外汇管制，实现了同美元的自由兑换，正式履行"双挂钩"的承诺。然而1960年10月，第一次美元危机就爆发了。20世纪60年代美国持续的逆差不断削弱美元兑换黄金的基础，为此，国际货币基金组织及各成员方采取了一系列措施，包括黄金总库、黄金双价制等，以维持体系的运转。1971年，美国出现了20世纪以来首次贸易收支逆差，抛售美元的风潮再起，尼克松政府被迫于8月15日宣布美元停兑黄金，美元同黄金的挂钩断裂，于是有了十国集团达成的《史密森协定》。该协定的主要内容是：重新调整美元的黄金官价，从35美元提高到38美元；调整汇率平价，美元贬值，其他欧美主要货币升值；扩大汇率的波幅，由±1%调整为±2.25%。然而，此举已无法挽回美元的颓势，

---

① 根据格雷欣法则，在货币制度中同时使用两种货币，且官方又对这两种货币固定价格，并随时准备按官方固定价格买卖这两种货币时，若其中一种货币供给过多，其私人市场价格就会下降，于是人们会从私人市场以便宜的价格购买，然后以官方的高价卖给官方。这个过程不断进行，最终会使供应相对稀缺的货币退出流通，即所谓的"劣币驱逐良币"。

各国货币纷纷脱离美元自由浮动。1973年2月，美元再次贬值10%，黄金官价提高至42.22美元，但新的中心汇率已无法恢复人们对美元的信心。1973年3月，维持固定汇率的国家放弃了努力，各国货币纷纷同美元脱钩，布雷顿森林体系彻底崩溃。

7.3　当前的国际货币体系

布雷顿森林体系崩溃后，国际金融形势更加动荡不安，世界各国都希望建立一种新的国际货币制度，以结束这种混乱的局面。经过几年的探讨和磋商，1976年1月，国际货币基金组织的"国际货币制度临时委员会"在牙买加会议上达成了综合性协议，即《牙买加协议》。同年4月，国际货币基金组织理事会通过了《国际货币基金协定第二次修正案》，后来又获得了法定的60%以上的成员方和总投票权85%的多数票批准同意，自1978年4月1日起正式生效。

各国达成《牙买加协议》后，国际货币关系出现了一些重大变化，进入了一个新的阶段，如美元作为国际货币地位降低、国际储备多元化现象产生、各种形式浮动汇率制的实行、国际金融市场的发展及其影响的增强等。有些变化虽然是在牙买加会议前发生的，但一般都在会议上得到了认可。由于《牙买加协议》形成了一种新的国际货币关系格局，因此这种新的国际货币关系格局亦可称为"牙买加货币体系"。

7.3.1　牙买加货币体系的主要内容

1）承认浮动汇率的合法化

成员方可以自由作出汇率方面的安排，固定汇率制度和浮动汇率制度得以暂时并存，但成员方的汇率政策会受到国际货币基金组织的监督，以防止各国采取损人利己的贬值政策；实行浮动汇率制度的成员方，还应根据经济条件，逐步恢复固定汇率制。待国际经济条件具备时，经总投票权85%的多数票通过，国际货币基金组织可以决定采用稳定且可调整的货币平价制度，即固定汇率制度。届时，成员方不规定货币平价的，应与国际货币基金组织协商，规定货币平价后亦可实行浮动汇率制，但要通知国际货币基金组织。

2）削弱黄金在国际货币制度中的地位

牙买加货币体系废除了所有有关黄金的条款，并规定黄金不再作为各国货币定值的标准。取消成员之间，或成员与国际货币基金组织之间以黄金清偿债权债务的义务。国际货币基金组织持有的黄金，应逐步处理。其中，1/6（2 500万盎司）按市价出售，以其超过官价（每盎司42.22美元）的部分作为援助发展中国家的资金；另外1/6按官价由原缴纳的各成员方买回；其余的1亿盎司黄金则经总投票权85%的多数票通过，决定向市场出售或由各成员方买回。

3）增加成员方在国际货币基金组织中的基金份额

成员方的基金份额由原来的292亿特别提款权增加到390亿特别提款权，增幅达33.6%。各成员方应交份额所占的比重也有所改变。其中，发展中国家的份额维持不变；主要西方国家，除联邦德国、日本外，份额均有降低；石油输出国组织的份额提高了1倍，由5%增加到10%。增加基金份额能够提高国际货币基金组织的清偿能力，使特别提款权成为主要的国际储备资产。

4）扩大对发展中国家的资金融通

以出售黄金所得收益设立"信托基金"，以优惠条件向最贫穷的发展中国家提供贷款或援助，以解决它们的国际收支困难。扩大国际货币基金组织信贷部分贷款的额度，由占成员方份额的100%增加到145%，并放宽"出口波动补偿贷款"的额度，由占份额的50%提高到75%。

5）提高特别提款权的国际储备地位

修订有关特别提款权的条款，使特别提款权逐步取代黄金和美元，成为国际货币制度的主要储备资产。各成员之间可以自由进行特别提款权交易，而不必征得国际货币基金组织的同意。国际货币基金组织与各成员之间的交易以特别提款权代替黄金，国际货币基金组织的一般账户中所持有的资产一律以特别提款权表示。在国际货币基金组织的一般业务中扩大特别提款权的使用范围，并尽量扩大其他业务中特别提款权的使用范围。另外，国际货币基金组织应随时对特别提款权制度进行监督，适时修改或增减有关规定。

7.3.2　对牙买加货币体系的评价

1）牙买加货币体系的积极作用

牙买加货币体系自实施以来，至今已有40多年了，目前我们仍然看不出牙买加货币体系将在近几年内发生重大变化或作出重大变革的迹象。在评价这个体系时，应该肯定其维持国际经济运转和推动世界经济发展的积极作用。

首先，多元化的储备体系基本上摆脱了布雷顿森林体系时期基准货币国家与依附国相互牵连的弊端，并在一定程度上解决了"特里芬难题"。当某个储备货币国发生赤字，使该储备货币发生信用危机时，其储备货币的地位就会下降，让位于其他信用良好的储备货币；当某个储备货币国不断盈余难以提供足够的国际清偿力时，又有其他储备货币弥补国际清偿力的不足。这样，多元储备制度在世界经济的繁荣和衰退期间都能比较适应。

其次，牙买加货币体系对国际收支的调节采取多种调节机制相互补充的办法。除了依靠国际货币基金组织和汇率变动，还通过利率机制及国际金融市场的媒介作用、国际商业银行的活动、有关国家外汇储备的变动以及债权债务和投资等因素来调节国际收支。这在一定程度上解决了布雷顿森林体系调节机制失灵的难题，对世界经济的运转和发展起到了一定的积极作用。

最后，以主要货币汇率浮动为主的多种汇率安排体系能够比较灵活地适应经济形势多变的状况。主要储备货币的浮动汇率可以根据市场供求状况及时、自动调整，从而灵敏地反映瞬息万变的经济状况，这有利于国际贸易和国际金融交易。同时，自由的汇率安排能使各国充分考虑本国的客观经济条件，并使宏观经济政策更具有独立性和有效性，而不必为了维持汇率的稳定而放弃国内的经济目标。

总而言之，牙买加货币体系是世界经济动荡、多变和发展不平衡的产物，它的运行也恰恰能够大体上适应世界经济的这种状况，因而对世界经济的发展有一定的推动作用。

2）牙买加货币体系的缺陷和不足

第一，在以浮动汇率为主导的混合汇率体制下，由于汇率波动频繁剧烈，因此影响了国际贸易和投资的发展。

第二，随着国际货币多元化趋势的日益增强，美元的国际货币地位不断下降，牙买加货币体系这一以美元为中心的多元储备和浮动汇率体系日益复杂混乱和不稳定。多元化的国际货币缺乏统一的、稳定的货币标准，国际货币格局错综复杂，因此带来了许多不利影响。

第三，牙买加货币体系对国际收支的调节作用也有其不完善的一面。由于国际货币基金组织无力指导和监督顺差国与逆差国对称地调节国际收支，因此逆差国储备锐减，顺差国储备猛增。自1973年以来，国际收支失衡的局面一直没有改善，而且日趋严重。

知识拓展 7-1

事实上，与布雷顿森林体系相比，牙买加货币体系只是一种并不严格的、松散的国际货币制度。近年来，该体系暴露出来的弊端已引起世界各国的重视，各国都力图通过多种途径建立合理、稳定的国际货币秩序，因此国际上关于改革现行国际货币制度的讨论一直在进行。

国际货币体系大事记

7.4　国际货币体系的问题与改革

国际货币体系改革早在布雷顿森林体系崩溃以前就已开始，目前所运行的多元化储备货币体系和浮动汇率制是由于各国对现实利害冲突的妥协而衍生的一种松散的国际货币制度。最初，大部分人认为这种制度只是过渡性的，新的国际货币体系不久就会形成。然而，这种"没有体制的体制"一直延续到现在。亚洲金融危机之后，国际货币体系改革问题再次成为各国关注的焦点。目前，作为现行国际货币体系载体的国际货币基金组织、发达国家、发展中国家、各种国际经济组织和著名学者都提出了改革国际货币体系的方案。

7.4.1　现行国际货币体系存在的问题

现行国际货币体系的特征是：以美元为中心的多元化储备体系，美元是最重要的储备货币；大多数国家实行有管理的浮动汇率制度，以汇率浮动来调节国际收支；资本流动基本不受限制；全球高度一体化的国际金融市场形成，资本交易规模庞大。

基于上述特征，国际货币体系在运行过程中存在以下问题：一是主要货币汇率过度波动和汇率持续大幅度失衡。二是针对巨额私人资本在全球迅速流动缺乏有效的协调和监管机制。为了保持汇率和资本流动的稳定性，许多新兴市场经济国家不得不持有大量储备资产，以便随时干预外汇市场。三是许多发展中国家出现国际收支逆差，但很难顺利调整，因为国际货币基金组织的贷款条件比较苛刻。同时，又有一些国家因特定的增长模式和经济结构主动或被动地积累了大量储备资产，而储备资产的主要形式是美国国债。四是对国际储备货币发行国（主要是美国）的经济政策没有约束。五是国际经济政策协调不充分。

7.4.2　国际货币体系改革的主要方案

1）恢复金本位制

法国政府早在20世纪60年代就提出了这种主张。20世纪80年代，美国也曾有些学者相继提出恢复金本位制的提案，美国还专门成立了黄金委员会，经过多次反复论证，最终否决了恢复金本位制的提案。

亚洲金融危机之后，出于对金融资产虚拟化和美元代行世界货币时所形成的金融霸权的忧虑，部分发展中国家的经济学家和发达国家的左派经济学家又提出了新金本位制的构想，即全球所有国家同时加入金本位制国家联盟，一致确定或同时变更其货币相对于黄金的比价，以增进全球福利，降低世界经济的虚拟化。

然而，货币体系的百年危机和变迁证实，向金本位制回归几乎不能解决任何问题，金本位制并不足以保证世界经济免受通货膨胀或通货紧缩的威胁。而且，历史上已经发生过的向金本位制回归的实践也说明，试图重拾被抛弃的金本位制是不可能的。

2）恢复美元本位制

恢复美元本位制最初由美国的一些经济学家包括金德伯格、麦金农和德斯普雷斯提出。他们主张美元不兑换黄金，由国际市场力量决定各国官方与私人所需要的美元数量；同时，为了保持美元币值稳定，美国必须在国内执行稳定货币供应量的政策。其他国家（或地区）的货币按照调整过的汇率仍然与美元挂钩并努力维持汇率稳定。

目前，欧元区以外的多数国家（或地区）走的都是这条路。这样做的好处是：由于美元是被多数国家接受并使用的国际货币，因此与美元挂钩的国家在从事对外贸易和资本输出入时，获得了价格稳定的良好环境。然而，建立以美元为基础的国际货币体系，还将存在"特里芬难题"那样的困境，从而相应地引起世界经济的紧缩和膨胀，国际货币关系将不可避免地随着政治经济形势的动荡而变化；同时，国际货币事务将重新处于美国的控制之下，这是广大发展中国家和其他发达国家难以接受和极力反对的。

3）建立新布雷顿森林体系

1997年2月，德国席勒研究所与高克斯国际劳工委员会在其紧急呼吁书中提出了建立新布雷顿森林体系的建议，要求召开新的布雷顿森林会议，世界各个主权国家采取联合行动，破除以国际货币基金组织为中心的国际金融体制，破除美元的垄断，建立新的国际金融秩序，进行全球性债务重组和恢复固定货币汇率制度。

2008年10月，在世界金融危机的背景下，以欧洲央行时任行长特里谢等为代表的一些欧洲官员提出，为了重塑世界金融体系，各国有必要重新制定类似布雷顿森林体系的相关原则。特里谢认为，近年来的市场动荡不定，部分原因正是《布雷顿森林协议》停止实行后，市场上出现的失序。为了重塑世界金融体系，各国的政策制定者应该努力向第二次世界大战后约束市场数十年的纪律回归。全球可能需要回归至最初的布雷顿森林体系，需要"重返纪律"。时任法国总统萨科齐和英国首相布朗也在二十国集团首脑会议上提出建立"布雷顿森林体系Ⅱ"的倡议。

上述重建布雷顿森林体系的构想，虽然出发点不同，但都是基于对当前以美元为核心的国际货币制度的不满。然而，由于世界上还未有一种货币能够取代美元的地位，因此美元的实力虽遭到削弱，也出现了新兴国际储备货币，但绝不会在短时间内撼动美元的地位。

4）创造以多种货币为基础的世界货币

美国经济学家斯蒂格利茨提出，国际货币体系改革应该解决三个问题：第一，储备资产的积累必须和储备货币国的经常项目逆差相分离。第二，对经常项目顺差国必须有所约束。第三，应该提供一个比美元更加稳定的国际价值贮存载体。为了解决上述三个问题，应大量增加特别提款权的发放。因为特别提款权的发放同任何国家的经常项目逆差无关；同时，特别提款权的价值由一篮子货币决定，当篮子中各种货币的汇率发生相对变化时，特别提款权的价格肯定比美元（对其他货币的相对价格）更稳定。斯蒂格利茨认为，每年增发2 000亿美元的特别提款权，无须美国维持经常项目逆差，也能够满足全球经济对储备货币积累的需求。

中国人民银行前行长周小川提出的世界货币设想同斯蒂格利茨等经济学家提出的全球货币概念有很多共同之处。周小川提出，创造一种与主权国家脱钩，并能保持币值长期稳定的国际储备货币，从而避免主权信用货币作为储备货币的内在缺陷，是国际货币体系改革的理想目标[①]，这一构想（在扩大特别提款权货币篮子的基础上创造世界货币）的主要目的也是使储备货币同储备货币国的国内政策脱离。

然而，世界货币的创造不是短期内能够完成的，只能作为一种长期设想。

5）重构现存的多边国际金融组织

近年来，国际货币体系改革往往还与人们对国际货币基金组织、世界银行等的尖锐指责相关联，因此，国际货币体系的改革必须和这些国际金融机构的改革联系在一起。以萨米尔·阿明为代表的一些经济学家提出了重构这些国际组织的设想。

---

① 周小川. 关于改革国际货币体系的思考［EB/OL］.［2009-03-23］. http://www.pbc.gov.cn/detail. asp? col=4200&ID=279.

具体的改革方案应包括：将国际货币基金组织转变为拥有真实的世界货币发行权的世界中央银行，发行可以取代美元的真实货币，保持汇率稳定；将世界银行变成一种基金，使其能够从德国和日本等国家吸收国际资本，并且能够将这些国际资本注入发展中国家；检讨欧洲、美国和日本之间的金融政策协调，使其朝着能够稳定汇率，并迫使美国调整其结构性赤字的方向发展，同时依据地区性和世界性的相互依存关系重建第三世界国家组织；重建联合国体系，使其成为政治和经济谈判的场所，以便建立世界主要地区的金融活动和货币政策协调机制。

上述构想反映了发展中国家对美元霸权、发达国家主导国际货币体系的不安，希望发达国家更多地分摊货币危机的损失。然而，在国际货币体系背后实际上是国力的对比。对发展中国家而言，如何正确分享更多的对国际货币体系的引导权和发言权，仍然是有待争取的长期目标。

6）设立汇率目标区方案

这是有关国际汇率制度改革的一项重要方案，其主要倡导者是美国的约翰·威廉姆森（John Williamson）。所谓目标区（target zone），是指有关国家的货币当局选择一组可调整的基本参考汇率，制定一个围绕其上下波动的幅度加以维持。主要国家对此方案经过充分研究后提出了建议，认为现时只能维持浮动汇率制，没有必要进行大规模的改革，全面恢复固定汇率制是不现实的。有些国家提出了以美元、欧洲货币单位和日元三种货币为中心的"目标汇率区"，即把三种货币的汇率变动控制在"目标汇率区"内，若市场汇率变动幅度超过规定，各国就联合干预。虽然这个方案不能彻底解决汇率不稳定的问题，但是如果主要西方国家能在此基础上协调宏观政策，则这个方案将有助于促进汇率的稳定，并推动汇率制度改革。

7.4.3　国际货币体系的前景展望

以上介绍了众多国际货币体系改革方案中的几种比较重要的方案。当前，世界经济发展面临着通货膨胀、债务危机和国际收支不平衡等诸多问题，这些问题都与国际货币制度有着密切的关系，因此国际货币制度必须进行改革。然而如何进行改革，世界各国和各集团的意见分歧很大。从西方的主要汇率制度改革方案来看，多数人主张建立某种形式的固定汇率制，也有人主张保持目前的各国自由选择汇率安排的混合体制。实行固定汇率制要具有一定的客观条件，目前是行不通的，因为各国在客观上存在着很大的差异。现实的做法是通过各国之间的政策协调和共同干预来稳定汇率，降低汇率波动幅度，协调各国的国际收支状况。

7.5　全球性国际金融机构

从国际货币体系的发展来看，除金本位制是自发形成的制度外，布雷顿森林体系和牙买加货币体系都是人为制定的制度框架，这就需要有一定的组织机构来维持和监督制度的运行，国际金融机构便由此产生。一般来说，凡是从事国际金融事务的协调和管理，为稳定和发展世界经济而开展国际金融业务的超国家组织，都属于国际金融机构。

目前的国际金融机构大致分为三种类型：一是全球性的，如国际货币基金组织和世界银行集团；二是半区域性的，如国际清算银行、亚洲开发银行、泛美开发银行、非洲开发银行、金砖国家新开发银行等，它们的成员主要在区域内，但也有区域外的国家参加；三是区域性的，如欧洲投资银行、阿拉伯货币基金组织、伊斯兰发展银行、西非开发银行等，它们完全由地区内的国家组成，是真正的区域性国际金融机构。

国际金融机构自建立以来，在加强国际经济与金融合作，发展世界经济及区域经济方面起到了积极的作用，具体表现在：

①组织商讨国际经济、金融领域中的重大事件，以协调各国的关系。

②提供短期资金，以缓解某些国家的国际收支逆差，这也在一定程度上缓解了国际支付危机。

③提供长期发展资金，以促进许多国家，特别是发展中国家的经济发展。

④提供普通提款权和分配特别提款权，以增强国际货币基金组织成员的国际清偿能力，满足世界经济发展的需要。

⑤稳定汇率，以保证国际货币体系的有效运转，促进国际贸易的增长。

各个国际金融机构都在其特定的方面和特定地域的国际金融活动中发挥着重要作用，全球性与洲际性的国际金融机构对国际金融活动具有更为重要的作用。其中，国际货币基金组织和世界银行集团的影响最为广泛。

7.5.1　国际货币基金组织

1）国际货币基金组织的建立及宗旨

国际货币基金组织根据1944年7月在美国新罕布什尔州布雷顿森林举行的国际金融会议及其所通过的《国际货币基金协定》，于1945年12月27日在华盛顿成立，并于1947年3月1日开始运营。

国际货币基金组织的任务是：通过对成员方提供短期信用来减轻各国由于国际收支危机引起的货币贬值的竞争，以维持汇率的稳定，促进国际贸易的发展，提高就业水平与国民收入。

《国际货币基金协定》提出的宗旨是：①建立一个永久性的国际货币机构，促进国际货币合作。②促进国际贸易的扩大与平衡发展，将实际所得维持在较高的水平上，并开发各成员方的生产资源。③稳定汇率，维持各成员之间的正常汇兑关系，避免竞争性的货币贬值。④协助成员方建立国际收支中经常业务的多边支付制度，消除阻碍国际贸易发展的外汇管制。⑤在适当的保障下，对成员方提供资金，使其树立改善国际收支失调局面的信心，从而避免采取有损本国或国际繁荣的措施。⑥缩短成员方国际收支失衡的时间，并减轻其国际收支失衡的程度。

2）国际货币基金组织的业务活动

最初创建国际货币基金组织的目的是作为一个核心机构来维持布雷顿森林体系的运行，其业务活动主要是汇率监督与政策协调、储备资产创造与管理，以及对国际收支赤字国家提供短期资金融通。目前，国际货币基金组织的业务活动主要围绕以下三个方面展开：

（1）汇率监督

国际货币基金组织的汇率监督包括三个方面的内容：一是对成员方的宏观经济政策进行监督，反对利用宏观经济政策、补贴或其他任何手段来操纵汇率，以谋求不公平的竞争利益。二是对汇率制度进行监督。在布雷顿森林体系下，国际货币基金组织监督成员方实行可调整的固定汇率制度；在《牙买加协议》之后，国际货币基金组织允许成员方自行决定本国汇率，但原则上还是反对复汇率或任何其他形式的差别汇率政策。三是根据《国际货币基金协定》的有关规定，国际货币基金组织要求成员方在经常项目下对其他成员方所持的本国货币应无条件予以购回。亚洲金融危机之后，国际货币基金组织扩大了监管活动范围，积极关注成员方经济数据的质量及其公布情况，关注成员方金融制度的效率以及私人资本的稳定性，并通过发出警告来防止金融和经济危机的发生。

（2）磋商与政策协调

除了监督汇率政策，国际货币基金组织在原则上还应每年与各成员方进行一次磋商，以对成员方的经济和金融形势以及经济政策作出评价。这种磋商的目的是使国际货币基金组织履行监督成员方汇率政策的责任，并且有助于国际货币基金组织了解成员方的经济发展状况和采取的政策措施，从而能够迅速处理成员方申请贷款的要求。通过与成员方的磋商与协调，国际货币基金组织既可以提出相关的政策建议，还可以不断提供沟通和协调的平台，以促进成员之间的国际合作和协调发展。

（3）融通资金

融通资金是国际货币基金组织最主要的业务活动。国际货币基金组织设有多种贷款，根据不同的政策向成员方提供资金。对成员方来说，借款一般称为提款（drawing），即有权按所交纳的份额，向国际货币基金组织提用一定的资金；或称购买（purchase），即用本国货币向国际货币基金组织申请购买外汇，还款时则以外汇购回本国货币。国际货币基金组织的贷款不论使用什么货币，都按特别提款权计值，不同的贷款期限使用不同的利率，利率随期限的延长而增加，利息用特别提款权交付，同时对每笔贷款征收一定的手续费。

3）我国与国际货币基金组织的关系

国际货币基金组织在成立之初只有39个成员，我国也是创始国之一。1950年，我国政府致电国际货币基金组织，要求恢复我国的合法席位，但是由于美国的阻挠，问题一直被搁置下来。1980年4月17日，国际货币基金组织的执行董事会终于通过决议，恢复了中华人民共和国在国际货币基金组织的合法席位，我国向国际货币基金组织委派了理事、副理事和正副执行董事。2016年10月1日，国际货币基金组织将人民币作为第五种货币纳入特别提款权（SDR）货币篮子，与美元、欧元、日元和英镑并列，权重为 10.92%，排名居第三位。2022 年 8 月 1 日，国际货币基金组织将人民币在 SDR 货币篮子中的权重从 10.92% 上调至 12.28%。调整后，人民币权重仍处在美元、欧元之后的第三位。

近些年来，我国不断增强与国际货币基金组织的业务往来，包括获取贷款、接受培训、参加会议等。总体来看，我国借用的国际货币基金组织的贷款不多，国际货币基金组织不是我国利用外资的主要来源。

国际货币基金组织也一直关注着中国经济的发展，每年就我国的经济形势和政策与我国进行磋商，并积极提出政策建议，为我国的经济发展和改革起到了咨询作用。国际货币基金组织对我国的经济发展和政策评价较为客观，这对国际社会正确了解中国起到了积极的作用。此外，国际货币基金组织还在货币政策、统计、外汇、财税体制改革、银行法等方面向我国提供了许多技术援助，为我国经济发展起到了一定的积极作用。

7.5.2　世界银行集团

世界银行集团（World Bank Group，WBG）由世界银行本身即国际复兴开发银行（International Bank for Reconstruction and Development，IBRD）、国际开发协会（IDA）、国际金融公司（IFC）、多边投资担保机构（MIGA）、国际投资争端解决中心（ICSID）五个机构组成。其中，世界银行与国际货币基金组织在促进成员方实现经济持续增长和发展方面的目标是相同的，但在实现这个目标的手段上各有侧重。世界银行侧重于长期发展，国际货币基金组织侧重于短期平衡，二者互为补充。

1）世界银行

（1）世界银行的宗旨

世界银行（World Bank），全称为国际复兴开发银行，是根据《国际复兴开发银行协定》建立的国际金融机构。1946 年开始运营，1947 年 11 月 15 日起成为联合国专门机构之一。总部设在美国华盛顿。根据《国际复兴开发银行协定》，凡参加世界银行的国家首先必须是国际货币基金组织的成员，但国际货币基金组织的成员不一定都要参加世界银行。

世界银行的宗旨是：①为用于生产目的的投资提供便利，以协助成员方的复兴与开发，鼓励不发达国家生产与资源的开发；②通过保证或参与私人贷款和私人投资的方式，促进私人对外投资；③用鼓励国际投资以开发成员方生产资源的方法，促进国际贸易的长期平衡发展，维持国际收支的平衡；④与其他方面的国际贷款配合提供贷款保证。总之，世界银行的基本目的和职能就是通过向成员方提供中长期资金促进成员方的经济复兴与发展。

（2）世界银行的贷款业务

世界银行的主要业务是和其他金融机构一起联合对外发放贷款，或自行发放贷款；也承接对私人投资、贷款给予部分或全部保证的业务。

在第二次世界大战后的初期，世界银行发放的贷款主要集中在欧洲国家，以支持其战后恢复工作。1948年以后，世界银行的贷款重点逐渐转向发展中国家，世界银行的贷款成为发展中国家发展经济的一个较为重要的资金来源。

世界银行的贷款具有以下特点：①贷款条件比较严格，只贷给成员方，并主要贷给中等收入水平的国家，接受贷款的部门只能是成员方政府，或经成员方政府、中央银行担保的公私机构；贷款只能用于世界银行批准的特定项目，且申请世界银行贷款的国家和项目，只有在不能按合理的条件从其他渠道获得资金时，才有可能得到贷款。②贷款期限长，短则数年，最长可达30年，平均约为17年。③贷款利率可参照资本市场的利率，但一般低于市场利率，因此采用固定利率。世界银行对贷款收取的杂费很少。可见，世界银行贷款具有一定的优惠性。④贷款一般与特定的工程项目相联系，并采取国际招标的方式。贷款必须专款专用，并接受世界银行的监督。⑤银行一般只提供项目所需的外汇资金，不提供与该项目配套的本币资金。贷款以美元计值，借款国借什么货币、还什么货币，都要承担该货币与美元汇价的变动风险。⑥贷款手续严密，取得贷款的时间长，一般需要1.5~2年。

2）国际开发协会

国际开发协会是世界银行的一个附属机构，但从法律地位及资金构成来看，它又是一个独立的国际金融机构。由于国际货币基金组织和世界银行对贷款的要求高，且数量有限，不能有效帮助发展中国家摆脱困境，因此一些国家的不满情绪日益明显。为了缓和发展中国家的不满情绪，国际开发协会于1960年正式成立，总部设在美国华盛顿。国际开发协会的宗旨是：帮助经济不发达的成员方促进经济发展，提高生产力，从而提高生活水平，特别是以比普通贷款更为灵活及在国际收支方面负担较轻的条件提供资金，以解决这些成员方在经济发展方面的需要，进一步补充世界银行的活动。

只有世界银行的成员，才能成为国际开发协会的成员。国际开发协会的成员分为两组：一组是高收入的工业发达国家；另一组为亚洲、非洲和拉丁美洲的发展中国家。

国际开发协会的主要业务活动是向较贫穷的发展中国家提供信贷，贫穷程度的标准是不断变化的，最初定为人均国民收入在250美元以下。2014财年，国际开发协会贷款资格国家的标准为人均国民收入低于1 205美元。国际开发协会规定，协会的贷款可以提供给成员方的政府、地方政府或公私法人团体，但实际上协会的贷款只提供给成员方政府。国际开发协会的贷款是最优惠的贷款，也称为软贷款，而世界银行提供的是普通条件的贷款，一般称为硬贷款。软贷款的优惠条件体现在长期和无息两个方面。国际开发协会的贷款原则和程序与世界银行基本相同。

3）国际金融公司

国际金融公司是世界银行的另一个附属机构，也是一个独立的国际金融机构。由于世界银行的贷款以成员方政府为对象，因此在一定程度上限制了世界银行业务的发展。为了促进对私人企业的国际贷款，世界银行于1956年宣布成立国际金融公司，其宗旨是为成员中的发展中国家的私人企业的新建、改建和扩建项目提供贷款资金，以促进发展中国家私营经济的增长和国内资本市场的发展。

国际金融公司的主要活动是对成员提供私人企业贷款，而无须政府担保。贷款期限一般为7~15年，利率一般与世界银行相同，还款时需要以原借入的货币偿还。同时，国际金融公司还会对私人企业进行投资，以此组织工业国家对发展中国家的私人企业进行联合投资，帮助发展中国家开发资本市场。

近年来，国际金融公司的业务越来越多样化，它积极参与发展中国家的国有企业私有化及企业改组活动，以使这些企业提高经济效益；同时向重债国提供关于债务转换为股本的意见，帮助这些国家度过债务危机。

4）我国与世界银行集团的关系

我国是国际货币基金组织和世界银行集团的创始国之一，我国恢复在联合国的合法席位后，1980年5月15日，世界银行集团也恢复了我国在该集团中的合法席位。2010年4月25日，世界银行集团186个成员通过了一项改革计划，批准世界银行增资860多亿美元，同时向发展中国家转让投票权。

1981年，世界银行向我国提供第一笔贷款，用于支持大学发展项目。从此，世界银行与我国的关系日益密切，并成为我国重要的发展合作伙伴。世界银行通过提供期限较长的项目贷款，推动了我国交通运输、能源、农业等国家重点建设项目以及金融、文化、环保等事业的发展。除了资金援助外，经济分析、政策咨询、技术援助和培训活动也是世界银行与我国的合作计划中极为重要的组成部分。2008年2月，我国经济学家林毅夫被任命为世界银行副行长兼首席经济学家，这是世界银行首次任命发展中国家人士出任这一要职。

我国是国际开发协会的第二组成员，即借款国。截至1999年6月底，国际开发协会共向我国提供了约102亿美元无息贷款（软贷款）。鉴于我国取得的举世瞩目的发展成就，从1999年7月1日起，国际开发协会停止对我国提供贷款。

我国还积极寻求与国际金融公司合作的机会，目前已经成为国际金融公司投资增长最快的国家之一。

专栏7-1　　　　　　　　　　**区域性的国际金融组织**

1）国际清算银行

国际清算银行成立于1930年，是西方主要工业国家的中央银行合办的、世界上最早的国际金融机构。总部设在瑞士的巴塞尔。国际清算银行是由美国摩根银行等银行组成的银团，同英国、法国、德国、意大利、比利时、日本等国的中央银行于1930年2月根据在荷兰海牙签订的国际协议共同组建的，并于同年5月20日开始营业。后来，欧洲其他国家、澳大利亚、加拿大和南非的中央银行也参加了该行。

国际清算银行的宗旨是：促进中央银行之间的合作并向它们提供更多的国际金融业务方面的便利；在国际金融清算业务方面充当受托人或代理人。国际清算银行最初的任务是处理第一次世界大战后德国赔款和协约国债务的清偿工作。国际货币基金组织和世界银行成立后，国际清算银行变成了为经济合作与发展组织各成员之间进行贸易结算的代理机构，是与各国中央银行进行业务往来的国际性金融机构，并逐渐成为主要资本主义国家共同协商金融政策的中心，履行各有关国家中央银行的职能。国际清算银行与国际货币基金组织等其他金融机构在性质、业务和体制等方面均不相同，它不是政府间的金融决策机构，也不是发展援助机构，它实际上只是西方中央银行的银行。1985年，我国正式与国际清算银行建立业务往来，在该行开设外汇及黄金存款账户。

2）亚洲开发银行

亚洲开发银行（Asian Development Bank，ADB）简称"亚行"，是由联合国所属机构——亚洲及太平洋经济社会委员会创办的，于1966年12月开业，行址设在菲律宾首都大马尼拉。亚行是亚洲、太平洋国家（或地区）以及西方发达国家政府出资开办的多边官方金融机构。亚行规定，凡属于联合国亚洲及太平洋经济社会委员会的会员和准会员，以及参加联合国或联合国专门机构的非本地区经济发达国家，均可加入亚行。因此，亚行的会员除了亚洲和太平洋地区的发达国家和发展中国家外，还有英国、德国、意大利、荷兰等十几个欧洲发达国家。

亚洲开发银行的宗旨是：鼓励政府和私人在亚洲及太平洋地区投资，通过提供项目贷款和技术援助，促进和加强亚洲及太平洋地区发展中国家的经济发展与合作。

亚洲开发银行的主要业务包括：①提供贷款。贷款可分为硬贷款、软贷款和赠款三类。贷款领域主要涉及农业、农产品加工业、工业、能源、运输、通信、城市发展、文教卫生等。②技术援助。亚行的技术援助包括项目准备技术援助、咨询性技术援助、区域性活动技术援助等形式。③参与股本投资。亚行以购股方式为会员提供资金，旨在通过购买会员私营企业的股票，为私营企业提供资金。

我国政府于1983年4月申请加入该行，1986年3月10日正式成为亚洲开发银行的成员，中国台湾作为中国台北地区会员留在亚行。自从成为亚行成员以来，我国与亚行的合作项目从最初的几个逐步发展，利用亚行贷款的金额从每年1亿多美元逐年增加。

3）亚洲基础设施投资银行

亚洲基础设施投资银行是一个政府间性质的亚洲区域多边开发性金融机构，由中国倡议筹建、由亚洲发展中国家共同发起并主导，于2016年1月开业，总部设在北京。成立宗旨是促进亚洲区域互联互通化和经济一体化的建设进程，并且加强中国同其他亚洲国家和地区的合作。亚投行的法定资本为1 000亿美元。截至2023年4月，亚投行有106个成员。

亚投行的职责主要是：通过开发性金融工具，重点推进亚洲区域的基础设施及互联互通建设，打破各经济体之间投资、贸易和人员往来的屏障，带动投资增长，促进贸易以至全球经济发展，为构建更加广泛、更高水平、更深层次的开放型区域经济和世界经济提供基础保障条件。

　　亚投行采用股份制银行的治理模式，组织框架由理事会、董事会和银行总部组成。其中，由所有成员代表组成的理事会是其最高权力和决策机构；董事会由理事会选举的总裁主持，负责日常事务的管理决策；银行总部下设银行各主要职能部门，包括综合业务部、风险管理部等，分别负责亚投行日常业务的开展。

　　亚投行业务定位为准商业性。初期亚投行主要向主权国家的基础设施项目提供主权贷款。未来亚投行考虑设立信托基金，针对不能提供主权信用担保的项目，引入公私合作伙伴关系模式，通过亚投行和所在国政府出资，与私营部门合理分担风险和回报，动员主权财富基金、养老金以及私营部门等更多社会资本投入亚洲发展中国家的基础设施建设。亚投行与世行、亚行等其他多边及双边开发机构密切合作，促进区域合作与伙伴关系，共同解决发展领域面临的挑战。

　　亚投行是首次由发展中国家提出倡议并主导建立的区域性多边金融机构，亚投行的建立，反映了以新兴市场大国为代表的发展中国家不仅成为全球经济的新引擎，而且成为全球治理的重要主体，是更好地发挥新兴国家在世界经济和全球金融治理中的作用，改革原有的国际金融制度的重要探索。

　　4）金砖国家新开发银行

　　新开发银行（New Development Bank，NDB），成立于2014年7月15日，包括中国、巴西、俄罗斯、印度、南非5个成员。2015年7月21日正式营业，总部设立在中国上海。NDB成立的宗旨是借鉴国际金融危机对金砖国家的消极影响的教训，为避免在下一轮金融危机中受到货币不稳定的影响，可以通过应急储备资金池构筑共同的金融安全网。为履行其宗旨，银行应通过贷款、担保、股权投资和其他金融工具为公共或者私人项目提供支持。银行还应与国际组织和其他金融实体开展合作，并为银行支持的项目提供技术援助。

　　新开发银行主要资助金砖国家以及其他发展中国家的基础设施建设，对金砖国家具有非常重要的战略意义。巴西、南非、俄罗斯、印度的基础设施缺口很大，需要共同的资金合作。新开发银行不只面向5个金砖国家，而是面向全部发展中国家，作为金砖成员国，可能会获得优先贷款权。新开发银行拓展了中国和金砖国家在合作方面新的空间，作为金融合作方面的一个具体体现。新开发银行建立之后，会不断拓展金砖国家合作的新空间，同时，它也代表着金砖国家在金融合作方面新的进程。

　　新开发银行与众不同之处就在于它所有的管理、章程、条款等都是基于平等的基础，不会由任何一个国家控制。与亚投行不同，新开发银行5个国家都是各自占了20%的投票权，没有哪个国家占到主导权，没有一个国家能够一票否决其他国家的决定。虽然新开发银行与亚投行都关注基础设施建设项目，但二者并不是竞争关系，因为亚投行更聚焦亚洲市场。全球基础设施建设的需求很大，新开发银行与亚投行可以共同推进基础设施建设，填补这个巨大的缺口。

● 思政课堂

以人民币国际化推进国际货币体系改革

布雷顿森林体系崩溃后，美元与其他少数发达国家的货币成为国际储备体系的中心货币。其中，美元在国际货币体系中的地位，远远超过其在全球实体经济的占比。从流通手段、价值尺度、支付手段、贮藏手段这几个货币的基本功能来看，当前的国际货币体系都是以美元为核心的。然而，单一国家主权货币作为国际公共产品，一旦政策目标不一致，本位货币国家的央行必定先关注国内利益、忽略外围国家的诉求，继而引发国际货币公共产品失灵等问题。近年来美国利用美元的独霸优势，倡导"美国优先"，滥用金融霸权，动辄实施"长臂管辖"、单边制裁，扰乱国际经济与政治秩序的行为就是突出的例证。当前全球货币体系结构性缺陷的根源，就在于美元霸权带来的极端不对称性。

在过去40多年间，新兴经济体以经济快速增长、贸易规模迅速扩大、外汇储备大规模累积方式实现了经济崛起，融入全球市场，改变了世界经济格局。中国作为大型新兴经济体，已成为全球系统重要性国家。经济实力变化要求国际金融秩序进行相应的改变。国际货币体系正处于变革时期。中国参与现有体系的改革以及创建新的多边金融机构有助于改善全球金融治理结构。人民币国际化已成为国际货币体系改革的推动力量。作为最大的新兴市场和发展中国家，中国在国际经济与金融事务中具有引领作用。

人民币国际化是中国参与国际经济金融事务的关键指标，是中国积极推进国际货币体系改革的重要举措。近年来，人民币越来越受到国际市场的欢迎。我国作为世界第二大经济体，同时也是全球超130个国家的最大贸易伙伴，制造业产值与七国集团（G7）国家相当。国家实力的上升，夯实了人民币国际化的基础。此外，我国宏观政策的连续性、稳定性、可预期性在全球赢得了信誉。一个稳定可信的政策和强有力的实施能力，有助于增强对人民币的信心，增强境外主体接受人民币的意愿。

人民币国际化由跨境结算走向国际储备资产，展现了中国参与国际金融治理的进程，人民币作为全球第五大支付货币和第五大储备货币，推动了国际储备货币体系多元化，促进了世界经济稳定发展。

● **本章小结**

国际货币体系是各国政府为适应国际贸易和国际结算的需要，对货币在国际收支的调节等方面所做的安排或确定的原则，以及为此而建立的组织形式的总称。国际货币体系的内容一般包括汇率制度的确定、国际货币和国际储备资产的确定、国际收支的调节机制、各国货币的可兑换性与国际结算的原则。

根据国际储备货币或国际本位货币的不同，国际货币体系可分为金本位制、金汇兑本位制和信用本位制。金本位制是世界上第一次出现的国际货币体系。所谓金本位制，是指一国的本位货币用一定重量或成色的黄金来表示，并且其货币当局愿意随时按规定的货币单位的含金量，根据一定条件买卖黄金。根据货币与黄金联系程度的不同，金本位制可分为金币本位制、金块本位制和金汇兑本位制三种类型。理论上，金本位制是完美的，其基本特征是以黄金作为国际储备货币、固定汇率制度和国际收支的自动调节机制。然而，金本位制的缺陷也相当明显，实行金本位制使得货币当局丧失了制定货币政策的独立性；同时，货币的供应量和价格水平都与黄金的供应量相联系，但黄金的供应量受自然条件和技术水平的限制，在长期内无法与社会财富的增长保持适当、稳定的比率。

第二次世界大战结束后，各国确立了以美元为中心的国际货币体系，即布雷顿森林体系。布雷顿森林体系下的汇率制度是一种"双挂钩"制度，即美元与黄金挂钩，各国货币通过与美元挂钩从而间接与黄金挂钩。布雷顿森林体系建立后，形成了一个相对稳定的国际环境，然而，布雷顿森林体系自身存在的问题和弊端也很突出：布雷顿森林体系的可调整汇率制过于僵化，难以按照实际情况经常调整；国际收支失衡调节乏力，且调节责任不对称；布雷顿森林体系造成了货币发行国与其他国家之间利益分配的不公平；布雷顿森林体系自身存在着不可克服的矛盾——"特里芬难题"。布雷顿森林体系崩溃后，各国达成了《牙买加协议》，国际货币关系出现了一些重大变化，进入了一个新的阶段。现行国际货币体系的特征是：以美元为中心的多元化储备体系，美元是最重要的储备货币；大多数国家实行有管理的浮动汇率制度，以汇率浮动来调节国际收支；资本流动基本不受限制；全球高度一体化的国际金融市场形成，资本交易规模庞大。

目前，国际货币体系在运行过程中存在以下问题：一是主要货币汇率过度波动和汇率持续大幅度失衡；二是针对巨额私人资本在全球迅速流动，缺乏有效的协调和监管机制；三是许多发展中国家出现国际收支逆差，但很难顺利调整；四是对国际储备货币发行国（主要是美国）的经济政策没有纪律约束；五是国际经济政策协调不充分。然而如何进行改革，世界各国和各集团的意见分歧很大，现实的做法是通过各国之间的政策协调和共同干预来稳定汇率，降低汇率波动幅度，协调各国的国际收支状况。

凡是从事国际金融事务的协调和管理，为稳定和发展世界经济而开展国际金融业务的超国家组织，都属于国际金融机构。目前的国际金融机构大致分为三种类型：全球性的、半区域性的、区域性的。各国际金融机构都在其特定的方面和特定地域的国际金融活动中发挥着重要作用，全球性与洲际性的国际金融机构对国际金融活动具有更为重要的作用。其中，国际货币基金组织和世界银行集团的影响最为广泛。

● 延伸阅读

1.有关国际货币基金组织和世界银行集团的基本情况，可以登录其官方网站 http：//www.imf.org/external/index.htm 和 http：//www.worldbank.org 了解。

2.有关国际清算银行、亚洲开发银行的详细情况，可以登录其官方网站 http：//www.bis.org 和 https：//www.adb.org 了解。

3.有关新开发银行的详细情况，可以登录其官方网站 http：//www.ndb.int 了解。

● 基本概念

国际货币体系 "双挂钩" "特里芬难题"

● 复习思考题

随堂测试

1.简述国际货币体系的概念及内容。

2.简述金本位制的典型特征。

3.布雷顿森林体系的主要内容有哪些？布雷顿森林体系为什么崩溃？

4.牙买加货币体系的主要内容是什么？如何评价现行的国际货币体系？

5.国际货币基金组织和世界银行集团的主要业务活动是什么？二者有何区别？

第8章 /区域货币合作

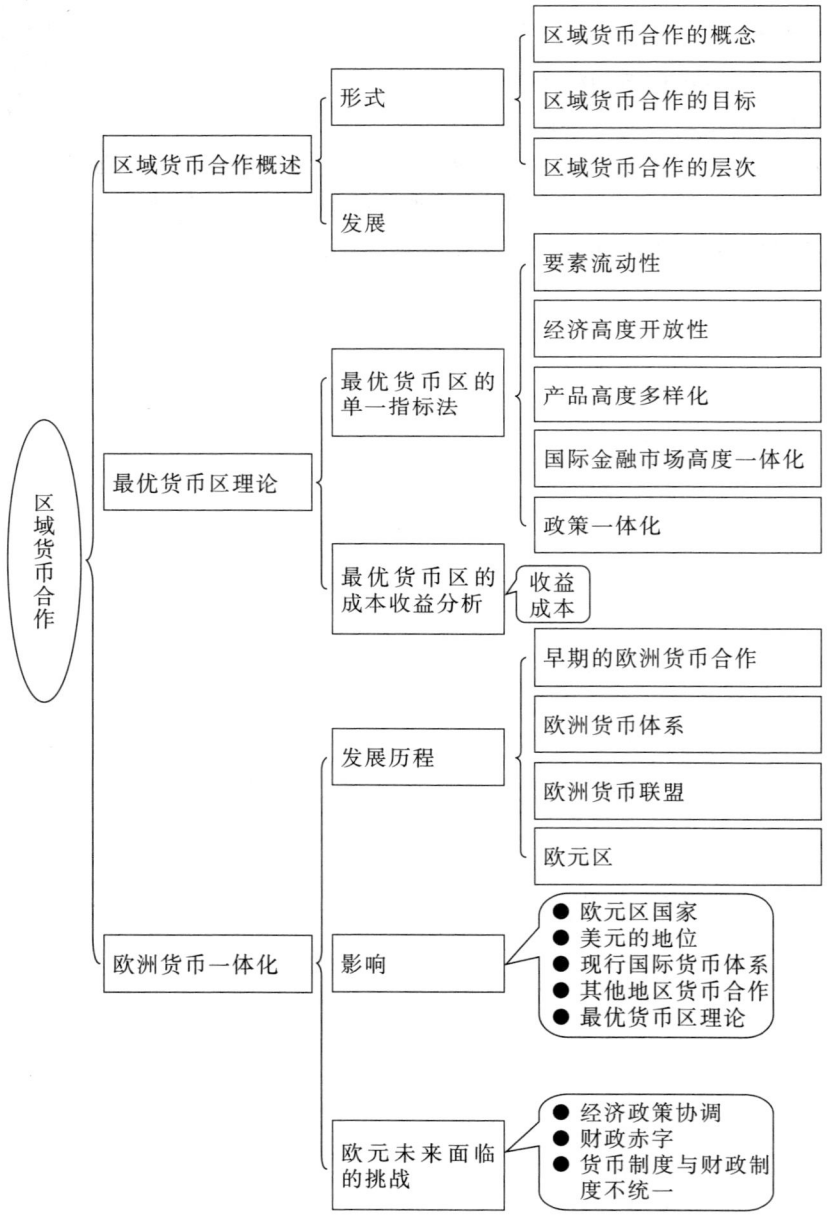

- 区域货币合作
  - 区域货币合作概述
    - 形式
      - 区域货币合作的概念
      - 区域货币合作的目标
      - 区域货币合作的层次
    - 发展
  - 最优货币区理论
    - 最优货币区的单一指标法
      - 要素流动性
      - 经济高度开放性
      - 产品高度多样化
      - 国际金融市场高度一体化
      - 政策一体化
    - 最优货币区的成本收益分析
      - 收益
      - 成本
  - 欧洲货币一体化
    - 发展历程
      - 早期的欧洲货币合作
      - 欧洲货币体系
      - 欧洲货币联盟
      - 欧元区
    - 影响
      - ● 欧元区国家
      - ● 美元的地位
      - ● 现行国际货币体系
      - ● 其他地区货币合作
      - ● 最优货币区理论
    - 欧元未来面临的挑战
      - ● 经济政策协调
      - ● 财政赤字
      - ● 货币制度与财政制度不统一

8.1　区域货币合作概述

8.1.1　区域货币合作的形式

区域货币合作是在两个或两个以上国家之间进行的有关维持汇率稳定和金融市场稳定发展的各种形式的合作。区域货币合作的目标是实现双边或多边汇率的稳定和金融体系的稳定发展，合作的手段包括货币政策、财政政策协调，共同干预市场等。

根据区域内货币合作的程度，货币合作可分为三个层次：

第一个层次是有关国家在货币问题上进行协商、协调以及共同行动。这是货币合作的初级阶段，一般具有非制度性、非机制性和松散性等特征。合作方式通常是简单的信息交流、协商讨论。这一阶段的最高形式是：当成员面临国际收支困难时，各成员之间的流动性支持安排，以及在监管原则和方法上的统一化。

第二个层次是汇率机制合作，旨在稳定汇率。这是真正具有实质意义的货币合作。在这个阶段，合作表现为多边性，并且有制度和组织机构保障。汇率机制合作通常采取汇率目标区的方式，一般有比较清晰的干预界限、干预责任，并有基金保障市场干预的进行，同时基金也用于解决各成员的国际收支问题。

第三个层次是统一货币。这是货币合作的最高形式。在这个阶段，各成员政策协调的程度很高，合作区域内只存在一种货币，区域内由统一的中央银行实行统一的货币政策，各成员的财政政策也高度统一。

8.1.2　区域货币合作的发展

第二次世界大战之后，特别是20世纪50年代末以来，世界经济一体化的趋势不断加强。世界经济一体化的加强必然引发各国对货币一体化的关注，区域货币合作便由此展开。欧洲、美洲、非洲等地区，为了促进区域内经济和贸易的发展，都在货币领域开展了广泛的合作，建立了区域性货币合作组织。国际货币关系趋于区域化，主要是因为国际金融事务错综复杂，各国的利害关系各不相同，由一个统一的国际金融机构来推行一套规则是很困难的，区域性货币合作组织则是对全球性国际金融机构的一种补充。

比较有影响的区域性货币合作组织包括欧洲货币体系、西非经济货币联盟、中非货币联盟、阿拉伯货币基金组织等。其中，欧洲货币体系发展得最为成熟和完善，它是公认的自布雷顿森林体系崩溃以来国际货币制度的重大创新，也是国际政策协调方面最成功的典范。欧洲货币体系（以及后来的欧洲货币联盟）在当今的国际货币关系中发挥着重要的作用，对国际储备资产、汇率体系、国际收支调节和国际货币信用控制等都产生了重大影响。欧洲单一货币——欧元的设计和出现被称为"纸币发明以来最引人注目的事件"，欧元对国际货币体系产生了深远的影响。

1997年亚洲金融危机之后，加强东亚区域货币合作逐渐在东亚各经济体政府和学术界达成共识。关于东亚区域货币合作的构想和建议层出不穷，东亚区域的货币合作也呈现快速发展的势头。随着《清迈倡议》的提出，东亚区域货币合作进入实际推进阶段，东亚各经济体在信息沟通与共同监管机制、货币互换和推进亚洲债券市场建设、建立共同外汇储备基金等方面取得了实质性进展。

知识拓展 8-1

中国-东盟
货币合作不断
深入

8.2　最优货币区理论

最优货币区理论是由著名经济学家罗伯特·蒙代尔（R.A.Mundell）和罗纳德·麦金农（R.I.McKinnon）等在20世纪60年代创立的。他们认为，在结构相似、彼此联系密切的不同经济主体之间组成独立的货币区，更为合理，也更有经济效益。

最优货币区（optimal currency area，OCA）是指这样一个区域：区域内各国的货币之间实行固定汇率，或实行单一的共同货币，对外则实行联合的浮动汇率。区域内各国的经济通过商品和服务贸易以及要素的流动紧密联系在一起。所谓"最优"，是指实现内部平衡与外部平衡的宏观经济目标的最优权衡点。

8.2.1　最优货币区的单一指标法

单一指标法是指仅从某一个方面分析最优货币区的判断标准。最优货币区理论问世之初，学者们大多采用此种方法，但是这种方法在理论界存在很大争议，分歧主要在于各方判断最优货币区的标准不同。

1）要素流动性

蒙代尔在1961年首先提出，应把要素的自由流动作为判断最优货币区的首要标准。劳动力和资本的高度跨国流动性有助于恢复一国的国际竞争力和消除国际收支的不平衡，从而可以在一定程度上替代汇率的调整职能。如果劳动力能从高失业地区流向低失业地区，那么工资和其他成本就会趋同，而资本的自由流动也有助于要素价格在不同地区间的调整，从而减少通过汇率调整相对价格的必要性。如果劳动力和资本不流动，相对价格的变化将是调整国际收支平衡的唯一手段，那么浮动汇率比固定汇率和货币联盟更有效。

2）经济高度开放性

麦金农在1963年提出，应以经济的高度开放性作为判断最优货币区的重要依据。经济开放度是指一国总产出中可贸易商品的比重，该比重越高，经济越开放。一个高度开放的经济体如果运用汇率手段来纠正国际收支的失衡，必然会导致相对价格的高度不稳定。本币贬值必将引起可贸易商品的价格上升，进而导致所有商品价格上升。相反，一个非贸易品占比很大的经济体在进行币值调整时，对国内经济的影响则比较轻。另外，对于一个进口商品在居民消费中占有很大比重的高度开放的小国而言，汇率波动对居民实际收入的影响非常大，这使得存在于封闭经济中的货币幻觉消失。因此，通过汇率变动来调整国际收支失衡是不现实的。所以，麦金农强调，高度开放且相互间贸易关系密切的国家应该组成相对封闭的货币区，这将更有利于宏观经济目标的实现。

3）产品高度多样化

凯南在 1969 年提出，应把产品高度多样化作为判断最优货币区的一个重要标准。因为产品高度多样化的经济不必像单一产品经济那样，必须经常根据贸易情况来改变汇率。当一个产品高度多样化的经济体的出口需求下降时，造成的失业只是总就业的一部分，失业率不会像单一产品的经济体那样大幅上升。因此，产品高度多样化的国家能够承受固定汇率带来的后果，适宜建立最优货币区。

4）国际金融市场高度一体化

英格拉姆在 1969 年提出，应以国际金融市场高度一体化作为判断最优货币区的标准。他认为，在一个高度一体化的金融市场内，不必存在弹性汇率制。首先，各国间高度一体化的金融市场可以通过资本的国际流动来抵消不对称冲击的影响。其次，国际金融市场高度一体化表明各成员的居民之间相互持有金融资产的比重较高，能够实现金融资产的跨国投资组合。当一国遭受负面冲击使得该国居民的收入水平下降时，该国居民可以通过持有其他国家的资产补偿收入，从而减少各国居民财富和收入水平的波动。也就是说，高度一体化的金融市场提供了一种消除不对称冲击的机制，这种机制的存在降低了调整汇率的必要性。

5）政策一体化

爱德华·托尔和托马斯·维莱特在 1970 年提出，应以政策一体化作为判断最优货币区的标准。他们认为，一个内部调节机制不够完善的货币区能否成功，关键在于其成员的宏观经济政策目标是否一致，也就是说，一个不能容忍失业的国家是难以同一个不能容忍通货膨胀的国家在政策取向上保持一致的，它们之间也无法建成最优货币区。

除上述研究，判断最优货币区的单一标准还有很多，不同标准之间也存在很多分歧。归纳起来，这些标准主要集中在四个方面：第一，劳动力和资本的流动性；第二，经济开放度和经济规模；第三，经济趋同程度和受外部冲击的对称性；第四，宏观经济政策目标的一致性。

知识拓展 8-2

亚元的构想

8.2.2　最优货币区的成本收益分析

由于任何单一指标都无法充分解释建立最优货币区的实质问题，因此研究的重点逐渐转向了对各国加入最优货币区的成本、收益的比较上。

1）加入最优货币区的收益

首先，最优货币区的建立可以消除由于汇率波动而产生的不确定性，因此能够刺激国际分工及区域内贸易与投资的流动。最优货币区的形成也使得各成员的市场真正具有了统一大市场的特征，为区域内的企业扩大生产规模、取得规模经济效益起到了强大的推动作用，有效强化了大市场范围内的竞争，促进了各成员向生产专业化的方向发展，加速了商品和资本的流动，提高了资源的利用效率。

其次，最优货币区的运行机制有利于各成员保持物价水平的稳定。一方面，区域内不同国家或地区之间发生的偶然性冲击可以相互抵消；另一方面，货币区作为一个整体，更能抵御来自外部的冲击。这种价格的稳定性促进了各国的经济往来，抑制了高通货膨胀环境下产生的低效的物物交换。

最后，建立最优货币区有利于各国实现国际收支平衡，降低调节国际收支的成本。货币区内的有关制度安排能够节约各成员对外汇市场进行官方干预时的支出，减少外汇投机的可能性，并且可以为企业节约套期保值等方面的成本，为居民节约在货币区内旅游时兑换货币的费用。

2）加入最优货币区的成本

加入最优货币区也需要各成员付出相应的代价。其中，最大的问题在于各成员必须在相当大的程度上放弃其宏观经济政策的独立性，各成员将无法根据自身的具体情况采取有针对性的调节措施。此外，如果采用统一货币，各成员还将损失铸币税收入。

一般来说，只有在以下几个条件都具备时，最优货币区才能发挥较大的积极作用：各成员间的资源有较大的流动性；各成员间的经济结构相似；各成员在财政、货币和其他政策上愿意进行紧密合作。

8.3 欧洲货币一体化

8.3.1 欧洲货币一体化的发展历程

1）早期的欧洲货币合作

欧洲经济和货币一体化的开端可以追溯到1950年成立的欧洲支付同盟[①]。第二次世界大战以后，为了解决欧洲各国面临的对外支付困难，在美国的帮助和支持下，16个欧洲国家共同成立了欧洲支付同盟，以解决各国间的货币结算问题和各国货币的自由兑换问题。在欧洲支付同盟的支持下，各成员的贸易数额大大增加，这也加速了欧洲经济的复兴。到1958年，随着欧洲对美国出口的大幅增加，欧洲支付同盟完成了历史使命。作为欧洲货币一体化的第一次具体实践，欧洲支付同盟

---

① 欧洲支付同盟（European Payments Union，EPU）成立于1950年9月，是"欧洲经济合作组织"范围内的一个独立机构，成员有英国、爱尔兰、法国、意大利、荷兰、比利时、卢森堡、奥地利、土耳其、丹麦、挪威、瑞士、葡萄牙、冰岛和联邦德国等，美国和加拿大派观察员参加。该同盟设有一笔信贷基金，主要向支付困难的成员提供信贷。该同盟成立之初，美国提供了3.5亿美元的资金。该同盟每月对各国的贸易情况进行净额结算，实行多边抵消；差额部分又给每个国家安排一个相当于1949年贸易总额15%的信贷配额。

为欧洲后来的一体化发展奠定了重要基础。

欧洲经济共同体成立以后，欧洲在经济一体化方面取得了相当大的进展。随着欧共体工业品和农产品共同市场的巩固和发展，劳动力和资本的自由流动自然成为欧洲经济一体化的下一个目标。这不仅需要各国在经济政策上保持一致，还有赖于各国在货币方面的合作。另外，到了 20 世纪 70 年代初，布雷顿森林体系崩溃，国际金融形势动荡，这也需要欧洲各国互相支持，联合抵御美元汇率和利率波动带来的经济冲击。

于是，为了实现货币一体化，欧共体提出了大量的设想。1970 年 10 月，时任卢森堡首相维尔纳向欧共体委员会提交了专题报告，即《维尔纳报告》，提出用 10 年时间分 3 个阶段实现从稳定汇率到统一货币的过程。该报告首次以官方文件的方式提出在欧洲实现单一货币和建立共同的中央银行，这为以后欧洲货币联盟的建立奠定了基础。虽然《维尔纳报告》的设想未能全部付诸实践，但其中有关可调整的固定汇率制的设计却基本上得以实施，当时的欧共体 6 国实施了"蛇形浮动"的汇率机制。该机制是在《史密森协定》[1]允许的波动范围内为各成员间的汇率波幅设定一个更窄的区间，以增强汇率的稳定性。

2）欧洲货币体系

1979 年 3 月，欧洲共同体又在汇率协调的基础上试图将这种内部协调机制规范化、制度化，并正式启动了欧洲货币体系（EMS）。该体系包括欧洲货币单位（ECU）、欧洲汇率机制（ERM）、欧洲货币合作基金三部分内容。其中，ECU 是该体系的核心，其价值由成员方货币按该国占欧共体贸易和 GDP 的比重加权计算得出，是欧共体各成员间债权债务的计价单位和结算工具。ERM 是"可调整的中心汇率制"，成员之间的汇率固定，对外则实行联合的浮动汇率。成员方货币可在中心汇率±2.25% 的幅度内波动。为了保持汇率稳定，EMS 还设立了预警机制和干预机制。一旦某个成员的汇率难以维持，就可以动用欧洲货币基金干预外汇市场。需要强调的是，这种机制确实起到了促进各成员间贸易关系发展的作用。

20 世纪 80 年代，EMS 运转良好。1990 年两德统一之后，由于德国与欧共体其他成员的经济周期不同步，因此欧洲的汇率机制渐渐难以维持。1992 年，在投机行为的冲击下，ERM 的波幅扩大到±15%，英国和意大利也被迫退出 EMS。

3）欧洲货币联盟

1985 年，欧共体提出了新的目标，在 1992 年 12 月 31 日以前建成统一大市场。为了顺应欧洲经济一体化的发展，统一货币问题在 20 世纪 80 年代末被提上日程。1989 年 6 月，欧共体委员会通过了由委员会主席德洛尔领导的专家委员会提交的《欧共体经济与货币联盟》（即《德洛尔报告》）。该报告提出从 1990 年 7 月 1 日起分 3 个阶段实施欧洲货币联盟，并首次以官方文件的形式要求各成员加强经济与货币政策的协调。

---

① 关于《史密森协定》，参见 7.2 节的有关内容。1972 年 3 月，欧共体部长理事会规定，欧共体成员间的货币汇率允许波幅为《史密森协定》规定波幅的一半，即 1.125%。

1991年12月，欧共体首脑会议达成了《欧洲联盟条约》，即《马斯特里赫特条约》（简称《马约》），该条约除了对欧洲政治联盟进行了详尽规定之外，还将《德洛尔报告》中提出的欧洲货币联盟的进程具体化：第一阶段（1990年7月—1993年年底），加强各成员间货币政策和汇率政策的协调，尽可能避免对中心汇率进行调整，实现所有成员加入欧洲货币体系的汇率机制；第二阶段（1994年1月1日—1997年年底），进一步协调各国的货币政策，建立欧洲货币局，为欧洲中央银行的建立及统一货币的最终实施做准备；第三阶段（1998年1月1日—1999年1月1日），建立起统一的欧洲货币和独立的欧洲中央银行。

为了保证欧洲货币联盟各成员的经济能够逐步靠拢，《马约》还确立了各成员必须达到的趋同标准：通货膨胀率不能高于最低3个成员方的1.5%；各成员方货币相对于其他成员方货币的汇率波幅小于2.25%；长期名义利率不能超过通货膨胀率最低的3个成员方平均水平的2%；政府赤字不能超过GDP的3%；政府总债务不能超过GDP的60%。制定趋同标准，意味着各成员要约束各自的财政政策和货币政策的实施权，或者说各成员要将其制定财政政策和货币政策的权力上交超国家的经济一体化组织——欧洲货币联盟。

尽管《马约》在通过和实施的过程中遇到了一些波折，最后拖延至1993年11月1日才得以生效，但该条约的签署和实施是国际货币史上具有里程碑意义的重要事件。1993年11月，欧共体更名为欧洲联盟（EU）。

4）欧元区

1994年，欧洲货币局成立。1995年12月，欧洲统一货币被正式定名为欧元（Euro）。

为了切实保证加入欧洲货币联盟的趋同标准被有效执行，欧洲各国于1996年通过了《稳定与增长公约》，该公约中规定了对违反财政纪律的成员方的惩罚措施和制裁方法。1997年10月，欧盟15国又签署了《阿姆斯特丹条约》，该条约中关于欧洲第二汇率机制[①]和欧元法律地位的规定为未来欧元的稳定提供了法律保障，为统一货币的建立扫清了技术障碍。

1998年7月1日，欧洲中央银行正式成立。1999年1月1日，欧元正式启动。根据欧盟委员会的调查公报，德国、法国、意大利、荷兰、比利时、卢森堡、西班牙、葡萄牙、爱尔兰、奥地利和芬兰被确定基本达到《马约》标准，成为欧元区首批成员。英国、丹麦、瑞典和希腊[②]分别因政治或经济原因未能在当期加入。1999—2001年，是欧元启动的3年过渡期。2002年1月1日，欧元纸币和硬币正式进入流通，同时各成员的货币逐渐退出。随着欧盟的扩大，斯洛文尼亚、塞浦路斯、马耳他、斯洛伐克、爱沙尼亚、拉脱维亚、立陶宛、克罗地亚先后加入欧元区，欧元区目前已扩展至20国。

知识拓展8-3

克罗地亚成为欧元区第20个成员国

---

① 欧洲第二汇率机制即欧元与尚未加入欧元区的欧盟成员方的货币间的波动幅度保持在15%以内。
② 希腊于2001年1月1日加入欧元区，欧元区扩展至12国。

专栏8-1　　　　　　　　　欧洲货币一体化大事记

欧洲货币一体化大事记见表8-1。

表8-1　　　　　　　　　欧洲货币一体化大事记

时 间	事 件
1979年3月	欧洲货币体系启动。德国马克、法国法郎、比利时法郎、卢森堡法郎、丹麦克朗、荷兰盾、意大利里拉、爱尔兰镑等货币加入欧洲汇率机制（ERM）
1990年7月1日	欧洲货币联盟进程的第一阶段展开，欧盟各成员之间的资金流动自由化
1990年6月10日	英国加入欧洲汇率机制
1992年2月7日	《马斯特里赫特条约》正式签署
1992年9月	英镑被炒家狙击，英国将利率大幅度提高至15%以捍卫英镑，以求英镑波幅在欧洲汇率机制规定的汇率波幅下限之内。其后，英国被迫放弃捍卫英镑，并把利率下调至12%。英国被迫脱离欧洲汇率机制。在连锁反应下，意大利里拉也跌破欧洲汇率机制规定的下限
1993年11月1日	《马斯特里赫特条约》正式生效，欧洲货币联盟进入第二阶段
1994年1月1日	欧洲货币局正式在法兰克福成立，它作为欧洲中央银行的前身，专门负责欧盟整体的经济协调。各成员致力于缩减财政赤字，以达到《马斯特里赫特条约》的要求
1995年12月15日	欧洲议会正式采纳欧元为新货币名称，并制定欧元推出及取代各国货币的时间表
1996年12月31日	欧洲货币局制定欧洲中央银行（ECB）和欧洲央行委员（ECB Council）制度
1998年3月25日	欧洲议会宣布，德国、法国、意大利、比利时、卢森堡、荷兰、奥地利、葡萄牙、西班牙、爱尔兰和芬兰符合加入欧元区的条件，并警告部分国家应致力于减少财政赤字
1998年5月2日	欧盟财长在布鲁塞尔开会，决定了第一阶段于1999年加入欧洲货币联盟的成员名单。该决定主要以各国在1997年的经济表现是否符合《马约》的经济收敛标准（convergence criteria）为基础。同时，选出欧洲央行理事会总裁及5名成员，11国央行行长成立欧洲央行委员会
1999年1月1日	欧洲货币联盟第三阶段开始。欧洲议会制定了不可撤销的欧洲货币联盟各成员间及欧洲货币联盟各成员对欧元的汇率。欧元成为欧洲货币联盟的正式货币并正式取消欧洲货币单位。新发行的欧盟各国政府债券均以欧元为单位；已发行的债券也将兑换为欧元。欧元区各成员正式执行单一货币政策
2002年1月1日	欧元纸币及硬币开始流通，各成员的货币逐步收回
2002年7月1日	所有成员的货币停止使用，欧元成为欧洲货币联盟唯一法定货币

8.3.2　欧洲货币一体化的影响

1）对欧元区国家而言，货币一体化对经济发展具有显著的有利影响

单一货币的问世消除了各国间原有汇率的不稳定性，降低了货币兑换成本，必

然促进各国贸易的发展。同时，欧元的实施使欧洲内部的商品、劳务、资本流动更加自由，有利于区内国家的资源配置和分工。欧洲统一货币政策的实施也有利于提高整个区域抵御国际游资冲击的能力。

从欧元问世这些年来的成绩看，它在促进欧元区经济发展和欧盟一体化的过程中发挥了不可替代的作用。在稳定物价、刺激贸易和投资、整合金融市场以及欧元国际化等方面，欧元完成了预先设定的使命，在某些方面的效果甚至超出了预期。

第一，欧元的流通使欧元区各国节省了货币兑换和结算的成本。粗略估计，欧元区最初的12个国家每年大约可节省千亿美元的兑换手续费。单一货币的使用消除了欧元区内企业的货币兑换成本，为企业在欧元区内进行贸易和投资奠定了基础。

第二，单一货币的使用消除了汇率波动带来的风险。欧元实施以后，该地区再也没有发生类似于20世纪90年代初针对意大利里拉和英国英镑的汇率攻击行为。因此，从某种意义上讲，欧元的实施减少了国际投机资金攻击该地区汇率的机会，有利于欧元区各国金融的稳定运行，也为经济的繁荣发展营造了有利的气氛。

第三，欧元的运行还在一定程度上促进了消费和投资。欧元流通将加速欧洲统一市场内部的人员、物资和技术的流通，促进了消费，市场扩大为企业带来了机遇，但同时也使企业之间的竞争更加激烈。欧元的流通及稳定性有利于地区间的相互投资，能够使欧洲的企业管理、技术转让等更加容易，能够使人员、技术和投资得到更好的配置。

2）欧元的问世对美元在国际金融格局中的主导地位直接提出了挑战

欧元的影响远远超出了欧元区，有些国家和地区已单方面宣布欧元为法定货币，相当多的非洲国家原先与法国之间的货币关系也将转为与欧元挂钩[①]，即使不考虑欧盟东扩候选国货币与欧元之间的兑换关系，欧元从启动之日起，即对世界40多个国家和地区产生了影响。欧元的问世及欧元区的形成，预示着世界上一个经济实力足以与美国抗衡的经济体的崛起，美元-欧元双寡头的国际储备格局形成，这一方面可使各国摆脱对美元的过分依赖，另一方面可使国际交易中的计价结算支付体系更加简化和便利，促进国际货币合作与政策协调。

如今，欧元已成为国际贸易、金融交易和官方外汇储备中的重要货币，形成了全球结算货币和外汇储备结构的新格局。国际货币基金组织的统计资料显示，在世界各国的外汇储备中，美元所占比例从1999年的71.01%降到了2022年的58.58%，同期欧元所占比例则从1999年的17.90%上升至2022年的20.37%。这些数据充分说明，美元作为最重要的国际储备货币的地位正在逐步下降，而欧元的地位逐步上升。

自问世以来，欧元一直致力于成为全球范围内的流通货币，并且正在不断接近这一目标。欧元在全球贸易结算中所占的比重不断提升。环球同业银行金融电信协

---

① 一些国家和地区尽管不是欧盟成员，但也用欧元作为支付工具，或者与欧元有着密切的关系。例如，摩纳哥、圣马力诺和梵蒂冈以前使用法国法郎或者意大利里拉作为货币，在法、意两国加入欧元区后，这些国家也相继使用欧元。另外，对于非洲中部和西部的13个经济共同体，其使用的货币自1946年就与法国法郎挂钩，欧元区成立后，开始使用欧元。研究显示，全球40多个经济体（以小型经济体为主）将欧元作为汇率稳定货币。

会的追踪显示，美元和欧元长期居于全球最常用支付货币的前两位，2022 年 12 月，两种货币的使用比例分别为 41.89% 和 36.34%。

虽然目前在国际市场上美元仍然是无可争议的主要货币，但欧元的出现必将缩小美国和欧盟之间现存的货币差额，从而使国际金融市场上几种主要货币之间的实力对比发生根本性变化。

3）欧元的出现对现行的国际货币体系提出了挑战

欧元启动后，首批 11 国在国际货币基金组织的份额合并达到 37%，与美国不足 20% 的基金份额相比[①]，欧盟国家在国际政治、经济舞台上掌握更大的发言权，从根本上打破美国一家主宰国际货币和金融事务的局面。同时，以美元为主导的国际货币体系也必然发生重大变化。因此，欧元的诞生标志着国际金融格局进入重大调整阶段，并将为现行国际货币体系乃至国际金融体系的改革创造条件。

4）欧洲货币一体化为其他经济一体化组织的货币合作起到了示范作用

知识拓展 8-4

欧洲货币一体化的成绩展示了货币合作的积极效果，也启发了其他地区的货币合作构想，建立区域共同货币也被许多区域经济合作组织提上日程，区域货币合作成为国际金融领域最热门的话题。其中，有关东亚区域货币合作的讨论正日渐升温。

欧洲在创设
欧元区方面的
优势

5）欧元区的建设实践推动了最优货币区理论的发展

在欧元区未形成之前，根据最优货币区的单一指标法，欧元区在很多指标上并不符合建立最优货币区的条件。因此，单从理论上的标准而言，欧元诞生时面临着大量的质疑声。然而，欧元运行后的实际效果显然抵消了当初的怀疑，现实与理论的背离为最优货币区理论的发展提供了新的视角。相关研究表明：最优货币区的标准是内生变量而非外生变量，即使构成最优货币区理论的一系列指标事前并未达到，但是在欧洲货币联盟形成以后，会由于内生变量起作用而逐渐达标。因此，这项具有进步意义的结论在欧元的实践中得到了印证。从这个角度来看，欧元作为单一货币的实践对最优货币区理论的发展具有实质性的推动作用。

8.3.3　欧元未来面临的挑战

欧元区目前有 20 个成员，这些国家的经济发展水平存在很大差距，同时欧元区内缺乏超国家的机构来协调政府间的经济政策，这为欧元未来的前景带来了不确定性。

首先是经济政策协调问题。欧元区拥有统一货币，执行统一的货币政策，但欧元区内各成员的经济走势却存在着很大的差异。对某一成员而言，其很可能采取不同于其他国家的政策组合会更利于本国经济发展。这就意味着，如果一个成员认为其经济极度低迷，那么它就具备了退出欧洲货币联盟，以便放松银根和实行货币贬

---

① 尽管近年来随着 IMF 份额改革的推进，欧元区的份额略有下降，但截至 2023 年 7 月底，欧元区 20 国在 IMF 的份额之和仍达到 22.23%，高于美国的 17.43%。

值的动力，欧洲货币联盟也就面临着解体的可能。在金融危机的冲击下，政策协调问题更加突出。2009 年，全球性金融危机严重影响实体经济，欧元区国家的经济更是濒临衰退。但是，欧元区国家未能就刺激经济采取统一措施，各国的分歧使得欧洲国家无法采取共同行动来应对金融危机。这次金融危机还暴露出了另外一个问题，即欧元区缺少一个明确的"最后贷款人"。现在还不清楚，欧洲央行是否愿意向各成员的央行提供充足的欧元，以满足其尽力刺激本国经济的需要。如果某成员认为，本国银行倒闭的原因在于本国央行无法向其提供足够的贷款，就可能选择退出欧洲货币联盟，以便其央行能够自由地向银行体系提供资金。

其次是欧盟国家的财政赤字问题。由于缺乏自主的货币政策，各成员只能动用财政政策调节经济，但欧盟的《稳定与增长公约》限制了欧元区各成员的财政赤字。按照规定，欧盟成员的财政赤字不得超过其 GDP 的 3%，公共债务不得超过其 GDP 的 60%。虽然《稳定与增长公约》具备一定的灵活性，允许各成员在一定程度上提高财政赤字以刺激经济，但是这可能已经无法满足各成员的需要。在金融危机面前，一些欧元区国家不得不大规模举债，以挽救本国的银行业和企业。新型冠状病毒感染暴发前，欧盟 28 个成员中，有 20 个成员已经因赤字超标而受到警告。新型冠状病毒感染暴发后，欧盟财长议会于 2020 年 3 月 23 日决定暂停履行《稳定与增长公约》，中止各国为实现财政目标而必须实施的结构调整，允许额外支出数十亿欧元以缓解新型冠状病毒感染导致的"严重经济衰退"。2020 年，欧盟 27 个成员平均赤字率超过 6%[①]，且有 25 个成员赤字超标，欧元区 19 国更是全部超标，平均赤字水平达到 7%。尽管随着经济的恢复，欧盟赤字率略有下降，但 2022 年欧盟和欧元区的财政赤字率仍超标，分别为 3.4% 和 3.6%。由于欧元区未设立统一机构约束各国的财政预算，因此 3% 的赤字上限就成了欧元信用的基石，而赤字超标则损害了欧元信用。在单一货币和资本完全流动的条件下，一国存在大量的财政赤字势必会导致国内利率上升，从而给其他成员带来压力，最终将影响整个欧洲货币联盟的货币稳定和金融秩序。

最后是货币制度与财政制度不统一。由于统一的货币政策难以及时应对经济危机，因此各国政府为了尽早走出危机，只能通过扩张性的财政政策来调节经济。比如，希腊在遇到问题时，对外不能通过货币贬值来刺激出口，对内不能通过货币扩张来削减政府债务，只能无奈选择债台高筑。当许多欧元区成员违反了《稳定与增长公约》中公共债务占 GDP 比重上限 60% 的标准，而欧元区又没有真正意义上的惩罚措施时，就会在客观上产生负向激励效应。由于欧元区在建立的时候没有充分考虑退出机制，个别成员在遇到问题后，只能通过欧盟的内部会议协商讨论，因此降低了效率并最终延缓了问题的解决。2009 年的希腊债务危机乃至后来蔓延至多个国家的欧洲债务危机，都充分体现了上述矛盾。

知识拓展 8-5

欧盟推进"金融战略自主"

---

① 2020 年 1 月 31 日，英国正式退出欧盟，结束其 47 年欧盟成员国的身份。

专栏 8-2 希腊债务危机

2009 年 10 月初，希腊政府突然宣布 2009 年政府财政赤字和公共债务占国内生产总值的比例预计将分别达到 12.7% 和 113%，远超欧盟《稳定与增长公约》规定的 3% 和 60% 的上限。鉴于希腊政府的财政状况显著恶化，全球三大信用评级机构惠誉、标准普尔和穆迪相继调低希腊主权信用评级，希腊债务危机正式拉开序幕。信用评级被降低，希腊政府的借贷成本大幅提高。希腊政府必须在 2010 年紧急筹措 540 亿欧元，否则将面临破产的"威胁"。与此同时，希腊债务危机也导致欧洲其他国家陷入危机，如比利时、葡萄牙、西班牙等国，都预报未来 3 年预算赤字会居高不下。此外，德国等欧元区的经济大国也开始感受到危机的影响，因为欧元大幅下跌，加上欧洲股市暴挫，所以整个欧元区正面临着成立 11 年以来最严峻的考验。有些评论家更是推测欧元区最终会以解体收场。

希腊债务危机的源头需要追溯到 2001 年。当时希腊刚刚进入欧元区，根据《马斯特里赫特条约》的规定，欧洲货币同盟成员必须符合两个关键标准，即预算赤字不能超过国内生产总值的 3%、负债率低于国内生产总值的 60%。然而，希腊的这两项指标与规定的标准相差甚远，这对希腊和欧元区来说都不是一件好事，特别是在欧元刚一问世便开始贬值的时候。这时，希腊便求助于美国高盛投资银行。高盛为希腊设计了一套"货币掉期交易"方式，为希腊政府掩饰了一笔高达 10 亿欧元的公共债务，从而使希腊在账面上符合了欧元区成员的标准。希腊的这一做法并非欧盟国家中的独创。据透露，有一批国家借助这一方法，使得国家公共负债率得以维持在《马斯特里赫特条约》规定的水平。这些国家不仅有意大利、西班牙，而且包括德国。

高盛提供给希腊的欧元贷款为期 10~15 年，此时已经到了这笔货币掉期交易到期的日子，因此希腊的债务问题便暴露了。如果希腊出现支付危机的话，一大批欧元区银行将受到拖累。希腊在 20 世纪初发售的国债，要么被欧元区各大银行所购买，要么得到了欧洲中央银行以及欧元区银行或保险公司的担保。希腊债务问题危及的是欧元区的未来前景。最令希腊没有想到的是，这场针对希腊支付能力的攻击的主谋，居然就是高盛和另外两家美国对冲基金。也就是说，高盛一方面以所谓的"创造性会计"方式为希腊政府出谋划策，做虚账以使希腊符合欧元区成员标准；另一方面却在背后攻击希腊和欧元，以从中获利。

欧元货币体系的内在缺陷是滋生此次债务问题的土壤。希腊经济总量占欧元区经济总量不过 1/14，希腊债务问题却能够撼动欧元汇率，根本原因就是欧元区存在体制性缺陷。美国投资家索罗斯撰文指出，任何一种成熟完善的货币体系都需要央行和财政部一同保驾护航。危机袭来之时，央行提供流动性，财政部处理公共债务。欧元区只设有欧洲央行，却没有统一的"欧洲财政部"。

实际上，欧洲货币联盟在某种程度上也在助长和掩盖一些国家财政纪律松弛的状况。比如，希腊如果使用自己的货币，多年来的高通胀、高赤字必然导致其货币贬值，同时信用不足早已导致其在资本市场上借债成本高企。而在欧元区的庇护下，债券市场不再担心希腊的高通胀或货币贬值，希腊政府多年来能以低利率借贷，并轻易获得长期融资。欧元区的实际情况是，内部经济差异巨大，却采取统一的货币政策；许多国家享受了稳定货币的好处，却逃避了应该承担的责任。欲使欧元区国债和欧元未来不再受到攻击，就要从根本上完善欧洲的货币、财政及政治一体化机制。

专栏8-3　　　　　东亚区域货币合作探索与《清迈倡议》

东亚①各国金融合作的想法是在1997年亚洲金融危机之后产生的。这次金融危机来势之猛、传播之快、范围之广、危害之大是世界金融史上从未有过的，几乎所有东亚国家和地区均未幸免，单个国家和地区仅仅凭借自身的力量根本无法抵御。这次危机使东亚国家真正认识到：只有通过区域性的经济与金融合作，凭借东亚的整体经济与金融实力，才能抵御金融危机的侵害。

2000年5月，在泰国清迈召开的亚洲开发银行第33届年会上，东盟10国以及中国、日本、韩国（即"10+3"组织）的财长通过了旨在加强区域间货币合作和风险预警机制的《清迈倡议》（CMI）。《清迈倡议》的主要内容包括：在亚洲地区发生短期资本急剧流动等情况下，各国通过双边互换的方式提供干预资金，以应对紧急之需；交换经济和外汇方面的信息；建立一个预防性的货币危机监督机构；建立一笔备用贷款基金，估计将达到200亿至300亿美元，各国出资额将按照其外汇储备额比例分摊。

《清迈倡议》启动之初，其规模和独立性都十分有限，但此后倡议涉及的金额不断扩大，运作效率不断提高，独立运作空间逐渐加大。2008年5月，"10+3"财长会议决定，各国出资800亿美元建立共同外汇储备基金，《清迈倡议》框架由双边转化为多边。2009年2月，为应对全球金融危机，"10+3"财长会议公布了《亚洲经济金融稳定行动计划》，将共同储备基金的规模由800亿美元扩大到1 200亿美元，并提议建立独立的区域性监控实体。这一计划的提出为《清迈倡议》多边机制的制度化奠定了基础，从中长期看也为更高层次的区域政策协调和货币合作搭建了平台。《亚洲经济金融稳定行动计划》为《清迈倡议》多边机制的制度化建设做好了准备，也是高层次货币合作的基础。

2010年3月24日，《清迈倡议多边化协议》正式生效，东亚外汇储备库正式建立，储备库中的1 200亿美元用于解决区域内国际收支不平衡和短期流动性困难，而且可以对现有国际融资安排进行补充。2012年5月，储备基金规模扩大一倍至2 400亿美元。

《清迈倡议》的实施标志着东亚区域货币合作进入了实际操作阶段。东亚各国就区域货币合作达成了共识，并采取了一系列的积极行动。理论上，具有实质意义的区域货币合作是汇率机制的合作。亚洲金融危机比较充分地暴露出了东亚地区原有汇率安排的缺陷。危机之后，各国均渴望加强区域汇率协调，维持汇率稳定。但

---

①　本章所称"东亚"包括东盟（ASEAN）10国（文莱、柬埔寨、印度尼西亚、老挝、马来西亚、缅甸、菲律宾、新加坡、泰国和越南）和中国、日本、韩国。

是目前阶段，鉴于东亚地区各国的历史背景、社会问题和经济情况的复杂性，区域汇率合作一直没有实质性进展。东亚国家的差异性是制约东亚区域货币合作的根本原因。东亚各国经济发展状况差距很大，政治体制、社会制度各不相同，经济类型及结构互不相同，历史文化与宗教民俗也差异明显。

● **思政课堂**

互利共赢："一带一路"金融合作成果斐然

共建"一带一路"倡议，从全新的角度构建了多边合作机制，不仅为促进全球经济可持续发展与推动全球治理体系变革提供了中国方案和中国智慧，也为谋求互利共赢的国际合作提供了新思路和新范式。金融合作是"一带一路"经贸与投资合作的重要支柱。共建倡议提出以来，"一带一路"金融合作形式不断丰富，合作程度日益加深，在金融合作机制对接与建设、新型国际投融资模式建设、金融机构及金融市场合作、货币合作和金融监管合作等方面均取得了亮眼的成绩。

第一，就金融合作机制对接与建设而言，一方面，充分发挥现有国际金融合作机制如东盟10+3金融合作机制、中国-东盟银联体、上海合作组织银联体、上海合作组织财长和央行行长会议、东亚及太平洋中央银行行长会议组织以及中亚、黑海及巴尔干地区央行行长会议组织等的作用，加强金融政策沟通；另一方面，中国加入欧洲复兴开发银行，成立中国-中东欧银联体、中国-阿拉伯国家银行联合体、中非金融合作银行联合体。

第二，在新型国际投融资模式建设方面，先后倡议并建立亚洲基础设施投资银行、金砖国家新开发银行、丝路基金、中哈产能合作基金、中欧共同投资基金、中国-中东欧投资合作基金、中国-中东欧金融控股有限公司，同时阿联酋阿布扎比投资局、中国投资有限责任公司等主权财富基金对沿线主要新兴经济体投资规模也显著增加。

第三，就金融机构及金融市场合作而言，一方面，以国家开发银行、中国进出口银行、中国出口信用保险公司为代表的开发性、政策性金融机构积极参与"一带一路"金融合作，中国银行、中国工商银行、中国建设银行、中国农业银行等中资银行在沿线国家建立了广泛的代理行关系，并积极设立分支机构，"一带一路"沿线国家的银行也在华设立了数十家子行、分行和代表处；另一方面，上海证券交易所相继参与共同投资建设中欧国际交易所、阿斯塔纳国际交易所，中国金融期货交易所收购巴基斯坦证券交易所30%股权，中国进出口银行发行"债券通"绿色金融债券，金砖国家新开发银行发行人民币绿色金融债券等。

第四，在货币合作方面，截至2021年，中国已与22个沿线国家签署了双边本币互换协议，在8个沿线国家建立了人民币清算机制安排，与俄罗斯、哈萨克斯坦、白俄罗斯、尼泊尔等国家签署了一般贸易和投资本币结算协定，在中国银行间外汇市场开展人民币对沿线国家10种货币的直接交易，开展人民币对哈萨克斯坦坚戈、蒙古图格里克、柬埔寨瑞尔、印度尼西亚卢比4种货币银行间区域交易。2021年，中国与"一带一路"沿线国家人民币跨境收付金额达到5.42万亿元，占同期人民币跨境收付总额的14.8%，同比增长19.6%。

第五，就金融监管合作而言，中国人民银行与多个境外反洗钱机构签署合作谅解备忘录，原中国银监会与多个沿线国家金融监管当局签署了双边监管合作谅解备忘录或合作换文，原中国保监会也与沿线国家签署了监管合作谅解备忘录并成立了亚洲保险监督官论坛。

总体来说，沿线国家金融合作的不断深入，不仅为"一带一路"建设行稳致远和高质量发展提供了有力的支持，也带动了沿线国家共同发展，有助于实现中国与参与国家的共同繁荣和进步。纵观"一带一路"金融合作的发展进程与显著成绩，我们可以总结出以下几点经验与启示：

第一，"一带一路"倡议是中国主动承担大国责任的体现。共建"一带一路"倡议提出于后危机时代世界经济复苏乏力，全球贸易保护主义、单边主义抬头，经济全球化遭遇逆流，气候变化、恐怖主义、难民危机等全球性问题治理日益紧迫，但全球治理严重赤字、现有全球治理机制应对乏力的特殊背景。中国作为一个负责任的大国，从推动构建人类命运共同体的高度出发，主动让世界分享中国发展成果，提出共建"一带一路"倡议，既是促进全球经济发展的中国方案，也为维护经济全球化和开放型世界经济体制贡献了中国智慧，更是中国为世界贡献的新的国际公共物品，体现了中国的大国担当。

第二，共建"一带一路"始终秉持和平合作、开放包容、互学互鉴、互利共赢的理念。共建"一带一路"不是搞地缘政治联盟或军事同盟，不以意识形态划界，不是关起门来搞小圈子或"中国俱乐部"，不是搞零和游戏，是和平发展、经济合作的倡议，是尊重不同国家历史文化、发展道路、发展水平、发展阶段差异，推动各国共同发展繁荣的倡议，是各国通过互惠合作，共同应对威胁和挑战，共同谋划利益和福祉，进而实现互惠互利的共赢发展。也正是在这一理念精神的指引下，"一带一路"的朋友圈日益扩大，包括金融合作在内的"一带一路"合作不断加深。

第三，共建"一带一路"为完善全球经济治理拓展了新实践。与既有全球经济治理机构的大国主导、强调市场化和自由化、以发达国家利益为优先、附加意识形态和政治条件不同，共建"一带一路"倡议倡导共商共建共享，所建立的亚洲基础设施投资银行、金砖国家新开发银行等新的治理机构，强调包容开放和平等合作，反对霸权和等级，强调实现广泛的发展目标，摒弃"华盛顿共识"，坚持利益共享和互利共赢，反对"一家独大"，反对附意识形态和政治条件，是对现有全球经济治理体系的补充和完善。

● 本章小结

区域货币合作是在两个或两个以上国家之间进行的有关维持汇率稳定和金融市

场稳定发展的各种形式的合作。合作的手段包括货币政策、财政政策协调，共同干预市场等。

根据区域内货币合作的程度，货币合作可分为三个层次：第一个层次是有关国家在货币问题上进行的协商、协调以及共同行动。第二个层次是汇率机制合作，旨在稳定汇率。第三个层次是统一货币，这是货币合作的最高形式。

最优货币区是指这样一个区域：区域内各国的货币之间实行固定汇率，或实行单一的共同货币，对外则实行联合的浮动汇率。区域内各国的经济通过商品和服务贸易以及要素的流动紧密联系在一起。

单一指标法是指仅从某一个方面分析最优货币区的判断标准。最优货币区理论问世之初，学者们大多采用此种方法，但是这种方法在理论界存在很大争议，分歧主要在于各方判断最优货币区的标准不同。几个主要的判断指标包括：要素流动性、经济高度开放性、产品高度多样化、国际金融市场高度一体化、政策一体化等。

由于任何单一指标都无法充分解释建立最优货币区的实质问题，因此研究的重点逐渐转向了对各国加入最优货币区的成本、收益的比较上。最优货币区的建立可以消除由于汇率波动而产生的不确定性；最优货币区的运行机制有利于各成员保持物价水平的稳定；最优货币区的建立有利于各国实现国际收支平衡，降低调节国际收支的成本。

加入最优货币区也需要各成员付出相应的代价。其中，最大的问题在于各成员必须在相当大的程度上放弃其宏观经济政策的独立性，各成员将无法根据自身的具体情况采取有针对性的调节措施。此外，如果采用统一货币，各成员还将损失铸币税收入。

对欧元区国家而言，货币一体化对经济发展具有显著的有利影响：单一货币的问世消除了各国原有的汇率不稳定性，降低了货币兑换成本，必然促进各国贸易的发展。同时，欧元的实施使欧洲内部的商品、劳务、资本流动更加自由，有利于区内国家的资源配置和分工。欧洲统一货币政策的实施也有利于提高整个区域抵御国际游资冲击的能力。欧元的问世对美元在国际金融格局中的主导地位和现行的国际货币体系提出了挑战。欧洲货币一体化为其他经济一体化组织的货币合作起到了示范作用，欧元区的建设实践推动了最优货币区理论的发展。

● 延伸阅读

有关欧元区的基本经济情况，可以登录欧洲中央银行的官方网站，http://www.ecb.europa.eu/home/html/index.en.html。

● 基本概念

区域货币合作 最优货币区

随堂测试

● **复习思考题**

　1.区域货币合作包括哪些层次？

　2.判断最优货币区的标准有哪些？

　3.加入最优货币区有何成本和收益？

　4.欧元的问世对国际货币体系产生了怎样的影响？

在线课堂

欧洲中央银行《欧元的国际角色》介绍

第 3 部分
国际金融活动

第9章 /外汇市场与外汇交易

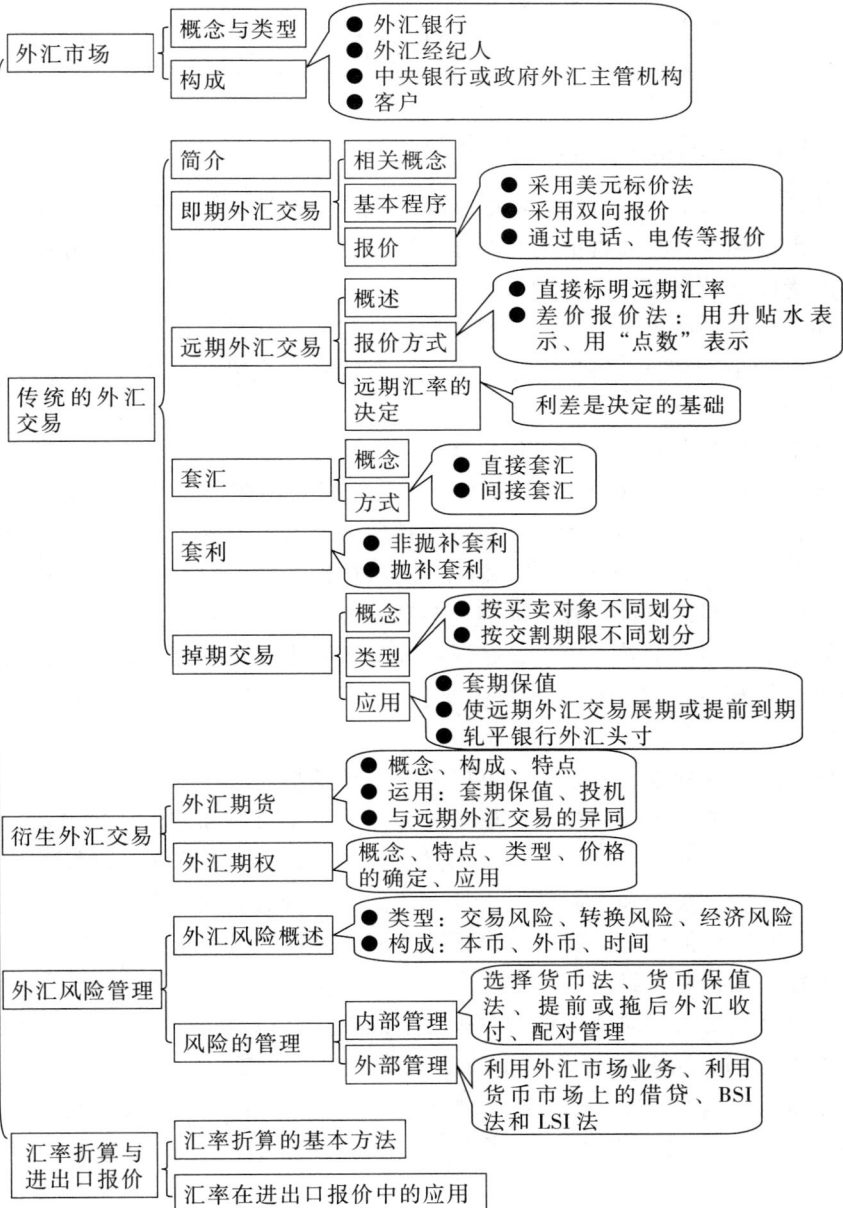

外汇市场与外汇交易
- 外汇市场
  - 概念与类型
  - 构成
    - 外汇银行
    - 外汇经纪人
    - 中央银行或政府外汇主管机构
    - 客户
- 传统的外汇交易
  - 简介
    - 相关概念
  - 即期外汇交易
    - 基本程序
    - 报价
      - 采用美元标价法
      - 采用双向报价
      - 通过电话、电传等报价
  - 远期外汇交易
    - 概述
    - 报价方式
      - 直接标明远期汇率
      - 差价报价法：用升贴水表示、用"点数"表示
    - 远期汇率的决定
      - 利差是决定的基础
  - 套汇
    - 概念
    - 方式
      - 直接套汇
      - 间接套汇
  - 套利
    - 非抛补套利
    - 抛补套利
  - 掉期交易
    - 概念
    - 类型
      - 按买卖对象不同划分
      - 按交割期限不同划分
    - 应用
      - 套期保值
      - 使远期外汇交易展期或提前到期
      - 轧平银行外汇头寸
- 衍生外汇交易
  - 外汇期货
    - 概念、构成、特点
    - 运用：套期保值、投机
    - 与远期外汇交易的异同
  - 外汇期权
    - 概念、特点、类型、价格的确定、应用
- 外汇风险管理
  - 外汇风险概述
    - 类型：交易风险、转换风险、经济风险
    - 构成：本币、外币、时间
  - 风险的管理
    - 内部管理
      - 选择货币法、货币保值法、提前或拖后外汇收付、配对管理
    - 外部管理
      - 利用外汇市场业务、利用货币市场上的借贷、BSI法和LSI法
- 汇率折算与进出口报价
  - 汇率折算的基本方法
  - 汇率在进出口报价中的应用

9.1 外汇市场

9.1.1 外汇市场的概念与类型

外汇市场（foreign exchange market）是进行外汇买卖的场所，是国际金融市场的重要组成部分。与通常的商品买卖不同，外汇买卖实际上是货币兑换行为，即把一国的货币兑换成另一国的货币。

外汇市场是世界上最大的交易市场，全球外汇交易额已远远超过贸易额。国际清算银行2019年发布的调查报告显示，全球外汇交易的日均交易额高达6.6万亿美元。

由于全球各金融中心的地理位置不同，受时差的影响，世界上主要的外汇市场此开彼闭，因此一天24小时中全球一直有外汇市场在进行外汇交易。凭借电子通信手段，外汇市场的参加者可以在世界各地进行交易，外汇资金流动顺畅，市场间的汇率差异变小，形成了全球一体化运作的局面。目前，世界上有30多个主要的外汇市场，它们遍布世界各大洲的不同国家和地区。伦敦外汇市场和纽约外汇市场是世界上最大的两个外汇市场，在所有外汇市场中起主导地位，其中伦敦外汇市场的交易量居榜首。当今外汇市场上交易最为活跃的币种有美元、欧元、日元、英镑等。

根据不同的标准，外汇市场可以分成多种类型。

按交易主体的不同，外汇市场可分为外汇批发市场和外汇零售市场。外汇批发市场是指银行同业间（inter-bank）的外汇交易行为及其场所。银行同业间外汇交易包括同一外汇市场和不同外汇市场上各商业银行之间的外汇交易、中央银行与商业银行之间的外汇交易、各国中央银行之间的外汇交易。银行同业间外汇交易的目的在于弥补银行业务经营过程中产生的外汇短缺头寸，避免外汇风险。中央银行参与外汇交易则是为了对市场进行政策性干预，从而稳定本国货币汇率和调节国际收支。外汇市场上95%的交易属于同业交易，其特点是交易金额大，每笔交易最低金额为100万美元，所以称为外汇批发市场。外汇零售市场是指银行与一般客户之间的外汇交易行为及其场所。相对于外汇批发市场而言，这个市场的交易规模较小。

　　按市场组织形式的不同，外汇市场可分为有形外汇市场和无形外汇市场。有形外汇市场是指有固定的营业场所即外汇交易场所的外汇市场。有形外汇市场有既定的交易时间和交易规则，在营业时间内，交易各方聚集在外汇交易所进行面对面的外汇交易。历史上，这种形式流行于欧洲大陆国家，所以又称大陆式外汇市场，比较典型的有巴黎、法兰克福、布鲁塞尔、阿姆斯特丹、米兰等地的外汇市场。目前，有形外汇市场正逐步被无形外汇市场所取代。无形外汇市场是指无具体交易场所的外汇市场。在这种外汇市场上，交易商们往往坐在世界各主要商业银行的办公室里，通过电子计算机终端、电话、电传和其他通信手段进行联系，一笔外汇交易瞬间即可完成。无形外汇市场最初流行于英国和美国，故又称英美式外汇市场。无形外汇市场已经逐渐成为外汇市场的主要形式，伦敦、纽约、东京、苏黎世等地的外汇市场都属于无形外汇市场。

　　按政府对外汇交易市场是否干预，外汇市场可分为官方外汇市场和自由外汇市场。官方外汇市场是指按照所在国政府外汇管理机构规定的官方汇率进行交易的市场；自由外汇市场是指不受政府控制，按照市场供求变化形成的汇率进行交易的市场。

　　按外汇交易的不同特征，外汇市场可分为即期外汇市场、远期外汇市场、外汇期货市场、外汇期权市场。其中，交易量最大的是远期外汇市场，但外汇期货交易和外汇期权交易的成交量近年来一直呈快速上升趋势。

9.1.2　外汇市场的构成

　　外汇市场主要由外汇银行、外汇经纪人、中央银行或政府外汇主管机构和客户四部分构成。

　　1）外汇银行

　　外汇银行又称外汇指定银行，是指各国中央银行指定或授权经营外汇业务的银行。它可以是专营或兼营外汇业务的本国商业银行和其他金融机构，也可以是设在本国的外国银行分支机构、代办处或其他金融机构。外汇银行是外汇市场的主体。

　　外汇银行从事的外汇交易主要分为两大部分：一部分是为客户提供服务；另一部分是为自身利益所进行的外汇交易。这两种活动都可以为外汇银行带来收益。一方面，外汇银行通过代顾客买卖外汇赚取价差（低价买进，高价卖出），还从为客户提供的各种服务中收取一定的手续费和服务费；另一方面，外汇银行为平衡自身的外汇头寸进行同业间的外汇交易，并从事一定的外汇投机活动，为银行创造利润。

　　2）外汇经纪人

　　外汇经纪人（foreign exchange broker）是介于外汇银行之间或银行与客户之间，为交易双方提供迅速而准确的信息，促使外汇买卖双方成交并从中收取佣金的中介人。外汇经纪人依靠其广泛的信息网，能提供多家银行的外汇报价，从而使要进行外汇交易的客户选择较为有利的成交价格完成交易。外汇经纪人可分为两种：一种是一般经纪人（general broker），即用自己的资金参与外汇买卖，自己承担外汇买卖风险损益；另一种是跑街经纪人或掮客（running broker），即仅以收取佣金为目的，代客买卖且不承担风险。

3）中央银行或政府外汇主管机构

中央银行或政府外汇主管机构是一国行使金融管理和监督职能的专门机构。基于管理外汇市场的重任，中央银行经常通过参与外汇市场的交易干预外汇市场，以维持市场秩序，使汇率稳定在一定水平或一定波动范围内，防止汇率波动对本国经济产生不利影响。为此，它们经常进入市场并大量买进或卖出外币。近几年来，西方国家的中央银行不仅单独干预外汇市场，一些主要发达国家的中央银行还经常采取联合行动，共同对外汇市场进行干预。因此，中央银行不仅是外汇市场的成员，而且是外汇市场的实际操纵者。

4）客户

客户是外汇市场中最初的外汇供应者和最终的外汇需求者，主要包括：

①交易性的外汇买卖者，如进出口商、国际投资者、旅游者等，他们主要通过外汇银行获取外汇。

②保值性的外汇买卖者，如套期保值者。由于汇率变动会给外汇持有者带来外汇风险，因此外汇持有者需要通过外汇市场进行外汇保值，以避免或减少汇率变动带来的风险。

知识拓展 9-1

③投机性的外汇买卖者。外汇投机者通过对汇率的预测，以买空或卖空等方式赚取价差，但风险较大。他们经常大量买卖外汇，是外汇市场的重要组成部分，并已经成为影响外汇汇率的重要因素。

中国的外汇市场自律机制

专栏 9-1   **托宾税**

1972 年，托宾在普林斯顿大学演讲时提议"往飞速运转的国际金融市场这一车轮中掷些沙子"，首次提出对现货外汇交易课征全球统一的交易税，经济学家后来把这种外汇交易税称为"托宾税"。托宾税提出的背景是，国际资金流动尤其是短期投机性资金流动的规模急剧膨胀，造成了汇率的不稳定。

托宾税有两个特征：单一税率和全球性。托宾本人在 1978 年提出的税率是 1%，1994 年提议改为 0.5%。他主张至少应在主要资本主义国家内实施，最好在全球范围内实施。

托宾税的功能有两个：

第一个功能，也是最为重要的一个功能，即抑制投机，稳定汇率。托宾税的征收能够增加外汇交易成本，缩小投机者的盈利空间，在一定程度上成功阻止货币投机交易。因此，实施托宾税可使一国政府较为放心地根据国内经济情况实施相应的货币政策和确定相应的利率水平，不必担心会受到短期资金流动的冲击。而且，由于托宾税是针对短期资金的往返流动而设置的，它不仅不会阻碍反而将有利于因生产率等基本面差异而引致的贸易和长期投资，因为后者的收益较高，相关的货币流动期限较长，所以汇率的稳定对其更为有利。

第二个功能，即可以为全球性收入再分配提供资金来源。考虑到目前全球外汇交易的天文数字，即使对外汇交易课征税率很低的税收，也能筹到巨额资金。托宾税的筹资功能并非托宾提议此税的初衷，但这一功能在近几年来日益受到经济学界和政界的重视。

托宾税自20世纪70年代提出以来，在学术界和政界引起了强烈的反响和激烈的争论，但事实上，至今没有国家付诸实践。一般认为，托宾税这一方案有以下3个问题难以解决：

第一，如何评价投机在外汇市场中的作用。投机具有双重性：一方面，它会造成市场价格的波动；另一方面，正是投机者主动承担风险，才使得市场正常运转，这突出体现在远期外汇市场上。实施托宾税有可能损害市场的流动性，使外汇市场更趋动荡。

第二，托宾税面临着许多技术上的难题。例如，从税基的确定角度看，根据公平原则，托宾税应尽可能涵盖一切参与外汇交易的个人、企业、金融中介机构、政府和国际组织，但这样的税基不能把不同性质的外汇交易区别开来，对投机者和非投机者都课以此税显然有悖于托宾税的宗旨。另外，从应税交易的识别角度来看，托宾税主要针对的是投机性现货交易，但目前外汇市场上最活跃的投机活动发生在衍生工具领域。对衍生工具交易征税将使税收的征收及监管更加复杂，并且可能严重破坏衍生市场的发展，从而进一步危及外汇市场的稳定性。在税率的确定上，目前的建议都具有很大的随意性。如果使用低税率，不一定能有效阻止投机交易；如果采用足以阻止投机的高税率，又将使外汇交易量大为缩减，从而损害金融市场的活力和效率。

第三，托宾税存在着政策协调方面的阻碍。托宾税是一种各国间的政策协调方案，各国在协调的过程中可能存在许多难以克服的障碍。例如，是否能将所有国家都纳入协调范围。如果有的小国不愿采用托宾税方案，那么在其他主要国家都征收托宾税时，这些小国就会迅速发展为避税型离岸金融中心，从而使托宾税无法收到预期效果。另外，托宾税的收入分配问题，因为存在明显的利益性，所以可能引起各国的激烈争吵。

总之，在国际资金流动问题非常突出的情况下，托宾税的提出非常引人注目，但它也存在一些问题，有待进一步探讨。

9.2 传统的外汇交易

9.2.1 外汇交易简介

外汇交易（foreign exchange transaction），又称外汇买卖，是指在外汇市场上以外汇银行为中心，交易双方对外汇进行买卖的行为。这种外汇买卖，可能买卖的是货币本身，但绝大多数是以外币表示的各种支付手段或信用工具的买卖活动。外汇交易产生于国际结算，但现在已逐渐从为贸易服务的角度脱离出来，并越来越成为一种独立的资本流动形式。目前，90%以上的外汇交易是为了规避利率和汇率风险。通过这种活动，外汇交易者可以按一定的汇率将一种货币转换成另一种货币，从而实现了国际上的贸易支付和资金转移。

在外汇买卖的过程中，外汇银行既是外汇需求者和外汇供给者的中介，又是一切外汇业务活动的中心。外汇银行在与客户交易之后，不可避免地要出现某种外汇买入多于卖出或卖出多于买入的情况。外汇银行所持有的各种外币账户的余额状况称为外汇头寸（foreign exchange position）。如果银行买入某种外币的数额超过卖出的数额，称为该种货币的多头（long position），或称超买（overbought）；反之，如果卖出数额超过买入数额，称为空头（short position），或称超卖（oversold）。为了避免出现汇率波动的风险，遵循买卖平衡的原则，外汇银行每天都要在柜台交易的基础上，与其他外汇银行进行调整性的交易，即对出现的空头和多头进行必要的抛补（cover），抛出多余的数额，补进短缺的数额，以轧平头寸。没有进行抛补的空头和多头头寸，则称为敞口头寸（open position），或叫风险头寸（currency exposure）。

外汇市场上的基本交易形式，也称为传统交易形式，包括即期外汇交易、远期外汇交易和掉期交易，以及在这些交易的基础上产生的套汇、套利等交易。尽管后来外汇业务又不断创新，产生了外汇期货、期权等一系列金融衍生产品的交易，但是传统外汇交易形式在交易数量上仍然居主导地位。

9.2.2　即期外汇交易

1）即期外汇交易及相关概念

即期外汇交易（spot exchange transaction），又称现汇交易，是指交易双方以当天外汇市场价格成交，并在当天或两个营业日之内进行交割的外汇交易方式。成交汇率称为即期汇率（spot rate）。

与即期外汇交易相关的若干概念如下：

交割（delivery），是指买卖双方支付货币的行为。交割通常表现为交易双方分别按照对方的要求将卖出的货币解入对方指定的银行。双方实现货币收付的那一天称作交割日（value date），或称起息日，意味着买卖双方解入账户的货币从这一天开始计息。交割日为成交当天的，称为当日交割（value today）；交割日为成交后第一个营业日的，称为翌日或明日交割（value tomorrow）；交割日为成交后第二个营业日的，称为即期交割（value spot）。

营业日（working day），是指两个清算国的银行均开门营业的日子，以保证交易双方同时完成货币的收付，避免其中任何一方承担信用风险或利息损失。若其中任何一国遇到节假日，交割日按节假日天数顺延。

基本点（basic point），简称点，是表示汇率的基本单位。一般情况下，一个基本点为万分之一货币单位，相当于小数点后的第四个单位数，即0.0001。有些货币由于数字较大，因此其基本点有些不同。以日元为例，日元的价格变动主要在小数点后的两位数上，因此其基本点为 0.01 货币单位。

2）即期外汇交易的基本程序

即期外汇交易一般成交金额较大，且交易时间很短，因此在交易过程中有许多特有的习惯做法。进行即期外汇交易的基本程序为：

（1）询价（asking）

询价时通常要自报家门，询问有关货币的即期汇率的买入价、卖出价。询问的内容必须简洁、完整，包括币种、金额（有时还要包括交割日）。此外，询价时不要透露出自己是想买进还是卖出，否则对方会抬价或压价。

（2）报价（quotation）

当一家银行的外汇交易部门接到询价时，一般会作出回答，即报价。报价是外汇交易的关键环节，因为报价是否合理关系到外汇买卖能否成功。价格一经报出，只要询价方愿意按报价进行交易，报价行就要承担对此报价成交的责任，不得反悔或变更。

（3）成交（done）

当报价行报出买卖价后，询价方要立即作出答复，买进还是卖出，以及买或卖的货币金额。

（4）确认（confirmation）

在报价行作出交易承诺之后，交易双方还应对买卖的货币、汇率、金额、起息日期，以及结算方法等交易细节再相互证实或确认一遍。

（5）结算（settlement）

这是即期交易中的最后一个环节。双方交易员将交易的文字记录交给交易后台后，由后台根据交易要求指示一方的代理行或分行将卖出的货币划入对方指定的银行账户中。银行间的收付款即各种货币的结算是利用 SWIFT 系统[①]，通过交易双方的代理行或分行进行的，最终以银行存款的增减或划拨为标志。

3）即期外汇交易的报价

报价是即期外汇交易过程的关键环节。外汇银行在报价时一般要考虑以下几项因素：目前的市场行情、自身的外汇头寸及自身的交易意图。外汇银行在报价时也应遵循一定的惯例：

（1）采用美元标价法

除有特别说明外，所有在外汇市场上交易的货币，都以美元作为标准来报价。当交易员向某行询问日元以及瑞士法郎的汇价时，银行报出的是美元对日元的汇价和美元对瑞士法郎的汇价；若要知道日元对瑞士法郎的汇价，一般应通过美元进行套算。

---

① 环球同业银行金融电信协会（Society for Worldwide Interbank Financial Telecommunication，SWIFT）系统是在全球范围内使用的银行清算系统，主要用于处理各国间的银行转账和结算。其特点是服务标准化、安全、快捷、准确。现在大多数国际性大银行都已加入该系统。

（2）采用双向报价

双向报价（two way price）即同时报出买价和卖价。报价的排列顺序是"前小后大"。直接标价法下的顺序是买入价/卖出价，间接标价法下的顺序是卖出价/买入价。

（3）通过电话、电传等报价

通过电话、电传等报价时，报价银行一般只报汇率的最后两位数字。汇率的标价通常为5位有效数字，由于外汇交易人员对各种货币兑换美元的汇率很清楚，因此在银行间报价时，只报最后两位数字。比如，英镑对美元的汇率为GBP1=USD1.2448/1.2466，报价行的交易人员只报48/66。

9.2.3　远期外汇交易

1）远期外汇交易概述

远期外汇交易（forward exchange transaction），也称期汇交易，是指外汇买卖双方先签订合同，约定买卖外汇的币种、数额、汇率和将来交割的日期，但是当时并不实际进行支付，而是到规定的交割日期，再按合同办理交割。

远期外汇交易的期限一般按月计算，通常为1个月、2个月、3个月、6个月、9个月或1年，最常用的是3个月期限的远期外汇交易。以上期限的交易称为标准期限的交易，除此以外的远期外汇交易日期，称为不规则日期。个别的远期外汇交易日期可达1年以上，称为超远期，也有的远期外汇交易日期只有几天。

远期外汇交易按照交割日期是否固定，可以分为固定交割日的远期外汇交易和选择交割日的远期外汇交易。

固定交割日的远期外汇交易（fixed forward exchange transaction），是与远期外汇交易概念相吻合的标准的远期外汇交易，即按照事先规定的交割时间，到期办理交割。例如，某企业与美国一家银行签订了一项购买美元的、期限为3个月的远期外汇合同，如果签约日为1月15日，则交割日应为4月15日。

选择交割日的远期外汇交易（optional forward exchange transaction），通常又称择期外汇交易，是指交割日不确定的远期外汇交易，即买卖双方可以在约定期限内的任何一个营业日办理交割。如上例，签约日为1月15日，则交割日可以是1月18日至4月15日期间的任何一个营业日。由于在择期外汇交易中，客户有权在约定期限内的任何一天按事先规定的汇率进行交割，因此银行在报价时必须考虑到外汇交割是否是在对其最不利的情况下进行的。通常，银行是根据对银行最有利的汇率（对客户最不利的汇率）进行报价的。

通过远期外汇交易，进出口商和投资者可以防范外汇风险，外汇银行可以保持远期外汇头寸的平衡，投机者则可以"买空"或者"卖空"，从中渔利。

2）远期汇率的报价方式

在远期外汇交易中使用的汇率是远期汇率（forward rate）。远期汇率以即期汇率为基础，根据相关货币利率差异的影响而确定。即期汇率与远期汇率之间必然存在差额，称为远期差价或远期汇水，包括升水、贴水和平价三种情况。由于任何货币都是以对方货币计值报价的，因此一种货币升水，另一种货币必定贴水。

远期汇率的表示方法有以下两种：

（1）直接标明远期汇率

这种方法是指在外汇牌价上直接报出远期外汇的实际汇率。日本和瑞士的外汇市场均采取这种报价方式。

比如，某日苏黎世外汇市场的报价：USD/SFR

即期汇率：1.2754/1.2774

1个月远期汇率：1.2795/1.2815

2个月远期汇率：1.2720/1.2740

3个月远期汇率：1.2670/1.2690

6个月远期汇率：1.2582/1.2616

12个月远期汇率：1.2434/1.2445

（2）差价报价法

外汇银行只公布即期汇率而不直接公布远期汇率，远期汇率是在即期汇率的基础上计算出来的。这种报价方式的好处是简明扼要，比直接报价省事。

差价报价法有两种形式：

①一种是用升水、贴水表示，即报出升、贴水数，然后通过在即期汇率的基础上加减升、贴水数得出远期汇率。英国、德国、美国和法国等国采用这种方法。

由于汇率的标价方法不同，计算远期汇率的方法也不同：

在直接标价法下，远期升水：远期汇率=即期汇率+升水

远期贴水：远期汇率=即期汇率-贴水

在间接标价法下，远期升水：远期汇率=即期汇率-升水

远期贴水：远期汇率=即期汇率+贴水

例如，某日在伦敦外汇市场上，英镑对美元（间接标价法）的即期汇率为：1英镑=1.2520/1.2540美元，3个月远期美元升水0.30/0.25美分，则3个月远期美元汇率应由即期汇率减去升水数，即：

即期汇率：1.2520/1.2540

美元升水：0.0030/0.0025

远期汇率：1.2490/1.2515

②另一种是用"点数"来表示。

银行在进行外汇报价时，通常使用"点数"，即基本点。汇率在一天时间内通常只会在小数点后的第三位变动，亦即变动几十个点，不到100点。于是，外汇银行在报价时，只报出远期汇率升、贴水的点数，而且并不说明是升水还是贴水。所报出的点数有两栏数字，分别代表买入价与卖出价变动的点数。

例如，某日加拿大某银行报价：USD/CAD

即期汇率：1.0950/1.0970

1个月远期汇率：10/15

3个月远期汇率：35/25

6个月远期汇率：55/40

我们已经知道，实际的远期汇率可通过即期汇率加上或减去升、贴水得出，但上述数字并未标明是升水还是贴水，因此我们必须先判断变化的方向，然后才能对点数进行加减。

判断升、贴水的方法是：当买价变动小于卖价变动时，即为升水；当买价变动大于卖价变动时，即为贴水。在不同的标价法下，买价和卖价的位置不同。在直接标价法下，前面是买价，后面是卖价；在间接标价法下，前面是卖价，后面是买价。通过归纳，我们可以得出计算远期汇率的一个规则：不管是什么标价方法，如果远期汇率点数的顺序是前小后大，就用加法；如果远期汇率点数的顺序是前大后小，就用减法，即"前小后大往上加，前大后小往下减"（见表9-1）。

表9-1 点数报价的计算方法

远期汇率的排列方式	升、贴水方向	计算方法
前大后小	直接标价法：贴水；间接标价法：升水	减法
前小后大	直接标价法：升水；间接标价法：贴水	加法

根据这一计算规则，我们可以得出上例中加拿大某银行所报出的美元远期汇率：

即期汇率：1.0950/1.0970

1个月远期汇率：1.0960/1.0985（+10/15）

3个月远期汇率：1.0915/1.0945（-35/25）

6个月远期汇率：1.0895/1.0930（-55/40）

3）远期汇率的决定

在远期外汇交易中，外汇银行报出某种货币远期汇率的升、贴水的依据是什么呢？也就是说，远期汇率的升水和贴水究竟取决于什么因素呢？我们首先来看个例子。

假定，美元的年利率为5%，而在德国，欧元的年利率为2%，两国的利差为3个百分点。如果客户向银行用美元购买3个月远期欧元，银行便按照即期汇率用美元买入欧元，再将欧元存放于银行以备3个月后交割。这样，银行就要放弃美元的高利息而收取欧元的低利息，损失3个百分点的利差。但是银行肯定不会自己承担这部分损失，它会把这个因素打入远期欧元的汇价，从而将损失转嫁到客户头上。因此，远期欧元要比即期欧元贵，亦即远期欧元升水，或者说，远期美元贴水。

由此我们可以得出这样一个结论：两种货币的利差是决定它们远期汇率的基础，利率高的货币，其远期汇率会贴水；利率低的货币，其远期汇率会升水。如果两种货币的利差为零（即利率相同），那么这两种货币的远期汇率应与即期汇率相等，即远期汇率为平价。我们在前面曾经学习过利率平价理论，银行对远期汇率的报价以及套利行为都是该理论在实践中的应用。下面我们具体计算一下升、贴水的数字。

假设在上例中，美元与欧元的即期汇率是：1欧元=1.3520美元

如果有10万美元，若投资于欧元，则3个月后的本利和为：

$$100\,000 \div 1.3520 \times \left(1 + 2\% \times \frac{3}{12}\right) = 74\,334.32（欧元）$$

若投资于美元，则3个月后的本利和为：

$$100\,000 \times \left(1 + 5\% \times \frac{3}{12}\right) = 101\,250（美元）$$

要想使这两种方法取得的收益相同，则美元与欧元的3个月远期汇率应为：101 250÷74 334.32=1.3621。

即3个月远期汇率：1欧元=1.3621美元

上述升、贴水数字是根据理论分析推导得出的，因此比较精确。在通常情况下，我们也可以用比较简单的近似公式来计算：

$$升水（或贴水）数字 = 即期汇率 \times 两种货币的利差 \times \frac{月数}{12}$$

用此公式计算上例：

3个月美元的贴水数为：

$$1.3520 \times (5\% - 2\%) \times \frac{3}{12} = 0.01014$$

即3个月远期汇率：1欧元=1.3520 +0.01014=1.3621（美元）

这里应该指出的是，在正常情况下，两种货币的利差是决定货币升、贴水及其数值大小的主要因素，但不是唯一因素。国际政治经济形势的变化、货币所在国实施的经济政策（特别是汇率政策）、中央银行对外汇市场采取的干预措施以及外汇市场的投机程度等诸多因素，都会在不同程度上影响货币的远期汇率。有时，这些因素甚至可以使远期汇率的升、贴水完全背离两种货币的利差。

9.2.4　套汇

1）套汇的概念

套汇（arbitrage），是指利用不同外汇市场在同一时刻的汇率差异，在汇率低的市场上买进，同时在汇率高的市场上卖出，通过贱买贵卖赚取利润的经济活动。

各地外汇市场由于外汇供求的差异以及信息交流不充分等原因，往往会出现不同的外汇市场在同一时间内两种货币的汇率不一致的情况，套汇者便利用这种汇率差异从中获得差额利益。然而，通信技术的迅猛发展使得世界各地外汇市场的汇率差异逐渐缩小，出现汇率差异的时间逐渐缩短，所以套汇的机会是转瞬即逝的。

套汇的主要特点包括：其一，套汇交易都要利用电汇进行，因为套汇必须通过至少两个交易市场，而且时间较短；其二，套汇者多为资金雄厚的大银行，只有大

银行才能通过其下属机构迅速把握住市场上短暂的套汇机会，才能有足够的机会进行套汇交易；其三，套汇的金额一般都很大，因为各地的汇率差异都很小，而且进行交易还需要一部分交易费用，如果金额不大的话就不值得进行交易了。

套汇活动发生后，在汇率低的外汇市场上，货币的需求会大大增加，从而使货币的汇率上升；在汇率高的外汇市场上，货币的供给会大大增加，从而使货币的汇率下降。因此，套汇活动的结果是使各个市场上的汇率差异很快消失，套汇起到了平衡汇率的作用。

2）套汇的方式

按照涉及外汇市场的多少，套汇可以分为直接套汇和间接套汇。

（1）直接套汇

直接套汇（direct arbitrage），又叫两点套汇（two points arbitrage）或两角套汇、两地套汇，是指套汇人利用某种货币在两个外汇市场上同一时间的汇率差异，同时在两个外汇市场上买卖同一种货币，以赚取汇率差额的行为。

例如，某一时刻，在法兰克福外汇市场和苏黎世外汇市场上，美元对瑞士法郎的汇率如下：

法兰克福　　　USD/CHF=0.9135/0.9155
苏黎世　　　　USD/CHF=0.9165/0.9175

不难看出，美元汇率在法兰克福外汇市场低，在苏黎世外汇市场高。套汇人应在法兰克福外汇市场买入美元，同时在苏黎世外汇市场卖出等量美元。两地银行均采用直接报价法，因此套汇者在法兰克福外汇市场买入美元的价格为银行的卖出价CHF0.9155，在苏黎世外汇市场卖出美元的价格为银行的买入价CHF0.9165。套汇人通过在两个外汇市场上的一买一卖，每1美元就可获得0.001瑞士法郎的利润（暂不考虑交易费用）。若套汇人买入100万美元再卖出，瞬间便可赚取1 000瑞士法郎的利润。

需要注意的是，套汇交易还涉及一些成本，如信息费、通信费、付给外汇经纪人的佣金等，因而套汇的净利润取决于汇差与套汇成本的比较。若汇差小于套汇成本，则套汇活动就不会发生。

（2）间接套汇

间接套汇（indirect arbitrage），又叫三点套汇（three points arbitrage）或三角套汇、三地套汇，是指套汇人利用三个外汇市场上同一时间的汇率差异，同时在三地市场上贱买贵卖，从中赚取汇率差额的行为。间接套汇也指利用三个以上外汇市场上汇率的差异，同时在多个市场上进行套汇的行为，此时也称多角套汇（multiple arbitrage）。

例如，在纽约、法兰克福、伦敦外汇市场上的汇率如下：

纽约　　　　　EUR/USD 1.3515/1.3520
法兰克福　　　GBP/EUR 1.2160/1.2170
伦敦　　　　　GBP/USD 1.6415/1.6425

①判断是否存在套汇机会。这里介绍一种简单的判别方法：第一，将各个外汇市场上的汇率都变成直接标价。第二，将每个市场的汇率进行连乘。若乘积等于 1，说明没有套汇可能；若乘积不等于 1，则说明可以进行套汇。

以上例为例：

首先，将所有标价变为直接标价（为简便起见，使用中间汇率计算）：

纽约	EUR/USD 1.3518
法兰克福	GBP/EUR 1.2165
伦敦	USD/GBP 0.6090

其次，将所有汇率连乘：1.3518×1.2165×0.6090=1.0015。乘积不等于 1，因此可以进行套汇。

②具体套汇路线为：第一步，在伦敦外汇市场上卖出 1 美元，换回 0.6090 英镑；第二步，将所得英镑在法兰克福外汇市场上卖出，换回欧元，可得 0.74085 欧元（0.6090×1.2165）；第三步，将所得欧元在纽约市场上卖出，换回美元，可得 1.0015 美元（0.74085×1.3518）。

理论上，多边套汇的市场可以有三个以上，但是事实上，由于外汇市场瞬息万变，套汇机会的比较和把握十分复杂困难，因此四角套汇极为罕见。

9.2.5　套利

套利（interest arbitrage）又称利息套汇，是指投资者利用不同国家或地区短期利率的差异，将资金由利率低的地方转移到利率高的地方，以赚取利差收益的一种外汇交易。

根据是否对套利交易涉及的外汇风险进行对冲，套利可分为非抛补套利和抛补套利两种类型。

1）非抛补套利

非抛补套利（uncovered interest arbitrage，UIA）是指把短期资金从利率较低的市场调到利率较高的市场，从而谋取利息的差额收入的行为。这种套利活动没有进行反向交易轧平头寸，因而会承担未来汇率波动的风险，带有投机的性质。

假设美国 1 年期国库券利率为 8%，而英国 1 年期国库券利率为 10%，两国同样期限的国库券利差达 2 个百分点。一美国投资者拥有 1 000 万美元，若投资于美国 3 月期的国库券，则到期可获得本利和为：1 000×（1+8%×3/12）=1 020（万美元）。如果当时英镑与美元的即期汇率为 GBP/USD=1.50，则该投资者用其 1 000 万美元可兑换 666.67 万英镑，若将这些英镑投资于英国 3 月期的国库券，则到期可获得本利和为：666.67×（1+10%×3/12）=683.34（万英镑）。

若 3 个月后英镑与美元的汇率不发生变化，则该投资者再将这些英镑兑换成美元，可获得 1 025.01 万美元，比他用美元购买美国国库券可多获利 5.01 万美元。

若 3 个月后英镑的汇率下降，假设 1 英镑=1.45 美元，那么购买英国国库券所得到的收益兑换为美元，只有 990.84 万美元，比购买美国国库券损失 29.16 万美元。

由此可见，进行非抛补套利，利率高的货币远期汇率的贴水程度，会对套利者的收益产生极大的影响。

2）抛补套利（covered interest arbitrage，CIA）

抛补套利是指套利者在把资金从利率低的国家调往利率高的国家的同时，还通过在外汇市场上卖出远期高利息的货币来防范汇率风险。抛补套利是一种比较常见的投资方法。

接上例，该美国投资者在把美元兑换为英镑用于购买英国国库券的同时，马上在远期外汇市场上卖出期限为3个月的英镑收入（683.34万英镑）。为简便起见，假设远期外汇合同中商定的英镑远期汇率仍为1英镑=1.5美元，那么，3个月后，无论英镑汇率如何变化，都可确保投资者获得5.01万美元的利息差额收入。

抛补套利实际上是投资者利用远期外汇买卖来防范未来可能发生的货币兑换造成的损失抵消甚至超过其利差的收益。由此我们可以看出，套利活动的可行性实际上取决于两国利率的差异以及两种货币即期汇率与远期汇率的差异这两个因素的比较。若前者大于后者，则套利可以进行；若前者小于后者，则套利不可行。若两者相等，则套利没有必要。

举例来说，上例中，两国的利息差额为：10%-8%=2%。如果英镑贴水的年利率小于2%，则套利有利可图。设英镑贴水的年利率为2%时的汇率为X，则有：

$$\frac{1.5 - X}{1.5} \times \frac{12}{3} \times 100\% = 2\%$$

可得X=1.4925。如果3个月英镑汇率低于1.4925，则意味着英镑贴水年利率大于2%，套利便无法进行。

鉴于以上套利活动存在的条件，一旦两个国家或地区的利率差额大于两种货币即期汇率与远期汇率的差异，套利活动就会发生，但是这种套利活动不会无休止地进行下去。根据前面学过的利率平价理论，外汇的远期差价是由两国利率的差异决定的，高利率国的货币远期必然贴水，低利率国的货币远期则必定升水。在套汇过程中，一方面，在外汇市场上，套汇者会大量买入某种货币的现汇，同时大量出售该种货币的期汇，从而使该货币的即期汇率提高、远期汇率降低，最终扩大了即期汇率同远期汇率的差异；另一方面，在货币市场上，短期资金不断从利率低的国家流向利率高的国家，也会缩小两国间的利率差异。这两方面作用的结果，会使汇率和利率的差异均逐渐缩小，直至相等。此时，套汇活动宣告停止，外汇市场和货币市场也达到了均衡状态。

需要说明的是，套利活动以有关国家对货币的兑换和资金的转移不加任何限制为前提，实施外汇管制和金融管制的国家之间通常难以发生套利活动。抛补套利虽然能够获得无风险利润，但也涉及一些交易成本，如外汇经纪人收的佣金，资金借贷中除了利息还会涉及管理费、手续费等其他费用，投资国外货币存款和投资本国货币存款在税收上存在差异等。在计算是否存在套利空间时，应当将这些费用与高利率货币的贴水率（低利率货币的升水率）加总，然后与两国的利差进行比较。

9.2.6 掉期交易

1）掉期交易的概念

掉期交易（swap transaction），又称互换交易，是指在买进或卖出某种货币的同时，卖出或买进期限不同的同种货币。

掉期交易是一种复合性的外汇买卖行为，它包括了货币种类相同、金额相等，但期限不同、方向相反（一买一卖）的两笔交易。在掉期交易中，一种货币被买入的同时即被卖出，或者是被卖出的同时即被补进，而且卖出与买入的货币在数额上是相等的。因此，交易者所持有的外汇头寸并不发生变化，变化的只是交易者持有货币的期限。掉期交易可以由一笔即期交易和一笔远期交易构成，也可以由两笔期限不同的远期交易构成。

掉期交易实质上是一种套期保值，但与一般的套期保值有两点不同：其一，掉期的第二笔交易与第一笔交易同时进行，而一般套期保值的第二笔交易发生在第一笔交易之后；其二，掉期的两笔交易金额完全相同，而一般套期保值的第二笔交易金额可以小于第一笔交易金额，即做不完全的套期保值。

进行掉期交易的目的主要是轧平各种货币因到期日不同所造成的资金缺口。掉期交易的优点包括：一是减少买卖价差的损失；二是避免在不同时期的交易遭遇汇率变化的风险。

2）掉期交易的类型

（1）按照买卖对象的不同划分

按照买卖对象的不同，掉期交易可以分为纯粹的掉期交易和制造的掉期交易。

①纯粹的掉期交易（pure swap transaction）是指两笔期限不同的交易，都是同时与同一个对手进行的。也就是说，这种掉期的买和卖发生在相同的两个交易者之间，买进和卖出两种不同期限的外汇所使用的汇率，可由双方直接协商决定。

②制造的掉期交易（engineered swap transaction，或 manufactured swap transaction）是指两笔交易的对象并不相同。比如，甲向乙购买了某种即期货币，同时又向丙出售了该种远期货币。这种掉期交易实际上是由两项分别进行的交易组成的。

在掉期交易中，绝大部分交易属于第一种类型，制造的掉期交易比较少见。

（2）按照交割期限的不同划分

按照交割期限的不同，掉期交易又可以分为即期对远期的掉期交易、即期对即期的掉期交易和远期对远期的掉期交易。

①即期对远期的掉期交易（spot-forward swap transaction），是指买进或卖出某种即期外汇的同时，卖出或买进同种货币的远期外汇。这是掉期交易中最常见的形式，国际投资者的投资保值、进出口商远期交易的展期、外汇银行筹措外汇资金及调整外汇头寸等都可以采用这种交易方式。

②即期对即期的掉期交易，又称一日掉期交易（one-day swap transaction），是指买进或卖出一笔某种货币即期的同时，卖出或买进另一笔同种货币的即期。两笔

即期交易的区别在于它们的交割日期不同，可以分为今日对明日掉期、明日对后日掉期等。这类掉期交易主要用于外汇银行之间的交易，目的在于规避同业拆借过程中可能出现的汇率风险。

③远期对远期的掉期交易（forward-forward swap transaction），是指买进或卖出货币金额相同，但方向相反、交割期限不同的两笔远期交易。它可以有两种方式：一是买进或卖出较短期限的远期，同时卖出或买进较长期限的远期；二是买进或卖出较长期限的远期，同时卖出或买进较短期限的远期。这种掉期交易可以利用有利的汇率条件，从汇率的变动中获取好处。

3）掉期交易的应用

（1）套期保值

掉期交易可用于应对进出口贸易中同时存在不同期限、数额相当的外汇应收款和应付款的情况。

例如，中国香港某公司进口一批货物，根据合同，1个月后须支付货款10万美元；该公司同时将这批货物转口外销，预计3个月后收回以美元计价的货款。香港外汇市场汇率如下：

1个月美元汇率：USD/HKD　7.7810/7.7830

3个月美元汇率：USD/HKD　7.7800/7.7820

为了避免美元汇率波动的风险，该公司可以进行以下掉期操作：

第一步，买进1个月远期美元10万，支付77.83万港币；第二步，卖出3个月远期美元10万，收取77.80万港币。总计付出掉期成本0.03万港币。此后无论美元汇率如何波动，该公司均无外汇风险。

（2）使远期外汇交易展期或提前到期

例如，我国某外贸公司3个月后有一笔500万欧元的出口收入，为了避免欧元下跌，该公司卖出了3个月远期欧元，但是3个月到期时，欧洲进口商表示无法按期付款，希望延期付款2个月。这就造成了我国外贸公司与银行签订的远期合同无法履行的问题。此时，我国外贸公司可进行如下操作：买入即期欧元，从而了结到期的3个月远期合同；同时，卖出2个月远期欧元，以防范2个月后应收货款的外汇风险。这样，该公司通过掉期交易对原远期欧元合同进行展期，达到了保值目的。在这一过程中，该公司要付出一定的掉期成本，也就是即期汇率与2个月远期汇率之间的差额。

（3）轧平银行外汇头寸

例如，某银行收盘时，持有的外汇头寸如下：3个月远期美元空头100万，6个月远期美元多头100万；同时，3个月远期日元多头10 330万，6个月远期日元空头10 340万。当时市场汇率如下：

3个月远期：USD/JPY　103.10/103.30

6个月远期：USD/JPY　103.40/103.60

若银行对空头和多头分别抛补，需安排多笔交易，成本很高。若采取掉期交易，以日元换美元，则操作过程如下：买入3个月远期美元100万（卖出3个月远期日元），汇率103.30，则卖出10 330万3个月远期日元；卖出6个月远期美元100万（买入6个月远期日元），汇率103.40，则可换回6个月远期日元10 340万。除了弥补了6个月远期日元空头外，还可收益10万日元。这样，一笔掉期交易，就可使美元和日元头寸达到平衡。

9.3 衍生外汇交易

衍生外汇交易是衍生金融交易的一种。衍生金融交易是指利用从金融基础工具如利率、外汇、股票及期货中衍生出来的一系列现代金融技术进行的交易。1973年布雷顿森林体系崩溃以后，大多数国家开始采用浮动汇率制。汇率的频繁波动给国际交易中的各类金融资产带来了极大的风险，传统的金融工具和市场已经不能满足保值的需求，于是外汇期货、外汇期权等衍生金融交易工具应运而生。20世纪90年代以前，衍生外汇交易只是作为一种防范金融风险的方法而存在，但90年代以后，它已逐渐成为众多金融机构表外业务中重要的获利手段。

9.3.1 外汇期货

1）外汇期货的概念

期货（futures）交易是与现货（spot）交易相对的一种交易方式，是指在未来某个特定日期购买或出售一定数量商品的交易方式。外汇期货（foreign exchange futures），也称货币期货（currency futures），是金融期货交易的一种，它是指在有形的交易市场上，根据成交单位、交割时间标准化的原则，按约定价格购买或出售远期外汇，并且通过清算进行结算的一种业务。

最先经营期货交易的是1848年成立的美国芝加哥商品交易所（Chicago Mercantile Exchange，CME）。20世纪70年代以前，期货交易仅限于农矿产品。将商品期货交易的方法运用于金融商品，也是金融创新的一种。其中，以货币为交易对象的期货交易，就是外汇期货交易。

外汇期货交易出现在20世纪70年代初期。芝加哥商品交易所鉴于汇率经常巨幅波动，认为可将操作多年的商品期货交易技巧应用于金融业。于是，1972年5月，该交易所另设了一个专门交易金融期货的部门，即国际货币市场（IMM），用于开办外汇期货合约。国际货币市场是世界上第一个能够转移汇率风险的集中交易市场，它使期货交易的对象扩展到金融商品。英国则于1982年9月成立了伦敦国际金融期货交易所（London International Financial Futures and Options Exchange，LIFFE），正式开始做金融及外汇期货交易。目前，世界主要金融中心都建有金融期货市场，交易的品种、范围不断扩大，金融期货交易量在欧美国家期货交易市场上所占比重已达到60%。

2）外汇期货市场的构成

（1）交易所

期货交易所是专门的、有组织的、规范化的交易市场。它一般采用会员制，并设有理事会。交易所仅为期货交易者提供交易场地，其本身并不参加交易。为了使交易活动能够顺利进行，交易所有着严格的管理制度、健全的组织、完善的设施和极高的办事效率。交易所还具有监督和管理职能，对交易活动起着重要的约束作用。

（2）清算所

清算所是期货交易所下设的职能机构，其基本工作是负责交易双方最后的业务清算。在期货交易中，交易者买进或卖出期货合约时并不立即进行现金结算，而且交易者往往有多笔交易，最后统一由清算所办理结算。

（3）佣金商

佣金商是代理金融、商业机构和一般公众进行期货交易并收取佣金的个人或组织。佣金商必须是经注册的期货交易所的会员，其主要任务是代表那些没有交易所会员资格的客户下达买卖指令、维护客户的利益、提供市场信息、处理账目和管理资金，以及对客户进行业务培训等。

（4）市场参与者

市场参与者是指参与外汇期货交易的个人或组织，主要是企业、银行和个人。按照交易目的，市场参与者可分为套期保值者和投机者。套期保值者主要是为了对手中现存的外汇或主要收付的外汇债权债务进行保值；投机者则主要是为了从外汇期货交易中获利。两者都是期货市场必不可少的组成部分。没有套期保值者，期货市场不会产生；而没有众多的投机者，套期保值者也无法有效实现保值目的。这是因为若市场上只有想转移价格风险的人而没有愿意承担风险的人，当套期保值者为避免价格下跌（上涨）而卖出（买进）期货时，就会无人买进（卖出）。

3）外汇期货交易的特点

（1）外汇期货市场实行会员制

只有会员单位才可以在交易所内从事期货交易，而非会员只能通过会员单位代理买卖。交易所的会员同时又是清算所的成员，期货交易的买方和卖方都以交易所下属的清算所为成交对方，清算所既充当期货合约购买方的卖方，又充当期货合约出售方的买方，因此，买卖双方无须知道对手是谁，也不必考虑对方的资信如何。

（2）期货交易实行保证金制度

保证金制度是期货交易的最大特色之一，它是交易者通过经纪人付给清算所的一笔资金，以确保交易者有能力支付手续费和可能的亏损。保证金的多少因交易货币不同、市场不同而有所差异，即使同一市场、同一货币也会因市场行情不同而有所改变，具体由清算所和交易所共同决定，一般为合约总值的5%~15%。保证金一般要求以现金形式存入清算所账户。

（3）期货交易实行每日清算制度

外汇期货交易每天由清算所结算盈亏，获利可以提走，而亏损超过最低保证金时，要立即补足。这种方法又称为"逐日盯市"，即每个交易日市场收盘以后，清算所会对每个持有期货合约者确认当日的盈亏，这些盈亏都反映在保证金的账户上。由于期货合约实行每日结算，而期货交易的初始保证金一般都高于期货价格每日涨跌的最大值，因此保证金制度有力地保障了期货交易所的正常运行。

（4）期货合约金额标准化

外汇期货交易所买卖的对象并不是外汇本身，而是期货合约。对于能够进行期货交易的每种货币而言，其合约金额都是标准化的。各外汇交易所都对外汇期货合约的面额进行了特别规定，各种货币的交易量必须是合约金额的整数倍。例如，在芝加哥商品交易所的国际货币市场上，每个合约单位分别为2.5万英镑、12.5万瑞士法郎、1 250万日元、10万加元等。

（5）交割日期固定化

外汇期货合约的交割日期都是固定的。首先，期货合约的交割月份固定，大多数期货交易所都以3、6、9和12作为交割月份。其次，期货合约实际的交割日期固定，通常为交割月份的某一天。不同的交易所有不同的规定，如IMM规定交割日为到期月份的第三个星期三。如果期货合约到期前（一般为交割日的前两天），交易者未进行对冲交易（即反向交易），就必须在交割日履行期货合约，进行现货交割。

（6）竞价成交

外汇期货的交易方式采取在交易所内公开喊价（open outcry）、竞价成交的方式，同时场上的价格又随时公开报道，进行交易的人可以根据场上价格的变化随时调整他们的要价、出价。全部外汇期货合约中，最后进行了实际交割的比例只有1%~3%，其余绝大部分期货合约都通过对冲（offset）的方式予以了结。

（7）价格波动有规定幅度

外汇期货品种都规定了当日的最低限价和最高限价，市场的成交价格只能处于这两个限价之间。这主要是为了避免期货参与者在单一交易日内承担过高的风险，防止期货市场发生联手操纵的不法行为。

4）外汇期货交易的运用

外汇期货交易既可以作为套期保值的一种有效手段，也可以作为投机者获取利润的方式。

（1）套期保值（hedge）

套期保值又称为对冲，是指交易者目前或预期未来将有现货头寸，并暴露于汇率变动的风险中，在期货市场做一笔与现货头寸等量而买卖方向相反的交易，以补偿或对冲因汇率波动可能带来的损失。一般来说，套期保值可以达到两个目的：一是锁定资金成本；二是保护资金的收益。套期保值可分为买入套期保值和卖出套期保值两种类型。

例1：买入套期保值（buying hedge，或 long hedge）

某美国进口商6月份签订了从英国进口设备的合同，金额为25万英镑，9月份支付货款。若付款时英镑汇率上升，则美国进口商的进口成本就会上升。假定签约当日英镑的即期汇率为1英镑=1.4650美元，3个月英镑远期汇率却高达1英镑=1.4950美元，于是进口商预计3个月后英镑的即期汇率将升值。为规避英镑升值可能造成的损失，进口商决定进行买入套期保值，买入10份9月份到期的英镑期货合约（每份标准合约的金额为2.5万英镑），具体见表9-2。

表9-2　　　　　　　　　　　　　　买入套期保值示例

	即期市场	期货市场
6月份当日	当日即期汇率为1英镑=1.4650美元，预计3个月后英镑即期汇率为1英镑=1.4950美元左右	买入3个月后交割的英镑期货10份，价位为1英镑=1.4950美元，即预计3个月后英镑即期汇率将在此价格左右
9月份	当日英镑即期汇率升至1英镑=1.5000美元，美国进口商到现市场上按此价格购买25万英镑以备支付	当日英镑期货汇率升至1英镑=1.5050美元，美国进口商按此价格卖出10份合约对冲，可获利2 500美元

美国进口商成本=1.5000×25-0.25=37.25（万美元）

单位成本=37.25÷25=1.4900（美元/英镑）

也就是说，实际购买英镑的汇率为1英镑=1.4900美元，将购汇成本固定在1英镑=1.4950美元以下。

该进口商利用期货合约的对冲可以得到2 500美元的差价收益，从而可以用这一期货市场上的收益来弥补现货市场上高价购买英镑的损失。

例2：卖出套期保值（selling hedge or short hedge）

中国香港某商人向英国出口价值10万英镑的商品，3月份收到货款。为防止英镑贬值，出口商卖出4份3月份到期的英镑期货合约（每份合约的标准金额为2.5万英镑）。若3月份英镑期货合约汇率为1英镑=13.95港币，则卖出4份英镑合同，总价值139.5万港币。

若3月份期货合约到期时英镑汇率果真下跌，为1英镑=13.65港币，那么该出口商在现货市场上就要亏损。而在期货市场上，英镑价格也必然下跌，该商人以低价买入4份合同对冲平仓，能获利3万元港币左右，期货市场上的盈利可以弥补现货市场上的亏损。反之，若到期时英镑汇率上涨，那么该进口商在期货市场就会亏损，在现货市场上必然盈利，两者相互弥补，仍然起到了规避风险的作用。

（2）投机（speculation）

在期货市场上，只需要支付少量的保证金和佣金即可参与外汇期货交易，这就为投机者利用少量资金进行大规模的投机活动提供了可能。

如果投机者预测未来某种货币的汇率可能上升，便可以目前较低的价格买入该种货币的期货，即建立多头部位。倘若将来该货币的汇率上升，投机者便会获利；

倘若投机者判断失误，该种货币的汇率不升反降，投机者就会蒙受损失。

反之，若投机者预测未来某种货币的汇率可能下降，便可卖出该货币期货，即建立空头部位。当期货合约到期时，若该货币的汇率下降，投机者便可获利，否则就会亏损。

期货市场吸引了大量的投机者，其主要原因在于期货的杠杆作用。交易者只要支付相当于期货价值5%~15%的保证金就可参与交易。

投机者对于期货市场而言是必不可少的。首先，期货市场中套期保值者转移的风险是由投机者承担的。正是这些根据自己的分析而在期货市场上不断改变自己交易部位的投机者，使得套期保值者能够顺利实现风险转移。其次，投机者提高了市场的流动性。如果没有投机者的加入，期货市场的运转肯定是相当困难和不可想象的。更为重要的是，大量投机者在期货市场上的频繁活动，起到了一种价格发现的作用，即在期货价格围绕价值运动的过程中，一旦价格过高，投机者便会利用这些偏高的价格进行投机，从而使期货价格的波动能最大限度地反映其价值，有利于市场的稳定。

5）外汇期货交易与远期外汇交易的比较

外汇期货交易和远期外汇交易有一些共同之处，它们都是通过合同的方式，将未来购买或出售的外汇的汇率予以固定。届时，无论现汇市场的价格水平如何，都按期货或远期合同中规定的汇率执行，二者都是防范外汇汇率波动风险、进行货币保值的有效手段。

但是，这两类交易又有明显差异，主要包括以下几点：

（1）市场结构不同

外汇期货市场是由交易所、清算所、佣金商、场内交易员以及客户等构成的；远期外汇市场则主要由银行、客户以及经纪人构成。这种市场结构上的差别，说明了在两个市场上所发生的交易活动的基础是不同的。

（2）市场参与者的广泛程度不同

在远期外汇市场上，虽然对进行远期外汇交易的成员并无资格限制，但参与者大多为专业银行、专业交易商或与银行有密切往来的大厂商，一般中小企业和个人投资者很难参与；在外汇期货市场上，任何企业和个人只要按规定交付保证金，都可以通过会员单位或期货经纪商参与期货交易。

（3）合同的规定内容不同

在远期外汇合同中，买卖外汇的币种、数额、汇价、交割时间以及交割地点都由买卖双方自行商定，没有统一的规定；在外汇期货合同中，除了协定汇率之外，其他各项内容都有统一的规定，货币的交易数额和交割的期限都是标准化的。

（4）交易方式不同

远期外汇交易是通过电话等电信手段完成的，买卖双方直接约定汇价；外汇期货交易必须在特定的地点——期货交易所或交易所信息系统内统一进行，交易员以公开喊价的方式或者报价撮合方式交易，买卖双方并不直接接触。

（5）结算方式不同

远期外汇交易是在合同到期日由买卖双方直接进行结算，而在此之前，由于不能进行交割，因此也无法计算盈亏。在外汇期货交易中，期货合约的购买者和出售者都与交易所下属的清算所进行结算，买卖双方无须知道对方是谁，而且清算所在每天营业结束前都对当日的盈亏进行结算，获利部分可以提取，亏损导致保证金不足时必须立即补足。

（6）能够交易的货币种类不同

一般来讲，远期外汇交易涉及的货币可以是世界上所有的可兑换货币，而外汇期货交易涉及的货币仅限于美元、日元、英镑等少数几种货币。

9.3.2　外汇期权

1）外汇期权的基本概念

外汇期权（foreign exchange option），又称货币期权（currency option）或外币期权，是指在合同规定的日期或期限内，按照事先约定的汇率购买或出售一定数量货币的权利。

期权，实际上是一种选择权。对于购买期权合同的一方来讲，在支付了一定金额的期权费之后，其便拥有了执行或不执行合同的选择权。也就是说，期权买方有权在合同有效期内，按合同规定的汇价，买进或卖出一定数量的货币；也可以不履行合同，放弃购买或出售一定数量的货币。

期权交易最早是从股票期权交易开始的，直到20世纪80年代才有外汇期权交易出现。第一批外汇期权品种是英镑期权和德国马克期权，由美国费城股票交易所（Philadelphia Stock Exchange）于1982年推出，是股票期权交易的变形。外汇期权是创新金融工具的一种，与远期外汇和货币期货这两种保值交易方式相比，外汇期权交易不仅具有避免汇率风险、固定成本的作用，而且克服了远期外汇和货币期货交易的局限，因而颇受国际金融市场的青睐。对于那些较为特殊的交易，如国际工程竞标或海外公司分红等，由于其收入具有不确定性或出于投资保值的目的，期权交易尤其具有优越性。

金融机构是期权交易的主要参与者。商业银行、投资银行等金融机构通过场外期权交易向公司、企业出售外汇期权，同时从交易所购入相似期权以对冲或规避风险，既充当了客户之间的桥梁，也可从中赚取期权费差价利润。

通常，期权交易合同涉及以下概念：

（1）合同签署人

合同签署人（writer）是指出售期权合同的一方。其在期权合同的买方要求行使权利时，负有履约的义务。

（2）合同持有人

合同持有人（holder）是指购买期权合同的一方。其拥有履行或不履行合同的权利。

（3）到期日

到期日（maturity date）是指期权合同的有效期限。超过这一日期，期权合同便会失效。

（4）协定价格或敲定价格

协定价格（exercise price）或敲定价格（strike price）是指买卖双方约定的、在未来某一时间买进或卖出一定数量货币的价格。

（5）期权费或期权价格

期权费（option premium）或期权价格（option price），是指期权买方支付给期权卖方的行使选择权的费用，也称保险费或权利金。

2）期权交易的特点

（1）期权交易双方的收益与风险不对称

期权买方拥有绝对的主动权。如果合同成交后，形势一直对合同买方不利，买方可以不行使合同，让合同自然过期而失效，损失的仅是签订合同时付出的期权费。期权买方承受的最大风险是事先就确定的期权费，而其可能获得的收益从理论上说却是无限的。对于期权卖方，其所能实现的收益就是有限的期权费，其所承担的风险却可能是无限的。因此，对期权买方而言，外汇期权灵活性强，风险小。

（2）期权费不能收回

期权费由买方在签订期权合同时支付给卖方。它既构成了买方的成本，又是卖方承担汇率变动风险所得到的补偿。期权费一旦支付，无论买方是否执行合同，都不能收回。

3）外汇期权的类型

（1）按期权交易方式的不同，外汇期权可分为场外交易期权和交易所场内期权

场外交易期权（over the counter option，OTC）与远期外汇交易类似，其金额、期限和履约价格均由买卖双方根据需要商定。目前，具有代表性的场外交易期权市场是以伦敦和纽约为中心的银行同业外汇期权交易市场。

交易所场内期权（exchange traded option）类似于期货交易，期权规格固定，在交易所内集中买卖，并可在市场上转让出售。目前，具有代表性的交易所场内期权市场主要集中在费城、芝加哥、伦敦等地。通常情况下，场外交易金额比场内交易金额大得多，也不仅限于少数种货币。

（2）按照行使期权的时间是否具有灵活性，外汇期权可分为美式期权和欧式期权

美式期权（American option）是指可在到期日或到期日之前的任何一天行使权利的外汇期权。欧式期权（European option）是指只能在到期日那天才能行使权利的外汇期权。

例如，一家公司于3月1日购买了一份6月1日为到期日的美式期权合同。那么，这家公司便可以在6月1日这一天，或是3月1日至6月1日之间的任何一个营业日行权。同理，如果这家公司购买的是欧式期权合同，那么，这家公司只能在6

月 1 日这一天行权。

由此可见,美式期权与欧式期权相比,具有更大的灵活性,但其期权费通常要高于欧式期权。

知识拓展 9-2

亚式期权

(3)按照期权方向的不同,外汇期权可分为看涨期权和看跌期权

看涨期权(call option),又称买入期权或买权,是指外汇期权的买方在合同的有效期内,有权按照协定价格买入一定数量某种货币的权利。当客户预测某种外汇的汇率要上涨时,便会购买看涨期权。如果将来外汇汇率果真上升,并且高于合同中的协定价格,则客户(期权买方)可要求执行合同,即按照相对较低的协定价格买进一定数量的外汇;如果将来外汇汇率低于合同中的协定价格,则客户可放弃期权。

看跌期权(put option),又称卖出期权或卖权,是指外汇期权的买方在合同的有效期内,有权按照协定价格卖出一定数量某种货币的权利。当客户预测某种外汇的汇率要下降时,便会购买看跌期权。如果将来外汇汇率果真下降,并且低于合同中的协定价格,则客户(期权买方)可要求执行合同,即按照协定价格卖出一定数量的外汇;如果将来外汇汇率高于合同中的协定价格,则客户有权不履行合同。

需要指出的是,无论是看涨期权还是看跌期权,都属于期权买方的权利,即期权买方有履行或不履行购买某种货币的权利,以及有履行或不履行卖出某种货币的权利。有些书上把看涨期权和看跌期权译为买方期权和卖方期权,很容易使人误解为期权买方的权利和期权卖方的权利。在期权交易中,只有期权的买方拥有权利,而期权的卖方只承担义务。

4)外汇期权价格的确定

在外汇期权交易中,买卖双方处于不同的地位。期权买方享受选择的权利,而期权卖方承担满足买方需求的义务。为此,期权买方必须支付一定的费用给卖方,也就是前面介绍的期权费。期权费就是期权的价格,它反映了由于今后汇价变动,卖方可能承担的风险,卖方以此来补偿汇价风险的损失。期权费又构成了买方的成本,是买方对未来盈利机会和获得保值便利所预付的费用。不论外汇市场的汇价如何变化,期权买方的损失都不会超过所支付的期权费。

一般来说,期权价格的高低主要取决于以下五个方面:

(1)协定价格与即期汇率的关系

协定价格一般可由买方自由选择,协定价格与即期汇率的关系不同,会使得期权买方在行使期权时出现获利、亏损或盈亏平衡等不同情况,从而影响了期权本身内在价值的高低,进而影响了期权费的高低。一般说来,协定价格与即期汇率之间可能出现下列两种情形:

①看涨期权的协定价格低于即期汇率或看跌期权的协定价格高于即期汇率。在这种情况下,期权买方若立刻行使权利,按协定价格买入或卖出外汇,则一定获利,因此市场上把这种期权称为实值期权(in the money option)。从中我们也可以看出:协定价格与即期汇率的差价越大,买方盈利越大,期权的内在价值越高,期

权费也理应越高。

②看涨期权的协定价格高于即期汇率或看跌期权的协定价格低于即期汇率。在这种情况下，期权买方若立刻行使权利，必然导致亏损，故称虚值期权（out of the money option）。此时，期权的内在价值为零（或为负），期权费也理应较低。

（2）到期时间

由于外汇市场的汇率存在着无限变化，因此任何一个未到期的外汇期权，都可能从虚值期权转化为实值期权或使实值期权盈利更多，这种获利机会使期权具有一种时间价值，且总是正数。距到期日越远，汇率变动的可能性越大，则期权的时间价值越高；同时，这也意味着期权买方的获利机会较大，而期权卖方的风险较大，因此期权费也越高。总之，期权的期限越长，期权价格越高；在期权到期日，期权的时间价值等于零。

（3）利率差别

每个期权卖方都有一个潜在的头寸风险。例如，卖出一笔看涨期权，一旦该货币升值，期权被行使，卖方就可能亏损。为抵补亏损，期权卖方会通过远期外汇买卖等渠道对潜在头寸全部或部分保值，这必然涉及货币之间的利率差别。因此，利率差别也成为影响期权价格的因素之一。

例如，当A货币利率上升或B货币利率下降而导致利率差别扩大时，A货币的市场汇率上升会导致A货币的看涨期权价格上升，A货币的看跌期权价格下降。

（4）汇率的波动幅度

汇率的波动幅度就是外汇汇率变动的不稳定性或者说可能的价格波动的大小。一般来说，汇率的波动幅度越大，期权的价格就越高。这很容易理解，价格越变化无常，出售者承担的风险就越大，收取的费用就越高。换句话说，购买者在到期日之前掌握有利汇率的机会就越多。

知识拓展9-3

境内人民币对外汇期权市场发展历程

（5）期权供求状况

外汇期权供过于求，期权费低；外汇期权供不应求，期权费高。

5）外汇期权的应用举例

购进看涨期权和看跌期权的最基本应用，是在进出口贸易中防范外汇风险。

例3：买入看涨期权

美国某进口商预计3个月后需要50万英镑支付进口货款，当时英镑与美元的即期汇率为1英镑=1.5050美元。为了避免英镑汇价上扬导致进口成本增加，该商人决定购买欧式看涨期权。期权的协定价格为1英镑=1.5100美元，金额为50万英镑，期权费为1英镑=0.0200美元，合同有效期为3个月。

3个月后期权合同到期时，市场汇率可能出现以下三种情况：

第一种情况，英镑明显升值，对美元的汇率从1.5050美元升至1.5350美元。如果该商人没有采取保值措施购进期权，则要用76.75万美元才能购进所需支付的英镑货款。然而在购买期权后，该商人可以执行看涨期权，此时支付的总成本为：

50×1.5100+50×0.0200=76.5（万美元）。节约了0.25万美元，达到了保值目的。

第二种情况，英镑小幅升值，对美元的汇率升至1.5100美元。该商人无论是否履行期权合同，购买50万英镑均需支付75.5万美元，再加上1万美元的期权费，总成本均为76.5万美元。因此，该商人没有因为买入期权而降低成本，但为避免风险付出了1万美元的期权费。不过，这1万美元也起到了锁定进口成本的作用。

第三种情况，英镑贬值，对美元的汇率从1.5050美元降至1.5000美元。该商人可以放弃行权，在市场上用75万美元支付50万英镑进口货款，再加上已经付出的1万美元期权费，总成本为76万美元，仍可使进口成本降低（比照执行期权的76.5万美元，节约了0.5万美元）。

从上例可以看出，外汇期权交易可以达到防范风险、降低损失、固定成本的目的。通过买入一笔看涨期权，该进口商未来可能支付的货款，至多为76.5万美元，同时还可以享受汇价朝着对自己有利方向变化时的好处。

在上例中，看涨期权买方的汇率盈亏平衡点为1.53，具体收益情况见表9-3。

表9-3　　　　　　　　　　**看涨期权买方收益情况**

期权到期日英镑即期汇率	看涨期权买方收益情况
>1.53	收益随英镑汇率上升而增加，潜力无限
=1.53	盈亏平衡
（1.51，1.53）	有损失，但损失随英镑汇率上升而减少
<1.51	有损失，但最大损失为期权费

例4：买入看跌期权

中国香港某出口商预计在3个月后将获得50万美元的收入，为防止到时美元汇率下跌，造成自己的港币收入减少，该商人计划采取保值措施，即买入3个月期的美元看跌期权，协定价格为1美元=7.7800港币，期权费为1美元=0.1200港币。那么，3个月到期时，不论汇价如何变化，该商人都可以保证3个月后至少有383万港币（50×7.7800-50×0.1200）的收入。同时，如果美元升值，该商人还可放弃执行期权，获取外汇升值带来的收入。

该商人的外汇盈亏平衡点为7.6600，具体收益情况见表9-4。

表9-4　　　　　　　　　　**看跌期权买方收益情况**

期权到期日美元即期汇率	看跌期权买方收益情况
>7.7800	有损失，但最大损失等于期权费
（7.6600，7.7800）	有损失，但损失随美元汇率下跌而减少
=7.6600	盈亏平衡
<7.6600	收益随美元汇率下跌而增加，潜力无限

通过举例，我们可以总结出外汇期权的一些优越性：

首先，对期权买方来说，期权类似于保险，买方拥有极大的主动权，可以协定价格锁定汇率，使汇率的逆向变动风险得到控制；同时，买方还可以充分利用汇率的任何有利变化，这种灵活性是其他外汇交易所不具备的。

其次，外汇期权可以用来对将来发生与否尚不确定的外汇交易进行风险管理，这也是外汇期权较其他保值措施优越的地方。所以，期权在国际投标涉及的外汇交易中得到了广泛应用。

9.4　　　　　　　　　　外汇风险管理

对于那些对外经济活动的主体而言，在从事对外贸易、投资、借贷等事项的过程中，不可避免地会在国际范围内收付大量外汇，或拥有以外币计值的债权和债务。当汇率发生变化时，一定数量某种外汇兑换成本币货币的数量就会发生变化，可能增加也可能减少，总之，会为外汇债权债务带来不确定性。这种不确定性在1973年西方主要工业国家实行汇率浮动制以来越发突出。自布雷顿森林体系解体后，主要货币的汇率经常大幅度波动，而且相互之间的强弱地位也频繁变换，通常是难以预料的。这种外汇风险有可能为外汇债权债务人获得收益，但当然也有可能使其遭受损失，因此，经营稳健的经济主体一般都不愿意让经营成果暴露于有可能遭受的风险之中，往往都会将外汇风险的防范和管理作为经营中的一个重要方面。

9.4.1　外汇风险概述

外汇风险（foreign exchange exposure），又称"汇率风险"或"外汇暴露"，一般指在国际经济、贸易、金融活动中，一个组织、经济实体或个人的以外币计价的资产和负债因汇率变动而蒙受的意外损失或所得的意外收益。对外汇持有人来说，外汇风险可能具有两个结果：遭受损失，或是获得收益。

在现行的浮动汇率制下，国际金融领域动荡加剧，金融市场各种主要货币变化无常，加大了国际贸易和借贷活动中的外汇风险。由于汇率风险关系到交易双方的经济利益，各国的金融机构、外贸企业都把防范汇率风险作为经营管理外汇资产的一个重要方面。

1）外汇风险的类型

外汇风险的种类依划分方法不同而异，有的依据外汇交易的性质，将外汇风险划分为金融性风险和商业性风险；有的依据外汇风险存在的状态，将外汇风险划分为买卖风险、交易结算风险和评价风险；比较常见的划分方法是按风险发生的时间——结账时、报账时、未来时，将外汇风险划分为交易风险、转换风险和经济风险。

（1）交易风险

交易风险（transaction exposure）是指在运用外币进行计价收付的交易中，经济主体因外汇汇率变动而引发损失或盈利的可能性，即在约定以外币计价的交易过程中，由于结算时的汇率与签订合同时的汇率不同而面临的风险。

在商品和劳务的进出口贸易中，如果汇率在支付或收进外币货款时较合同签订时上升或下降了，进口商或出口商就会付出或收进更多或更少的本国货币或其他外币。例如，我国某进出口公司向美国出口一批机电产品，合同以美元计价结算，共计 10 万美元，支付日期为 3 个月后。签约时的美元汇价为 1 美元=6.8350 元人民币，但 3 个月后汇率变为 6.82 元人民币，此时该公司收到的 10 万美元换成人民币后，损失了 0.15 万元人民币。

在资本输出及输入过程中，如果外汇汇率在外币债权债务清偿时较债权债务关系形成时下跌或上涨，债权债务人就会收回或付出相对更少或更多的本币或其他外币。例如，我国某金融机构在东京发行一笔总额为 100 亿日元、期限为 5 年的武士债券，按照当时日元对美元的汇率，1 美元兑换 100 日元，该金融机构可将 100 亿日元在国际外汇市场上兑换 1 亿美元。但 5 年期满后，日元对美元的汇率变为 1 美元兑换 90 日元，如果不考虑利息，该金融机构要偿还 100 亿日元，就要多付约 1 111 万美元。

外汇银行在中介性外汇买卖中持有多头或空头的外汇净头寸，也会因汇率变动而可能遭受损失。外汇银行的外汇风险比较特殊，外汇银行每天经营各种外汇买卖，每一种货币有买进也有卖出，买进和卖出量的差额即形成敞口头寸，或称风险头寸，也就有可能因汇率变动而蒙受损失。例如，在东京外汇市场上，某家外汇银行某日卖出了 3 万美元，同时买入 2 万美元，空头 1 万美元，假定当日收盘时美元的买入价为 1 美元兑换 90.70 日元，则当日买入 1 万美元需支付 90.7 万日元；然而，翌日外汇市场开市时，美元对日元开盘升至 91.20 日元，若此时买入则需支付 91.2 万日元。

（2）转换风险

转换风险（accounting exposure）又称会计风险，指经济主体对资产负债表进行会计处理中，将功能货币（即交易货币，一般指海外分公司所在国货币）转换成记账货币（一般是总公司所在国货币）时，因汇率变动而呈现账面损失的可能。每个经济主体经营管理的一项重要内容是进行会计核算，通过编制资产负债表来反映其经营情况，为此，拥有外币资产负债的经济主体就需要将原来以外币计量的各种资产和负债，按一定的汇率折算成用母国货币表示，以便汇总编制综合的财务报表。一旦功能货币与记账货币不一致，在会计上就要作相应的折算。

例如，德国某公司拥有 10 万英镑的存款，假定年初英镑对欧元的汇率为 1 英镑兑换 1.5 欧元，在财务报表中这笔英镑存款被折算为 15 万欧元；1 年后，该公司在编制资产负债表时，汇率变为 1 英镑兑换 1.4 欧元，这笔 10 万英镑的存款就只能折算成 14 万欧元，账面损失为 1 万欧元。

转换风险在跨国企业中表现得尤为突出。跨国公司的海外分公司或海外子公司，一方面在日常经营活动中使用的是东道国的货币，另一方面它属于母公司，其资产负债表需要定期呈报该母公司，这时需要将东道国货币折算成为母国货币。海外子公司的资产负债表在合并到母公司账上时发生变化，发生了收益或损失，但这并不一定代表企业的实际经济状况发生了变化。虽然在折算为母国货币时，海外子公司的资产负债发生了变化，但在东道国，该公司的实际经营并没有因此而改变。

（3）经济风险

经济风险（economic risk），又称经营风险，是指意料之外的汇率变动导致企业在未来一定期间收益减少的一种潜在风险。汇率的变动通过影响企业的生产成本、销售价格，将引起产销数量的调整，并由此最终带来获利状况的变化。经济风险是一种概率分析，是企业从整体上进行预测、规划和进行经济分析的一个具体过程。对于一个企业来说，经济风险比折算风险和交易风险都更为重要，因为其影响是长期性的，而折算风险和交易风险的影响是一次性的。以德国大众公司为例，20世纪70年代以前，该公司通过低价格、低维修费用的竞争手段确立了出口地位，但是70年代马克大幅升值使大众汽车的出口价格猛增，结束了该公司依靠价格进行竞争的历史。仅1974年一年，该公司为维持市场份额，通过降价对冲马克升值就损失了3.1亿美元。为了进行长期竞争，大众公司改变了产品线，改进汽车质量及样式，向中高收入阶层推出高品质汽车，重新确立了优势地位。

2）外汇风险的构成

外汇风险的构成因素包括三个方面：本币、外币和时间。

一个国际企业在它的经营活动中所发生的外汇收入，如应收账款、应付账款货币资本的借入或贷出等，均需与本币进行折算，以便结清债权债务并考核其经营活动成果。同时，一笔经济交易从达成到最后结清账款，中间存在一个期限，这个期限就是时间因素。在一个确定的时间内，外币与本币折算比率可能发生变化，外汇风险由此产生。

如果一个国际企业在某笔进出口贸易中未使用外币而使用本币计价收付，这笔交易就不存在外汇风险，因为它不涉及外币与本币的折算问题。另外，一笔应收或应付外币账款的时间结构对外汇风险的大小具有直接影响。时间越长，在此期间汇率波动的可能性就越大，外汇风险相对就大；时间越短，在此期间汇率波动的可能性越小，外汇风险相对就小。

一般来说，改变时间结构，如缩短一笔外币债权债务的收取或支付时间，可以降低外汇风险发生的可能，但不能消除外汇风险，本币与外币折算所存在的汇率波动风险通常是一直存在的。

9.4.2　外汇风险的管理

外汇风险的管理，是指对外汇风险的特性及因素进行识别与测定，并设计和选择防止或减少损失发生的处理方案，以最小成本达到风险处理的最佳效果。

知识拓展 9-4

汇率风险中性

交易风险、转换风险和经济风险都会引起企业的关注，并力争采取相应的措施避免可能的损失。其中，交易风险和经济风险都能够给企业带来真实的盈亏，对其重视理所当然。转换风险虽然并不体现企业经营中的现实盈亏，但因为资产负债的变化体现了企业管理者的业绩，企业对其同样也给予了极大的重视，比如在 20 世纪 70 年代中后期，许多美国的跨国公司把转换风险的管理放在首位。但是后来随着新会计制度的实施，企业已经把更多的注意力转移到对经济风险和交易风险的管理上了。

经济风险对企业的影响长期而深刻，所以对经济风险的管理难度也很大。对经济风险的管理需要从长期入手，从经营的不同侧面全面考虑企业的发展。一般对它的管理可以通过企业经营活动多元化、融资活动多样化等分散风险的方式来实现。

交易风险是能在现实中引起盈亏的风险，企业对它的管理由来已久，下面将予以重点介绍。

防范外汇交易风险的措施和手段很多，从管理方法的角度一般可分为内部管理和外部管理两种方法。内部管理是指不利用外部市场，而是将交易风险作为企业日常管理的一个组成部分，尽量减少或防止风险性净外汇头寸的产生。外部管理是当内部管理不足以消除净外汇风险头寸时，利用外部市场——外汇市场或货币市场来进行避免外汇风险的交易。

1）外汇风险的内部管理

（1）选择货币法

在国际贸易或国际信贷活动中，成交日期与收付汇日期之间总有一个时间差。在汇率经常变动而导致货币币值"走软""变硬"的状态经常交替的情况下，用何种货币成交以防范外汇风险，往往成为双方谈判和合同签订中的争论焦点。

货币选择的原则有：

第一，在签订进出口合同时，应尽量采用本国货币计价结算，这样进出口商就不需要买卖外汇，也就不承担汇率变动的风险。当然，如果本国货币面临严重的通货膨胀格局，采用外国货币计价结算，可以避免本国货币贬值的风险。

第二，如果要选择使用外币计价结算，应选择自由兑换的货币。这样有助于外汇资金的调拨和运用，也便于及时将一种外汇风险较大的货币兑换成风险较小的货币。

第三，出口收汇要尽量选择硬通货作为计价货币，进口用汇则尽可能选择"软币"作为计价货币。这样做，就可以避免在汇率波动中处于不利地位。

第四，采用软硬货币搭配使用的方法。当双方在货币选择上各持己见、无法达成协议时，可采用对半货币折中的方法，甚至可采用几种货币组合，以多种货币对外报价，这种形式尤其适合于大型设备的进出口贸易。

第五，选择综合货币单位计价结算。在当前的国际贸易中，普遍使用的国际货币是特别提款权，以前也使用过欧洲货币单位。此类综合货币单位的定值是采用多种货币即由一篮子货币加权平均计值的，因为各种货币价值的升降幅度各不相同，其相互抵消使得国际货币的价值能够保持相对稳定。

当然，在国际贸易中，货币的选择要与商品的购销意图和国际市场的行情结合考虑。一般情况下，用"硬币"报价时，货价要便宜些；用"软币"时，货价要贵些。当出口的商品是畅销时，国际价格趋升，用硬货币报价即使不便宜，对方也容易接受。如果出口的商品是滞销货，情况则相反，为了打开销路，出口商也可以"软货币"成交，再通过其他金融市场的操作，来防范外汇风险。

（2）货币保值法

货币保值法是防范外汇风险常用的一种方式，即在签订贸易合同和贷款合同时，在合同中加列保值条款，以防止汇率多变带来的风险。常用的保值条款有以下几种：

一是黄金保值条款。布雷顿森林体系崩溃以后，各国货币与黄金脱钩，从此黄金平价失去作用，浮动汇率制取代了固定汇率制。由于汇率的波动，加大了国际贸易和国际金融活动中的外汇风险，所以有的国家采用市场黄金价格来保值。具体方式为：在订立期限较长、金额巨大的合同时，按当时的黄金市场价格将支付货币的金额折合为若干盎司的黄金；到实际支付日时，如果黄金市场价格上涨，则支付货币的金额相应增加，反之相应减少。黄金保值条款是一种传统的货币保值条款，现已很少使用。

二是硬货币保值。双方在合同中规定以硬货币计价，用软货币支付，阐明两种货币当时的汇率。在执行合同过程中，如果由于支付货币汇率下跌，则合同金额要等比例进行调整，按照支付日的支付货币的汇率计算，这样实收的计价货币金额和签订合同时相同，支付货币汇率下跌产生的损失则可以得到补偿。例如，一笔进出口贸易合同，其支付货币为美元，合同金额为10万美元，双方约定以瑞士法郎为保值货币，即以瑞士法郎作为计价货币。在签约时，美元汇价为1美元兑换0.95瑞士法郎，合同金额折算为9.5万瑞士法郎；到支付日时，汇率变化为1美元兑换0.90瑞士法郎，则应付合同金额为10.56万美元（10×0.95÷0.9）。这样一来，美元下浮给收汇方带来的损失即得以弥补。

三是用"一篮子"货币保值。"一篮子"货币指的是多种货币的组合。在浮动汇率制下，各种货币的汇率时时刻刻在变动之中，且变化的方向和幅度并不一致。在签订合同时，确定支付货币与"一篮子"保值货币之间的汇率，并规定各种保值货币与支付货币之间的汇率变化的调整幅度。到支付期时，汇率的变动超过了规定的幅度，则按合同规定的汇率进行调整，从而达到保值的目的。由于是多种货币的组合，各种货币的汇率通常有升有降，汇率风险得到分散，可以有效地降低外汇风险。

（3）提前或拖后外汇收付

提前或拖后外汇收付（leads & lags），是根据对汇率的预测，对在未来一段时期内必须支付和收回的外汇款项采取提前或拖后结算方式以减少交易风险。

提前是在规定时间之前结清债务或收回债权，拖后是在规定时间已到时，尽可能推迟结清或收回债权。一般而言，如果预期计价结算货币的汇率趋跌，那么出口商或债权人则应设法提前收汇，以避免应收款项的贬值损失，而进口商或债务人则应设法拖后付汇。反之，如果预计计价结算货币汇率趋升，出口商或债权人则应尽量拖后收汇，进口商或债务人则应尽量设法提前付汇。具体操作见表9-5。

表9-5　　　　　　　　　　　提前或拖后外汇收付情况表

公司地位＼汇率变动趋势	预计外币将升值（本币贬值）	预期外币将贬值（本币升值）
出口商（收外币）	拖后收汇	提前收汇
进口商（付外币）	提前付汇	拖后付汇

提前或拖后收付法一般常见于跨国公司内部。跨国公司内部的提前或拖后收付显然是从母公司利益出发的，这可能使有些子公司的利润受损，另一些子公司的利润却增加了，但最终从母公司的整体范围来看，利润有所增加。另外，这种措施在资金的筹集和运用方面也带来一些问题：一方面，提前支付和延期收汇的企业必须为此筹措所需资金；另一方面，延期支付和提前收汇的企业也必须及时为这笔资金找到合适的运用渠道；最后，提前或拖后收付所依据的是进出口商对汇率的预测。预测准确不仅能避免外汇风险，而且能额外获益；若预测失误，将受到损失，因此带有投机性质。另外，在实际收付过程中，进出口商单方面提前或推迟收付外汇并不容易，因为要受到合同约束、外汇管制、国内信用规定等方面的限制。

（4）配对管理

配对管理是使外币的流入和流出在币种、金额和时间上相互平衡的做法。配对管理分为平衡法和组对法两种。

平衡法是指在同一时期内，创造一个与存在风险相同货币、相同金额、相同期限的反方向资金流。例如，A公司在3个月后有10万英镑的应付货款，该公司应设法出口同等英镑金额的货物，使3个月后有一笔同等数额的英镑应收货款，借以抵消3个月后的英镑应付货款，从而消除外汇风险。

一般情况下，一个国际公司每笔交易的应收应付货币的"完全平衡"是难以实现的。只有公司的产品能向世界任何地方以任何货币计价售出，或从任何国家以任何货币计价购买时才可能实现。一个国际公司采用平衡法，还有赖于公司领导下的采购部门、销售部门与财务部门的密切合作。在金额较大的、存在着一次性的外汇风险的贸易中，尚可考虑采用平衡法。

组对法是指收入和支出的不是同一种货币，但这两种货币的汇率通常具有固定的或稳定的关系。也就是说，如果某公司具有某种货币的外汇风险，它可创造一个与该种货币相联系的另一种货币的反方向流动来消除该种货币的外汇风险。组对法的实现条件为：作为组对的两种货币，常常是由一些机构采取钉住政策而绑在一起的货币。例如某公司有一笔两个月内的港币收入，它以美元来组对，创造一笔有美元流出的业务。港币是同美元紧密联系在一起的，与美元同升同降。

组对法较平衡法灵活性强，易于采用，但却不能消除全部风险，而只能减缓货币风险的潜在影响。借助于组对法，有可能以组对货币（第三种外币）的得利来抵消某种具有风险的外币的损失。但是，如果选用组对货币不当，也可能导致两种货币都发生价值损失的双重风险。

2）外汇风险的外部管理

外汇风险的外部管理是指经济主体通过在外界的金融市场上签订合同避免外汇风险。其主要方法是利用外汇市场和货币市场上的交易。

（1）利用外汇市场业务消除汇率风险

外汇市场交易，如即期交易、远期交易、外汇掉期以及外汇期货和外汇期权等，都可以为当事人实施套期保值方案服务，避免外汇风险。有关这些外汇交易的具体内容，我们已经在本章的前面部分进行了介绍。

（2）利用货币市场上的借贷消除外汇风险

这种方式是指在货币市场上借贷货币，将其在即期外汇市场上兑换成另一种货币，从而避免外汇风险，主要包括借款法和投资法。下面举例说明。

借款法是指有远期外汇应收账款的企业通过向银行借进一笔与其远期收入相同金额、相同期限、相同币种的贷款，以达到融通资金、防止外汇风险和改变外汇风险时间结构的目的的一种方法。

例如，日本某公司向美国出口一批商品，半年后有一笔 10 万美元的外汇收入，为防止半年后美元汇率下跌，可向银行借入一笔半年期 10 万美元的贷款，并将这笔 10 万美元的外汇以现汇卖出，兑换成日元本币，既改变货币币别，消除了风险，又可以补充日元的流动资金。

投资法是企业在有未来的应付外汇账款情况下，可将一笔资金（一般为闲置资金）投放于某一金融市场，到期后连同利息收回这笔资金。而这笔资金的流入刚好与未来的应付账款的资金流出相对应，因而可以改变外汇风险的时间结构。

例如，A 公司在半年后有一笔 8 万美元的应付账款，该公司可将一笔同等金额的美元用于投资半年，从而将未来的支付转移至现在。

（3）外汇交易和货币市场业务的综合运用——BSI 法和 LSI 法

对于前文介绍的即期合同法、借款法、投资法等方法，可进行组合加以综合利用，以达到消除全部风险的效果，这样就产生了 BSI 法和 LSI 法。人们习惯将远期合同法、LSI 法和 BSI 法称为外汇风险管理的基本方法。

BSI 法即借款–即期合同–投资法（borrow-spot-invest，BSI）。下面我们分别从企业有应收外汇账款和企业有应付外汇账款两个方面来阐述 BSI 的适用性。

在有应收外汇账款的条件下，企业首先应从银行借入与应收外汇相同数额的外币，将借入的外币做一个即期交易，卖给银行换回本币，这样外币与本币价值波动风险均已消除，同时将换得的本币存入银行或进行投资，以其赚得的投资收入抵消一部分防范风险时的费用支出。

例如，中国香港 A 公司因出口一批商品，从而可在 90 天后产生一笔 5 万美元的应收账款，为防止美元对港币汇率波动的风险，A 公司可向银行借入相同金额、相同期限的 5 万美元（暂不考虑利息因素）。A 公司借得这笔贷款后，立即与某银行签订即期外汇合同，按 1 美元兑换 7.80 港元的价格卖掉 5 万美元，获得 39 万港元，随之将其投放于香港的货币市场（暂不考虑利息因素），投资期为 90 天。90 天后，A 公司将 5 万美元的应收账款还给银行，便可消除这笔应收账款的外汇风险。

在有应付外汇账款的情况下，企业应首先从银行借入购买应付外币所需的本币，然后与银行签订购买外币的即期合同，买进外币并将这些外币投资于货币市场；到期时，收回投资，支付应付外汇账款。投资所得的收益可用于抵消因采取防范措施而产生的部分费用支出。当然，如果自有流动资金充裕，也可以用自有资金购买即期外汇以降低成本。

例如，上例中的香港 A 公司在 90 天后有一笔 5 万美元的应付账款，为防止美元汇价波动的风险，A 公司可以从银行借入一笔本币，即港币 39 万元，借款期限为 90 天；然后与银行签订一个即期外汇购买合同，以借入的本币购买 5 万美元；再将刚买入的美元投放于货币市场，投放的期限也为 90 天。90 天后，A 公司的应付美元账款到期，同时其美元的投资期限恰好届满，从而可以其收回的美元投资偿付其美元债务 5 万元。这样，通过 BSI 法实现了应付美元的反向流动，从而抵消了应付美元账款的风险。

由此可以看出，利用 BSI 法消除应收账款的外汇风险是借入外币，然后通过即期合同转换为本币并进行短期投资；而运用 BSI 法消除应付外汇账款则借入本币，然后通过即期合同转换为外币并进行短期投资，最终消除风险。

LSI 法即提早收付–即期合同–投资法（lead-spot-invest，LSI），以下分别阐述企业有应收外汇账款和应付外汇账款时，如何运用 LSI 法消除风险。

在有应收外汇账款的条件下，企业可征得债务方的同意，请其提前支付货款，并给其一定的折扣，这样外币账款收讫，时间风险便消除；然后，再通过即期合同，兑换为本币即可消除货币风险。与此同时，将换回的本币用于短期投资，以取得一定的收益，从而弥补折扣的费用。

我们仍以中国香港 A 公司为例：假如 A 公司因出口一批货物在 90 天后有 5 万美元的应收账款，为防止汇价波动，A 公司先征得进口商的同意，在给其一定折扣的条件下，要求其在两个营业日内付清款项（暂不考虑具体的折扣数额）。A 公司取得货款后，立即将美元兑换为港元，并进行短期投资，获得收益，弥补折扣的费用。这样，由于提前收入外币账款，消除了时间风险，又由于兑换为本币，消除了货币风险。

在有应付外汇账款的情况下，利用LSI法的程序为：先借进一笔与外币金额等同的本币贷款，然后与银行签订即期合同，购买外币，最后以购入的外币提前支付货款，并获得折扣（暂不考虑折扣的数额）。由此可见，整个过程是先借款，再与银行签订即期合同，最后再提前支付，因此应简化为borrow-spot-lead，但国际传统习惯不称之为BSL法，而称之为LSI法。

例如，上例中香港A公司的5万美元应付账款，为避免外汇风险，可先从银行借入或利用自有资金得到相当于5万美元的港元即39万港元；然后与银行签订即期合同，购买5万美元，最后以购买的美元支付出口商，从而获得折扣，并消除了外汇风险。

综上所述，我们列举了众多的有关企业防范外汇风险的方法，而实际上避险方法远不限于此。如防范交易风险，还可采用卖方信贷、买方信贷、"福费廷"、保理业务、信贷保险等信贷和保险手段，也可以采用货币互换或利率互换等金融衍生工具，这些措施都可以发挥降低外汇风险的作用（金融衍生工具的详细内容参见第10章，国际贸易融资方式的详细内容参见第12章）。总之，不同企业在各自经营中所面临的外汇风险的类型不同，风险的期限、金额也千差万别，具体情况应进行具体分析，应根据汇率预测，结合各种措施得以实施的可能条件，进行成本比较，作出合理的选择。

知识拓展9-5

我国外汇市场向市场化、专业化、国际化迈进

9.5 汇率折算与进出口报价

在国际贸易活动中，经常会遇到以下情况：出口商品原是以某种货币报价，现在需要改用另外一种货币报价；在进口业务中，进口方需要比较同一商品两种不同货币的报价。这些问题实际上涉及的就是汇率的折算和套算。熟练掌握汇率的折算方法，对于做好对外报价、提高企业的经济效益以及利用外汇业务防范国际贸易中的汇率风险，都具有重要意义。

9.5.1 汇率折算的基本方法

1）汇率的折算

汇率的折算是指已知一单位甲货币兑换的乙货币数量，来计算折合出一单位乙货币等于的甲货币数量。汇率折算一般分为以下几种情况：

（1）已知：1单位甲货币=××乙货币（中间价）

求：1单位乙货币=××甲货币（中间价）

方法：求其倒数。

例5：已知：1美元=6.8520元人民币

求：1元人民币等于多少美元？

解：求 6.8520 的倒数，则：

$$\frac{1}{6.8520}=0.1459$$

即 1 元人民币=0.1459 美元。

这是汇率折算最简单和最基本的方法，它实际上也是将直接标价法与间接标价法相互进行转换的基本方法。

（2）已知：1 单位甲货币=××乙货币（买入/卖出价）

求：1 单位乙货币=××甲货币（买入/卖出价）

方法：先求倒数，再将买价与卖价的位置互换。

分析：这种情况与例 1 基本相同，只是把其中一个中间价变成了买入和卖出两个价。计算的方法仍然是首先要求其倒数，之后再将算出的结果前后位置交换，即买卖价易位。这是因为，在甲乙两种货币的比价中，不管它是直接标价法还是间接标价法，甲货币的买入价实际上就是乙货币的卖出价，而甲货币的卖出价也就是乙货币的买入价。因此，求完倒数之后，必须将买卖价的位置互换。

例 6：已知：某日香港外汇市场牌价

1 美元=7.7970/7.7990 港元

求：1 港元等于多少美元（买入/卖出价）?

解：先求倒数：

$$\frac{1}{7.7970}=0.1283$$

$$\frac{1}{7.7990}=0.1282$$

再将两者的前后位置互换：

1 港元=0.1282/0.1283 美元

（3）已知：1 单位甲货币=××乙货币（买入/卖出价的即期汇率和远期汇率升贴水数）

求：1 单位乙货币=××甲货币（买入/卖出价的远期汇率）

方法：先求出 1 单位甲货币=××乙货币（买入/卖出价的远期汇率），再按照方法（2）求出 1 单位乙货币=××甲货币（买入/卖出价的远期汇率）。

例 7：已知：某日纽约外汇牌价

即期汇率：1 美元=0.9840/0.9860 瑞士法郎

3 个月远期：53/55

求：瑞士法郎对美元的 3 个月远期汇率。

解：先求美元对瑞士法郎的 3 个月远期汇率：

$$
\begin{array}{r}
0.9840/0.9860 \\
+\quad\quad 53/55 \\
\hline
0.9893/0.9915
\end{array}
$$

再求以上汇率的倒数：

$$\frac{1}{0.9893}=1.0108$$

$$\frac{1}{0.9915}=1.0086$$

再将两者的前后位置互换，得出瑞士法郎对美元的 3 个月远期汇率为：

1 瑞士法郎=1.0086/1.0108 美元

2）汇率的套算

汇率的套算就是求货币的交叉汇率，它是以某种货币作为中介，套算出两种货币之间的汇率。

（1）已知：1 单位甲货币=××乙货币（中间价）

1 单位甲货币=××丙货币（中间价）

求：1 单位乙货币等于多少丙货币单位（中间价），或 1 单位丙货币等于多少乙货币单位（中间价）？

方法：用变数货币除以标准货币。也就是说，把作为标准货币的数字置于分母上，把作为变数货币的数字置于分子上，得出的数字便是要求的结果。

例 8：已知：某日纽约外汇市场牌价

1 美元=0.9890 瑞士法郎

1 美元=7.7780 港元

求：1 瑞士法郎等于多少港元（或 1 港元等于多少瑞士法郎）？

分析：计算此类问题的关键是要找出哪个是标准货币，哪个是变数货币。

若求 1 单位瑞士法郎等于多少港币，也就是说，作为标准货币的是瑞士法郎，作为变数货币的是港币。把瑞士法郎的数字放在分母上，把港币的数字放在分子上，即可套算出结果。

$$1 瑞士法郎=\frac{7.7780}{0.9890} 港元=7.8645 港元$$

若求 1 港元等于多少瑞士法郎，此时标准货币便是港元，而瑞士法郎则成为变数货币，计算时要把港元的数字放在分母上，把瑞士法郎的数字放在分子上。

套算汇率：

$$1 港元=\frac{1}{7.8645} 瑞士法郎=0.1272 瑞士法郎$$

（2）已知：1 单位甲货币=××乙货币（买入/卖出价）

1 单位甲货币=××丙货币（买入/卖出价）

求：1 单位乙货币等于多少丙货币（买入/卖出价），或 1 单位丙货币等于多少乙货币（买入/卖出价）？

方法：与上面的方法基本相同，仍然是用变数货币除以标准货币，只是需要把标准货币的买卖价位置互换。也就是说，把作为标准货币的数字前后位置颠倒后置于分母上，把作为变数货币的数字按顺序置于分子上，经计算即可得出所需结果。

例 9：已知：某日纽约外汇牌价

1 美元=1.0940/1.0960 加元

1 美元=0.9840/0.9860 瑞士法郎

求：1加元等于多少瑞士法郎（买入/卖出价）？或1瑞士法郎等于多少加元（买入/卖出价）？

分析：本题是要求1单位加元等于若干瑞士法郎，因此可以确定：加元是作为标准货币，而瑞士法郎是作为变数货币。把加元的数字前后顺序颠倒后，置于分母的位置上，再把瑞士法郎的数字依次置于分子位置上，即可算出结果。

解：

$$\frac{0.9840}{1.0960} \Big/ \frac{0.9860}{1.0940}$$

即1加元=0.8996/0.9013瑞士法郎。

若求1瑞士法郎等于多少加元，方法同上，即

$$\frac{1.0940}{0.9860} \Big/ \frac{1.0960}{0.9840}$$

即1瑞士法郎=1.1095/1.1138加元。

9.5.2 汇率在进出口报价中的应用

在掌握了汇率的折算和套算的基本方法之后，我们就可以很容易地将一种报价转换成另外一种报价，以及比较几种不同货币报价的高低。但是，在具体进行报价折算时，我们会发现这样一个问题：外汇市场的行市通常都是同时报出买入价和卖出价，而买入价和卖出价之间一般相差1‰~5‰。究竟应按照买入价折算，还是按照卖出价折算？如果计算不当，就会在报价上蒙受损失。因此，在更改货币报价时，应遵循以下原则：

1）本币报价改为外币报价

本币报价改为外币报价时，应按买入价计算。例如，我国某出口商品原人民币报价为每件100元，现改报美元。即日美元对人民币汇率为1美元=6.8550/6.8570元人民币，则美元报价为100/6.8550=14.59美元。这是因为，我方原为人民币报价，出口每件商品的收入为100元人民币，现改为以美元报价，出口的收入应为美元，出口商将美元卖给银行，应该得到与原来相同的收入。出口商将外币卖给银行，也就是说，银行要买入外币，因此用的是银行买入价。如果出口商用卖出价进行折算，美元报价就要降低，出口商将遭受损失。

2）外币报价改为本币报价

外币报价改为本币报价时，应按卖出价计算。例如，某企业的出口商品原以美元报价，为每打100美元，现对方要求改为港币报价。假定当日香港外汇市场美元对港币的汇率为1美元=7.7890/7.7910港元，则港币报价就为100×7.7910=779.10港元。这是因为，企业原以美元报价，因此其收入是以美元作为标准的，改为本币报价也应得到原来的收入。企业将收入的本币向银行买回如数的外币，因此用的是银行的卖出价。

3）一种外币改为另一种外币报价

一种外币改为另一种外币报价时，先依据外汇市场所在地确定"本币"和外

币，然后再按照上面的两项原则处理。例如，我国出口机床原以美元报价，为每台1万美元，现应客户要求改为以港币报价。当日纽约外汇市场的牌价为1美元=7.7890/7.7910港元。

区分"本币"和外币的原则：外汇市场所在国的货币即视为"本币"，其他货币一律视为外币。因现在是以纽约外汇市场的牌价为准，因此，美元便视为"本币"，港币则视为外币。要把美元报价改为港币报价，在这里就成为把本币报价改为外币报价——按照第一个规则，应该用买入价进行折算，即港币报价应为1×7.7910=7.7910万港元（纽约外汇市场的牌价采用的是间接标价法，因此，前一个数字为卖出价，后一个数字为买入价）。若不以纽约外汇市场牌价为准，而以香港外汇市场牌价为准，那么，港币就视为本币，而美元则视为外币。将美元报价改为港币报价便成为将外币报价改为本币报价——按照第二个规则，应该用卖出价进行折算。香港外汇市场采用的是直接标价法，1美元=7.7890/7.7910港元，前一个数字为买入价，后一个数字为卖出价。因此港币应为1×7.7910=7.7910万港元。

由上例可以看出，一种外币报价改为另一种外币报价，不管按照哪个外汇市场的牌价折算，只要两个外汇市场的汇率一致。那么折算出的结果也必然是相同的。

● 思政课堂

法国兴业银行巨亏：交易员捅出的大窟窿

法国兴业银行创立于1864年5月4日，由拿破仑三世亲自批准建立，经历了两次世界大战，曾是法国最大的银行，也是老牌的欧洲银行和国际衍生品市场交易的领导者。然而，就是这样一个历史悠久、声名显赫，并一度被认为是世界上风险控制最为出色的银行，却因为一位年轻交易员科维尔的欺诈行为和违规操作而蒙受巨额亏损，并一度触发了法国乃至欧洲的金融震荡，甚至导致全球股市暴跌。

2000年6月，23岁的科维尔进入法国兴业银行工作，最初在中后台管理部门工作，主要为衍生品交易团队的数据库及电脑系统提供支持。后因表现优秀，2005年科维尔被晋升为银行的交易员，此后其开始逐渐利用此前在中后台管理部门工作时对银行内部控制和风险管控系统的了解，绕过系统的安全防线，通过侵入数据信息系统、滥用信任、伪造及使用虚假文书等多种欺诈手段，擅自进行欧洲股票价格指数期货交易，并采用盗用账号、编造虚假邮件，对交易进行授权、确认或者发出具体指令等方式，来掩盖越权与违规行为。当时，科维尔在安联保险上建仓，赌股市会下跌，后因伦敦地铁发生爆炸，股市果真下跌，他因此盈利50万欧元，并于当年底获得了"积极的交易员"的评价。

2007年，科维尔再赌股市下跌，逐渐建立起280亿欧元的期货空头和6亿欧元的股票头寸，到2007年11月20日，他的账面盈余达到了15亿欧元，而当年法国兴业银行的总盈利也不过55亿欧元。2007年11月，欧洲期货交易所监测到法国兴业银行的账户有异常变动，给科维尔的主管发了警告邮件，但并没有得到重视。

2008年1月2日后，科维尔再次赌欧洲股市上涨，并逐渐建立股票价格指数期货多头持仓，且未加任何对冲。2008年1月18日，法国兴业银行收到了来自另一家大银行的电子邮件，对方要求确认此前约定的一笔金融交易。由此，欺诈行为开始败露，因为法国兴业银行早已限制与这家银行开展交易，且已与其没有任何交易往来。为此，法国兴业银行展开了内部调查，并很快发现这是一笔虚假交易，伪造邮件的交易员就是科维尔。次日，法国兴业银行将科维尔控制起来，他承认伪造了虚假交易。经过连夜查账，法国兴业银行于20日震惊地发行，科维尔违规建立的实际多头头寸高达500亿欧元。但由于受美国次贷危机的影响，欧洲股市暴跌，截至18日交易结束，法国兴业银行亏损20亿美元。到21日，受全球股市遭遇"黑色星期一"的影响，该银行的损失进一步加剧。为了减少损失，法国兴业银行不得不抛售科维尔买入的头寸，至1月24日抛售完毕时，该银行亏损了49亿欧元，折合约71美元，堪称史上最大的金融悲剧。

法国兴业银行巨亏的案例，至少可以给我们带来以下启示：

第一，金融衍生品本身不可怕，但对衍生品的过度滥用会引发巨大损失。金融衍生品一种价值衍生自基础金融工具的金融合约。从理论上来讲，其不仅自身不存在风险，亦不会增加市场风险，还可以为市场参与者提供一种有价值的金融风险管理手段。若能恰当地运用，如进行套期保值，金融衍生品可以为投资者提供有效降低风险的对冲方法。但其在具有积极作用的同时，也有致命的危险，如果市场参与者纯粹以投机套利为目的，而无视交易潜在的风险，并过度滥用金融衍生品交易，那么这种投机行为就会导致不可估量的损失。法国兴业银行巨亏的一个重要原因就是交易员科维尔的投机心理驱动下对衍生产品的过度滥用。

第二，作为职业投资人要有职业操守，秉持诚信理念，恪守职业道德，也要具备风险意识，在实际操作中应时刻注意风险防范。一方面，科维尔频繁擅自违规投资欧洲股票价格指数期货，进行虚假交易，采用不同手段掩盖其违规行为，严重违反了诚信原则，违背了金融交易人员的职业道德。另一方面，科维尔罔顾美国次贷危机爆发后全球和欧洲市场环境恶化、交易风险显著上升的事实，仍过于乐观地估计形势、冒着更大的风险、抱着赌徒的心态逆势而为，加倍持有多头头寸，最终导致法国兴业银行出现巨额亏损，成为金融衍生品的牺牲品。

第三，强化规范的内部控制体系建设，加强监管，是防范和化解金融风险的重要举措。一方面，法国兴业银行的内控制度不健全，缺乏完善的内部管理制度和有序的监管措施。该银行在人员内部流动时，忽视了中后台员工对敏感信息、交易系统技术、运行体系的掌握，将在中后台工作的科维尔调任为前台交易员，为其提供了欺诈的可乘之机。同时，银行管理层风险意识薄弱、监管不严，对欧洲期货交易所的警告邮件视而不见，不仅未对科维尔的交易行为进行风险监督，甚至"默许"其进行更大的投机交易。另一方面，法国兴业银行巨亏也充分暴露了长期以来欧洲银行业自律监管模式的缺陷和对信用制度的滥用。欧洲衍生品市场监管以企业自律为主，监管相对较为宽松。在这种模式下，受逐利驱动或当其自身控制体系出现缺陷时，企业便难以对违规行为产生有效制约。此外，欧洲的部分交易所经常把信用制度滥用于高杠杆的金融衍生品市场，甚至不要求交易员交足保证金。科维尔在投机过程中，就是利用了这种监管缺陷，选择了未有保证金追缴要求的衍生工具。

● 本章小结

外汇市场是进行外汇买卖的场所，是国际金融市场重要的组成部分。外汇市场是世界上最大的交易市场，全球外汇交易额远远超过贸易额。根据不同的标准，外汇市场可以分成多种类型。外汇市场主要由外汇银行、外汇经纪人、中央银行和客户四部分构成。

外汇交易是指在外汇市场上以外汇银行为中心，交易双方进行的外汇买卖活动。外汇市场上的基本交易形式，也被称为传统交易形式，包括即期外汇交易、远期外汇交易和掉期交易，以及在这些交易基础上产生的套汇、套利等交易。

衍生外汇交易是衍生金融交易的一种，最常见的衍生外汇交易是外汇期货和外汇期权。外汇期货是金融期货交易的一种，是指在有形的交易市场上，根据成交单位、交割时间标准化的原则，按约定价格购买或出售远期外汇，且通过清算所结算的一种业务。外汇期权是指在合同规定的日期或期限内，按照事先约定的汇率购买或出售一定数量货币的权利。

外汇风险又称"汇率风险"或"外汇暴露"，一般指在国际经济、贸易、金融活动中，一个组织、经济实体或个人的以外币计价的资产和负债因汇率变动而蒙受的意外损失或所得的意外收益。对外汇持有人来说，外汇风险可能有两个结果：或是遭受损失，或是获得收益。外汇风险构成因素包括三个方面：本币、外币和时间。

对于外汇风险种类比较普遍的划分方法，是按风险发生的时间——结账时、报账时、未来时，将外汇风险划分为交易风险、转换风险和经济风险。

外汇风险管理，即对外汇风险的特性及因素进行识别与测定，并设计和选择防止或减少损失发生的处理方案，以最小成本达到风险处理的最佳效能。防范外汇交易风险的措施和手段很多，从管理方法的角度一般可分为内部管理和外部管理两种方法。内部管理是指不借助外部市场，而是将交易风险作为企业日常管理的一个组成部分，尽量减少或防止风险性净外汇头寸的产生。内部管理法包括选择计价货币、设立保值条款、提前/拖后支付等方式。外部管理是当内部管理方法不足以消除净外汇风险头寸时，利用外部市场——外汇市场或货币市场来进行避免外汇风险的交易，包括各种外汇交易手段以及借款法、投资法等。

在国际贸易活动中，对外报价经常需要在不同计价货币之间转换，这就涉及汇率的折算和套算。

● 延伸阅读

1.国际外汇市场行情、汇市动态，可以查询伦敦金融时报网站http://www.ft.com和华尔街日报网站http://online.wsj.com/public/us。

2.国际外汇市场行情和相关评论，可登录和讯网，http：//www.homeway.com.cn 和彭博网 www.bloomberg.com。

3.外汇知识和外汇市场动态及相关分析，可登录中国外汇网 http：//www.chinaforex.com.cn。

4.人民币基本汇率，可以查询国家外汇管理局官方网站 http：//www.safe.gov.cn。

5.我国外汇市场的汇率行情及动态，可以登录中国货币网站 http：//www.china-money.com.cn/index.html 进行查询。

● 基本概念

外汇市场　外汇银行　多头　空头　风险头寸　即期交易　远期交易　择期交易　套汇　间接套汇　套利　抛补型套利　外汇掉期　外汇期货　外汇期权　美式期权　欧式期权　期权费　看涨期权　看跌期权

随堂测试

● 复习思考题

1.外汇市场的特点是什么？由哪几部分构成？

2.什么是外汇头寸、多头和空头？

3.从事即期外汇交易应注意哪些问题？

4.远期外汇交易对于进出口贸易有何作用？

5.什么叫升水和贴水？在不同标价方法下如何计算远期汇率？

6.如何通过利率判断和计算远期汇率的升贴水？

7.什么叫套汇？它包括几种类型？

8.什么叫外汇期权？它有什么特点？

9.外汇期权、期货交易与远期交易有什么异同？

10.何谓外汇风险？按其经营活动中发生的时间顺序，外汇风险划分为哪几种？各指什么？

11.试述外汇风险的构成因素，并解释时间风险与价值风险。

12.什么是外汇风险管理？企业如何采取措施防范交易风险？

13.企业在什么情况下应当采取提前或推迟收付法避免外汇风险？

14.BSI法和LSI法的具体操作过程是怎样的？在分别存在应付账款和应收账款的情况下有何不同？

15.如何合理运用汇率的买入和卖出价改变商品的进出口报价？

在线课堂

如何查找全球外汇交易数据

第10章 / 国际金融市场

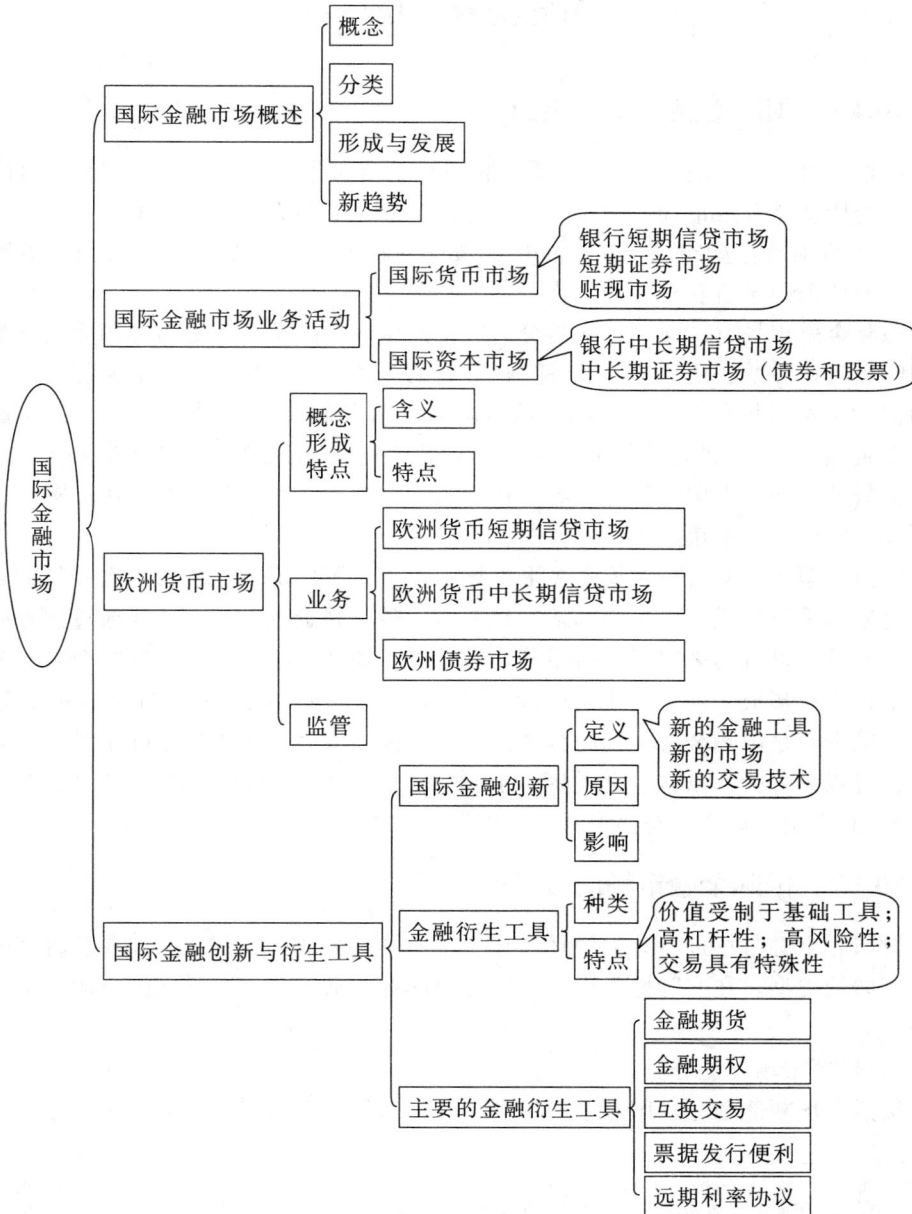

国际金融市场

- 国际金融市场概述
  - 概念
  - 分类
  - 形成与发展
  - 新趋势

- 国际金融市场业务活动
  - 国际货币市场
    - 银行短期信贷市场
    - 短期证券市场
    - 贴现市场
  - 国际资本市场
    - 银行中长期信贷市场
    - 中长期证券市场（债券和股票）

- 欧洲货币市场
  - 概念 形成 特点
    - 含义
    - 特点
  - 业务
    - 欧洲货币短期信贷市场
    - 欧洲货币中长期信贷市场
    - 欧州债券市场
  - 监管

- 国际金融创新与衍生工具
  - 国际金融创新
    - 定义
      - 新的金融工具
      - 新的市场
      - 新的交易技术
    - 原因
    - 影响
  - 金融衍生工具
    - 种类
    - 特点
      - 价值受制于基础工具；高杠杆性；高风险性；交易具有特殊性
  - 主要的金融衍生工具
    - 金融期货
    - 金融期权
    - 互换交易
    - 票据发行便利
    - 远期利率协议

10.1   国际金融市场概述

10.1.1   国际金融市场的概念

所谓"金融"，是指资金的融通，相应地，货币资金的供需双方进行资金融通的交易场所就是金融市场。如果资金融通活动超越了国界，该市场就称为国际金融市场。所谓国际金融市场（international financial market），是指世界各国从事国际金融业务活动的场所和机制的总称。

国际金融市场有广义和狭义之分。广义的国际金融市场，是指在国际上从事各种国际金融业务的场所，这些业务包括资金的借贷、外汇与黄金的买卖等。因而广义的国际金融市场包括货币市场（从事国际短期资金借贷）、资本市场（从事国际中长期资金借贷）、外汇市场和黄金市场。狭义的国际金融市场仅指在国际上进行资金借贷的市场，即国际资金市场，包括国际货币市场和国际资本市场。本章主要介绍狭义的国际金融市场。

当前的国际金融市场主要是无形市场，业务范围广泛，业务活动大多借助各种现代化通信手段完成，较少受到地理位置的局限。其金融业务一般要通过国际商业银行或证券投资机构来完成，由于某些城市银行和金融机构云集，国际金融业务比较集中，于是形成了通常所说的国际金融中心（international financial center），这些国际金融中心是国际金融市场的具体代表。目前，世界上主要的国际金融中心有十几个，可以划分为西欧区、北美区、亚洲区、中美洲和加勒比海区以及中东区5个区域①，其中伦敦和纽约是两个最大的国际金融中心。

10.1.2   国际金融市场的分类

对国际金融市场进行分类的目的在于说明其不同的构成部分，并非要将其分成截然不同的类型。在实际操作中，不同类型的业务活动是相互交叉进行的，不能截然分开。

1）按照市场功能分类

按照市场功能划分，国际金融市场可分为国际货币市场、国际资本市场、外汇

---

① 西欧区主要包括伦敦、苏黎世、巴黎、法兰克福、布鲁塞尔和卢森堡；亚洲区主要包括新加坡、中国香港、东京；中美洲和加勒比海区包括开曼群岛和巴哈马；北美区主要包括纽约、旧金山、多伦多、蒙特利尔等；中东区包括巴林和科威特。

市场和黄金市场。国际货币市场（international money market）又称短期资金市场，经营期限在 1 年或 1 年以下的资金借贷业务。国际资本市场（international capital market）又称长期资金市场，经营 1 年以上的长期资金借贷业务。外汇市场（foreign exchange market）专门从事外汇买卖。黄金市场（gold market）是世界各国进行黄金买卖的交易市场。

2）按照融资渠道分类

按照融资渠道划分，国际金融市场可分为国际信贷市场和国际证券市场。国际信贷市场是指以金融机构为媒介的国际资金融通市场，是各国资金需求者通过银行进行间接融资的场所，是早期融资的主要渠道。国际证券市场是指发行和交易各种有价证券的直接融资市场，包括国际债券和国际股票市场。

3）按照金融活动是否受到金融当局的控制分类

按照金融活动是否受到金融当局的控制划分，国际金融市场可分为在岸国际金融市场和离岸国际金融市场。在岸国际金融市场（on-shore international financial market）是指居民和非居民之间进行资金融通和相关金融活动的场所。市场上经营的货币是市场所在国货币，资金来源主要由市场所在国提供，因此市场上的金融活动受到所在国金融当局的管辖。在岸国际金融市场是国内金融市场的延伸，是传统的国际金融市场。离岸国际金融市场（off-shore international financial market）又称境外金融市场（external financial market），是指非居民之间进行资金融通及相关活动的场所，所经营的货币是除市场所在国货币之外的西方主要货币，业务活动不受任何国家金融当局的控制和管辖。离岸国际金融市场是 20 世纪 60 年代以来形成和发展起来的新兴国际金融市场，也是目前最主要的国际金融市场。所有离岸国际金融市场结成整体，就是通常所说的欧洲货币市场。

主要从事离岸金融业务的金融中心即为离岸金融中心。根据营运特点，离岸金融中心可以分为名义中心和功能中心两类。名义中心纯粹是记载金融交易的场所，不经营具体的金融业务，只从事转账或注册等事务手续，因此亦称为记账中心、铜牌中心（brass-plate centers）。许多跨国金融机构，在免税或无监管的城市设立这种"空壳"分支机构，以将其全球性税务负担和成本降至最低。目前，主要的名义中心有开曼群岛、巴哈马、泽西岛、安的列斯群岛、巴林等。功能中心主要指集中诸多外资银行和金融机构，从事具体金融业务的区域或城市，其中又可分为两种：一体化中心和隔离性中心。前者是指内外投融资业务混在一起的一种形式，金融市场对居民和非居民同时开放，伦敦和中国香港属于此类；后者只允许非居民参与离岸金融业务，是一种内外分离的形式，典型代表是新加坡和美国的国际银行设施（international banking facilities，IBFs），日本于 1986 年 12 月 1 日也建立了内外隔离型的离岸金融中心。

知识拓展 10-1

避税天堂

10.1.3　国际金融市场的形成与发展

1）国际金融市场的发展历程

（1）国际金融市场的形成

18 世纪中期以后，随着资本主义工业革命在欧洲各国的相继发生，国际贸易迅速发展，货币兑换、票据结算和国际清偿业务也相应增多，客观上对国际金融市场的产生提出了要求。英国是当时资本主义世界的头号经济强国，英镑成为主要的国际贸易支付和结算货币。随着英镑使用范围的不断扩大和国际地位的日益提高，再加上英格兰银行发达的机构设施和完备的金融制度，19 世纪初期，世界上最早的国际金融市场便在伦敦率先产生了。直到第一次世界大战之前，伦敦一直是世界上最主要的国际金融市场。

第一次世界大战之后，英国在资本主义世界的霸主地位开始动摇，1929—1933年的资本主义世界经济危机又使英国经济遭受了沉重的打击。英镑作为世界上主要的结算与储备货币的地位急剧下降，伦敦作为国际金融中心的地位也受到很大动摇。

（2）国际金融市场的发展

第二次世界大战之后，国际金融市场的格局发生了重大变化，其中最突出的表现是新的国际金融市场不断涌现。在伦敦市场的影响力不断下降的同时，美国确立了世界经济霸主的地位，美元也取代英镑成为最重要的国际结算货币和储备货币，纽约成为世界上最大的国际金融市场。另外，由于瑞士具有中立国的特殊地位，瑞士法郎成为第二次世界大战后西欧国家中唯一保持自由兑换的货币，加之具有自由的外汇和黄金市场，苏黎世也得以迅速成为重要的国际金融市场。纽约、苏黎世和伦敦共同构成了三大国际金融中心。

与此同时，一些经济和国际贸易比较发达的中心城市，如阿姆斯特丹、法兰克福、东京等，在突破了原有的国内金融业务范围的基础上，也发展成为重要的国际金融市场。这些国际金融市场的出现，大多是在国内金融业务发展的基础上产生的。无论在业务范围还是市场的自由度上，国际金融市场都比国内金融市场前进了一大步。但是，这些金融市场还不能算作完全国际化的国际金融市场。

（3）欧洲货币市场的兴起

20 世纪 50 年代末，在冷战升级、美元危机、第二次世界大战后欧洲经济恢复等多种因素的作用下，美元资金在欧洲市场集聚，成为"欧洲美元"，美元的境外存贷业务也就应运而生。随后境外货币的种类不断增加，这种从事境外货币存贷的市场被称为欧洲货币市场。欧洲货币市场最早以欧洲美元市场的形式出现于英国伦敦，以后又在新加坡、中国香港、巴哈马等地相继开设。

新兴的欧洲货币市场与传统的国际金融市场相比，其特点是：经营活动高度自由，不受任何国家金融法规条例的制约；所经营的对象已不限于市场所在国的货币，而是包括所有可以自由兑换的货币；欧洲货币市场分布于世界各地，各市场联系紧密，已经结成了不可分割的整体。

欧洲货币市场的出现标志着国际金融市场进入了一个全新的发展阶段，从此国际金融市场的概念已包含了国内市场交易、在岸国际市场交易和离岸市场交易3种功能，而其中离岸市场交易的总体——欧洲货币市场已经成为国际金融市场的主流。

2）成为国际金融中心的条件

一般而言，只要政府采取鼓励性的政策措施，并具备了一定的条件，很多城市都有可能参与国际金融市场的业务活动，并成为国际金融中心。这些条件主要包括：

（1）政局稳定。这是成为国际金融中心最基本的条件，若不具备就不能保证外国资本的安全和利益，对国际资本没有吸引力，也就无法形成国际金融市场。

（2）自由的外汇市场与宽松的金融政策。国际金融市场首先必须以自由外汇市场的存在作为前提，才能使资金灵活地调拨，形成国际资本的集散地，继而成为国际金融市场。在该市场上，非居民参与各种金融活动应享受与居民相同的待遇。同时，对于存款准备金、税率、利率等方面亦没有严格的管制措施。

（3）完备的金融机构和健全的金融制度。国际金融中心应具备完备、发达的金融机构网络，并具有一整套符合国际规范的、健全的金融制度，从而保证各项金融活动顺利而高效地进行。

（4）现代化的通信设施与优越的地理位置。国际金融市场的业务活动大多是银行和其他金融机构借助各种通信手段进行的，因此，只有通信设施完善才能适应国际金融业务发展的需要；同时，优越的地理位置和便利的交通条件也是吸引资金的重要因素。

（5）训练有素的专门人才。要成为国际金融市场，必须拥有一支庞大的人员队伍，这支队伍既要有较高水平的国际金融专业知识，又要有丰富的实践经验，这样才能保证市场的高效运转。

3）国际金融市场的作用

国际金融市场的形成和发展，无论对西方工业国家还是对发展中国家，无论是对国际贸易还是对世界经济，都起着举足轻重的作用。在推动各国经济的国际化、促进国际贸易发展的同时，它还为各国经济的发展提供了资金，有助于各国调节国际收支，并促进了银行业务的国际化。

然而，国际金融市场在调节国际收支失衡和为发展中国家提供发展资金的同时，也埋下了债务危机的隐患。比如20世纪80年代初期席卷拉美国家的债务危机说明，倘若对国际金融市场利用得不合理，不但发展不了国民经济，还会使国家背上沉重的债务负担。

国际金融市场促进了国际资本的移动，然而数额巨大的、频繁和不规则的国际资本流动，也会影响一些国家的国内货币政策的执行效果，同时也会增加汇率的波动幅度并助长外汇市场上的投机行为，严重时还会引发金融危机。比如，发生在

1994年年底的墨西哥金融危机和1997年的亚洲金融危机。高度一体化的金融市场在经济衰退时期同样会加速经济危机的传播,还可能引发全球性的金融危机,进而加深经济危机的动荡和危害。比如,1997年亚洲金融危机波及范围之广,影响程度之深,可以说是史无前例的。

国际金融市场虽具有推动资源合理配置、促使世界经济一体化的功能,然而市场经济的无政府性也可能加剧发达国家与发展中国家之间的矛盾,使贫富差距进一步扩大。

10.1.4　国际金融市场发展的新趋势

世界经济的发展也带来了国际金融市场的繁荣。20世纪60年代以来,随着金融创新的兴起、新金融工具的出现和新金融技术的推进,国际金融市场逐渐显现出崭新的发展趋势。20世纪90年代以后,伴随着经济全球化趋势的加强,国际金融市场又取得了空前的发展,国际金融市场全球一体化的程度不断加深,对各国经济发展的影响日渐显著。

1)国际金融市场的全球化和一体化进程加快

国际金融市场的全球化是经济全球化的主要现象之一,表现为世界各国金融市场相互联结,金融风险发生机制趋同并且相互传播,金融制度和金融监管相互协调。

目前,国际金融市场的全球化主要表现在:第一,金融机构和金融业务的全球化。国与国之间的金融市场壁垒被打破,金融机构跨国设立分支机构,金融业务也突破国界限制向全球展开,服务对象也逐步国际化。第二,金融市场的一体化。金融市场的电子化、网络化把全球主要国际金融中心连为一体,打破了不同市场时差的限制,使其成为真正意义上的全球统一市场。金融市场的高度融合导致各金融中心的主要资产价格和利率的差距缩小,各个市场的相关度提高。第三,金融监管的国际一体化。随着各国金融监管体制和监管内容的趋同,各国金融监管模式也日益趋同,以市场约束为主体的监管体系正在形成,金融监管的国际合作也在不断加强。

国际金融市场全球化进程的加快得益于金融自由化的发展。金融自由化自20世纪70年代兴起以来,呈现出迅猛发展的态势,目前世界上绝大多数国家都已参加到这一进程中来。由于经济基础和相应的金融制度不同,发达国家与发展中国家的金融自由化具有不同的特征。发达国家先后放松或取消对利率、分业经营和资本市场的管制,使本国金融业发展进入了较为宽松的时期。发展中国家则根据发达国家的经验,相继开展以金融深化或金融发展为主题的金融体制改革,力争赶上国际金融自由化的潮流,以促进本国经济的快速发展。金融自由化减少了金融产品间、银行间的资金流动障碍,从而推动了金融全球化的发展。

2)国际金融市场出现融资证券化趋势

第二次世界大战后,国际银行贷款一直是国际融资的主渠道,并于1980年达到顶峰，占国际融资总额的比重高达85.1%；但从1981年开始，国际银行贷款的地位逐渐下降，到80年代中期，国际证券已取代了国际银行贷款的国际融资主渠道地位。所谓证券化融资，是指筹资者采用发行各种有价证券、股票及其他商业票据等方式，在证券市场上直接向国际社会筹集资金。证券化主要表现在两个方面：一是金融工具的证券化，即不断通过创新金融工具筹措资金；二是金融体系的证券化，指通过银行和金融机构借款的比重下降，而通过发行对第三方转让的金融工具的比重相对提高，即所谓资金的"非中介化"现象。

证券化趋势在20世纪80年代上半叶表现得尤为明显。国际信贷从以国际银团贷款（又称辛迪加贷款）形式为主转变为以资产证券化形式为主，银行不愿再提供新的银团贷款，即使提供也主要是借新还旧，甚至只收不放。据统计，在1981年，国际信贷规模总计为1 415亿美元，其中外国债券与欧洲债券为450亿美元，约占32%，欧洲银行银团贷款为965亿美元，占68%；而到了1986年，国际贷款与债券等直接融资的比重，从1981年的7∶3变为1∶9左右。进入90年代以后，虽然国际贷款比重有所上升，但是除个别年份外，也只占到总融资份额的30%左右。

融资证券化趋势的形成原因是多方面的，简言之，国际银团贷款的风险提高，贷款成本相对上升，有价证券市场流动性的提高和筹资成本的降低，使各种类型的筹资者都把注意力由传统的国际银团贷款渐渐转向发行长短期债券或商业票据，融资证券化趋势也由此形成。

3）金融创新在各个主要金融市场得到普及，金融衍生工具市场的增速快于现货市场

金融创新发端于20世纪60年代末，发展于70年代，到80年代中叶达到高潮。金融创新除了包括金融机构在金融工具和金融业务方面的创新以外，还包括金融品种、金融机构、金融市场等多方面的创新。

金融创新造就了20世纪70年代初兴起的金融衍生工具市场，而这一市场在90年代得到了突飞猛进的发展，达到了惊人的规模。进入21世纪，金融衍生工具市场已经取代了现货市场的传统优势地位，互换、远期合同、期货和期权交易额的增幅都极大地超过了现货交易额的增幅。有关金融创新和金融衍生工具的内容，本章第4节将进行详细介绍。

4）金融电子化迅猛发展，网络技术在国际金融市场中得到普遍运用

进入20世纪90年代以后，电子技术和网络技术有了巨大的进步，以电子计算机为代表的电子产品在世界各国迅速普及，金融市场的效率也得到显著提高。原来需要几天才能与参与交易的某个国家或地区的城市取得联系，现在只需要几分钟甚至更短的时间就可以完成一笔交易。金融电子化在很大程度上已经改变了并且正在改变着传统金融业的形象。

在外汇交易市场上，传统的交易方式非常不便，而现在的交易者通过路透社终端或美联社终端等先进的交易系统很快就可以达成交易，同时环球同业银行金融电信协会则可为全世界的客户提供自动结算服务。

网络技术为金融市场的发展提供了技术支持和保障，全球金融产品交易已形成网络化的趋势，金融电子商务在相当大程度上取代了传统的金融产品交易方式。金融电子化、网络化的影响是十分深远的，它不仅为金融全球一体化提供了技术基础，而且对传统的货币制度、金融服务方式、监管模式甚至全球金融业的组织结构都产生了难以估计的影响。

5）机构投资者在金融市场中的作用日益重要

20世纪80年代以后，机构投资者（养老基金、保险基金、互惠基金以及对冲基金等）在跨国资本流动中，尤其是跨国证券交易中的重要性日益凸显，这也是近年国际金融市场发展的重要特征之一。

机构投资者的主要职能是为个人投资者管理资产。机构投资者拥有个人投资者无法比拟的优势，如资产多样化、中介费用低、风险分散等。相对于银行，机构投资者受到的管制与约束一般较为宽松，它们不接受中央银行的再融资，从而对中央银行依赖性较小。此外，金融自由化的发展促使许多工业国取消了资本控制，放松了对机构投资者投资外国资产的份额限制，从而刺激了机构投资者持有更多外国资产的意愿。

10.2　　　　　　　　国际金融市场的业务活动

前面已经提到，国际金融市场的概念有广义和狭义之分，而本书所指的是其狭义概念，即国际资金的借贷市场。这一含义下的国际金融市场分为货币市场和资本市场。前者是指经营短期资金借贷的市场，后者则是指经营长期资金借贷的市场。下面将对货币市场和资本市场分别加以介绍。

10.2.1　国际货币市场

所谓货币市场（money market），又称短期资金市场，是指以短期金融工具为媒介进行的期限在1年以内的融资活动的交易市场。由于在该市场上所交易的金融工具具有偿还期短、流动性强和风险小的特点，与货币非常相似，因此该市场被称为货币市场。

一般来说，货币市场的参与者主要包括商业银行、中央银行、保险公司、金融公司、证券交易商、证券经纪商、工商企业及个人等。根据业务活动的不同，货币市场具体可以分为银行短期信贷市场、短期证券市场和贴现市场。

1）银行短期信贷市场

银行短期信贷市场主要包括银行对政府和工商企业的信贷以及银行同业拆放市场（inter-bank market）。

银行同业拆放市场是指商业银行之间相互借贷短期资金的市场，主要表现为银行同业机构之间买卖在中央银行存款账户上的准备金余额，用以调剂准备金头寸的余缺。它在整个短期信贷市场中占据着主导地位。

　　银行同业拆放业务一般交易金额都较大，每笔拆放金额最低为 25 万英镑，多者甚至高达几百万英镑。同业拆放业务的期限长短不一，常见的有隔夜拆入（Over Night，O/N）、1 星期、1 个月、3 个月、6 个月等期限，最长为 1 年。短期信贷的利率按照拆放期限的不同而有所区别，采取浮动利率的方式，利率随市场利率的变化而变化。同业拆放有两个利率：一个是拆进利率（bid rate），表示银行愿意借款的利率；另一个是拆出利率（offered rate），表示银行愿意贷款的利率。拆进利率小于拆出利率，其差额就是银行的收益。同业拆放中大量使用的利率是伦敦银行间同业拆放利率（London Inter Bank offered rate，LIBOR），是指在伦敦的第一流银行借款给在伦敦的另一家第一流银行所使用的利率，该利率已经成为国际金融市场上确定贷款利率的基础利率。银行同业拆放业务主要凭借信用进行交易，借款人无须提供抵押品，借贷双方也不用签订贷款协议，通过电话或电传就能达成交易，手续十分简便。因此，借款人的资信状况对信贷条件（如贷款金额、期限、利率等）有很大的影响。

　　银行短期信贷业务是指商业银行对各国政府和工商企业所提供的短期信贷，主要是为了解决企业的临时性及季节性资金周转的需要，各国政府的短期信贷主要用于弥补收支赤字，使用的利率一般为 LIBOR 加上一个附加利率。这部分贷款在短期信贷市场不占主要地位。

　　2）短期证券市场

　　短期证券市场是指进行短期证券发行和买卖的场所。短期证券是指各种期限在 1 年内的可转让信用工具。其主要包括：

　　（1）国库券（treasury bill），这是各国财政部发行的短期政府债券。由于国库券是由政府发行的，它与其他一些短期证券相比，信用最好、流动性最强，因此是短期投资的最佳目标。现在，国库券已经成为货币市场上发行量最大、流通范围最广的一种证券，广泛地被各金融机构和广大公众所持有。国库券的期限通常有 91 天（3 个月）和 182 天（6 个月）两种。短期国债一般是不附息国债，即发行时以低于票面金额的方式给予一定的折扣，到期时按照票面金额进行偿还。投资者的收益就是购买价格与到期票面金额的差额。

　　（2）存款证（certificate of deposit，CD），也叫可转让存款证或大额银行定期存单，它是由商业银行发行的定期存款证。存款证的期限固定，通常为 3 ～ 6 个月，最长为 1 年；存款证的金额固定，且面额较大，面额一般为 10 万 ～ 100 万美元。通过发行这种存单，银行可以获得稳定的短期资金；对于投资者而言，存款证既可以获利，又可以转让，是理想的短期投资标的资产。

　　（3）商业票据（commercial bill），是指具有较高信用等级的大企业和非银行金融机构凭自身信用发行的短期借款票据，属于本票①。商业票据一般凭借信用发行，没有抵押担保；期限以 30 ～ 90 天居多，最长为 270 天，面值一般为 10 万美元；

---

　　① 本票是指由债务人向债权人发出支付承诺书，承诺在约定的期限内支付一定数额给债权人的票据。

商业票据也是按照低于票面金额的贴现方式发行的；商业票据可自由地在市场上买卖和流通。这种融资方式对于企业来讲比较灵活，而且成本也较低。

（4）银行承兑汇票（bank acceptance bill），就是经过银行承兑的保证到期付款的商业汇票。汇票是债权人向债务人发出的付款命令，汇票须经债务人银行承兑后才有效。汇票经银行承兑后，如果付款人到期无力支付，承兑银行便承担付款责任。银行承兑汇票一般运用于进出口贸易当中，是贸易融资的一种手段。这种汇票的发行方便了信誉等级低的中小企业进入货币市场。汇票通常由出口商签发，进口商银行为受票人。出票人可以持有汇票，但通常情况下，是在承兑汇票到期之前将其贴现。由于它具有了银行信用，因此就更易于在市场上流通。这种汇票的期限一般为30～180天，通常为90天。目前，银行承兑汇票除单独使用外，还往往与其他融资工具结合起来使用。

3）贴现市场

贴现市场是办理票据贴现进行短期资金融通的市场。所谓贴现（discount），是指把未到期票据，按照贴现率扣除自贴现日至票据到期日的利息，向银行或贴现公司换取现金的一种方式。贴现市场交易的对象主要包括国库券、短期债券、银行票据和各种商业票据等。持票人将未到期的票据向贴现公司贴现，实际上等同于贴现公司向持票人提供了一笔贷款。通过贴现行为，持票人获得了资金，而贴现公司便成为票据的债权人。贴现公司为取得资金的再融通，可以将持有的票据向中央银行要求再贴现。中央银行则通过提高或降低再贴现率来调节货币市场的利率，从而收缩或放松银根。

10.2.2　国际资本市场

国际资本市场（capital market）是指资金借贷期限在1年以上的中长期资金市场。通常情况下，1～5年为中期资金市场，5年以上为长期资金市场。国际资本市场的利率是中长期利率，有固定利率和浮动利率两种形式。浮动利率的基准利率为伦敦银行同业拆放利率再加一个附加利率。

按照融资方式的不同，可将资本市场的业务活动分为银行中长期信贷市场和中长期证券市场。

1）银行中长期信贷市场

这是各国政府、国际金融机构和国际银行业在国际金融市场上向客户提供1年以上期限资金融通的市场，由政府贷款、国际金融机构贷款和国际商业银行贷款组成。

政府贷款的基本特征是期限长、利率低，期限一般为10～20年，最长可达30年；年利率一般为1%～3%，有时甚至无息，只收适量手续费。但是政府贷款大多属于约束性贷款，提供贷款时往往附带一些约束条件。

银行贷款一般是无约束贷款，贷款方式有双边贷款和银团贷款两种。双边贷款是指独家银行贷款，即一国的商业银行对另一国的客户贷款，这种贷款手续较为简便。对于数额较大的贷款，一般采用银团贷款方式，由一家银行牵头，多个国家的多家银行参加，组成银团，共同提供贷款以分散风险。银团贷款的规模通常较大，贷款金额可以高达几十亿美元；贷款期限较长，一般为7～10年，甚至10年以上。银团贷款可以分散风险，在选择币种时也较为灵活。

2）中长期证券市场

证券市场是证券发行和流通的场所，它是以发行证券的方式筹措中长期资金的市场。

（1）中长期证券市场上的信用工具。证券是各类财产所有权或债权凭证的通称，主要包括债券和股票两大类。债券与股票具有显著的区别：债券是一种借款证书，它表明的是一种债权债务的信贷关系，而股票表明的则是一种所有权关系，股票的持有者是股份公司的股东；债券规定到期日，债券持有人可以在到期日将债券兑现，也可以在到期日之前将债券出售，股票没有到期日，股票持有者在购买了股票之后便不能退股，只能通过买卖来兑现；债券的收益是利息，其利息率在债券发行时已经规定好，与日后企业的经营状况无直接关系，债券的持有人可以获得相对稳定的利息收入，股票的收益是股息或红利，而股息率并没有事先规定，股息的多少完全取决于企业的盈利状况。

债券可分为政府债券、公司债券和银行债券，并以前两者为主。政府债券也称国债或公债，发行政府债券所筹集的资金主要用于解决由政府财政支付的大型公共项目，或弥补政府预算赤字。国债是一国中央政府发行的，它是国家承担的债务，因此与其他证券相比国债有信誉好、安全性高、流动性强等特点。公司债券是指公司所发行的债券。公司债券有很多种，按不同的标准也有不同的分类。例如，可分为有担保公司债券和无担保公司债券、记名公司债券与不记名公司债券等。

按照地域的范畴划分，债券可以分为国内债券和国际债券。国际债券是指国际金融机构或一国政府和金融机构，在国际市场上以外国货币为面值所发行的债券。国际债券又分为外国债券和欧洲债券两种。外国债券是指借款人在本国以外的国家发行的、以发行国货币为面值的债券。它的特点是债券发行人在一个国家，而债券的发行市场和面值货币则属于另外一个国家。欧洲债券是指借款人所发行的、以发行国以外的货币为面值的债券，其特点是债券发行人、债券的发行市场以及债券面值分属于不同的国家。

股票是股份公司发给股东作为其入股凭证，并以此取得股息和红利的有价证券。股票同时也是股份公司的股份证书，证明股东在公司拥有权益。股票一般可分为普通股（common stock）和优先股（preferred stock）。普通股是股份公司资产构成中最基本的部分。持有普通股可以享受分红，但股息随着企业利润的变动而变动；持有普通股可以参加股东大会，有权参与企业的管理，按照持有股票的比例享有表决权；企业解散时，持有普通股可以对剩余财产享有分配权。优先股较普通股在利润享有、公司财产等方面具有一定的优先权，表现为：在普通股之前优先获得股息；当企业破产清理财产时，优先参与剩余资产的分配；股息保障优先，其股息固定，不随企业经营状况的变化而变化；持股人不参与公司的管理，没有投票权。

（2）中长期证券的发行和流通市场。按照交易的层次不同，证券市场可分为证券发行市场和证券流通市场。证券发行市场又称初级证券市场或一级市场，是新证券的发行市场，新证券的发行和分销主要由投资银行、信托公司、证券商和经纪人专门经营。新证券的发行流程，包括从策划到由中介机构承销直至全部由投资者认购完毕的过程。政府或企业通过发行市场上的银行或证券商，将新证券销售给投资者，以达到筹措资金的目的，所以它是专门经营证券发行和分销业务的市场，一般没有固定场所。证券发行方式有公募和私募两种，前者指通过证券发行中介机构向广大投资者普遍发行，又分为代销、助销、包销等方式；后者指不向一般投资者公开发行，而是直接销售给特定投资者的发行方式。

证券流通市场又称次级证券市场或二级市场，是已发行的证券进行交易和买卖的市场。证券流通市场作为证券市场的重要组成部分，为有价证券的投资者提供资产的流动性，债券和股票的持有人可以在该市场上买进或卖出有价证券，从而保证证券发行市场的正常运行。

证券流通市场包括证券交易所和场外交易市场。证券交易所（stock exchange）是最重要、最典型和最规范的证券流通市场，是证券买卖活动的中心，是有组织的市场。证券交易所本身并不是证券交易活动的主体，它只是为证券买卖者提供一个集中交易的固定场所。在交易所内进行交易的证券，必须是经过批准上市、符合有关规定的有价证券，而其他证券只能在场外市场进行交易。场外交易市场（over the counter）是指在证券交易所之外进行证券交易的场所，其交易的对象主要是尚未上市的各种证券。场外交易市场上的证券买卖通常在证券公司之间或证券公司与客户之间进行。场外交易市场能为一些暂时不能上市但却很有发展前途的中小企业筹措资金，并以此来提高其社会信誉。部分场外交易市场由于其具有交易自由和手续简便等特点，交易规模往往超过证券交易所。

10.3   欧洲货币市场

10.3.1 欧洲货币市场的概念、形成及特点

1）欧洲货币与欧洲货币市场

欧洲货币（Euro-currency）是指在其发行国以外的国家或地区进行存贷的某种货币。最早出现的欧洲货币是欧洲美元，以后逐渐出现了欧洲英镑、欧洲日元等。欧洲货币实际上是指境外货币，之所以叫欧洲货币，是由于欧洲美元最早起源于欧洲，其他一些境外货币的借贷活动也主要集中在欧洲。

欧洲货币市场（Euro-currency market），又称离岸国际金融市场或境外金融市场，是指在货币发行国境外进行该国货币存贷活动的市场。如前所述，欧洲货币市场是目前国际金融市场的核心。

理解和掌握欧洲货币市场的概念应抓住以下几点：

（1）欧洲货币市场不是一个地理概念，而是一个业务概念，它指的是进行境外货币存贷的活动或行为。如果某国投资者从伦敦某银行借取英镑，这就是一般的国际金融市场业务；如果投资者从该银行借取的是美元，虽然地点没有任何变化，但发生的却是欧洲货币市场业务。

（2）欧洲货币市场最早发端于欧洲，随着其业务活动的不断扩大，它在经营范围和地域分布上都有了极大的发展，这个市场已不局限于欧洲，而是泛指世界各地的离岸国际金融市场。欧洲货币市场主要集中在伦敦、卢森堡、巴哈马等金融中心，亚洲地区的欧洲货币市场则集中在新加坡。

（3）欧洲货币市场是一个多币种的体系，经营的货币除了欧洲美元以外，还有许多其他国家的货币，如欧洲英镑、欧洲日元等。

2）欧洲货币市场的形成

欧洲货币市场的产生和发展是多种因素造成的。冷战和西方主要国家对资本流动的控制促成了欧洲美元市场的出现，美国的国际收支逆差使得美元大量外流，而欧洲货币市场本身的特点是推动该市场飞速发展的根本原因。

（1）冷战。欧洲货币市场于20世纪50年代首先在欧洲出现，最初形成的是欧洲美元市场。20世纪50年代初期，美国政府在朝鲜战争期间冻结了中国存放在美国银行的资金，当时的苏联和东欧一些国家为了防止类似的情况发生，便把它们在美国的存款转移到位于欧洲的一些商业银行，这使得欧洲尤其是伦敦的美元存款数量急剧增加。当时恰逢英国的国际收支状况恶化，英镑危机爆发，英国当局不得不对当时作为主要国际贸易支付手段的英镑加以管制。伦敦的商业银行为了解决贸易商的资金需求，便开始吸收美元存款，并贷给那些需要美元的借款者，以获取利润。于是，最初的欧洲货币市场——欧洲美元市场就这样形成了。不过，此时的欧洲货币市场规模有限，在国际金融领域并未引起广泛的关注。

（2）美国政府的金融政策和美国的国际收支逆差。美国的货币政策对欧洲货币市场的发展起到了促进作用。美国银行法中的"Q项条例"规定，对美国商业银行的定期存款利率有一个最高水平的限制。20世纪50年代后期，随着欧洲经济的迅速发展，对资金的需求日益增加，致使国际金融市场的利率持续上升。而美国由于"Q项条例"的限制，国内的存款利率普遍低于西欧各国，导致大量美元存款从美国境内银行流出，并转存到西欧各国牟取高额利润。美国金融政策当中的"M项条例"也对欧洲货币市场的发展起到了一定的推动作用。该条例规定，美国的商业银行在其吸收的存款当中要按照法定准备金率缴纳存款准备金，但这项规定却不适用于外国银行和美国银行在国外的分行。这样一来，由于美国银行在欧洲的分行没有存款准备金的要求，总行便可将资金转移到欧洲分行，从而避开国内的限制，增加贷款规模。

第二次世界大战后，美国长期的国际收支逆差为欧洲货币市场提供了大量的美元资金。据统计，从1950年到1971年，美国的国际收支逆差累计额已达800多亿美元。大量的美元外流，增加了国外美元的供应，为欧洲美元市场的形成和发展提供了先决条件。进入20世纪60年代以后，不断增加的国际收支逆差使美国政府被迫采取一系列措施来限制资金的外流，而这些限制性的措施却使美国的商业银行加强了其在海外分行的经营活动。1963年7月，美国实行了旨在限制资本外流的"利息平衡税"，对美国人购买外国有价证券所获收益高于本国证券收益的差额一律征税；1965年1月，美国政府又实行了"自愿限制贷款计划"，限制美国银行和跨国公司的对外贷款和对外投资的规模。然而事与愿违，这些措施使得美国银行和跨国公司为了盈利将资金调至海外机构，从而促进了欧洲货币市场的迅速发展。

（3）西欧国家的金融政策。20世纪50年代末期，西欧各国基本上都取消了外汇管制，实行了货币自由兑换，允许资本在各国间自由流动。另外，欧洲国家的银行所规定的一些政策也非常有利于欧洲货币市场的形成。例如，对非居民的外币存款不加干预，可以不提交存款准备金，其存款利率可以超过各国国内的利率水平，不规定最高限度，而且贷款利率可以低于各国国内水平。这些政策为欧洲货币市场的形成提供了极为宽松的有利条件。

（4）石油美元的出现。1973年的中东战争导致石油价格大幅上升，形成世界性的能源危机。油价上升使得石油输出国的经常账户发生了巨额顺差，产生了"石油美元"，但这些巨额收入无法在石油输出国国内被吸纳；同时，一些发达的石油输入国则产生了很大的国际收支逆差，需要资金进行调节。由此，欧洲货币市场从中发挥了重要的中介作用，平衡了各国的国际收支，同时，石油美元的回流也促进了欧洲货币市场的扩大。

3）欧洲货币市场的特点

欧洲货币市场是一个真正国际化的、完全自由的国际资本市场，无论是对银行、跨国公司和工商企业，乃至对各国政府，都具有极大的吸引力。这个市场的主要优势在于：

（1）经营自由。该市场不受任何国家政府的管制，也不受市场所在地金融、外汇、税收等各项政策的约束。

（2）资金规模庞大。欧洲货币市场借贷的货币几乎包括了所有主要工业国的货币，融资类型多样，而且数额巨大，可以满足各种类型的借款人的不同需要。

（3）资金调拨灵活。欧洲货币市场具有极为广泛和发达的银行网络，业务活动都是通过现代化的通信手段来完成的。该市场的资金周转快、调拨方便、手续简便，有很强的竞争力。

（4）优惠的利率条件。由于不受法定存款准备金和存款利率最高限额的限制，欧洲货币市场的存款利率相对较高，放款利率相对较低，而且存贷利率差额较小，这无论对于存款人还是借款人都非常具有吸引力。

10.3.2　欧洲货币市场业务

从业务构成上看，欧洲货币市场包括欧洲货币短期信贷市场、欧洲货币中长期信贷市场和欧洲债券市场。

1）欧洲货币短期信贷市场

欧洲货币短期信贷市场主要进行期限在 1 年以内的短期资金借贷。它是欧洲货币市场最早形成的业务。由于银行业务的发展，该市场吸收的短期资金不仅用于短期贷款，还被用来从事中长期贷款业务。

欧洲货币短期信贷市场的主要业务是银行间同业拆放。虽然短期信贷市场也有对银行业以外的信贷，但此类业务只占较小的比重。借贷业务主要凭借信用进行，无须担保，也无须签订贷款协议。当然，借款银行的资信情况对于其借款金额、期限和利率都有一定的影响。

短期贷款的期限最长不超过 1 年，90 天期限最为普遍。借款人一般可以自由选择所需货币，借贷的货币几乎包括所有的可兑换货币。贷款金额的起点为 25 万美元和 50 万美元，但一般为 100 万美元。利率由借贷双方具体商定，一般以伦敦银行同业拆放利率为基础，该利率通常都低于各国商业银行对国内大客户的优惠放款利率。凡经营欧洲货币业务的大银行，在每个营业日都公布各种货币不同期限的存放款利率。

2）欧洲货币中长期信贷市场

欧洲货币中长期信贷市场是进行 1 年期以上，最长可达 10 年以上的资金借贷的市场，它与欧洲债券市场合称欧洲资本市场。欧洲货币市场的业务最初都是短期信贷，1973 年以后中长期信贷迅速发展起来。

（1）欧洲货币中长期信贷市场的特点

①贷款金额大，银团贷款的每笔贷款金额一般在 1 亿～5 亿美元，有时甚至高达数十亿美元。

②贷款期限长，贷款期限为 5～10 年，也有超过 10 年的。

③以银团贷款方式为主，一般由数家银行联合起来组成银团提供贷款。

④多采用浮动利率计息。由于中长期贷款的期限较长，利率在贷款期间内的变化趋势难以准确预测，而贷款人和借款人都不愿意承担利率变化的风险，因此，银行中长期贷款通常采用浮动利率，而不是固定利率。借贷双方在确定利率时，一般都以 3 个月或 6 个月的伦敦银行同业拆放利率作为基础，再加上一定的加息率（spread）计收利息，并且根据市场利率的变化，每 3 个月或半年调整一次。

⑤需签订贷款协议。由于中长期信贷的期限长、金额大，风险较大，因此办理贷款需要签订贷款合同。有的合同还需经借款国的官方机构或政府方面予以担保。

（2）国际银团贷款

银团贷款是指一家或几家银行牵头，多家商业银行联合向借款人提供资金的一种贷款方式。银团贷款通常有两种形式：一种是直接银团贷款，指参加银团的各银行直接向借款人提供贷款，各贷款银行指定一家银行作为指定的"代理行"负责同其他银行联系，统一对贷款进行管理；另一种是间接银团贷款，又称辛迪加贷款（syndicate loan），是指由一家或几家银行作为牵头银行同借款人商定贷款条件并签订贷款协议，再由牵头银行来安排参加贷款的银行。通常情况下，牵头银行都是信誉良好、声望较高的银行，它在银团中处于非常重要的地位。

采用辛迪加贷款除了要按期支付利息外，还要支付各种费用。费用的高低也依据贷款金额、贷款期限、市场资金供求状况以及借款人资信等而有所不同。其主要费用包括三部分：管理费、代理费、承担费。管理费是借款人支付给银团的牵头银行，对牵头银行进行的管理活动所支付的费用，费率一般为贷款总额的 0.25% ~ 1%。代理费是借款人付给代理行的报酬。承担费是贷款人向借款人收取的一种由于借款人没有按期使用贷款的补偿性费用，费率通常为 0.125% ~ 0.25%。

3）欧洲债券市场

（1）欧洲债券与欧洲债券市场的含义

欧洲债券是指借款人所发行的、以发行国以外的货币为面值的债券。欧洲债券是 20 世纪 60 年代以后出现的一种新型债券，是欧洲货币市场上筹措长期资金的重要工具。

欧洲债券市场是欧洲债券发行和交易的市场，是欧洲货币市场的重要组成部分。1961 年 2 月，第一笔欧洲美元债券在卢森堡发行，1963 年 1 月欧洲债券市场正式形成，到 20 世纪后半期才得以迅速发展，20 世纪 80 年代以来，欧洲债券占国际债券的比重一直在 80% 以上，发行额远远超过外国债券。

（2）欧洲债券市场的特点

欧洲债券市场是一种新兴的国际债券市场，它与外国债券市场相比具有如下特点：

①它是一种境外债券市场。债券发行人属于一个国家，债券在另一个或另几个国家的金融市场发行，债券的面值则用第三国的货币表示。

②债券的种类多，且货币选择余地大。欧洲债券发行条件优惠，审批手续、资料提供、评级条件以及税收负担等都对筹资者具有很强的吸引力。

③管制较松。欧洲债券市场是一个境外市场。它不受各国金融政策、法规的约束，债券的发行也无须经过有关国家政府的批准。

（3）欧洲债券的种类

欧洲债券按照发行期限长短可分为短期债券（一般为 2 年）、中期债券（2 ~ 5年）和长期债券（8 年或 8 年以上）；按利率支付方式可分为固定利率债券、浮动利率债券和混合利率债券（在还本期限中一段按浮动利率计息、一段按固定利率计息）；按照销售方式可分为公募债券和私募债券。公募债券指公开发行，在证券交易所挂牌出售，并可上市自由买卖或转让的债券；私募债券则指不公开发行，不在市场上自由买卖或转让的债券。

由于欧洲债券市场竞争激烈，欧洲债券在利率、期限等方面逐渐灵活，形式也日趋多样化。

专栏 10-1　　　　　　　欧洲债券的常见种类

固定利率债券（fixed rate bonds），也称普通债券。这种类型的债券有固定的利息和到期日，其优点在于可以预先确定投资者的未来收益，它适合在市场利率相对稳定的时期发行，而当利率波动较大时，这种债券就会使发行人或投资者一方蒙受损失。

浮动利率债券（floating rate bonds），是一种定期根据市场情况调整利率的债券。一般是根据短期存款利率的变化，每6个月调整一次。这种债券通常参照伦敦银行同业拆放利率确定基准利率，并略微提高一些。

可转换债券（convertible bonds）是公司债券的一种，是可以根据投资者的意愿将债券转换成公司股票的债券。这种债券的利率较低，但投资者拥有一种权利，即按债券票面额将债券转换为等值的公司股票。发行可转换债券的多半是大公司。近年来，这种债券在国际债券市场上发展较快。

附认购权证债券（bonds with warrants）也是一种公司债券，其特点是附有认购权证，债券持有者可凭该权证按规定价格购买发行公司的股票。这种债券不同于可转换债券之处：持有者不能直接用债券兑换股票，而必须另用资金购买，认购权可以与债券分离，在市场上单独出售，其价格依市场利率水平或股票行情而定。

选择债券（option bonds）是指债券持有人有权按照自己的意愿，在指定的时期内，以事先约定的汇率将债券的面值货币换成其他货币，但是仍按照原货币的利率收取利息。这种债券可以降低债券持有人的汇率风险，有的选择债券有双重或多重选择，除了选择转换面值货币，还可以选择同时兑换成其他货币并转换成普通股票，或选择转换成普通固定利率债券，或使债券到期后自动延期等。因为比较灵活，这种债券目前在欧洲债券市场上非常流行。

零息债券（zero coupon bonds）是欧洲债券市场在20世纪80年代出现的创新。这种债券没有票面利率，也不分期偿付利息，而是到期一次还本，以折价方式出售，类似国库券的发行。由于它是长期债券，出售时要打很大的折扣，到期有很大的增值，所以对投资者有较大的吸引力。

双重货币债券（dual currency bonds）。这种债券于1983年下半年起在瑞士市场上发行，是欧洲债券市场上日趋活跃的一种新形式，特点是购买债券以及付息时使用的是同一种货币，而在到期日归还本金时使用的是另一种货币。双重货币债券的两种货币折算的汇率早已确定，可以减少汇率变动的风险。

全球债券（global bonds）。这是国际债券市场出现的一种新型国际债券，由世界银行于1989年5月首次发行，是一种在全世界各主要资本市场同时大量发行，并且可以在这些市场内部和市场之间自由交易的国际债券。该债券有以下3个特点：一是全球发行；二是全球交易，具有高度流动性；三是借款人信用级别高，而且多为政府机构。

10.3.3 欧洲货币市场的监管

随着欧洲货币市场的产生和发展，它在国际金融市场中的重要性越来越突出，对世界经济的影响也越来越显著。

欧洲货币市场打破了各国金融市场之间的隔绝，使国际金融市场联系更加紧密，促进了生产、市场、资本的国际化，促进了国际贸易和投资活动的发展，为各国尤其是发展中国家提供了资金，促进了这些国家的经济发展，也帮助一些国家解决了国际收支逆差问题。

然而，欧洲货币市场的迅猛发展也带来了很多不利影响：首先，增加了国际贷款的风险，使国际金融市场更加动荡。欧洲货币市场上借贷业务的主要方式是银行"借短放长"，即欧洲货币存款绝大部分是1年以下的短期资金，而对外放款却以中长期为主，这就增加了金融市场的脆弱性。另外，欧洲货币市场上长期巨额的信贷牵涉众多的辛迪加成员银行，而银行之间的锁链式的借贷关系又牵涉世界各个主要国际金融中心，一旦出现金融风险，就有可能引起连锁反应，甚至引发金融灾难。其次，导致外汇投机活动增加，加剧了外汇市场的动荡。由于欧洲货币市场的短期资金都用于外汇投机交易，大量资金利用套汇套利等手段在几种主要货币之间频繁流动，往往使汇率发生剧烈波动，甚至造成大规模的国际金融动荡。最后，加大了储备货币国家的国内货币政策的执行难度。比如，某主要货币国为了控制国内通货膨胀而采取紧缩政策，提高利率、紧缩信贷，但是该国的银行和工商企业可以到欧洲货币市场上借到利率较低的欧洲货币，从而抵消或削弱了政府紧缩政策的效果。

由于欧洲货币市场本身存在着上述消极影响，所以自20世纪70年代以来，各主要西方国家之间一直在进行协调，试图对欧洲货币市场进行监管。在一系列的监管措施中最重要的举措是1975年国际清算银行（BIS）主持成立了"银行管制和监督常设委员会"，即"巴塞尔委员会"，旨在研究如何协调对国际银行业进行监管。

巴塞尔委员会经过多年努力，于1988年7月通过了《巴塞尔协议》，该协议确定了银行资本的构成、资本与资产比率的计算方法和标准比率等内容，试图通过对国际商业银行实行统一的风险管理，尤其是对表外业务的风险管理，来稳定和健全国际银行业。该协议第一次建立了一套完整的国际通用的、以加权方式衡量表内与表外风险的资本充足率标准，有效地遏制了与债务危机有关的国际风险。协议的公布和实施使各国央行对商业银行的监管更为具体、明确和严格，奠定了国际性监管合作的基础。

20世纪90年代以来，针对国际银行业的经营环境的重大变化，从1999年开始，巴塞尔委员会开始对1988年协议进行修改，以增强协议规则的风险敏感性。2004年6月修订的《新巴塞尔协议》（又称《巴塞尔协议Ⅱ》）不仅包括原有的对资本充足率的最低要求，还提出了监管部门对商业银行资本充足率进行监督检查的新规定，在信用风险和市场风险的基础上，补充了对操作风险计提资本的要求。这些修改体现了风险防范问题的重要性，也从一个侧面预示了银行业风险管理和金融监管的发展趋势。

《新巴塞尔协议》于2007年在全球范围内实施，但正是在这一年，爆发了次贷危机，这次席卷全球的次贷危机真正考验了《新巴塞尔协议》。为进一步强化对风险的防范和管理，巴塞尔委员会于2010年9月就《巴塞尔协议Ⅲ》的内容达成一致。与前两个版本相比，《巴塞尔协议Ⅲ》的主要变化是提高了对资本充足率的要求，引入流动性监管概念，并加大了对系统性风险的重视程度。《巴塞尔协议Ⅲ》是对《巴塞尔协议Ⅱ》的完善而非替代，更多地体现为同一层次的补充提高。

虽然主要发达国家在银行业及市场控制方面达成了若干协议，但是由于各国金融发展状况的巨大差异，目前看来真正对欧洲货币市场实施全面监管是难以实现的。加之各国对是否实行管制的态度也不尽相同，可以说，在管制欧洲货币市场的问题上，各西方主要国家除了达成一些原则性的协议之外，尚未取得实质上的进展。但是可以肯定，未来各国的合作将会继续下去，对欧洲货币市场的控制也会逐步加强。

专栏 10-2　　　　欧洲货币市场的延伸——亚洲货币市场

亚洲货币市场是存储和流通在亚洲地区的境外货币的市场。它实际上是欧洲货币市场的一个重要分支。亚洲货币市场以亚洲美元业务为主。20 世纪 60 年代，亚洲的许多国家和地区从第二次世界大战的破坏中恢复过来，开始了经济的腾飞，从而产生了对美元及其他发达国家货币的大量需求，亚洲国家急于建立一个本地区的国际金融市场，把流散在亚洲各地的美元和其他货币集聚起来，以满足亚洲国家在经济发展和对外贸易中产生的需求。

最早发展起来的是新加坡亚洲美元市场。1968 年 10 月，新加坡政府接受了美洲银行的建议，允许美洲银行新加坡分行内部设立一个"亚洲货币单位"（Asian currency unit），以欧洲货币市场的方式吸收非居民存款，向非居民提供外汇交易和资金信贷业务。新加坡政府规定亚洲美元货币单位不能参加国内交易，需要另立单独的账户。新加坡政府采取一系列放松管制的措施，实行利率自由化，鼓励竞争。至 1978 年 6 月，新加坡政府取消了外汇管制，促进资金进一步充分自由流动。

经过 20 多年的发展，新加坡离岸金融中心已确定了自己在亚太地区乃至世界上的重要地位。然而，20 世纪 80 年代以来金融自由化和金融市场融资证券化的趋势对新加坡的发展提出了挑战，尤其是日本东京和中国香港离岸金融中心的发展，更是对它构成了直接的威胁。

中国香港是亚洲货币市场的又一个重要组成部分。作为离岸金融中心，中国香港和伦敦一样是随着经济的不断发展，采取传统的自由放任政策自然形成与发展起来的。中国香港没有中央银行，政府实行"积极的不干预"政策，这使中国香港的金融业务保持了最大限度的经营自由。居民和非居民从事境内、境外业务均不受限制，从而逐渐形成了内外一体的混合型离岸金融中心。

中国香港很早就存在免税的境外货币借贷市场，但由于担心离岸市场冲击中国香港金融业和政府财政收入，因而实行外汇管制。新加坡亚洲美元市场的形成使中国香港失去了成为亚太地区金融中心的良机，中国香港政府采取了一系列措施以提高其作为离岸金融中心的地位。如 1973 年取消了外汇管制，1974 年开放黄金市场，1978 年取消了自 1965 年以来禁止外国银行进入的规定，1980 年增设黄金期货市场，1982 年筹设金融期货市场等。

作为离岸金融中心，中国香港主要从事非居民间的外币借贷，调节地区间的资金流向，并使银行之间互通有无。中国香港金融机构的对外负债主要来自西欧与中东，而对外债权则主要用于亚太地区。中国香港是世界上主要的离岸金融中心之一，世界上最大的100家商业银行中，74家已在中国香港设立了分支机构。1980—1986年，中国香港是世界第四、亚太第一大的银团贷款中心。

日本东京作为境外货币市场起步较晚，随着日本在20世纪六七十年代的经济腾飞，经济实力大大增强，日本银行的国际业务量不断增加，1983年日本大藏省和日本银行开始考虑在东京开办"国际银行便利"业务，但是由于日本金融界意见的分歧，设立离岸金融中心的计划暂被搁置。然而，自1984年起，日本政府逐步放松了金融管制。1985年，日本政府取消了对日本公司债券持有者征收的20%利息预扣税的政策。1986年12月1日，东京离岸金融中心正式成立。

东京离岸金融中心建立的时间虽不长，但发展极为迅速，目前已成为世界主要的离岸金融中心之一。在东京经营离岸金融业务的银行须获得大藏省批准，离岸金融业务须另立账户来处理，从而与国内金融业务完全分离。拥有离岸账户的银行能够以任何一种货币对所有的非居民客户提供存款业务。此账户免征利息预扣税，没有准备金和存款保证金的要求。总之，日本政府放松管制的措施对鼓励中小银行参与离岸金融业务、推行日元国际化，都起了很大的作用。

亚洲货币市场的主要功能是集聚银行同业存款，中央银行外汇储备，基金组织、各种政府机构、跨国公司以及私人暂时不用的闲置资金，将之转化为短期或中长期贷款，来满足亚太地区发展经济的资金需求。当亚洲国家或地区遇到国际收支不平衡或面临本国（或地区）无力承担的大规模建设时，都会向亚洲货币市场借款。亚洲货币市场的产生与发展为亚太地区的经济活动提供了融通资金的便利场所。

10.4　国际金融创新与金融衍生工具

10.4.1　国际金融创新

金融创新是近年来国际金融市场的一个重要特征。它最早可追溯到20世纪60年代末，70年代得到快速发展，到了80年代末，新的金融工具和新的融资技术已经风靡全球。金融创新的概念在广义上可以包括3个方面：新的金融工具，如浮动利率债券和票据、大额可转让存单的发行；新的市场，如金融期货和期权交易市场的产生和发展；新的交易技术，如票据发行便利（NIFs）、互换（Swap）、远期利率协议（FRA）的产生。这3个方面是互相联系、不可分割的。

从实质上看，所谓金融创新，不过是把原有金融工具在收益、风险、流动性、数额和期限等方面的特性予以分解，然后再重新组合，以适应新形势下防范风险的需要。当代金融创新种类繁多、涵盖范围广泛、发展速度惊人，分类方法也多种多样。1986 年 4 月，国际清算银行在一份报告中将金融创新归纳为 4 种类型：

（1）风险转移型，即指能在各经济机构之间相互转移金融工具内在风险的各种创新，如期货、期权、互换、远期利率协议等。

（2）增加流动性型，即指能使原有的金融工具提高流动性的各种创新，如长期贷款的证券化、大额可转让存单等。

（3）信用创造型，即指能使借款人的信贷资金来源更为广泛的创新，如票据发行便利、零息债券等。

（4）股权创造型，即指能使各类经济机构的股权来源更为广泛的各种创新，如可转换债券、附有股权认购书的债券等。

促成国际金融创新的原因是多方面的。首先，规避风险是国际金融创新的主要原因。同过去相比，20 世纪 70 年代和 80 年代的金融市场变得更具风险。浮动汇率制度的实施、西方各国对货币政策工具的运用、债务危机的爆发，使得国际金融市场的汇率、利率、信用风险日渐突出。在这样的背景下，投资者和借款人既需要分散或规避风险，又需要增加金融资产的流动性、扩大资金来源，这些现实需要成为推动金融创新的主要动因。其次，国际金融市场上的政策性因素也直接推动了金融创新的发展。一方面，第二次世界大战后各国对金融活动和资本流动的管制刺激了金融机构、工商企业的规避行为；另一方面，80 年代以后西方各国纷纷放松管制，金融自由化趋势拆除了各国金融市场的藩篱，加速了金融创新的进程。金融管制的放松使得金融机构之间的业务相互交叉、竞争加剧，于是跨国银行和一些积极参与国际金融市场的非银行金融机构必须积极创新，从而最大限度地扩充利润来源。最后，现代化的信息处理和通信技术的迅速发展和广泛运用也大大促进了金融创新。

国际金融创新使开放经济条件下的国际金融活动发生了深刻的变革，对世界经济有着深远的影响。从有利的方面来看，国际金融创新促进了国际金融市场的一体化，加速了资本在国际上的流动，提高了市场效率。同时，国际金融创新提供了多种防范风险的有效措施，相当多的汇率、利率、信用风险可以通过这些措施得到一定程度的规避。从不利的方面来看，国际金融创新增加了金融体系的不稳定性和金融管理的难度。国际金融创新改变了金融机构内部资产负债的合理安全比例，也模糊了原有各种金融机构之间的业务界限，使金融机构在经营过程中自身的竞争加剧、风险加大，倒闭、兼并等现象频频出现，金融体系动荡加剧，金融管理的难度也日趋加大。另外，从全球角度来看，国际金融创新也只是起到了转移和分散风险的作用，并不能使风险减少，而且带来了新的风险。以金融衍生工具为例，这类交易具有很高的杠杆，可能的盈利和亏损都相当大，这无疑加剧了市场的动荡。

10.4.2　金融衍生工具

国际金融创新中最为核心的是国际金融市场上金融工具的创新，因此，金融衍生工具的出现和发展一直是人们关注的焦点之一，并已对国际金融活动和金融市场的发展产生了重大而深远的影响。

1）金融衍生工具的定义及种类

金融衍生工具（financial derivatives）是指其价值派生于基础金融资产（又称原生工具，包括外汇、债券、股票和商品）价格及价格指数的一种金融合约。

1972年5月，美国芝加哥商品交易所设立了国际货币市场（IMM），世界上第一个有形金融衍生交易市场诞生。此后，世界上许多国家和地区纷纷推出自己的金融衍生工具，金融衍生工具市场得以在全球迅速发展。20世纪80年代以后，养老基金等机构投资者把其资产组合策略定位为股票资产全球多样化，这进一步推动了金融衍生产品的发展。90年代以来，金融衍生产品已在国际金融市场中占据了举足轻重的地位，到1995年4月，全球金融衍生品日均交易量已高达1.45万亿美元，超过了其所依靠的现货市场。

金融衍生工具种类繁多，且在不断发展，其分类方法也有多种。按衍生工具交易方式分类，衍生工具可以分为交易所交易和柜台交易；按衍生工具所依靠的基础资产分类，衍生工具可以分为利率类、汇率类、股指类和商品类；按交易的性质分类，衍生工具可以分为远期类和期权类等。

2）金融衍生工具的特点

（1）价值受制于基础工具的价值变动

从定义上可以看出，金融衍生工具交易的直接对象是合约，而非合约上载明的标的物，这是衍生工具和传统金融工具的最大区别。由于是在基础工具上派生的产品，金融衍生工具的价值取决于基础工具的价值变动。股票指数的变动影响股指期货的价格，就是这一特性的表现。

（2）高杠杆性

衍生工具在运作时多采用财务杠杆模式，即"以小博大"，只要缴存一定比例的保证金，就可以得到相关的资产管理权，但同时也带来了较高风险，一旦投资失误，损失也会成倍地放大。

（3）高风险性

金融衍生工具最初是为了规避风险而产生的，但其出现也给国际金融市场带来了动荡。衍生品的内在杠杆作用的两面性决定了衍生工具的高风险性。金融衍生工具市场的高风险主要表现为价格风险、信用风险、操作风险等。

（4）交易活动具有特殊性

一方面，交易活动集中。金融衍生工具的交易量主要集中在大型投资银行等机构。比如在美国，3 000多家金融机构中只有300多家从事衍生品交易，并且其中的10家大型机构占了交易量的90%。另一方面，大量的交易活动是通过场外交易的方式进行的，用户主要通过投资银行参与衍生产品交易，大量的产品交易是非标准化的。

10.4.3　主要金融衍生工具介绍

1）金融期货（financial futures）

金融期货交易是指以各种金融工具或金融商品（例如外汇、债券、存款证、股票指数等）作为标的物的期货交易方式。

世界上第一张金融期货合约是 1972 年 5 月 16 日由美国芝加哥商品交易所在其所设立的国际货币市场（IMM）上推出的外汇期货合约。该合约的推出取得了巨大成功，有力地推动了金融期货的发展。随后，金融期货品种不断丰富，利率期货、股票指数期货等期货品种相继出现。专业性金融期货市场不断涌现，如伦敦国际金融期货期权交易所（LIFFE）、新加坡国际货币交易所（SIMEX）、东京国际金融期货交易所（TIFFE）和法国国际期货交易所（MATIF）。金融期货的发展不仅表现为绝对数量的增加，而且也表现为在所有类型期货交易总量中比例的提高。从 1985 年开始，美国的利率期货交易量超过了其他农产品期货交易量，成为成交量最大的一类期货交易。

在前面的第 9 章中，我们曾介绍了金融期货的基本概念和金融期货的重要形式——外汇期货，这里再介绍一下金融期货的其他形式。

（1）利率期货

利率期货合同通常以固定利率的长短期债券为标的，但它们只是作为计算利率波动的基础，通常在合同期满时不需要实际交割金融资产，而只是通过计算市场利率的涨跌来结算利率期货合同的实际价值。利率期货合同有以国库券、欧洲美元定期存款利率、大额可转让存单为标的的短期利率期货合同，也有以政府长期债券为标的的长期利率期货合同。

以美国短期国库券期货和长期国库券期货为例，标准的短期国库券期货合同面值为 100 万美元，期限为 90 天，最低波动幅度为一个基点（即为年利率一个百分点的 1%，或 0.01%），价值 25 美元（1 000 000×0.01%× 90/360）。标准的长期国库券期货合约，面值为 10 万美元，年利率 8%，期限为 15 年。可交割的债券为从合约生效的第一天起至少 15 年或 30 年有效的美国国库券，最低波动幅度是 1/32 个百分点，价值 31.25 美元（100 000× 1/32 ×1%）。

（2）股票指数期货

股票指数期货的推出是为了给股票市场上的交易者提供一种避免或降低风险的工具，以促进股票市场稳健运行。所谓股票指数，是指通过选择若干种具有代表性的上市公司的股票，计算其每日成交价而编制出的一种价格指数。它所表示的是股票市场上股价平均涨跌的变化情况和幅度，反映整个股市价格的变动趋势。股票指数期货则是交易双方就股票指数的涨跌来买卖股票指数的标准化合同。股票指数期货合同与其他期货合同一样，也是标准化的，但股票指数是一种比较特殊的商品，它没有具体的实物形式，也就没有直接相关的现货市场。股票指数期货买卖双方在签订合同时，把股票指数的点位折算为一定量的货币，到期后进行现金交割。

目前，股票指数期货交易在世界上已很普遍，其中交易量较大的有美国芝加哥商品交易所、欧洲期货交易所和中国金融期货交易所。在不同的市场上，股票指数期货的报价方式不同，但一般都直接利用股票指数来表示期货合同价格的变动，每一个点价值若干货币。比如，在伦敦国际金融期货期权交易所市场上，股票指数每变动一个百分点的价格是25英镑；在美国芝加哥商品交易所市场上，指数每变动一个百分点的价格是500美元。股票指数期货合同一般都是在季月清算交割，即3月、6月、9月和12月，如此循环。

2）金融期权（financial options）

金融期权是以金融商品或金融期货合约为标的的期权交易方式。

最早出现的金融期权是以现货股票作为交易对象的股票期权。这种股票期权早在19世纪就在美国产生。但在1973年之前，这种交易都分散在各店头市场进行，因而交易的品种单一，交易规模也相当有限。金融期权获得真正发展的契机是在1973年4月26日，全世界第一家集中性的期权交易市场——芝加哥期权交易所（Chicago board options exchange，CBOE）正式成立。此后金融期权交易得到了极大的发展，业务种类大大增加，越来越多的交易所竞相开办股票期权业务，期权交易量大幅增加。经过几十年的发展，金融期权已由最初的股票期权衍生出股权期权、利率期权和货币期权三大类。下面简单介绍一下前两种形式的期权（货币期权参见第9章）：

（1）股权期权和股票指数期权

在当前世界上众多股票交易所中，股票的买卖可以期权方式进行，特别是交易十分活跃的股票，以及规模尚小但增长迅速、股票升值预期良好的企业股票。股票期权为不愿冒险的投资者提供了有效的工具，因为期权购买者有权不行使合同。在美国，股票期权交易在20世纪20年代就已出现，目前在纽约股市通过期权交易进行的股票交易量常常超过普通的股票交易。

股票指数期权是指买卖股票指数波动率的期权合同。与股指期货的操作相似，股指期权也是将股票指数变动的百分点表示为一定的货币价值，合同到期时，如果买方行使合同，则买卖双方以现金进行结算。当然买方也可以让合同自然过期失效。目前，股指期权交易并不普及，只有部分股票交易所或期权交易所有这种期权交易。

（2）利率期权

近年来，在欧美等主要发达国家的金融市场上，国库券、政府债券以及CDs等金融工具都可以用期权方式买卖。利率期权交易也像利率期货交易一样，在合同到期时，买卖双方并不移交金融资产，而是用现金来结算双方的盈亏。例如，利率期权合同的买卖双方约定在未来某时间内，如果指定的市场利率（如伦敦银行同业拆放利率等）超过合同中约定的利率水平，那么合同的卖方将向买方支付利息增加的金额。利用利率期权合同可以为发行浮动利率票据的筹资者提供一种保险措施，避免利率波动造成的损失。

3）互换交易

互换交易（swap transaction）是指交易双方（有时是两个以上的交易者参加同一笔互换交易）按市场行情，约定在一定时期内，交换一定付款义务（货币或利率）的金融活动。互换交易分为货币互换和利率互换两种类型。

互换交易兴起于20世纪70年代中期，也是国际金融创新中最重要的工具之一。早期的互换交易往往是私下进行的。1981年8月，世界银行与IBM签订了美元固定利率债务和瑞士法郎、德国马克固定利率债务的互换合同，引起国际金融界的震惊。在这次交易中，世界银行将2.9亿美元的固定利率负债与IBM的瑞士法郎和德国马克的债务互换。通过互换，世界银行得到了自己无法筹到的德国马克和瑞士法郎的低利率资金，IBM则得到了优惠利率的大额美元资金。货币互换使得双方都扬长避短，最大限度地降低了筹资成本。此后这种交易方式开始以惊人的速度发展。目前，互换交易不仅是国际信贷和资本市场往来支付的重要渠道，而且也越来越成为银行和企业降低长期资金筹措成本和资产负债管理中防范利率和汇率风险的最有效的金融工具之一。

互换交易是由外汇市场上的掉期交易演变而来的，但互换交易又与掉期交易有很明显的不同（见表10-1）。

表10-1　　　　　　　　　　互换交易与掉期交易的区别

	互换交易	掉期交易
市场不同	资本市场	外汇市场
期限不同	1年以上的货币或利率互换	1年以内的货币交易
形式不同	货币互换、利率互换、交叉互换，互换前后交割的汇率是一致的	前后两笔交易方向相反且汇率是不一致的
目的不同	降低长期资金筹措成本、负债管理中防范利率和汇率风险	管理资金头寸

（1）货币互换（currency swap）

货币互换是指交易双方交换不同币种、相同期限、等值资金债务或资产的货币及利率的一种预约业务。具体地说，就是双方按固定汇率在期初交换两种不同货币的本金，然后按预先规定的日期进行利息和本金的分期互换。

货币互换有三种基本类型：不同货币固定利率与固定利率的交换、不同货币浮动利率与固定利率的互换、不同货币浮动利率与浮动利率的互换。

其中，不同货币固定利率和固定利率的交换是最典型的货币互换，具体操作包括三个步骤：第一，本金的初期互换，其主要目的是确定交易双方各自本金的金额，以便将来计算应支付的利息和再换回本金。第二，利息的互换，即交易双方按议定的利率，以未偿还本金额为基础，进行利息支付。第三，本金的再次互换，即在合约到期日，双方换回交易开始时互换的本金。

（2）利率互换（interest rate swap）

利率互换指两笔债务以利率方式相互调换，一般期初和到期日都没有实际本金的交换。在利率互换中，本金被作为计算利息的基础，真正交换的只是双方不同特征的利息。

利率互换的出现要晚于货币互换。资本市场债券发行中最著名的首次利率互换发生在1980年8月。当时，德意志银行发行了3亿美元的7年期固定利率的欧洲债券，并安排与三家银行进行互换，换成以LIBOR为基准的浮动利率。在该项交易中，德意志银行按低于LIBOR的利率支付浮动利息，得到了优惠，而其他三家银行则依托德意志银行很高的资信等级换得了优惠的固定利率美元债券。由于利率互换双方能够相互利用各自在金融市场上的优势获得利益，因而这次利率互换交易推动了利率互换市场的大发展，也标志着互换交易这一工具的应用已从货币市场转移到资本市场。

利率互换有两种基本的类型：相同货币浮动利率与固定利率的互换；相同货币以某种利率为参考的浮动利率与以另一种利率为参考的浮动利率的互换。

利率互换可以使筹资者降低成本，还可以使筹资者进入本来不对其开放的市场，比如说由于资信问题或者由于缺乏知名度等而无法进入的市场。同样，私人公司也能够在无须遵守公示原则、资信等级和其他形式要求的情况下进入某些特定市场。

货币互换和利率互换可以分别进行，也可以交叉进行——也就是互换的第三种形式：交叉互换（cross swap）。这种方式的互换是一种固定利率的货币与另一种浮动利率的货币互换的交易，或者说是不同货币的固定利率与浮动利率的互换。该业务因同时涉及利率和汇率问题，技术上比较复杂。

4）票据发行便利（note issuance facilities，NIFs）

票据发行便利，又称票据发行融资安排，是一种兼具银行贷款与证券筹资的融资方式，借款人通过循环发行短期票据，达到中期融资的效果。

NIFs是一种具有合法约束力的中期承诺。在这一承诺下，借款人能够以自己的名义发行短期票据以筹措资金；而作出包销承诺的银行，有购买任何一张借款者卖不出去的票据的责任。银行作为借款者所发行的票据通常是短期存单，而非银行的借款者则通常以本票（promissory note）的形式发行票据，即人们通常所说的欧洲票据。大多数欧洲票据以美元计值，面额很大，通常为50万美元或更多，其销售对象主要是专业投资者或机构投资者，而不是私人投资者。

典型的NIFs包销承诺期限是5~7年，而在循环基础上发行的短期票据最常见的期限是3个月或7个月，当然也有长达1年或短为7天甚至零星几天期限的，但不多见。票据的包销者必须为借款者由短期资金使用过渡到中期资金使用提供衔接保证，因此，NIFs实际是用短期票据取得了中期信贷。持票人在他们的资产负债表中把票据列为一项资产，而银行的包销承诺通常不在资产负债表中列示，因此票据发行便利属于表外业务。

　　NIFs 的优越性在于把传统的由一家机构承担的欧洲银行信贷的风险，转变为由许多家机构分担风险。NIFs 对借款人和承购银行双方都有好处，借款人据此可以稳定地获得连续的资金来源，而承购包销的银行则无须增加投资就增收了佣金。

　　有记录的第一次公开的票据发行便利是 1981 年为新西兰政府安排的短期包销票据发行。此后票据发行便利发展很快，其分散风险的特点颇受贷款人的青睐，目前已经成为欧洲货币市场中期信用的主要形式。

　　5）远期利率协议（forward rate agreement，FRA）

　　远期利率协议是一种远期合约，买卖双方商定将来一定时间段的协议利率，并指定一种参照利率，在将来清算时按规定的期限和本金数额，由一方向另一方支付协议利率与参照利率之间差额利息的贴现金额。20 世纪 80 年代后，国际金融市场上利率波动剧烈且无规律，这给金融机构带来了巨大的风险，正是在此形势下，一些信誉卓著的大银行开始尝试订立远期利率协议。

　　远期利率协议建立在双方对未来一段时间利率的预测存有差异的基础上。以远期利率协议的买方为例，由于担心未来一段时间内利率上升，因此希望现在就把利率水平锁定在自己愿意支付的水平——协议利率上。如果未来利率上升，他将以从卖方获得的差额利息收入来弥补实际筹资所需增加的利息费用；如果未来利率下降，他在实际筹资中所减少的利息费用也将弥补支付给卖方的差额利息，但无论如何，都可实现锁定未来利率水平的愿望。远期利率协议的卖方的操作则相反。可见，远期利率协议是一种双方通过预先锁定远期利率来防范未来利率波动风险，实现稳定负债成本或资产保值的一种金融工具。

　　远期利率协议主要用于银行机构之间防范利率风险，它可以保证合同的买方在未来的时间内以固定的利率借取资金或发放贷款。远期利率协议的作用就在于锁定未来的利率，这与利率期货合同的作用很相似，但远期利率协议的优越之处在于客户能够根据自己实际需要的期限和利率种类来签订合同，而期货合同都是标准化的，无法满足客户的个性化需求。另外，远期利率协议交易不用支付本金，利率是按差额结算的，所以资金流动量较小，这就给银行提供了一种管理利率风险同时无须改变其资产负债结构的有效工具。

　　与金融期货、金融期权等场内交易的衍生工具相比，远期利率协议具有简便、灵活、无须支付保证金等优点。同时，由于远期利率协议最后实际支付的只是利差而非本金，所以其风险也较为有限。

　　目前远期利率协议合同主要以美元标值（超过 90%），合同期限都采用欧洲货币存款的标准期限，如 3 个月、6 个月、12 个月等。伴随着远期利率协议市场的迅速发展，英国银行家协会远期利率协议（FRABBA）已逐渐被伦敦、纽约等金融市场所接受，日益成为远期利率协议交易的标准化文件，这有利于提高交易的速度和质量，从而提高了远期利率协议的便利程度。

　　专栏 10-3　　　　　　　　次贷危机与金融衍生工具

　　美国次贷危机又称次级房贷危机，也译为次债危机。它是指一场发生在美国，因次级抵押贷款机构破产、投资基金被迫关闭、股市剧烈震荡引起的金融风暴。它导致全球主要金融市场出现了流动性不足的危机。美国次贷危机是从2006年春季开始逐步显现的，2007年8月开始席卷美国、欧盟和日本等世界主要金融市场。次贷危机的爆发不仅引起全球主要金融市场的动荡，还波及实体经济，引起了全球性的经济衰退。

进入21世纪以来，美国长期的低利率政策导致房地产市场过度繁荣。美国的次级房贷发放额也随之大幅度增加，占全美未清偿抵押贷款总额的比重由2001年的2.6%猛涨到2006年第四季度的13.7%。所谓次级房贷，是次级住房抵押贷款（subprime mortgage loan）的简称，是相对于优先级（prime）和次优先级（ALT-A）房贷而言的，特指金融机构向那些信用记录较差或低收入的购房者发放的住宅抵押贷款，由于违约风险明显高于后两种贷款，其利率也要高得多。

为了转嫁风险，房贷公司将部分已发放的次级房贷证券化，以次级房贷抵押债券（MBS）的形式卖给投资银行，后者又进一步将其包装为新的金融衍生产品——MBS支持的债务抵押凭证（CDO）。由于采取了多元化的信用组合，CDO可以获得比MBS更高的评级，并且，按其中包含的MBS可能出现违约的概率的大小，CDO又被分为高级（AAA评级）、中级（AA评级）和股权级（未评级）三类债券，被转卖给对冲基金、商业银行、保险公司等机构投资者。从表面上看，这些与次级房贷相关的金融衍生产品是具有投资价值的债券，而实际上，其中所包含的风险被大大低估了。

2004年6月，美联储进入加息周期，联邦基金利率从1%一路升至2006年7月的5.25%。受其影响，美国房地产市场从2005年夏季开始降温，新屋开工数量、新房和二手房销售量均大幅下降，与此同时，约4 000亿美元可调整房贷的利率开始被重新设定，还款利率陡增导致次级房贷的违约率大幅上升。根据美国抵押贷款银行家协会的估计，2006年获得次贷的美国人，有30%可能无法及时偿还贷款，之前被市场低估的风险开始逐步暴露出来。

由于房贷公司不可能把自己持有的次级房贷全部证券化，因此，次级房贷违约率上升首先打击了次级房贷公司。2007年4月，美国第二大次级房贷公司新世纪金融公司（New Century Financial Corporation）申请破产保护。2007年8月，美国房地产投资信托公司申请破产保护。据不完全统计，从2006年11月到2007年11月，全美共有80多家次级抵押贷款公司宣布停业，其中11家已经宣布破产。

由于大量次级房贷已被证券化，而且购买美国次级债的机构投资者遍布全球，因此信用危机很快从房贷市场蔓延到整个美国金融市场，进而蔓延到全球金融市场。

次级房贷违约率的上升导致次级债的信用风险增加，信用评级被调低，市值大幅缩水，使得那些购买了大量股权级CDO的对冲基金出现账面严重亏损，面临的赎回压力增加。另外，由于对冲基金利用持有的CDO作为抵押向商业银行申请了贷款，CDO市值缩水导致商业银行要求对冲基金增加保证金或提前还贷。在这种情况下，对冲基金被迫通过出售持有的其他优质资产来增加流动资金。这一方面进一步降低了对冲基金的收益率，从而加大了赎回压力和提前还贷压力；另一方面也加大了市场上其他金融资产面临的抛售压力，引起对冲基金账面资产价值的进一步缩水。大量对冲基金因此而宣布破产解散、停止赎回或严重亏损。例如，美国投资银行贝尔斯登旗下的两家对冲基金倒闭；高盛旗下的两只对冲基金损失了 15 亿美元；澳大利亚麦格理银行旗下两只大型对冲基金暂停赎回；法国巴黎银行旗下三只对冲基金暂停赎回。

虽然商业银行持有的大多是信用评级较高的高级或中级 CDO，但市值也出现下降。资产账面损失使得商业银行被迫收缩贷款以提高流动性。同时，对冲基金作为贷款抵押品的 CDO 价值下降，也迫使商业银行提前收回贷款。结果，市场上的流动性明显减少。

随着市场恐慌情绪的日渐加重，全球的机构投资者纷纷对自己投资组合的风险进行重新评估，大量抛售在股市、汇市以及商品期货市场上持有的高风险资产，导致金属、原油和黄金等商品的期货价格大跌，欧元、英镑、澳元、加元、新西兰元等高息货币纷纷大幅贬值。全球货币市场迅速由流动性过剩转变为信贷紧缩（credit crunch）。

次级债危机在全球引发的冲击突出地表现在股市上。按 2007 年 7 月 18 日至 8 月 15 日的累计跌幅计算，道琼斯工业指数下跌近 8%，法兰克福 DAX 指数和香港恒生指数的跌幅都接近 7%，英国 FTSE100 指数下跌 8%，日经指数和中国台湾股市加权指数的跌幅都超过 9%，巴西圣保罗指数的跌幅更高达 14%。

在巨大的抛售压力下，全球最大的金属交易所 LME 的铜、铝、铅、镍、锡、锌的价格跌幅均为近年来之最；美国农产品交易所的大豆、玉米、棉花等品种价格也几乎触及跌停。

据美国花旗集团的估计，次级债危机造成的各类投资损失累计在 550 亿到 1 000 亿美元之间。

资料来源　吕刚. 美国次级债危机及其对我国经济的影响［J］. 调查研究报告，2007（163）；唐震斌. 美国次贷危机对我国金融创新的影响分析［J］. 金融教学与研究，2008（6）.

● 思政课堂

巴林银行倒闭案的启示

巴林银行是英国历史最悠久的银行之一，也是世界首家"商业银行"，在业界享有盛誉。然而 1995 年 2 月 27 日，国际金融界传出一个举世震惊的消息：这家有着 232 年的灿烂历史、4 万名员工，在全球几乎所有的地区都有分支机构、曾一度排名世界第 6 的著名银行宣布倒闭。消息引发了金融震荡，导致亚洲股市全面重创，英镑也跌入历史性的低价。而导致这一悲剧的直接原因，是巴林银行新加坡分行年仅 28 岁的交易员尼克·里森在未经授权的情况下进行不当交易，在巨额亏损后又利用多个户头掩盖其损失。巴林银行最后以 1 英镑的象征性价格，被荷兰国际集团收购。

尼克·里森是巴林银行的"明星交易员",被视为期货与期权结算方面的专家。1992年,巴林银行总部派里森到新加坡分行成立期货与期权交易部门,并出任总经理。巴林银行原来有一个"99905"的"错误账号",专门处理交易过程中因疏忽所造成的错误。这原是一个金融体系运作过程中正常的错误账户,但由于每天产生的错误交易较多,1992年夏天,伦敦总部要求尼克·里森另外设立一个"错误账户",记录较小的错误,并自行在新加坡处理。为此,里森开设了账户"88888"。但几周之后,伦敦总部要求新加坡分行把所有的错误记录仍由"99905"账户直接向伦敦报告。"88888"错误账户刚刚建立就被搁置。而这个账户逐渐被尼克·里森用作隐瞒严重错误的保护伞,随着一连串错误交易的出现,账户的使用频率越来越高。这些差错意味着一系列的损失,里森必须迅速赚钱以弥补巨额亏损,于是,他决定冒着巨大风险进行高杠杆的金融期货对冲交易,来平衡"88888"账户中的赤字。在期货市场运行平稳时,里森将账户扭亏为盈,但他继续利用自身职务便利将大量的错误交易存放于此,并躲过了银行内部审计,集团高层对于去向不明的资金也并未深究,使得巴林银行出现了资不抵债的情况。1995年1月,日本经济表现出了复苏的态势,里森对日本股市十分看好,买进了大量日经指数期货合同,期盼日经指数上涨后卖出,获取巨额的利润。但是,1995年1月17日,日本阪神大地震使本已萎靡不振的日本经济雪上加霜,日经指数期货狂跌,里森非但没有及时卖出止损,反而变成了不断增加投注的赌徒。最后他以银行名义购买的大量日经指数期货大幅贬值,巴林银行损失金额为14亿美元,相当于当时巴林银行的全部资产,至此曾经辉煌的金融大厦轰然倒塌。

巴林银行事件给了人们深刻的教训,总结起来主要有如下方面:

启示一: 金融衍生品是把"双刃剑"。

金融衍生品是商品经济和金融业高度发达的产物,其最大特点在于合约保证金的巨大杠杆作用,即交纳了一定数额的保证金,便可进行若干倍价值的合约买卖。这一特点,便于交易者利用金融衍生品进行套期保值,从而转移价格风险。然而,金融衍生商品的这一特点也助长了投机。投机者可以以小博大,也可因判断失误而血本无归,巴林银行事件正是投机失败的典型事例。因此,正确判断金融衍生品的收益与风险对金融从业者至关重要。

启示二: 金融机构在经营过程中必须业务分工清晰、权责明确。

巴林银行案中,尼克·里森就是利用了机构监管的漏洞。他担任巴林银行驻新加坡分行经理之职,可以一手操办多种业务。他既负责期货管理,又充当交易人,从而在没有监督、检查,甚至越权交易的情况下,在前后一个月的时间内轻而易举地做完了270亿美元的投机交易。因此可以说,分工不清,责权不明,个人决策在交易失利情况下铤而走险,是巴林银行倒闭的致命原因之一。巴林事件提醒我们应采取更严格措施,尤其在新兴业务的发展和经营上,严格职责分工,杜绝个人行为和徇私舞弊的现象。

启示三：　金融机构应健全内部监测机制和有效实施风险控制。

面对目前金融衍生品交易的巨大诱惑力，为限制过度的投机性行为，以及这种行为后面隐藏的巨大不确定性，各国际金融组织及政府都高度重视对金融衍生品交易的监管，但因交易不当，而又失之监测，或雇员未经批准进行交易，甚至有意隐瞒导致巨额亏损、倒闭的事情并不鲜见。巴林银行事件的问题也是出在监管失误上，这家当月还被英国评价为管理良好的银行，在里森越权进行大批巨额交易时，总行管理系统居然没有丝毫察觉。同时，风险控制系统也失去了警觉，未能及时预见危机。因此，金融机构应当提高自律水平，强化内部控制机制，杜绝风险隐患的发生。

巴林银行倒闭案，还可参看根据事件改编的电影《魔鬼交易员》。

● 本章小结

国际金融市场，是指世界各国从事国际金融业务活动的场所和机制的总和。国际金融市场有广义和狭义之分。广义的国际金融市场包括货币市场（从事国际短期资金借贷）、资本市场（从事国际中长期资金借贷）、外汇市场和黄金市场。狭义的国际金融市场，仅指在国际上进行资金借贷的市场，包括国际货币市场和国际资本市场。

国际金融市场可按不同角度进行分类。按照市场功能，可分为国际货币市场、国际资本市场、外汇市场和黄金市场；按照融资渠道，可分为国际信贷市场和国际证券市场；按照金融活动是否受到金融当局的控制，可分为在岸国际金融市场和离岸国际金融市场。

19世纪初期，世界上最早的国际金融市场产生于英国的伦敦。第二次世界大战之后，新的国际金融市场不断出现。20世纪50年代末，在冷战升级、美元危机、欧洲经济复苏等多种因素的作用下，美元资金在欧洲市场集聚，成为"欧洲美元"，美元的境外存贷业务应运而生。国际金融市场在推动各国经济的国际化、促进国际贸易发展的同时，为各国经济的发展提供了资金，有助于各国调节国际收支，并促进了银行业务的国际化。

货币市场又称短期资金市场，是指以短期金融工具为媒介进行的期限在1年以内的融资活动的交易市场。货币市场的参与者主要包括商业银行、中央银行、保险公司、金融公司、证券交易商、证券经纪商、工商企业及个人等。根据其业务活动的不同，货币市场具体可以分为银行短期信贷市场、贴现市场和短期证券市场。

国际资本市场是指资金借贷期限在1年以上的中长期资金市场。国际资本市场的利率是中长期利率，有固定利率和浮动利率两种形式。

欧洲货币是指在其发行国以外的国家或地区进行存贷的某种货币。欧洲货币实际上是指境外货币。欧洲货币市场又称离岸国际金融市场或境外金融市场，是指在货币发行国境外进行该国货币存贷活动的市场。欧洲货币市场不是一个地理概念，而是一个业务概念。欧洲货币市场最早发端于欧洲，随着其业务活动的不断扩大，这个市场已不局限于欧洲，而是包括了广泛分布在世界各地的离岸国际金融市场，是一个真正国际化的、完全自由的国际资本市场。从业务构成上看，欧洲货币市场包括欧洲短期资金信贷市场和欧洲债券市场。

金融创新是近年来国际金融市场的一个重要特征。从实质上看，所谓金融创新，不过是把原有金融工具在收益、风险、流动性、数额和期限等方面的特性予以分解，然后再重新组合，以适应新形势下防范风险的需要。国际金融创新中最为核心的是国际金融市场上金融工具的创新，金融衍生工具的出现和发展对国际金融活动和金融市场的发展产生了重大而深远的影响。

金融衍生工具是指其价值派生于基础金融资产（又称原生工具，包括外汇、债券、股票和商品）价格及价格指数的一种金融合约。金融衍生工具的价值受制于基础金融资产的价值变动，并具有高杠杆性、高风险性，交易活动具有特殊性。本章介绍的主要金融衍生工具包括金融期货、金融期权、互换交易、票据发行便利和远期利率协议。

● 延伸阅读

1.国际清算银行提供的国际金融市场统计资料，可以查询国际清算银行官方网站，http：//www.bis.org。

2.欧洲货币市场以及国际金融市场发展的有关信息，可以查询欧洲银行集团官方网站，http：//www.eurobank.org。

● 基本概念

国际金融市场　国际金融中心　离岸国际金融市场　货币市场　国际资本市场　LIBOR　欧洲债券　外国债券　金融衍生工具　金融创新　金融期货　金融期权　互换票据　票据发行便利　远期利率协议

● 复习思考题

随堂测试

1.国际金融市场形成的条件是什么？

2.新兴国际金融市场有什么特点？它与传统国际金融市场的主要区别是什么？

3.欧洲货币市场是如何形成的？

4.欧洲中长期信贷的特点有哪些？

5.欧洲债券有什么特点？

6.简述国际金融创新的主要内容。

7.简述国际金融创新的利弊。

8.简述互换与掉期的区别。

9.金融期货和金融期权都有哪些主要种类？

第11章 / 国际资本流动

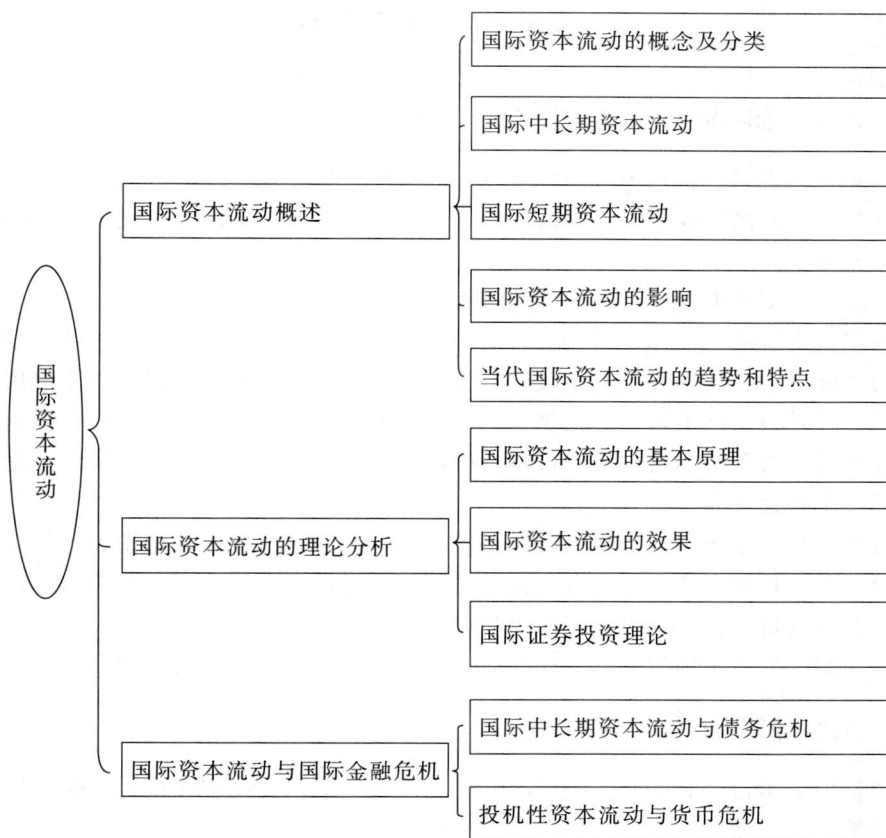

国际资本流动

- 国际资本流动概述
  - 国际资本流动的概念及分类
  - 国际中长期资本流动
  - 国际短期资本流动
  - 国际资本流动的影响
  - 当代国际资本流动的趋势和特点
- 国际资本流动的理论分析
  - 国际资本流动的基本原理
  - 国际资本流动的效果
  - 国际证券投资理论
- 国际资本流动与国际金融危机
  - 国际中长期资本流动与债务危机
  - 投机性资本流动与货币危机

11.1 国际资本流动概述

11.1.1 国际资本流动的概念及分类

国际资本流动是指资本从一个国家或地区转移到另外一个国家或地区。国际资本流动与一国的国际收支有着直接的关系，主要反映在一国国际收支平衡表的资本和金融账户中。

从不同角度来考察，国际资本流动有多种形式。

根据资本流动与实际生产、交换的关系，国际资本流动可以分为两种类型：一种是与实际生产、交换存在直接关联的资本流动，如跨国直接投资、国际贸易信贷等；另一种是与实际生产、交换没有直接联系的金融性资本的跨国流动，如不以取得企业控制权为目的的跨国证券投资，国际金融市场上与商品贸易套期保值无关的金融衍生工具交易等。

另外一种考察资本流动时较为常见的分类方法是按照资本使用期限的长短，将资本流动分为长期资本和短期资本两种类型。值得注意的是，近年来在国际资本流动中，存在着资本长短期界限逐渐模糊的趋势。

下面按资本使用期限分类，对国际资本流动的基本原理进行介绍。

11.1.2 国际中长期资本流动

中长期资本流动是指期限在1年以上的资本流动，包括直接投资、证券投资和国际贷款三种类型。

1）直接投资

直接投资是指一国的投资者把资金直接投到另一国的企业等机构，并由此获得对投资企业的全部或部分管理和控制权。最典型的跨国直接投资方式是在其他国家创办新企业。不过，直接投资也可以通过收购国外企业股权的方式进行，即跨国并购。而且，由于现代公司的所有权都非常分散，只要收购国外企业的股权达到一定比例就可以形成实际的控制权。比如美国有关法律规定，拥有外国企业股权达到10%以上，就属于直接投资。德国、英国等国的最低限度为20%。

直接投资并不仅限于跨国资金流动，它还包括企业的管理权限和方法、生产技术、市场营销渠道、专利权和商标等多种无形要素的转移。这种与实际生产直接关联的资本流动方式，属于国际投资学等学科的研究范畴，因此本章将不进行详细探讨。本章将侧重研究货币金融性质较为明显的跨国资金流动，如国际证券投资、国际信贷等。

2）证券投资

证券投资也称为间接投资，指通过在国际债券市场购买外国政府、银行或工商企业发行的中长期债券，或者在国际股票市场上购买外国公司股票来实现的投资。

证券投资与直接投资的区别在于证券投资者对投资企业并无实际控制和管理权，即使是购买股票的投资也没有达到能够控股的比重，所以证券投资者只能收取债券或股票的利息或红利，而直接投资者则持有足够的股权来控制或影响所投资的企业，并承担企业的经营风险、享受企业的经营利润。另外，有些证券投资者购买债券、股票的目的并不在于收取利息或红利，而是出于投机的目的，企图从有价证券的买卖差价中获得利润。

由于证券投资比较灵活，投资者可以随时根据投资市场环境购买债券和股票，在需要收回投资时，可以将证券出售给其他投资者，因此近年来证券投资在国际资本流动中的作用有加强的趋势。如前所述，20世纪70年代后期特别是80年代以来，国际金融市场上出现了融资手段证券化的趋势。

3）国际贷款

国际贷款是指一国政府、国际金融组织或国际银行对非居民（包括外国政府、银行、企业等）所进行的期限为1年以上的放款活动，主要有政府贷款、国际金融机构贷款、国际银行贷款和出口信贷。

（1）政府贷款是一个国家政府向另一个国家政府提供的贷款，其目的是促进本国商品劳务的出口、企业对外投资等。政府贷款的利率较低，期限也长，其资金来自国家预算资金，一般数额不大。政府贷款一般附有特定条件或者指定贷款资金用途，比如规定必须用于购买贷款国企业的出口商品，或者用于指定开发援助项目。政府贷款必须由政府机构出面洽谈，签订借贷协议并承担还款责任。虽然法律上政府贷款是国家政府之间的借贷行为，但是在实施过程中，通常也需要有具体接受贷款项目的企业参加。除指定贷款用途以外，政府贷款也往往附有一定政治条件。另外，有的低息援助性贷款还要求借款国必须采取特定的经济政策，或者必须具备一定财政能力等限制条件。

政府贷款多由发达国家向发展中国家提供，而且大多是双边的贷款，即两国政府机构之间的资金借贷，但也有少数是多边的，或者是政府机构与民间金融机构共同提供的混合贷款。混合贷款可以包括政府贷款、商业银行贷款和出口信贷等。一般是由借贷双方政府签订一项总协议，然后依政府贷款、银行贷款和普通出口信贷的各自不同贷款条件分别签署具体的贷款协议。

（2）国际金融机构贷款是国际金融机构向其成员政府提供的贷款。国际金融机构贷款也不以直接营利为目的，具有援助的性质。贷款利率视其资金来源以及贷款接受国的国民收入水平而定，通常要比私人金融机构的贷款利率低，期限也相对较长。国际金融机构贷款也是专项贷款，即与特定的建设项目相联系，贷款审批程序非常严格。贷款要按规定逐步提取，而且在提取和具体使用的过程中都有国际金融机构派出的专门人员监督。

（3）国际银行贷款也是国际资本流动的重要组成部分。国际银行贷款不限定用途，借款人可以自由运用资金，而且贷款资金的数额也不受限制，可以很大（详细内容见第10章）。国际银行贷款除了按国际金融市场利率向借款人收取利息外，还要求借款人承担与借贷协议的签署、贷款资金的调拨和提取等有关的一系列杂项费用。要借到国际银行贷款全凭借款人自身的信誉或高信誉政府机构的担保，所以一般低收入发展中国家是难以大规模利用国际商业银行贷款资金的。

（4）出口信贷是与国际贸易直接相关的中长期信贷[①]。它是出口国商业银行对本国出口商或者外国进口商及其银行提供的贷款，其目的是解决本国出口商的资金周转困难，或者是满足外国进口商对本国出口商支付货款的需要。出口信贷的一般特点：贷款指定用途，必须用于购买贷款提供国的出口商品；贷款利率低，其低于国际金融市场的差额通常由出口国政府金融机构予以补贴，因为其目的是促进本国商品的出口；有偿还担保，一般由出口国的官方或半官方的信贷保险机构承担，如英国的"出口信贷担保部（ECGD）"、美国的"外国信贷保险协会（FCIA）"等，都为本国商业银行提供的出口信贷承担还款保险。第12章将对出口信贷进行详细介绍。

11.1.3 国际短期资本流动

短期资本流动是指期限在1年或1年以下的各种金融资产，包括现金、活期存款以及前文论及的所有货币市场金融工具的流动。短期资本流动可以迅速和直接地影响一国的货币供应量。现金、活期存款是货币供应量的组成部分，其他短期金融工具，如国库券、CDs、商业票据、银行承兑票据等，也都有很强的流动性，这一点与长期资本流动有所不同。

1）银行经营性短期资本的流动

银行经营性短期资本流动是指各国经营外汇的银行和其他金融机构，出于正常的业务经营需要，日常进行的短期资本交易，如承办短期融资而引起的资金转移；跨国银行总部与分支机构之间、各分支机构之间进行的资金余缺调拨；正常的套汇、套利、掉期、头寸调拨以及银行同业间短期拆借等。

2）保值性资本流动

保值性资本流动是指金融资产的持有者为了资金的安全或保持其价值不减少，而进行资金调拨转移形成的短期资本流动。某些国家或地区的政治局势不稳，可能引起该国或地区内的本地资本及外国资本外逃。一国经济情况不好，国际收支状况恶化，那么其货币必定趋于贬值，于是其国内资金会向币值稳定的国家流动。另外，国家如果宣布实行外汇管制，限制资金外流或增加某些征税时，也可能引起大量资本外逃，形成突发性的大规模短期资本流动。

[①] 严格意义上，国际贸易信贷因为与实体物资的交换直接相关，不具有典型的货币金融属性。但是因为本教材主要针对国际贸易专业的国际金融课程，因此在本章和第12章保留了关于国际贸易信贷的内容。

3）投机性资本流动

投机性资本流动是指投资者在不采取抛补性交易的情况下，利用汇率、金融资产或商品价格的波动，伺机买卖，牟取高利而引起的短期资本流动。投机者能否盈利全凭对形势的预期或判断是否正确，若预期错误，必然遭受损失。国际市场上能引起投机性资本流动的因素很多，除贵重金属及证券价格的剧烈波动能引起投机者极大兴趣以外，国际市场上某些重要商品的大幅涨落也能诱使投机者不断买进卖出，这都会形成短期资金市场上投机性的资本流动。

4）贸易结算性资本流动

贸易结算性资本流动是指进出口贸易往来而引起的资金融通和资金结算。一般出口商或出口方银行总是对进口商提供短期贸易信用，如延期付款、银行承兑汇票等。除了对成套设备等资本性商品出口提供的中长期贷款外，一般短期商业信用和银行信用的资金融通时间不超过180天。

11.1.4　国际资本流动的影响

1）短期资本流动对经济的影响

短期资本流动速度快、变化期限短，对经济的影响十分复杂，主要表现在以下几个方面：

（1）对一国货币政策的影响。短期资本的流动性强，并且对货币政策的变化反应灵敏，因此它会大大降低各国货币政策的效力。当一国试图通过提高利率实行紧缩货币政策时，国外短期资本会受高利率的诱惑大量涌入，导致该国国内货币供应量增加，削弱实行紧缩货币政策的力度。而当一国试图通过降低利率推行扩张货币政策的时候，利率的大幅下跌又会诱发大量的资本外流，进而导致国内货币供应量减少，削弱了宽松货币政策的效果。总体看来，短期资本的频繁流动不利于维护各国货币政策的独立性，不仅加大了各国货币当局实施货币政策的难度，也增加了在各国间经济政策协调的难度。

（2）对国际资本市场的影响。短期资本尤其是投机性资本迅速和大规模流动会造成各国利率与汇率大幅波动，加剧国际金融市场的动荡局面。20世纪90年代以来，国际金融市场上时刻充斥着数万亿美元的游资，它们脱离生产领域，在各国金融市场开放的环境下流动频繁，随时可能对各国的资本市场、证券市场、外汇市场等形成强烈冲击。

（3）对国际贸易的影响。国际短期资本的流动，包括预付货款、延期付款、票据贴现和短期信贷等，有利于贸易双方获得必要资金以及进行债权债务结算，从而保证国际贸易的顺利进行。但是，国际短期资本流动大多是通过欧洲货币市场进行的，当短期资本流动由一些短期性因素引起，而并不反映各国经济发展的客观要求时，往往会加剧国际信贷活动的不规则变动，而这又会导致利率和汇率的频繁变动，最终导致国际贸易的风险增加。

（4）对世界经济波动的影响。当一国发生经济衰退时，国内有利可图的投资机会减少，该国的资本就会流向那些尚未发生经济衰退的国家，由此那些国家的生产也会很快出现饱和并陷入衰退。这种短期资本流动还会对全球性的国际金融局势产生重大影响，特别是那些为了投机目的而发生的短期资本流动，在一定程度上加速了世界经济波动的传递，扰乱了正常的国际金融秩序。

2）长期资本流动对经济的影响

长期资本尤其是直接投资的期限长、数量大，对当事国及世界经济的长期稳定和持续发展有较大的影响。

（1）对资本输出国经济的影响。长期资本流动对输出国经济会产生积极和消极两个方面的影响。

从积极方面看，一是可以提高资本的收益。资本输出国一般资本比较充裕，其资本边际收益呈递减趋势，将这些预期收益率较低的资本投到资本相对稀缺的国家或地区，就能够提高资本的边际收益，增加投资的总收益，进而为资本输出国带来额外的利润。二是可以带动商品出口。长期资本输出包括货币资本、技术设备和管理经验及知识产权等相关要素的整体输出，因而会对输出国的商品出口起到推动作用，增加出口贸易的利润收入，刺激国内经济增长。例如某些国家采用出口信贷方式，将对外贷款与购买本国的成套设备或某些产品相联系。三是可以绕过贸易壁垒。当今国际市场竞争加剧，贸易摩擦频繁发生，许多具有一定经济实力的国家，都把向海外输出长期资本、到国外进行长期投资作为克服贸易保护主义、规避贸易制裁、巩固海外市场份额的有效手段。

同时，长期资本流动对资本输出国也会产生一定的消极影响。输出国必须承担资本输出的经济和政治风险。当今世界经济和世界市场竞争激烈，情况复杂，资本投资方的错误决策会产生经济风险。倘若资本输入国发生政局不稳的情况，就有可能实施不利于资本输出的法令法规，如没收投资资本甚至拒绝偿还外债等。20世纪80年代就发生了世界性的发展中国家债务危机。另外，资本输出，意味着对本国的投资下降，从而减少了国内的就业机会，降低了国内的税收收入，进而影响国内的经济发展。比如日本20世纪80年代由于过量的资本输出，曾一度造成国内"产业空心化"，GDP增长速度放慢，在一定程度上影响了经济的稳定发展。

（2）对东道国经济的影响。长期资本的流入对东道国的影响也有积极和消极两个方面。积极的影响包括以下几个方面：

首先，可以解决东道国资金短缺的问题。一个国家获得的间接投资通过市场机制或其他渠道流向资金缺乏的部门和地区；一个国家获得直接投资在一定程度上弥补了国内某些产业的空白，既解决了资金不足的问题，也促进了经济结构的调整和升级。

其次，可以引进先进技术设备和获得先进的管理经验。20世纪80年代以来国际直接投资迅速增长，在国际资本流动中的重要性越来越突出。直接投资的特点就是能给输入国带来技术、设备，甚至是出口市场。因此，资本输入特别是引进国际直接投资，无疑会提高劳动生产率，增加经济效益，加速本国经济的发展进程。

再次，可以增加就业机会，增加国家财政收入。资本输入的目的在很大程度上是用来创建新企业或改造老企业，这有利于增加就业机会，提高国民生产总值，进而增加国家税收收入，提高国民生活水平。

最后，可以改善国际收支。通过接受外部输入资本建立外向型企业，可以实现进口替代和出口导向，有利于扩大出口，增加外汇收入，进而起到改善国际收支的作用。

当然，如果资本输入不当，对资本输入国的消极影响也是不容忽视的。

首先，可能引发债务危机。输入国如果过多利用国际贷款和间接投资，超出本国的承受能力，则可能出现无法偿还外债情况，导致爆发债务危机。

其次，可能使本国经济陷入被动境地。若输入资本过多又管理不善，使本国经济不能获得应有的发展，东道国就会对外产生越来越强的依赖性。一旦外国资本停止流入或投资者抽回资本，本国经济发展就会陷入被动的局面，甚至威胁到本国的经济和政治主权。

最后，加剧国内市场的竞争。大量外国企业如果利用资本流动来扩大对东道国的出口和销售，必然使国内市场竞争加剧，从而影响甚至制约国内企业的发展。

11.1.5　当代国际资本流动的趋势和特点

20世纪90年代以来，国际资本流动表现出很多新特点。

1）国际资本流动规模持续增长，并日益脱离实体经济

自20世纪90年代以来，国际资本流动总体规模一直保持稳定增长。2001年全球经济进入调整期，国际资本流动规模大幅下降，2002年后反弹，直到2008年全球金融危机之前，一直保持增长态势。国际资本流动的规模和增长速度超过了实体经济的增长速度。一方面，国际资本流动的增长速度远远超过国际贸易的增长速度。另一方面，金融衍生工具交易产生的国际资本流动规模已经远远超过传统金融资产交易产生的国际资本流动规模。

2）国际资本流动结构不断变化，呈现出证券化、多元化的特征

首先，国际资本投资主体出现了多元化。自20世纪80年代后期以来，投资格局已不再是个别国家垄断资本的输出，而是众多国家多方位输出资本。其中，西方工业国仍然是对外投资的主力，同时，石油输出国也跻身于投资国行列。此外，其他发展中国家也开始小规模地向外投资。从国际资本流动的构成看，私人资本在国际资本流动中的主导地位不断加强，目前已占到全球资本流动规模的3/4左右。从国际资本流动的投资主体看，机构投资者管理的资产显著增长，主权财富基金、私募股权基金、对冲基金等在全球金融市场都非常活跃。

其次，从资本流向上看，国际资本在发达国家之间对流、相互渗透的趋势明显，发达国家继续占据主导地位。美国作为全球最大的资本净输入国，2006年流入美国的资本接近国际资本流动规模的2/3。相比之下，发展中国家的资本虽然总体上仍显匮乏，但在国际资本流动中的地位和作用日益增强。20世纪90年代以来，流向发展中国家的资本主要集中在中国、俄罗斯、东南亚、拉美、东欧等经济增长较快的国家和地区，1997年亚洲金融危机之后，大量资金撤出，1999年发展中

家经济有所好转，国际直接投资开始回流。2008年的全球金融危机，对国际资本流动产生了巨大影响，国际资本的规模和流向都发生了变化。由于发达国家金融企业损失惨重，国际投资大幅度下降，而亚洲市场受冲击较小，大量资金流向了亚洲证券市场。

最后，从投资结构上看，虽然直接投资仍然是国际资本流动的主要形式（约占全部资本流动的70%），但以证券投资为代表的间接投资近年来快速增加。20世纪80年代以来，直接投资的势头减弱，间接投资的比例不断上升，其中证券投资尤其活跃，呈现资本证券化的趋势。证券投资的投机性很大，具有快进快出的特点。这类资本一旦大量外流，很可能引发金融市场的剧烈波动甚至金融危机。

总体来说，20世纪90年代以来，经济全球化的趋势不断加强，在这一发展进程中，国际资本流动相对于国际贸易和世界生产的独立性也日益增强，并成为影响世界经济发展的主导因素。国际资本流动规模的扩大和速度的加快，将对各国经济和整个世界经济发展产生重大影响。

知识拓展 11-1

跨境资本流动保持平稳有序

专栏 11-1　　　　后危机时代国际资本流动的特点

总体来看，2008年全球金融危机后国际资本的流入、流出总量均低于危机前。根据IMF提供的数据，从2008年到2014年，全球193个国家和地区平均每年国际资本流入、流出总量为9.09万亿美元，比危机前的18万亿美元下降了49.5%。其中，其他投资下降84.4%，降幅最大；证券投资下降47.2%，降幅次之；储备资产下降8.4%，降幅较小；直接投资与危机前大体持平。

从发展程度上看，发达经济体出现危机后国际资本流入、流出总量比危机前低，但发展中国家和新兴经济体与此相反。根据IMF提供的数据，发达经济体危机后国际资本流入、流出总量为6.40万亿美元，比危机前的15.45万亿美元下降了58.6%，下降幅度超过一半，接近六成。与此形成鲜明对比的是，发展中国家和新兴经济体危机后国际资本流入、流出总量反而比危机前增加，由2.55万亿美元增加到2.70万亿美元。发展中国家和新兴经济体的国际资本流入、流出总量在全球的地位有所上升，危机后占全球比重比危机前有一定程度的增加。危机前，发展中国家和新兴经济体的国际资本流入、流出总量的全球占比仅为14.2%，约为发达经济体的1/6；危机后，发展中国家和新兴经济体的国际资本流入流出总量占全球比重提高了一倍，由14.2%增加到29.7%，约为发达经济体流入、流出总量的42.2%。

发达经济体的国际资本净流入总量危机前后的方向出现逆转，发展中国家和新兴经济体则较为一致。根据IMF提供的数据，发达经济体危机前为国际资本净流出，且数量较大，为1.08万亿美元，危机后国际资本净流入总量为998亿美元，出现了方向性的逆转。发展中国家和新兴经济体则方向一致，均为国际资本净流出，只是数额有较大程度的下降，由危机前的4 673亿美元降到1 535亿美元（项卫星等，2011）。

从国别方面看，主要发达国家危机后国际资本流入、流出总量比危机前低，但主要发展中国家和新兴经济体则有所上升。根据IMF提供的数据，7个最发达的工业化国家（G7）中，除加拿大有轻微上升外，其余6个国家的国际资本流入、流出总量危机后出现了下降。金砖五国里面的大部分国家的国际资本流入、流出总量危机后出现了上升。中国由危机前的 6 935 亿美元增加到危机后的 9 310 亿美元，增加幅度为 34.2%，在全球的比重从 3.9% 升到 10.2%，排名也从全球第 8 位上升到第 3 位，仅次于美国和卢森堡；巴西、印度也有所上升，只有俄罗斯和南非出现了轻微的下滑。

资料来源　邓细林，王敏，张英涛. 后危机时代世界范围内国际资本流动的特点、趋势和原因 [J]. 现代管理科学，2016（12）.

11.2　　　　　国际资本流动的理论分析

11.2.1　国际资本流动的基本原理

在经济学理论中，投资被视为一种推迟消费的行为。进行投资就是用目前的消费换取未来的消费。我们可以按照这一思路来分析资本跨国流动的发生机制。

根据宏观经济学国民收入的恒等式，消费是收入的一部分，如果不存在资本的跨国流动，一国的消费水平就只受收入水平的支配。不同的国家，由于资源禀赋和经济发展进程不同，其在当期和未来的收入水平也会存在差异。有的国家，当期的收入水平较高，可以支持较高的当期消费，但未来的收入前景却并不乐观；有的国家，虽然当期的生产水平不高，只能维持较低的当期消费，但未来的经济成长前景较好，未来的收入可能提高。于是，在开放条件下，前一类国家可以选择对外投资，将当期的收入贷出一部分，通过牺牲一定的当期消费来换取未来的收入，从而保证未来的消费水平不至于下降；而后一类国家，可以通过资金流入提高当期消费水平，相当于预支了未来的收入。这可以用国际贸易理论中的"比较优势原则"来解释，前一类国家的比较优势在于生产和消费"现在商品"，后一类国家的比较优势则在于生产和消费"未来商品"。国际投资则可以被视为一种国际交换，即用现在的商品去换取未来的商品。

现实中，石油输出国就属于第一类国家。20世纪70年代以后，由于油价上涨，这些国家积累了大量的财富。但石油资源是不可再生的，产油国未来的收入难以保证。为防备将来可能因收入逐渐下降导致消费水平降低，合理的做法是将现期收入的一部分投资于国际金融市场，投资收入则可以用于未来消费。

与产油国相反，一些经济发展前景较好的国家，比如新兴经济体，由于预期未来的国民收入将会有较快增长，可能通过从国外借款来提高即期消费。

11.2.2　国际资本流动的效果

从前面的分析可以看出，国际资本流动能够改善不同国家的资源配置状况，其流向主要是从当前资本丰裕的国家流向资本稀缺的国家，从而提高资本的回报率，促使资本得到最有效的利用，使资本输出国和输入国都获得收益。我们用图 11-1

加以说明。

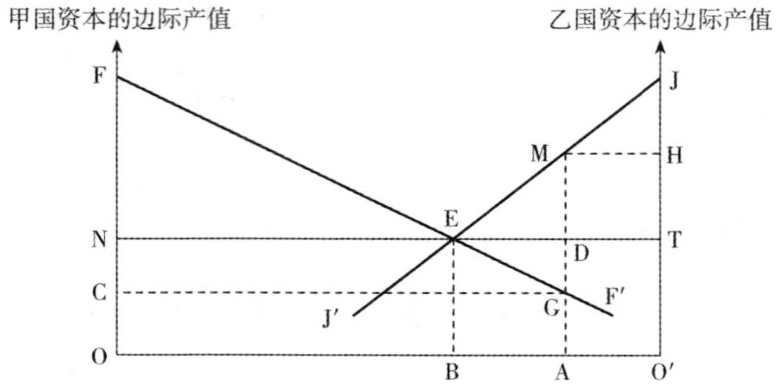

图 11-1　国际资本流动的经济效应

在图 11-1 中，假设只有甲国和乙国两个国家，资本总量为 OO'。其中甲国资本存量为 OA，乙国资本存量为 O'A。FF' 和 JJ' 两直线是根据不同水平的投资分别给出的甲国与乙国资本的边际产品价值（value of marginal product，VMP）。在自由竞争条件下，资本的边际产品价值等于资本要素的价格或收益率。

在资本国际流动之前，甲国将它的全部资本 OA 都投入到本国生产中，资本要素的收益率为 OC，国内总产出为 OFGA。其中 OCGA 是资本要素的收益，其余的 CFG 部分是其他要素的收益。同样，乙国将其全部资本 O'A 投入到国内，资本要素的收益率为 O'H，国内总产出为 O'JMA，其中 O'HMA 是资本要素的收益，其余的 HJM 部分是其他要素的收益。

如果资本可以在国际上自由流动，由于乙国的资本收益率比甲国要高，于是资本从甲国流入乙国，流入量为 AB，使得两国的资本收益率趋于一致（ON=O'T）。此时，甲国的国内总产出为 OFEB，加上对外投资的收益 ABED，则甲国的总收益为 OFEDA，其中 EDG 部分是由于对外投资而增加的收益。由于国际资本的自由流动，甲国资本要素的总收益增加到 ONDA，而其他要素的收益下降为 NFE。

乙国输入 AB 量的资本后，它的资本收益率由 O'H 下降到 O'T。乙国的国内总产出增长到 O'JEB，增长了 ABEM，扣除外国投资的收益 ABED，乙国的总收益为 O'JEDA，其中 EDM 部分是乙国引进外资而增加的收益。由于国际资本是自由流动，乙国资本要素的总收益下降为 O'TDA，而其他要素的总收益则上升到 TJE。

从整个世界的角度看，总产出从 OFGA+O'JMA 增加到 OFEB+O'JEB，增加了 EDG+EDM=EGM 的部分。可以说，资本国际流动提高了各国间资源配置的效率，从而增加了世界的产出和福利。从图 11-1 中可以看出，资本的边际产值线越陡的国家，从资本国际流动中获利越大。

11.2.3　国际证券投资理论

根据国际资本流动的基本原理，资本流动的原因在于各国在资本方面的"比较优势"不同，因而资本在不同市场上的边际收益存在差异。这是一种基于宏观层面的分析，并没有深入探究国际资本流动本身的运行机制。因此我们只能解释资本的单向流动，也就是资本会从收益率低的地方流向收益率高的地方。但是现实生活中存在着大量的各国间资本流动的现象，比如，美国人把资金投向欧洲的金融市场，而欧洲人同时也向美国大量投资。这就需要我们进一步分析国际金融市场运作的微观机理。

资产组合投资理论是分析国际资本流动微观形成机制的重要分析工具。该理论亦称资产选择理论（portfolio theory），由马科维茨等学者提出，研究如何在金融市场上对各种金融资产进行合理配置。该理论认为，人们在任何投资预期收益上，希望证券组合的风险是最小的，而在任何既定的投资风险上，要追求投资预期收益的最大化。也就是说，投资者的目的是追求风险和收益的最佳组合。

资产组合的收益是其中各项金融资产收益的加权，而资产组合的风险除了和其中各项金融资产自身的风险（用方差来计算）相关外，还取决于这些金融资产风险之间的相关性（即协方差），各种资产收益之间的协方差越小，资产组合的风险就越小。

根据该理论，在证券市场中，投资者可以考虑对不同的证券进行组合投资，将资本分别投向几种证券，甚至可以把资本按每一个证券市值占全部证券市价总值的比例进行分割，投向全部上市的证券。组合投资扩大了投资者的选择范围，增加了投资者的投资机会。而且，投资者选择的资产范围越广泛，资产组合的风险就越小。

马科维茨的投资组合理论首次对风险和收益这两个投资管理中的基础性概念进行了准确的定义，为基金管理提供了重要的理论依据，同时也揭示了国际资本双向流动的动因。该理论已经被广泛应用到投资组合中各主要资产类型的最优配置活动中，并被实践证明是行之有效的。

11.3　　　　　国际资本流动与国际金融危机

一方面，利用外部融资是一国国际收支调节的重要手段之一。20世纪60年代以来，越来越多的发展中国家走上了利用外资发展本国国民经济的道路，外部资金的注入促成了许多发展中国家的经济腾飞。另一方面，国际资本流动有时也会触发或加剧国际金融市场的动荡，典型事例是20世纪80年代的债务危机和20世纪90年代的亚洲金融危机。

11.3.1　国际中长期资本流动与债务危机

国际中长期资本的流动在资金的让渡与偿还之间存在着相当长的期限，所以这一流动机制中的核心问题是清偿风险问题。20世纪80年代初，有许多发展中国家出现了偿债困难。随着墨西哥停止继续为其债务还本付息，发展中国家债务危机爆发了。这场债务危机就是在国内外多种因素的影响下，由于国际资本流动出现问题而导致的。

1）债务危机的爆发

20世纪70年代，发展中国家利用国际金融市场大量举借外债，外债总额迅速增加。发展中国家的债务余额占GNP的比重不断提高，许多国家达到30%以上，偿债率也不断上升，债务负担十分沉重。

1982年，墨西哥率先宣布无力偿还到期的西方国家商业银行195亿美元的外债本息。随后，其他拉美国家也纷纷宣布无力偿还外债，第二次世界大战以来范围最广、程度最深的债务危机爆发。此次债务危机涉及的国家特别多，债务规模特别大，债务负担特别集中。根据IMF的统计，非产油国发展中国家的债务在1973年为1 301亿美元，至1982年债务危机爆发时已增加到6 124亿美元。不仅如此，危机爆发后债务总额还在继续增长，至1990年竟然超过13 000亿美元。这些外债总额的一半以上集中在拉丁美洲的十几个国家，形成了若干重债务国。此外，这次债务危机还涉及不少非洲国家，以及一部分欧洲国家和少数亚洲国家。这些债务国承受着巨大的还本付息压力，根据美国摩根保证信托公司资料，到1983年，某些国家的偿债率已经突破了100%。其中，巴西为117%，墨西哥为126%，阿根廷为153%，委内瑞拉为101%。这些重债务国基本上丧失了主动从国际金融市场融资的能力，经济发展受到沉重的打击。

2）债务危机爆发的原因

20世纪80年代发生国际债务危机的原因应从债务国国内的政策失误和外部世界经济环境的冲击两方面来分析。债务国国内经济发展战略的失误和对外债管理的不当，使外债规模超过了国民经济的承受能力，这是债务危机爆发的内因；世界经济衰退以及储备货币国宏观经济政策的多变引起的国际金融市场动荡，则是诱发债务危机的外部原因。

（1）债务危机爆发的内因

多年来，主要的拉丁美洲国家采取的是进口替代的工业化发展战略，试图在贸易保护的帮助下迅速实现国内工业发展。一方面，这些国家通过借债筹资发展本国进口替代工业，导致本国外债迅速增加；另一方面，这些国家外债资金的利用效率很低，所借外债主要投向了耗资大、周期长的大型项目，较少投入出口创汇型产业，外债偿还能力的提高远远落后于外债的增长。

此外，一些拉美国家的财政和货币政策出现了失误。扩张性的财政和货币政策导致国家债务和私人债务迅速增加，通货膨胀日趋严重。为了防止通货膨胀，许多国家又高估本币，导致进口激增，出口受限，刺激了资本外逃，导致国内资本短缺，不得不继续举债。而发展中国家缺乏谨慎的债务管理措施，大量举借外债却不考虑本国是否有足够的还本付息能力，并且未形成合理的债务结构。短期债务和商业银行债务的比重过大，这类债务利息高，又往往以可变利率计息，在利率不断上涨的情况下，利息负担加重。

（2）债务危机爆发的外部原因

首先，世界经济衰退。1979 年石油价格的再次上涨引发了世界经济的衰退，发达国家为转嫁危机，纷纷推行贸易保护主义，主要工业国家总需求下降，债务国的出口变得更加困难。另外，受石油危机的影响，发达国家开始大力研究和开发初级产品的替代品，发展中国家出口初级产品的外汇收入减少，偿债难度自然加大。

其次，20 世纪 80 年代初，工业国家为抑制通货膨胀采取了紧缩性货币政策，这使国际市场利率急剧上升，LIBOR 从 7% 上升到 1981—1982 年的 17%，由于大多数商业银行贷款根据 LIBOR 浮动，LIBOR 上升加重了 70 年代获得贷款的发展中国家的利息负担。此外，当时的美元升值又使许多债务以美元借入而出口收入为其他币种的发展中国家的境况雪上加霜。

最后，商业银行没有采取控制风险的有效措施。由于发展中国家的外债主要是以国家的名义借入，有国家信用作为担保，大多数商业银行相信"国家永不破产"的观点，并以此作为发放贷款的主导思想，在国际借贷活动中不但没有采取控制风险的有效措施，还不断增加对发展中国家的贷款，有些大银行给予发展中国家的贷款甚至超过其自有资金的一倍以上。

3）债务危机的影响与解决方案

债务危机给世界带来了巨大冲击。债务国的外债绝大多数是从西方尤其是美国的商业银行获得的，债务不能按期偿付立刻使这些商业银行的正常运营出现困难，因而威胁到了国际金融市场的稳定。以美国为例，1982 年年底，美国最大的 9 家商业银行共向拉美国家提供了 510 亿美元的贷款，这相当于这些银行自有资金总额的 176%。除这 9 家银行外，其余商业银行共向拉美国家提供了 790 亿美元的贷款，而这些银行的自有资金总额仅为 420 亿美元。

在债务危机中，受损害最大的还是债务国。它们承受着巨大的还本付息负担，基本上丧失了主动从国际金融市场上筹措资金的能力，这迫使这些国家不得不进行全面的经济紧缩。在这些国家里，国民收入、实际工资都下降了，失业率居高不下，通货膨胀严重，社会动荡。受债务危机的影响，大多数拉美国家人均 GNP 倒退 10 年以上，不少非洲国家甚至退到 20 世纪 60 年代的水平。为债务危机寻求及时与合理的解决方案，成为 20 世纪 80 年代国际金融领域最重大的事件。

从 20 世纪 80 年代初开始，美国等国家与 IMF 就一直致力于制定和实施债务危机的解决方案，但是对债务危机本质的认识经历了一个演变过程。直到 1989 年，以债务减免为核心的"布雷迪计划"出台，才促成了债务危机的有效缓解。1990 年后，美国利率显著下降，这一方面减轻了债务国的负担，另一方面也促使国际资金寻求获得更高收益的投资，发展中国家尤其是原债务危机发生国的资金流入恢复了。与此同时，债务国进行的以贸易自由化、私有化、降低通胀等措施为特征的政策调整也初见成效。到了 1992 年，债务危机基本宣告结束。

知识拓展 11-2

欧盟多国面临高额债务危机

专栏 11-2　　　　各种外债风险指标与中国外债概况

1）外债承受能力和清偿能力指标

（1）负债率：一国当年外债余额与国内生产总值的比率，通常应低于20%。

（2）债务率：一国当年外债余额与商品和劳务出口收入的比率，通常应低于100%。世界银行建议中国的债务率应以75%为安全线。

（3）还本付息与总产值比率：一国每年还本付息总额与国内生产总值之比，一般不应超过5%。

（4）偿债率：每年还本付息总额与年商品和劳务出口收入之比，一般不应超过20%，最高不得超过25%。世界银行建议中国的偿债率应以15%为安全线。

在以上4个指标中，第一个和第二个指标反映一国的外债承受能力，第三个和第四个指标反映一国的外债偿还能力。其中，偿债率被认为是衡量一国信用水平和偿付能力的最直接、最重要的指标。

2）外债结构指标

（1）外债期限结构：一国对外负债中，短期债务（偿还期在1年以内）与中长期债务（偿还期在1年以上）的构成比例。世界银行认为，短期外债水平一般不应超过3个月的进口额，长期贷款的偿还期应与项目回收期一致。国际上通常认为一个国家的短期债务占全部外债比率的安全线为25%，中国以不超过20%为宜。

（2）外债类型结构：一国对外负债总额中各种不同类型外债的构成比例。从债务类型看，外债有外国政府贷款、国际金融组织贷款、国际商业银行贷款和其他形式的借款4大类。其中，商业银行贷款易受国际金融市场波动的影响，一般认为占外债总额的比重以低于60%为宜。

（3）外债币种结构：一国对外负债总额中货币币种的构成比例。为了减少和避免对外借款由于汇率变化而引起的损失，应使主要通货保持一定比例，这样可以在一定程度上抵减汇率变化引起的盈亏。

（4）外债利率结构：一国对外负债总额中浮动利率债务与固定利率债务的构成比例。按照国际经验，一个合理的利率结构是以固定利率计算的债务额占外债总额的比重为70%～80%，而浮动利率的外债比重应在20%～30%为宜。

截至2021年年末，中国的外债余额为27 466亿美元，居世界第8位，美国、英国、日本外债分别是我国的8.7倍、2.7倍、1.5倍。2021年年末我国外债负债率为15.5%（外债余额与国内生产总值之比，国际公认安全线为20%）、债务率为77.3%（外债余额与商品和劳务出口收入之比，国际公认安全线为100%）、偿债率为5.9%（外债还本付息额与商品和劳务出口收入之比，国际公认安全线为20%），均在国际公认的安全线内，远低于发达国家和新兴国家整体水平。

专栏 11-3　　　　债务危机解决方案

从20世纪80年代初开始，对债务危机的解决方案经历了一个演变过程。对债务危机的解决方案的变化是与对债务危机性质认识的不断深化相联系的。

第一阶段，最初解决方案（1982—1984）。债务危机爆发后，美国等国家与

IMF共同制订了紧急援助计划。这一解决方案的核心是将债务危机视为发展中国家暂时出现的流动性困难，因此只是采取措施使它们克服这一资金紧缺。这一方案一方面由各国政府、商业银行、国际机构向债务国提供大量的贷款以缓解资金困难，另一方面将现有债务重新安排，主要是延长偿还期限，并不减免债务总额。这一方案要求债务国实行紧缩的国内政策，以保证支付债务利息，因此对发展中国家来说还是比较苛刻的。

第二阶段，"贝克计划"（1985—1988）。对债务危机的最初解决方案并没有使债务国摆脱债务负担，这使得人们发现债务危机不仅仅是一个暂时的流动性困难问题，而是债务国现有的经济状况不具有清偿能力，债务危机的解决必须与发展中国家经济的长期发展相结合。1985年9月，美国财政部长詹姆斯·贝克提出了反映这一思想的新方案。这一方案的重点是通过安排对债务新增贷款，将原有债务的期限延长等措施来促进债务国的经济增长，同时也要求债务国调整其国内政策。

在"贝克计划"的执行过程中，采用了一些重要的金融创新手段，例如债务资本化、债权交换和债务回购等。这些金融创新对随后的债务危机解决方案有重要影响。

第三阶段，"布雷迪计划"（1989年以后）。1986年石油价格的下跌使得严重依赖石油出口收入的债务国的经济受到严重打击，对外债的偿付又出现困难。在金融市场上，许多银行已对不良债务失去了信心，它们已准备接受债务不可能全部得到清偿的现实。1989年，美国财政部长布雷迪制定了新的债务对策，承认现有的债务额大大超过了债务国的偿还能力，因此要在自愿的、市场导向的基础上，对原有债务采取各种形式的减免。在IMF等国际组织的主持下，债务国与债权银行磋商减免债务的具体方案，债权国政府和债务国对债务减免后剩余的债务偿还作出担保。在磋商过程中，债务国利用在"贝克计划"时期就已出现的对债务的金融创新等方式，为商业银行提供可供选择的债务减免方案的菜单，商业银行可以在其中自愿挑选。

11.3.2 投机性资本流动与货币危机

20世纪80年代以来，随着世界经济一体化进程的加快，国际资本流动的规模增大，速度加快，蕴含的风险也越来越大。国际资本流动的这些新特征使得国际金融市场受到投机性冲击，金融动荡现象频繁发生，且冲击的力度和持续时间不断增加。1997年爆发的亚洲金融危机表明，由投机性冲击造成的货币危机有可能进一步演化为全面的金融危机和深刻的经济危机，并引发政局更迭与社会动荡。

1）投机性资本与货币危机

投机性资本也称游资，是指那些没有固定投资领域、为追逐高额利润而在各市场间频繁移动的资本，投机性资本以短期资本为主，具有规模大、流动性高、风险偏好强等特点。

国际投机性资本对一国金融市场的冲击在外汇市场表现突出。在固定或有限灵活钉住汇率制度下，国际投机资本借助一些突发性经济金融事件冲击一国货币汇率，通过大量抛售该国货币，压低其货币汇率，动摇货币持有者对货币汇率稳定的信心，最后引发货币持有人把该货币资产全面转成外币资产。因此，投机性资本对一国货币的冲击现象，表现为国际金融市场上的投机力量与被冲击国的中央银行围绕一个相对固定的汇率水平或一个确定的汇率波动幅度的较量。国际投机资本引发的金融危机往往是货币危机。

货币危机（currency crisis）有广义与狭义两种含义。从广义上来看，一国货币的汇率变动在短期内超过一定幅度，就可以称为货币危机。从狭义上来看，货币危机是与缺乏弹性的汇率制度相联系的，主要发生在固定汇率制下，指市场的参与者通过外汇市场对某国货币进行抛售等操作，最终导致该国固定汇率无法维持，使得外汇市场动荡不安。近20年来，投机性资本对一国汇率的冲击频繁发生，由此引起的货币危机成为国际金融领域最引人注目的现象。

2）投机性冲击的投机策略

货币危机一般是由投机性资本带来的投机性冲击引起的。传统的投机者只是简单地利用即期或远期交易赚取汇差，而近年来，随着投机者资金力量的日益雄厚，投机性冲击策略也日益成熟和复杂，投机者利用各种金融（衍生）工具进行投机；投机性资本冲击的也不仅仅限于外汇市场，还涉及证券市场；不仅仅限于现货市场，还涉及期货市场和各种衍生品交易市场。下面以对冲基金为例，对投机性冲击的策略进行简单介绍。

（1）利用即期外汇交易在现货市场投机

假如投机者预期本币将贬值，就会抛售此弱币，迫使本币贬值。投机者能否迫使本币贬值的关键之一在于沽空势力是否足够强大，即投机者能否掌握足够多的本币。通常情况下，投机者获得本币的渠道可能有四种：从当地银行获得本币贷款；出售持有的本币计价资本；从离岸国际金融市场融资；从当地的股票托管机构借入股票并将其在股票市场上抛售，以换取本币。在筹足本币后，投机者在现货市场迅速以高价即期抛售，打压本币；待本币贬值后，再在即期外汇市场买进本币，偿还给银行或离岸金融机构，或买入股票归还股票托管机构，获取巨额投机利润。

（2）利用远期外汇交易在远期外汇市场投机

如果投机者预期市场远期汇率偏离未来的即期汇率水平，就会向银行购买大量远期合约，抛空远期弱币。为了规避风险，与投机者签订远期合约的银行要设法轧平这笔交易引发的远期本币头寸，于是立即在现货市场售出本币，以便按常规清算，这样无疑会改变现货市场供求关系，造成本币贬值压力。待本币贬值后，投机者可以在空头远期合约到期前签订到期日相同、金额相同的多头远期合约对冲，或者到期再通过现货市场即期以强币换成弱币、以弱币交割空头远期合约。

（3）利用外汇期货、期权交易在期货、期权市场投机

如果本币走势趋于贬值，投机者还可以配合外汇即期交易和远期交易，利用外汇期货、期权进行投机，即投机者可以先购入空头本币期货或看跌期权，若本币在

现货即期打压和远期打压下被迫贬值，则期货价格下跌，期权溢价，投机者可以进行对冲交易，赚取汇差。

（4）利用货币当局干预措施投机

实行固定汇率制度国家的货币当局（主要是中央银行）有使本国货币币值稳定的承诺。当投机者大量抛售本币或银行为本币保值时，中央银行为了维护汇率平价，最常采用的两种干预措施是：动用货币储备直接入市干预，抛出外汇、吸纳被抛售的本币，以缓解本币贬值压力；或者提高本币利率，以抬高投机性冲击成本。如果投机者预期中央银行的直接入市干预受储备规模所限难以实施，必然会通过利率干预，投机者就可以利用利率上升进行投机。

预期利率上升，投机者可以直接利用利率互换合约投机炒息。投机者可以先购入利率互换合约，如一份固定对浮动的利率互换合约，则投机者以固定利率支付利息，以浮动利率收取利息。如果利率确如投机者所料上升，则投机者收取的利息就会高于支付的利息，其持有的这份利率互换合约因而溢价。

此外，由于利率上升会打压股指，引起股市下跌，投机者也可以在股市投机。投机者先从股票托管机构借入股票，然后在股市抛出，在外汇市场的本币抛售压力迫使中央银行提高利率后，股指被打压和股市的抛售都会使股市下挫，投机者可以在低价位补回股票，归还股票托管机构；同样，投机者也可以通过购入空头股指期货合约，待利率上升后，股指下挫、合约价格下跌，再进行对冲交易，赚取投机利润。

3）货币危机的传导

在金融市场一体化的条件下，一国爆发货币危机之后，往往迅速蔓延到其他国家，那些与危机发生国经济联系密切、经济结构和发展特征相似以及严重依赖外资的国家最容易受到波及。货币危机主要通过三条途径在国家间传导。

（1）贸易流动及竞争力效应

贸易流动及竞争力效应主要作用于两类国家：一类是与危机国在出口市场存在竞争的国家。爆发货币危机的国家货币贬值，其他国家实际有效汇率升值，面临很大的出口竞争压力。另一类是出口市场主要集中于危机国的国家。本币贬值导致危机国家进口能力下降，进而导致受影响国家出口困难。货币危机影响这两类国家的贸易收支情况，造成这些国家国际收支状况恶化，市场上出现对这些国家货币贬值的预期，可能形成对这些国家的投机冲击。

（2）唤醒效应

所谓"唤醒效应"，是指投资者受到货币危机的震动，开始重新评价投资国的投资环境。"唤醒效应"主要作用于那些与危机国家经济结构和发展模式相似的国家，一些与危机国家经济联系紧密的国家也会受到影响。一般来说，在危机爆发前，这些国家都经历过一次外国私人资本流入的高潮，外国投资者被市场显示的收益水平吸引，大量购买这些国家的财产。货币危机以极端破坏性的方式暴露了一国经济中的种种缺陷，投资者很自然地推断其他与之相似的国家也会有相同或相似问题，于是，他们会减少或撤出在这些国家的投资。投资者投资方向的改变会直接影响这些国家的国际收支状况。这时的市场信心由于货币危机的打击，已非常脆弱，国外投资者改变投资决策会加强贬值预期，出现"唤醒效应"，货币危机因此而扩展开来。

（3）流动性效应

流动性效应是通过各国间的金融联系起作用的。在危机打击下，一国的资产价值大幅度降低，外部融资机会减少，该国的支付和偿债能力在危机期间及危机以后的一段时间内都很弱。如果一个国家的金融机构和企业在危机国家拥有大量债权，那么，这些机构和企业就可能因为不能按期收回债务而陷入流动性不足的困境。当经济的流动性不足，支付能力缺乏时，经济的正常运作受到影响，市场对这些受影响国家的资产价值的看法就变得较不乐观。当市场投资者决定减持这些资产时，资本流出可能引发货币危机。

专栏11-4　　　　　　　　货币危机理论简介

现代意义的货币危机是经济全球化的产物，是随着全球资本市场的高度融合而出现的一种新型的开放经济体系下的金融危机。由于产生的时间并不长，因此货币危机的理论研究也是一个新兴的领域。截至目前，货币危机的理论发展主要经过了3个阶段：

1）第一代货币危机理论：克鲁格曼模型

1980年前后诞生的关于货币危机的第一代理论主要是由克鲁格曼（Krugman）、弗拉德（Flood）、加伯（Garber）提出的。该理论表明在固定汇率制度下政府主要经济目标之间存在的冲突和矛盾将最终导致固定汇率制度无法维持而崩溃，政府追求过度的扩张性财政政策和货币政策而导致的经济基本面恶化是引发对固定汇率发动投机性冲击，从而发生货币危机的主要原因。

以克鲁格曼的模型为例，对货币危机的分析主要借助于货币分析法，假定一国货币需求稳定，货币供给由国内信贷和外汇储备构成，在该国货币市场均衡时，如果政府持续地依靠货币融资解决财政赤字，就会带来货币供给的扩张。在其他条件不变时，该国居民将会向外国居民购买商品、劳务或金融资产，导致外汇储备减少，从而使货币市场重新达到均衡。如果政府同时又要维护某种形式的固定汇率制，固定汇率制的维持需要政府持有相当数量的外汇储备，但国内信贷的扩张却导致外汇储备持续流失，当外汇储备流失到一定程度时，政府将无法维持固定汇率制，只能听任汇率自由浮动或宣布本币贬值，汇率较原有水平大幅下跌，货币危机发生。如果投机者预期政府已无力维持固定汇率制，就会在市场上发起投机性冲击，大量抛售本币，使本国的固定汇率制度提前崩溃。该模型强调不适当的宏观经济政策是导致货币危机的重要原因，投机性攻击只是外在条件。

第一代理论是以发展中国家20世纪80年代中期以前发生的货币危机为考察背景，因此可以较好地解释这一时期的拉美国家的货币危机，如墨西哥货币危机（1973—1982）、阿根廷货币危机（1973—1981）、智利货币危机（1982年）等，并提出了实施紧缩性财政和货币政策，保持经济基本面的健康是防止这种货币危机发生的关键。

2）第二代货币危机理论：预期"自我实现"和多重均衡模型

20世纪80年代中后期，货币危机的爆发不再像以往那样与经济基本面密切相关，如欧洲货币危机（1992—1993年的ERM危机）就是在经济基本面比较健康、外汇储备比较充足的情况下突然发生的。此时出现的第二代货币危机模型提出了货币危机发生的新思路，该思路认为货币危机发生的原因不是经济基础的恶化，而是由于贬值预期的自我实现所导致的。第二代货币危机理论的代表人物有奥伯斯特菲尔德（Obstfeld）、马森（Masson）、本塞德（Bensaid）等。

投机者对一国货币进行冲击的首要步骤往往是先吸纳足够的本币，因此，当局为了维持固定汇率制度，除了可以动用有限的外汇储备外，还可以通过提高利率来提高投机者进行投机性冲击的成本，这两种手段其实都是维持固定汇率制度的代价。于是，货币当局就有可能权衡维持固定汇率是否可行。当局有很多理由放弃固定汇率，如当局可能缺少外汇储备，当局不愿意承受高利率带来的经济衰退、失业增加等。

第二代货币危机理论认为经济中存在一个基本面薄弱区，就是"危机区"，在这个区域里，货币危机可能发生，也可能不发生。如果市场对当局维持固定汇率的信心不足，预期汇率将贬值，就会要求提高利率和工资率等，使维持固定汇率的成本提高。而当局通过提高利率维持固定汇率的努力在增加政府坚持固定汇率制的成本的同时，本身也会加强市场的贬值预期，如果没有足以改变市场贬值预期的消息出现，当局可能最终放弃固定汇率。按照这一逻辑，贬值预期可以自发引起贬值，即货币危机会"自我实现"；如果市场认为政府维持固定汇率的决心是可信的，维持固定汇率的成本就不会提高，固定汇率也就得以维持。如果私人部门预期贬值，明智的政府最好选择贬值；如果私人部门没有预期贬值，政府就什么也不需要做，因此，这时存在由预期决定的多重均衡。第二代理论的两个特征就是预期的自我实现和多重均衡。

3）第三代货币危机模型：货币危机与银行危机

前两代的货币危机模型都可以较好地解释历史上的一些案例，但是却不能很好地解释亚洲金融危机的特性和原因。人们逐渐认识到，随着各国金融市场的日益自由化，银行危机和货币危机越来越紧密地联系在一起，经由民间金融中介机构流入的资本和政府对金融中介担保带来的道德风险是导致货币危机发生的重要根源之一。

有关银行危机和货币危机双生的理论被称为第三代货币危机模型，这一理论认为由于发展中国家的金融体系不健全，货币当局的监管能力弱，结果容易导致道德风险和逆向选择问题，使金融系统中呆坏账比例高，敞口外债多，从而累积了大量的金融风险。这种金融体系的脆弱性在经济增长前景良好以及汇率刚性保护下不易暴露，而一旦泡沫破灭，发生偿付困难时，所有的风险都会在瞬间释放出来，国际资本会恐慌性流出，导致汇率面临大幅调整的压力。而汇率贬值的预期又会招致投机攻击，进一步加大汇率贬值的压力。但大幅贬值将导致更大的资本外流和清偿困难，使银行危机更加严重，而银行危机的加重，则引起进一步的资本外流，加深货币危机，结果使银行危机与货币危机相互促进。

第三代货币危机理论目前尚不完善，除了上述观点之外，还有一种观点也比较有影响力。该观点认为，货币危机与经典的银行挤兑模型相似，只是它是在国际程度上的挤兑而已。他们认为危机发生的国家不从长期上无力偿还外债，而是短期的流动性不足。通过国内的金融机构，短期外债被转化为缺少流动性的长期贷款。这种短期债务与长期资产在期限上的不匹配，容易使投资者产生恐慌心理，使得外资撤离该国或该地区，导致了该国或该地区资产价格的下降以及货币的贬值。造成货币危机的金融恐慌是否会发生，完全取决于不可预料的独立的随机因素和"羊群效应"的发生。

货币危机理论对汇率制度的选择理论产生了很大的影响。其实三代货币危机理论都在阐述一个主题，即固定汇率制度或是更广义一点的中间汇率制度是不能持久的，极易发生货币危机。第一代货币危机理论指出了自主的国内宏观经济政策同固定汇率制度的不相容性，实际是"不可能三角"的翻版。第二代货币危机理论又进一步指出在固定汇率制下发生货币危机的风险较大，即便是经济基本面没有出现问题，由于多重均衡的存在，仅仅是危机的预期就可以产生真正的危机。第三代货币危机理论则认为发展中国家的经济特征在资本自由流动的条件下与固定汇率制是不相容的。因而三代货币危机理论都指向一个结论，即在资本自由流动的条件下，实行固定汇率制特别是发展中国家实行固定汇率制将面临很大的发生货币危机的风险。20世纪90年代以来发生过金融危机的新兴市场国家也的确实行固定汇率制的居多，这似乎佐证了这些理论的正确性。

专栏11-5　　　　20世纪90年代几次著名的货币危机

1）欧洲货币体系危机（1992—1993）

1989年11月两德统一后，为消除东西部经济发展差距，德国政府实施了一整套发展政策，结果导致通货膨胀率升高。为抑制通胀，德国央行单方面提高利率，而此时英国等其他欧洲货币体系成员正经历衰退，若要维持其货币与马克和欧洲货币单位的固定比价，就必须调高利率；若要通过降低利率来刺激本国经济复苏，其货币就将被迫对马克贬值。

1992年，德国马克超常坚挺，而英镑和意大利里拉等其他货币对马克汇率则一路下滑，跌入低谷。1992年9月8日，欧洲货币市场出现爆发动荡的最初信号，在强大的货币投机压力下，芬兰马克宣布与欧洲货币单位脱钩。1992年9月13日，英国和意大利也终于无法抵挡强大的贬值压力，宣布英镑和里拉"暂时"退出欧洲货币体系的汇率机制，由此酿成欧洲货币体系历史上著名的"九月危机"。此后的几个月中，西班牙比塞塔和法国法郎、丹麦克朗以及爱尔兰镑也先后被迫"暂时"退出欧洲货币体系的汇率机制或对马克大幅度贬值，从而使欧洲货币体系的汇率机制遭受沉重打击。这场危机不仅导致了欧共体经济增长在1993年放缓，且严重阻碍欧洲经济与货币一体化的进展，在很大程度上动摇了欧共体经济和货币一体化的信心。

2）亚洲金融危机（1997—1998）

1997年5月，泰国外汇市场出现大量抛售泰铢、买入美元的风潮。为维护固定汇率制，泰国央行采取行动，用有限的外汇储备买入本币、抛出美元，但因外汇储备迅速耗尽，1997年7月2日，泰国被迫宣布泰铢与美元脱钩，实行浮动汇率制度，当日泰铢汇率狂跌20%。和泰国具有相同经济问题的菲律宾、印度尼西亚和马来西亚等国迅速受到泰铢贬值的巨大冲击。继泰国等东盟国家之后，中国台湾的台币贬值，股市下跌，掀起金融危机第二波。中国台湾货币贬值和股市大跌，不仅使亚洲金融危机进一步加剧，而且引发了包括美国股市在内世界股票市场的大幅下挫。11月下旬，韩国汇市、股市轮番下跌，形成金融危机第三波。与此同时，日本金融危机也进一步加剧，先后有数家银行和证券公司破产或倒闭，日元对美元也跌破1美元兑换130日元大关，较年初贬值17.03%。从1998年1月开始，亚洲金融危机的重心又转到印度尼西亚，形成金融危机第四波。1998年1月8日，印度尼西亚盾对美元的汇价暴跌26%。直到2月初，亚洲金融危机恶化的势头才初步被遏制。自1997年7月至1998年1月，亚洲金融危机导致的汇率下跌幅度为：印度尼西亚盾80.6%，泰铢54.1%，韩元42%，马来西亚林吉特41.9%，菲律宾比索36.5%，新加坡元16.7%，新台币17.6%。此次危机导致东南亚国家经济严重衰退，政局不稳和社会动荡，国家经济主权受到冲击。

3）阿根廷货币危机（1992—1993）

2001年7月，由于阿根廷经济持续衰退，税收下降，政府财政赤字居高不下，面临丧失对外支付能力的危险，酝酿已久的债务危机终于一触即发，短短一个星期内证券市场连续大幅下挫，国内商业银行为寻求自保，纷纷抬高贷款利率，甚至高达250%～350%。8月份阿根廷的外汇储备与银行存款开始迅速下降，外汇储备由2001年年初的300亿美元下降到不足200亿美元。11月份阿根廷股市再次暴跌，银行间隔夜拆借利率更是达到250%～300%的天文数字。12月，阿根廷实施限制取款和外汇出境的紧急措施，金融和商业市场基本处于停顿状态，政府进一步削减公共支出，加大了税收力度。同时，阿根廷政府与IMF的美元贷款谈判陷入僵局，有关阿根廷陷入债务支付困境和货币贬值的谣言四起，银行美元存款继续流失。2002年1月3日，阿根廷没有按时偿付一笔2 800万美元的债务，正式开始拖欠高达1 410亿美元的债务。随后，阿根廷终于宣布放弃执行了11年之久的货币局制，放弃了阿根廷比索与美元1∶1挂钩的汇率制度，阿根廷比索贬值40%。

资料来源　根据相关文献整理.

● **思政课堂**

投资应将风险放首位

投资素以高收益而闻名，吸引无数的投资者为之疯狂。但是，事实证明绝大多数投机者盲目追求收益而忽略了风险，遭受巨额损失。这其中不乏华尔街金融巨鳄、金融专家和政府高官。其中，美国长期资本管理公司（LTCM）就是最好的例子。20多年前，一家对冲基金在华尔街横空出世，在基金经营的前4年，它实现了约40%年均收益率的神迹，成为世界四大对冲基金之一，它就是LTCM。然而，LTCM却在1998年的短短几个月内瞬间崩盘，仅仅存活了5年。LTCM的兴衰给予我们深刻教训：

（1）凡事应在有把握的尺度下进行。LTCM最初作为对冲基金，通过双向操作降低风险的同时，获得利润。它的成功来自债券套利领域，但LTCM没能守在其擅长的领域，进入了毫无优势可言的股票及其衍生品市场，它的策略也从对冲套利变成了纯粹的单边豪赌。LTCM只看到了股票市场的高额利润，却没有考虑自身能否承担伴随高利润而来的高风险的冲击。最终功亏一篑，多年的收益付之东流。

（2）时刻警惕风险，切勿"孤注一掷"。LTCM创立之初，不仅通过对冲双向操作降低风险，而且通过分散投资的方式将风险进行分散。因此LTCM在避险保值的同时，利用债券利差获利，这也是LTCM成功的一大法宝。但令人惋惜的是，1998年LTCM利令智昏一味投资不被看好的俄罗斯债券，甚至没有进行任何对冲避险操作，当俄罗斯金融危机到来时，俄罗斯卢布和债券大幅贬值，LTCM对此束手无策。

（3）综合考量，独立思考。LTCM的成功很大程度上依赖于计算机数学模型的精确计算和预测。尽管当时众多的基金并不看好俄罗斯经济，但LTCM根据计算机模型预测俄罗斯经济看涨，LTCM没有跟随市场现状，选择大量买入俄罗斯债券。正所谓"兴于斯，败于斯"，LTCM栽在了自己最引以为傲的计算模型上。数学模型忽略了俄罗斯发生金融危机的极小概率，致使LTCM出现巨额亏损。LTCM过分相信计算机的预测结果，而忽略了现实的经济状况。这警示投资者不应盲目迷信，要有独立自主的思考，正如我国无产阶级革命家陈云同志所说"不唯上，不唯书，只唯实"。

LTCM的案例给予投资者非常深刻的教训，这个如火箭般蹿升又如陨石般坠落的基金，用一个史诗般的兴衰故事给世人以警醒。

● 本章小结

国际资本流动是指资本从一个国家或地区转移到另外一个国家或地区。国际资本流动与一国的国际收支有着直接的关系，主要反映在一国国际收支平衡表的资本和金融账户中。

从不同角度来考察，国际资本流动有多种形式。考察资本流动时最为常见的分类方法是按照资本使用期限的长短，将资本流动分为长期资本和短期资本两种类型。长期资本流动是指期限在1年以上的资本流动，包括直接投资、证券投资和国际贷款三种类型。短期资本流动是指期限在1年或1年以下的各种金融资产。短期资本流动可以迅速和直接地影响一国的货币供应量。从类型上看，短期资本流动包括银行经营性短期资本流动、保值性资本流动、投机性资本流动和贸易结算性资金流动。

短期资本流动速度快，变化期限短，对一国货币政策、资本市场、对外贸易乃至世界经济都有显著影响。长期资本，尤其是直接投资，期限长，金额数量大，对当事国及世界经济的长期稳定和持续发展有较大的影响。

在经济学原理中，投资被视为一种推迟消费的行为。进行投资就是用目前的消费换取未来的消费。国际资本流动能够改善国际上的资源配置状况，其流向主要是从当前资本丰裕的国家流向资本稀缺的国家，从而提高资本的回报率，促使资本得到最有效的利用，使资本输出国和输入国都获得收益。而资产组合投资理论是分析国际资本流动微观形成机制的重要分析工具，用于解释现实生活中存在着大量的各国间资本相互流动的现象。

国际中长期资本的流动在资金的让渡与偿还之间存在着相当长的期限，所以这一流动机制中的核心问题是清偿风险问题。20 世纪 80 年代初，有许多发展中国家出现了偿债困难。这场债务危机就是在国内外多种因素的影响下，由于国际资本流动出现问题而导致的。20 世纪 80 年代以来，随着世界经济一体化进程的加快，国际资本流动的规模增大，速度加快，蕴含的风险也越来越大。国际资本流动的这些新特征使得国际金融市场受到投机性冲击，金融动荡因此频繁发生，且冲击的力度和持续时间不断增加。1997 年爆发的亚洲金融危机便是一个突出例证。

● 延伸阅读

1.全球资本流动情况，可以登录国际货币基金组织网站，查阅"世界经济展望"数据库、《国际金融统计》。

2.我国利用外资政策及当前吸引外资情况可以查询中华人民共和国商务部官方网站，http：//www.mofcom.gov.cn。

3.我国外债情况可以查询国家外汇管理局官方网站，http：//www.safe.gov.cn。

● 基本概念

投机性资本　货币危机

● 复习思考题

1.简述国际资本流动的主要类型。

2.国际资本流动对经济有哪些影响？

3.为什么会发生国际债务危机？我们从中可以得到哪些启示？

4.何谓"货币危机"？货币危机如何进行传导？

随堂测试

第12章 / 国际贸易融资

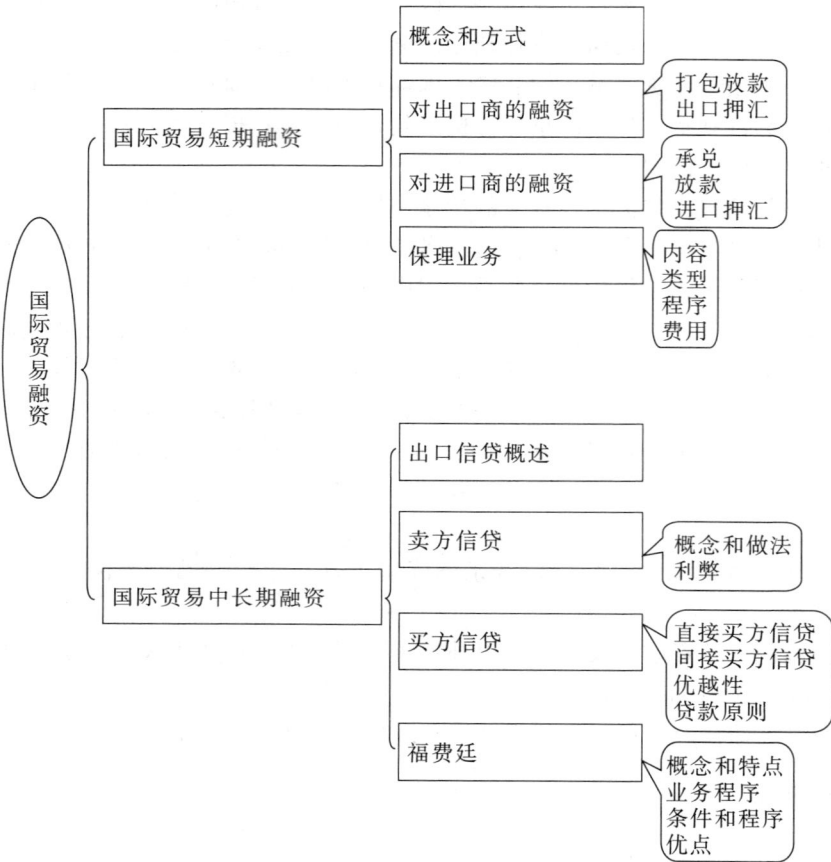

国际贸易融资
- 国际贸易短期融资
  - 概念和方式
  - 对出口商的融资
    - 打包放款
    - 出口押汇
  - 对进口商的融资
    - 承兑
    - 放款
    - 进口押汇
  - 保理业务
    - 内容
    - 类型
    - 程序
    - 费用
- 国际贸易中长期融资
  - 出口信贷概述
  - 卖方信贷
    - 概念和做法
    - 利弊
  - 买方信贷
    - 直接买方信贷
    - 间接买方信贷
    - 优越性
    - 贷款原则
  - 福费廷
    - 概念和特点
    - 业务程序
    - 条件和程序
    - 优点

━━学习目标━━

　　了解国际贸易融资的主要方式；掌握保理业务的概念、内容、做法与现实意义，掌握出口信贷的基本知识，重点掌握买方信贷的有关内容；掌握"福费廷"业务的内容、做法与现实意义。

　　贸易金融最初始的业务是为各国贸易商的贸易活动提供汇兑和支付等结算业务，之后逐步扩展到与贸易有关的资金融通。国际贸易的快速发展不断对金融服务提出更高的要求，从最初的简单交易和结算，延伸到包括资金融通、账务管理、信用增强、风险管理等服务的综合需求，从而推动商业银行推出了汇款、托收、信用证、进出口押汇、保理、福费廷等专门服务于贸易活动的产品。

　　因为服务于特定的贸易活动，与其他金融服务相比，贸易金融的服务对象特定，而且债务具有自偿性，风险相对可控。同时，贸易金融业务的综合性强，能够为金融机构带来多样化的收入，除融资的直接收益——利息外，还包括贸易结算等中间业务收益，如手续费、汇兑收入等，此外还有资金交易的佣金收入，如办理掉期、远期、期权业务的收入。因此对金融机构而言，贸易金融是非常有吸引力的业务领域。

　　国际贸易融资是贸易金融中最有代表性、最核心的业务。国际贸易融资，是指对贸易双方提供的，与贸易结算相关，基于商品交易中的存货、预付款、应收账款等资产的融资或信用便利。本章将对主要的国际贸易融资业务进行介绍。

12.1　　　　　　　国际贸易短期融资

12.1.1　国际贸易短期融资的概念和方式

　　国际贸易短期融资是指金融机构、进出口商及相关贸易参与人所提供的各种短期贸易融资方式。在金融领域，短期通常是指1年或1年以内，但是，外贸企业的采购、生产、销售活动往往在90天内即可完成，周期较短，国际贸易短期融资服务，也会随着企业贸易周期的结束、货款的回笼而得以完结[①]。

　　国际贸易融资巧妙地实现了投资过程和贸易过程的结合。在贸易过程中的任何一个环节上，除了以银行为代表的金融机构外，进口商和出口商本身如果遇到资金困难，也都可以通过彼此提供或由银行提供信用来解决。一般来说，国际贸易短期融资的投资对象和领域都是交易量小、交易频繁的一般制成品、中间产品和原材料等，短期融资的风险性较小，如果发生风险，国家一般不予特别担保。

　　由于进出口商在商品的采购、打包、仓储、装运的每个阶段以及在与商品进出口相关的制单、签订合同、申请开证、承兑和议付等每个贸易环节中都可能得到资金融通的便利，因此国际贸易短期融资的形式繁多。根据信贷资金接受对象的不

---

　　① 陈四清. 贸易金融［M］. 北京：中信出版社，2014：90.

同，国际贸易融资可以分为对出口商的融资和对进口商的融资，本节侧重介绍银行为出口商和进口商提供的主要融资方式。

12.1.2 对出口商的融资

出口商可以在其出口业务的各个阶段从银行取得融资，获得其所需的资金。其中，打包放款和出口押汇是最具代表性的出口商贸易融资产品。

1）打包放款（packing loan）

打包放款又称打包贷款、装船前信贷。出口商将尚在打包而没有达到可以装运出口程度的货物作为抵押物向银行洽借的贷款称为打包放款，也就是指银行对出口商在接受国外订货到货物装运前这段时间所需流动资金的一种贷款。

银行向出口商发放打包放款的依据为出口商收到的国外订货凭证，包括进口商开来的信用证、得到认可的出口成交合同和订单等。出口商必须填写打包放款书约定贷款用途。

打包放款通常期限较短，一般多与信用证结算方式相结合。出口商借入打包放款后，很快将货物生产完成并装船，在取得各种单据后，出口商通常前往贷款银行，请其提供出口抵押贷款，银行收下汇票和单据后，将以前的打包放款改为出口押汇，打包放款流程至此结束。

2）出口押汇（export bill purchase）

出口押汇是银行向出口商融资的一种方式。出口商在货物发运之后，将货运单据交给银行，并出具以全套单据作为抵押品的抵押书，经银行审核确认单证相符之后，将汇票或单据上注明的金额扣除押汇日至预计收回款项之日期间的利息后，付给对方。之后，银行将单据寄交开证行索回货款冲回原垫付资金。

银行在押汇所得的汇票到期后，如进口商不能支付，银行可向出口商追索，信用风险转向出口商。

出口押汇业务除了用于信用证项下，也可以用于托收等业务项下，二者的根本区别在于前者面临的是进口国开证行的银行信用，而后者面临的是进口商的商业信用。因此，托收项下的出口押汇业务的风险比信用证项下要大。

除上述几种方式外，银行对出口商的信贷还有凭信托收据贷款、在途货物抵押贷款、运抵进口国的货物抵押贷款等多种形式。

12.1.3 对进口商的融资

银行对进口商提供的融资包括进口开证、进口押汇、提货担保、进口海外代付等多种形式，这里介绍最主要的进口开证和进口押汇。

1）进口开证（issuing L/C）

在国际贸易中，如果贸易双方在合同中约定以信用证方式结算，进口方须向银行提出开证请求，银行（开证行）根据进口商的要求向国外出口商开出有条件的支付承诺，即信用证，承诺只要收到出口商提交的信用证规定的单据，就有向其付款或承兑远期付款的责任。

进口开证包括全额保证金开证和授信开证。全额保证金开证，是申请开证的进口商须提交开证金额 100% 的保证金后，银行才为其开出信用证。授信开证则是指申请开证的进口商未提交保证金或未提交开证金额 100% 的保证金的情况下，银行为其开出了信用证。显然，授信开证实际上是开证银行为进口商提供的一种融资便利。授信开证业务对开证行而言则是一种或有负债，只要出口商根据信用证条款提交了合格的单据，开证行就必须替开证申请人垫付货款。

2）进口押汇（import bill advance）

进口押汇是银行对进口商提供融资的一种主要形式。具体而言，就是进口商在可以付款换取单据时，暂不支付而向银行提出融资请求，银行凭借有效凭证和相关单据，替进口商向出口商垫付货款。等进口商提货并销售后，再偿还银行先行垫付的货款本息。

按结算方式划分，进口押汇可分为进口信用证押汇和进口托收押汇两种方式。对进口商而言，进口押汇的作用在于，不必立即支付货款就可取得货权单据，可以提前提货销售，变即期付款为远期付款或相应延长远期付款的期限。

12.1.4　保理业务

当前的国际贸易存在两大趋势：一是非信用证结算方式所占的比重越来越大；二是融资范围扩大化和融资期限越来越长，市场已从卖方市场转变为买方市场。在这两种趋势的影响下，大多数企业都面临着应收账款的资金占用和风险控制问题，应运而生的现代保理业务被认为是解决这类问题的最有效的办法之一，随着运输方式、通信技术和金融业务的发展与改进，目前它已成为一种盛行的对外贸易短期融资方式。

1）保理业务的概念和内容

保理业务（factoring），也叫保付代理或承购应收账款，根据《中国银行业保理业务规范》，保理业务是指"一项以债权人转让其应收账款为前提，集应收账款催收、管理、坏账担保及融资于一体的综合性金融服务"。

保理业务主要是为信用销售特别是赊销方式（open account，O/A）而设计的综合性金融服务。在保理业务中，出口商以商业信用方式销售商品，在货物装船后，将发票等有关单据转让给银行或保理公司，银行或保理公司则为出口商提供相应的服务。保理业务具有较强的灵活性和适应性，出口商可根据本公司的实际情况要求银行或保理公司提供全部服务项目或仅提供某一项或某几项服务。

保理业务的服务内容包括：

（1）应收账款催收。银行根据应收账款账期，主动或应债权人要求，采取电话、函件、上门催款直至法律手段等对债务人进行催收。保理公司拥有专门的收债技术和丰富的收债经验，一般还设有专门处理法律事务的部门，可随时提供一流的律师服务。保理公司往往在开展保理业务之前就先与出口商议定将来的收债方式、程序和最后手续，如需通过法律途径解决债务问题，为收回核准应收账款而产生的一切诉讼和律师费用也将由保理公司负担。

（2）应收账款管理。银行根据债权人的要求，定期或不定期向其提供关于应收账款的回收情况、逾期账款情况、对账单等各种财务和统计报表，协助其进行应收账款管理。

（3）坏账担保。债权人与银行签订保理协议后，由银行为债务人核定信用额度，并在核准额度内，对债权人无商业纠纷的应收账款，提供约定的付款担保。

（4）保理融资。它是以应收账款合法、有效转让为前提的银行融资服务。保理业务最大的优点就是可以提供无追索权融资，而且手续简便，既不像信用放款那样需要办理复杂的审批手续，也不像抵押放款那样需要办理抵押品的移交和过户手续。出口商在发货或提供技术服务后将发票通知保理公司就可以立即获得发票金额80%的无追索权预付款融资，这样就基本解决了在途和信用销售的资金占用问题。

2）保理业务的类型

由于保理业务提供的是一种综合性服务，而且服务内容可以根据客户要求灵活调整，所以类型较多，常见的划分有以下几种：

（1）国际保理（international factoring）和国内保理（domestic factoring）。在国际保理中，保理商分为进口保理商和出口保理商。在国内保理中，由于买卖双方均在一个国家或地区，一般只有一个保理商。

（2）无追索权保理（non-recourse factoring）和有追索权保理（recourse factoring）。出口商在有关信用额度内的销售因已得到了保理公司的核准，所以保理公司对这部分应收账款的收购没有追索权，这就是无追索权保理。而在有追索权保理业务中，保理公司不负责为出口商的客户核定信用额度和提供坏账担保，仅提供包括融资在内的其他服务，如债务人因清偿能力不足而产生坏账或呆账时，保理公司有权向出口商进行追索。

（3）公开型保理（disclosed factoring）和隐蔽型保理（undisclosed factoring）。在公开型保理业务中，出口商必须以书面形式将保理公司的参与通知所有客户并指示其将货款直接付给保理公司。而在隐蔽型保理业务中，保理公司的参与对外保密，货款仍由债务人直接付给出口商。

（4）单保理（one-factor factoring）和双保理（two-factor factoring）。单保理方式适用于一方没有保理商的国家和地区。它的当事人有出口商、进口商和进口保理商。出口商向进口保理商提出申请，并将有关单据寄交该保理商。进口保理商负责应收账款管理和催收，并提供100%的信用风险担保。

知识拓展 12-1

中国进出口银行的进口双保理业务和出口口双保理业务

在国际保理业务中，运用得最为广泛的是双保理方式。双保理是指出口商所在地的保理组织与进口商所在地的保理组织有契约关系，它们分别对出口商的履约情况及进口商的资信情况进行了解，并加以保证，促进交易的完成与权利义务的兑现。

3）保理业务的程序

下面以双保理方式为例，介绍保理业务的运作程序。双保理涉及四方当事人，即出口商、进口商、出口保理商和进口保理商。

在叙作保理业务之前，出口商应同保理组织签订保理协议，规定双方的权利和义务。协议有效期一般为1年，但近年来不再规定明确的有效期，保理组织与出口商每半年会谈一次，调整协议中一些过时的、不适宜的条款。对于国际保理业务，出口保理商与进口保理商之间签有国际保理协议，出口保理商与出口商之间签有国际保理协议。

签订协议之后，保理业务一般通过三个阶段进行，每一阶段又有若干步骤。

第一阶段：额度申请与核准。

出口商向出口保理商提出叙作保理业务的需求，将有关进口商的名称及有关情况报告给本国保理组织，并要求为进口商核准信用额度。

出口保理商整理上述资料后，通知进口保理商，并要求进口保理商对进口商进行信用评估。进口保理商对进口商的资信进行调查，并将调查结果及可以向进口商提供赊销金额的具体建议通知出口保理商。如果进口商资信可靠，向其提供赊销金额建议的数字也积极可信，出口保理商即可将调查结果告知出口商，并对出口商与进口商之间的交易加以确认。

第二阶段：出单与融资。

如果进口商同意购买出口商的商品或服务，出口商根据进口保理商核准的信用额度开始供货，并将附有转让条款的发票寄送给进口商。

货物装运后，出口商把有关单据售予出口方的保理组织。出口保理商通知进口保理商有关发票详情。如出口商有融资需求，出口保理商付给出口商不超过发票金额80%的融资款。

第三阶段：催收与结算。

进口保理商于发票到期日前若干天开始向进口商催款。进口商于发票到期日向进口保理商付款。进口保理商将款项付给出口保理商。如果进口商在发票到期日90天后仍未付款，进口保理商做担保付款。出口保理商扣除融资本息（如有）及费用后，将剩余的20%货款付给出口商。

4）保理业务的费用

保理公司不仅向出口商融通资金，还提供了一定的劳务，所以要向出口商索取一定的费用，该费用由以下几部分内容构成：

（1）保理手续费（commission of factoring）。保理手续费根据买卖单据的数额一般每月清算一次，费用多少一般取决于交易性质、金额及信贷和汇价风险的大小，费率一般为应收账款总额的1.75%～2%。

（2）利息。保理公司从收买单据向出口商付出现金，到票据到期从海外收到货款这一时期内的利息负担完全由出口商支付，利率参照当时市场利率水平而定，通常比优惠利率高2%～2.5%，与银行透支利率大致相同。

（3）资信调查费。保理公司在提供核准信用额度时，首先要对进口商进行资信调查，因此需要收取此项费用。

出口商如以保理业务形式出售商品，均将上述费用转移到出口货价中，因此其货价高于以现汇卖出的商品。

5）保理业务的现实意义

保理业务的优点是显而易见的。对出口商来说，通过提供对买方最具吸引力的付款条件可以增强市场竞争能力、扩大销售、简化手续、节约成本、提高效率。另外，通过保理业务，出口商还可将远期应收账款转变为现金销售收入，从而加速资金周转、增强清偿能力、改善资产负债比率，这有利于企业的有价证券上市和进一步融资，并有效地消除了汇率和信用风险。由于销售和结算两个环节的分离，出口商可以将更多的人力、物力和时间投入到经营和发展中去。而对进口商而言，采用保理形式进行购买和结算可以减少所占用的营运资金和授信额度，与采用信用证方式进口相比，进口商既降低了进口成本也简化了进口手续。

保理业务兴起于西欧、北美地区，在大洋洲和东南亚一些经济较发达的国家和地区也比较普及。随着我国加入WTO后金融服务业的逐步开放和外资银行的进入，这项业务也被大量引入我国，并取得了迅猛发展。

专栏12-1　　　　　　　保理业务在中国的发展

1987年10月，中国银行与德国贴现和贷款公司签署了国际保理总协议，这标志着国际保理业务正式登陆我国。1992年2月，中国银行加入了国际保理商联合会（Factors Chain International，FCI），并于同年在国内率先推出国际保理业务，成为第一家在我国开办国际保理业务的保理商，自此国际保理业务在我国正式起步。此后，交通银行、中国光大银行等金融机构相继推出国际保理业务，我国的国际保理业务开始逐渐扩大。

国际保理业务在我国推出的初期经历了缓慢发展的阶段，根据国际保理商联合会网站公布的资料，1999年之前，我国保理业务营业额一直很低，年营业额基本上在3 000万欧元以下。2001年以后，保理业务开始迅猛发展，尤其是2002年年初南京"爱立信事件"发生后，加速了我国银行对国际保理业务的开发和应用。据FCI统计，2011年，我国国际及国内保理业务量首次超过长期居于世界首位的英国，排名世界第一。根据FCI 2022年6月发布的《FCI年度综述（2022）》，2021年全球保理业务量据估算约合3.09万亿欧元，其中欧洲地区保理业务量达2.12万亿欧元，继续稳居全球最大保理市场地位；从单一国家来看，2021年中国的业务量为5626亿欧元，连续第五年领跑全球。

目前，我国开展的保理业务中，银行保理占据主导地位。中国银行业协会保理专业委员会的统计数据显示，2021年保理专业委员会全体成员单位保理业务量为3.56万亿元人民币，同比增长42.97%。其中国际保理业务量为481.77亿美元，同比增长32.52%；国内保理业务量为3.25万亿元人民币，同比增长44.44%。国内保理业务仍然是我国保理市场的主力增长点，在保理业务中占比达91.29%。

2012年6月，商务部发布《关于商业保理试点有关工作的通知》，上海浦东新区和天津滨海新区成为首批商业保理公司发展试点城市。此后，商业保理试点逐渐铺开，商业保理企业数量快速增长，改变了银行保理一枝独秀的面貌，为中国保理行业的发展注入了新的活力。多年来，商业保理行业已由初创期逐渐进入规范发展的新阶段，在破解中小企业融资难、融资贵和降低企业杠杆率方面发挥了重要作用。根据中国服务贸易协会商业保理专业委员会的统计，2021年我国商业保理行业继续保持良好增长态势，全年商业保理业务量首次突破2万亿元大关约2.02万亿元，同比增速约34.7%，相对于试点之初增长了100倍，约占我国保理市场份额的37.2%。

2021年，《中华人民共和国民法典》生效，保理合同写入了民法典，进入有名合同的行列，保理业务结束了长期以来无法可依的局面，这为保理行业发展奠定了立法基础，有助于促进我国商业保理业务的健康、稳定、有序发展。

专栏 12-2   爱立信事件

南京爱立信在2001年实现销售收入135亿元人民币，净利润6亿元人民币，比2000年增长30%。在外经贸部公布的2000—2001年度中国外资企业500强中，按企业的销售收入排名，该公司排在第8位。然而，在经营效益大幅提升的同时，2001年，该公司陆续归还江苏省内中国银行、交通银行、中国工商银行等机构的贷款19.9亿元人民币（含有追索权保理业务），转投花旗银行上海分行，向其借入等额的巨款。至2001年年末，南京爱立信在江苏省内金融机构的所有贷款已全部还清，该公司在中资银行的贷款大幅下降，江苏省中资银行痛失"优质客户"。这件事被媒体称为"爱立信倒戈事件"或"爱立信事件"。

由于当时中国刚刚加入世界贸易组织，国内普遍担心入世后我国金融业的开放会对国内银行业带来冲击，"爱立信事件"的发生更是让国内银行界高呼"狼来了"，中资银行与外资银行间的竞争态势一时间成为舆论焦点。

"爱立信事件"的起因主要集中于办理"无追索权保理"业务上。此项业务的优势在于：一方面，商业银行代理赊销企业收取账款，有利于赊账款项及时收回；另一方面，通过购买赊销账款的所有权，向赊销企业提供资金融通，有利于销售。为了转移风险，爱立信公司向中资银行申请办理无追索权保理业务。按照国际通用的原则，此项业务应当由保险公司与银行共同分担其权利和风险，但由于国内保险公司无法对银行买断的应收账款提供债权保险，因而中资银行无法满足爱立信的要求，爱立信公司只好转投承诺提供买断性服务的外资银行。

"爱立信事件"让中资银行充分认识到了加快金融创新的重要性和紧迫性，从长远看，对提高我国金融企业的竞争力起到了促进作用。

12.2   国际贸易中长期融资

国际贸易中长期融资是指金融机构为贸易企业提供的期限在1年以上的融资便利。理论上，中长期贸易融资既包括对出口商提供的融资，也包括对进口商提供的融资。但在现实中，各国的中长期贸易融资主要是对出口商提供的。

12.2.1　出口信贷概述

出口信贷是一种国际信贷方式，是一国政府为促进本国大型机械设备或成套项目的出口，通过对本国的出口项目给予利息补贴并提供信贷担保的方式，鼓励本国银行对本国出口商或外国进口商（或其银行）提供利率较低的中长期贷款，以解决本国出口商资金周转的困难或满足国外进口商对本国出口商支付货款需要的一种融资方式。

出口信贷不仅是单纯地向进出口商融资，它还是垄断资本争夺销售市场、削弱竞争对手的手段。它有以下几个特点：

（1）出口信贷的利率一般低于相同条件贷款的市场利率，利差由国家贴补。

（2）国家成立专门发放出口信贷的机构，制定政策，管理与分配国际信贷资金。

（3）出口信贷的发放与信贷保险相结合，如贷款不能收回，信贷保险机构利用国家资金给予赔偿。

（4）出口信贷侧重于支持本国大型成套设备或技术的出口。

（5）出口信贷是一种约束性贷款，获得的贷款只能用于指定的用途。

根据贷款接受者的不同，出口信贷可以分为卖方信贷和买方信贷两种基本形式。

12.2.2　卖方信贷

1）卖方信贷的概念和做法

卖方信贷（supplier's credit），是指在大型机械设备或成套项目贸易中，为便于出口商以延期付款方式销售商品，出口商所在地银行对出口商提供的信贷方式。它的主要做法与程序如图12-1所示。

（1）出口商以延期付款或赊销方式向进口商出售大型机械设备或成套项目。在这种方式下，双方签订合同后进口商先支付10%～15%的定金，在分批交货验收和保证期满时再分期付给10%～15%的货款，其余70%～80%的货款在全部交货后若干年内分期偿还，一般每半年还款一次，并支付延期付款期间的利息。

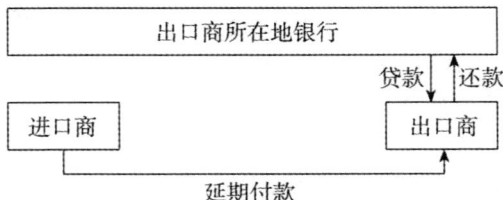

图12-1　卖方信贷业务流程

（2）出口商（卖方）向其所在地的银行借款，签订贷款协议。

（3）进口商（买方）随同利息分期偿还出口商货款后，根据贷款协议，出口商再用收到的货款偿还其此前从银行取得的贷款。

2）卖方信贷的利弊

对于进口商来说，以卖方信贷的方式进口商品的手续比较简单，只需与出口商打交道即可，并可以获得延期付款的好处。

但是，出口商除按出口信贷利率支付利息外，还必须支付信贷保险费、承担费和管理费等。这些费用均附加于货价之中，所以，延期付款的货价一般高于现汇支付的货价，有时高出 3%～4%，有时甚至高出 8%～10%。由于进口商对这些附加费用不够了解，出口商有可能借此加价，以获得更多的利润。

我国从 1980 年开始办理卖方信贷，主要用于支持我国机电设备、成套设备和船舶出口。1994 年，中国进出口银行成立，专门从事出口信贷业务。卖方信贷采用 3 年以上延期收汇的方式，享受卖方信贷的出口项目必须是经财政部同意的项目，且需取得进口方银行的保证凭信。卖方信贷预收 15%～20% 的定金，贷款金额不超过合同金额扣除定金部分。

12.2.3　买方信贷

买方信贷（buyer's credit），是指在大型设备或成套项目贸易中，由出口商所在地银行贷款给外国进口商或进口商的银行，以给予融资便利的信贷方式。买方信贷通常包括直接买方信贷和间接买方信贷两种形式。

1）直接买方信贷

直接买方信贷是指直接贷款给进口商的买方信贷，具体做法如图 12-2 所示。

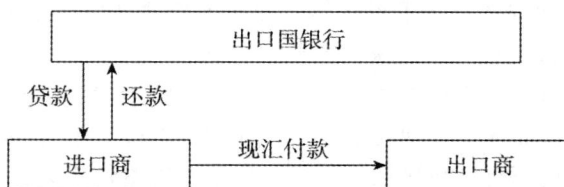

图 12-2　直接买方信贷业务流程

（1）进口商与出口商签订贸易合同后，进口商先交付相当于货价 15% 的现汇定金。现汇定金在合同生效日支付，也可在合同签订后的 60 天或 90 天内支付。

（2）进口商（买方）再与出口商（卖方）所在地银行签订贷款协议，这个协议以上述贸易合同为基础，如果进口商不购买出口国的设备则不能获得此项贷款。

（3）进口商用借得的款项以现汇付款条件向出口商支付货款。

（4）进口商对出口商所在地银行的欠款按贷款协议的条件分期偿还。

2）间接买方信贷

间接买方信贷是指出口国银行贷款给进口方银行的买方信贷，具体步骤如图 12-3 所示。

（1）进口商与出口商签订贸易合同后，进口商先交付 15% 的现汇定金。

（2）进口商（买方）银行与出口商（卖方）所在地银行签订贷款协议，该协议虽以前述贸易合同为基础，但也具有相对独立性。

（3）进口商银行用借得的款项贷予进口商，后者以现汇条件向出口商支付货款。

（4）进口商与进口商银行间的债务按双方商订的办法在国内清偿结算。

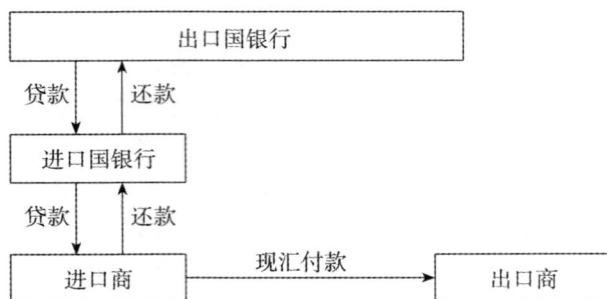

图12-3　间接买方信贷业务流程

上述两种形式的买方信贷均规定了进口商或进口商银行需要支付的信贷保险费、承担费和管理费等具体金额，在卖方信贷中进口商对于这些费用是不得而知的。因此，买方信贷比卖方信贷更有利于进口商了解真实货价并核算进口设备成本。

3）买方信贷的优越性

在各种出口信贷形式中，买方信贷的使用较为广泛，其中直接买方信贷形式使用尤为集中，这是由买方信贷本身所具有的优越性决定的。

对于进口方：

（1）采用买方信贷时，买方的工业及外贸部门可以集中精力谈判技术条款（设备质量、效能、交货进度、技术指标等）和商务条件（价格或付款条件等），而信贷条件则由双方银行另订协议解决。由于合同按现汇条件签订，不涉及信贷问题，可以避免由于信贷条件夹杂在内而使价格的构成混淆不清。

（2）由于对出口商采用即期现汇成交，在货价的确定上舍弃了利息因素，是就物论价，而一般进口商对商品属性、规格、质量及价格构成又较熟悉，所以使进口商在贸易谈判中处于有利地位。

（3）办理信贷的手续费由买方银行直接付给出口方的银行，费用多少由双方协商决定，比卖方信贷的手续费（由出口商直接付给出口方银行后算进货价转嫁给买方）更为低廉。

对于出口方：

（1）采用买方信贷时，因收进现汇，不涉及信贷问题，出口商可以集中精力按贸易合同规定的交货进度组织生产，不必考虑诸如资金筹集以及在原始货价之上以何种幅度附加利息和手续费等众多问题。

（2）各国的法律通常规定企业要定期公布它的资产负债表。采用卖方信贷的企业在公布其资产负债表时会立即反映出该企业保有巨额应收账款，这会影响它的资信状况与上市股票的价格，而采用买方信贷可以避免出现这种情况。

（3）金额大、期限长的延期付款影响出口商资金周转的速度。使用买方信贷时，出口商交货后可立即收入现汇，加速其资金周转。

此外，对于银行而言，贷款给国外的买方银行要比贷款给国内企业风险更小。因为银行的资信一般高于企业，所以出口方的银行更愿承做买方信贷业务。买方信贷的发展也是银行万能垄断者作用加强的必然结果，银行提供买方信贷既能帮助出口商推销产品，加强银行对该企业的控制，又能为银行资金在国外的运用开拓出路，买方信贷是资本输出与商品输出相结合的典型反映。

4）买方信贷的一般贷款原则

（1）贷款使用方向：接受买方信贷的进口商只能用所得的贷款向发放买方信贷国家的出口商、出口制造商或在该国注册的外国出口公司进行支付，不能用于第三国。

（2）贷款用途：进口商利用买方信贷只限于进口资本货物，一般不能以贷款进口原材料和消费品等。

（3）原产地要求：提供买方信贷国家出口的资本货物限于是该国制造的，有的国家规定只对资本货物本国制造的部分提供信贷，此时国产部件应占50%以上。

（4）贷款金额：贷款只提供贸易合同金额的85%，其余15%要付现汇。贸易合同生效后至少要先付5%的定金。

（5）贷款偿还：贷款的偿还期一般是5～10年，均为分期偿还，一般规定半年还本付息一次。

除了前述的买方信贷和卖方信贷两种基本形式外，出口信贷还包括混合信贷和福费廷业务等其他方式。

混合信贷（mixed credit）是卖方信贷与买方信贷形式的新发展。出口国为扩大本国设备的出口，在出口国银行发放卖方信贷或买方信贷的同时还由出口国政府从预算中提出一笔资金，作为政府贷款与卖方信贷或买方信贷一并发放，以满足出口商（如为卖方信贷）或进口商（如为买方信贷）支付当地费用的需要。政府贷款的利率比一般出口信贷利率更低，金额占整个贷款金额的比例视当时的政治经济情况及出口商或进口商的资信状况而有所不同，有时占贷款金额的30%。这种为满足同一设备项目的融资需要，将卖方信贷或买方信贷与政府贷款混合贷放的方式即为混合信贷。

福费廷是近年来在延期付款的大型设备贸易中普遍运用的一种新的中长期资金融通形式。

12.2.4　福费廷

随着出口竞争的加剧和买方市场的形成，卖方已无法以自身的经济实力来满足和承受买方日益苛刻的条件和要求，自身所承担的收汇风险（反映在汇价风险、利率风险和信用风险三方面）也越来越大。在消除卖方的收汇风险方面，福费廷业务有着其他中长期融资方式无法比拟的优点，因而受到西方国家出口商的青睐，业务需求迅速增加。

1）福费廷的概念和特点

福费廷一词是英文单词"Forfaiting"的音译，来源于法语"A FORFAIT"，即"无追索权"，中文也称之为"包买票据"。

在延期付款的大型设备贸易中，出口商把经过进口商承兑的并通常由进口商所在地银行担保的期限在半年以上到五六年的远期汇票或本票无追索权地售予出口商所在地的银行或大金融公司（即包买商），提前取得现款，这种融资形式即为福费廷，它是出口信贷的一种类型。

该项业务具有下述3个特点：

（1）福费廷业务涉及的都是金额大、付款期限长的大型设备出口。出口商在使用这种融资方式时，必须与进口商协商，事先言明使用福费廷。

（2）叙作福费廷业务后，出口商必须放弃对所出售债权凭证的一切权益，而包买商也必须放弃对出口商的追索权。出口商与包买商之间是一种卖断关系。

（3）出口商开出的汇票必须经过进口商往来银行的担保。一旦进口商不能履行支付义务时，由该银行承担付款责任。

2）福费廷的业务程序

出口商在与进口商洽谈贸易时，如果打算用福费廷方式取得融资，应在业务洽谈的早期阶段尽早与包买商取得联系以便做好各项信贷安排。得到包买商的报价后，出口商可以在商品价格中正确地加入融资成本再对买方发出实盘。若在发出实盘或签订合同后才与包买商联系，出口商将发现报价中对融资成本的估计往往低于实际发生的融资费用。

下面我们就以涉及第三者担保的福费廷业务为例介绍一下该业务的流程，如图12-4所示。

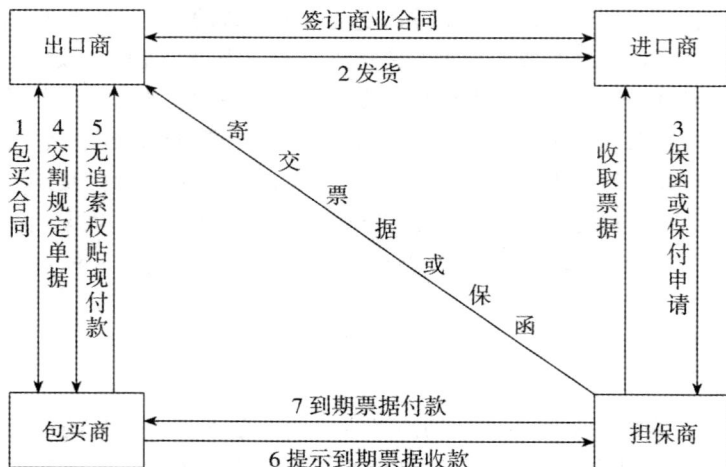

图12-4 福费廷业务流程图

步骤1，当出口商前来联系洽谈时，包买商通常要进行一系列全面的业务询问，然后再考虑是否承做这笔业务，如果做，还将给出相应的报价。这个过程往往只需几个小时，十分迅速。如果包买商的报价可以接受，出口商应在报价的有效期内要求包买商确认报价，该项确认将构成包买商明确的融资责任，即将来要按某种价格向出口商购买票据。同时，出口商将已确定的融资费用打入成本，向进口商提出报价。当进口商接受了报价并确认成交后，出口商应尽早通知包买商将要利用融资的决定。

根据每笔交易的不同情况，包买商在起草报价函或承诺书时都要规定每笔交易所要提交的单据及其要求，以便在贴现票据之前审查确定票据和交易的合法性及有效性，并有助于避免业务办理过程中可能出现的任何延误。

在征得进口商同意的前提下，出口商还可以在交货之前预先开展票据的准备工作，这包括系列票据的出具、承兑和无追索权转让背书以及由担保人对票据加注保付签字或出具单独的保函，只是有关单据的出票日和到期日空白不填，待货物发运后再根据有关的发运日期予以加注。预先出具的票据可存放在出口商或包买商所在地的一家银行里待填注有关日期。这种做法便于包买商尽早进行贴现，但是如果进口商拒绝预先出票承兑或担保人拒绝预先出具担保，出口商也只能待实际出运后再安排办理有关事宜。

步骤 2～5，出口商发货后，如系票据预先寄存在银行，则立即将全套货运单据提交票据寄存银行，该银行根据有关规定在寄存票据上加注出票日期，然后将要素完整的全套票据交给出口商，由其直接提交给包买商进行贴现，包买商对票据审核无误后立即按原报价函中的贴现率贴现付款。这样，出口商往往在发货后一两天内就可拿到货款并消除与该交易有关的一切收汇风险。如果没有预先进行票据准备工作，出口商发货后应将全套货运单据通过银行的正常途径寄交进口商以换取经进口商承兑的附有银行担保的承兑汇票或本票，然后再将票据提交包买商并依据无追索权的原则办理贴现手续，取得现款。

步骤 6～7，在票据快要到期前，包买商把即将到期的票据直接寄给担保人或保付人收款，担保人则于到期日按包买商的指示汇付票款。担保人对票款的按期支付负有绝对责任，只要票据和担保的有效性及合法性无可非议，贸易纠纷极少能影响这种绝对付款责任的正常履行。如果票款未能按期收回，原因多数是由国家风险造成的，如国家外汇短缺无力支付等，这也是包买商所实际承担的主要业务风险。

3）福费廷业务的条件和成本

适合福费廷业务的商品交易主要是资本货物买卖，交易规模多在 10 万美元以上，大多采用美元、欧元和瑞士法郎作为计价货币。

利用福费廷业务进行融资的出口商还应满足下述 3 个基本条件：

（1）同意向进口商提供期限为 6 个月至 7 年或更长时间的信贷融资。

（2）同意进口商以分期付款方式支付货款，以便汇票、本票或其他债权凭证按固定时间依次间隔出具，以满足福费廷业务的需要。例如，还款期为 5 年，半年还款一次，则出口商应出具间隔期为半年的 10 张汇票来包括整个还款期。

（3）除非进口商是信誉卓著的政府机构或跨国公司，债权凭证必须要由能使包买商接受的银行或其他机构无条件地并不可撤销地进行保付或提供独立的担保。

叙作福费廷业务时，进出口商均要承担一定的费用。

进口商直接承担的费用只有担保费。担保费通常根据未付票据的有效金额按进口商和担保人约定的费率计算，每季、每半年或每年预付一次。此外，有经验的出口商往往在报价中将其承担的融资费用间接地全部转嫁给进口商。

出口商承担的费用大致有 4 种：

（1）贴现费。贴现费作为融资费用中最主要的部分，是根据票据的金额、期限和约定的贴现率计算出来的。

（2）承担费。从买卖双方达成交易到实际交付货物这段时间称为承担期，在承担期内包买商因为对该项交易承担了融资责任而相应限制了它承做其他交易的能力，以及承担了利率和汇价风险，所以要收取一定的承担费。承担费通常根据将要叙作福费廷业务的票据面额和约定的费率按月收取，费率一般在年率0.75%～1.5%之间，于月初预付。

（3）选期费。从出口商向进口商发出报价到进口商接受报价确认成交这段时间就是选择期，通常不超过1个月。由于选择期相对较短，所以一般采用统一费率。通常为福费廷业务票据面额的1‰～1.5‰，一次性收取。

（4）宽限期贴息。包买商实际收妥票款的时间要稍晚于票据的到期日，为避免这种延误给自己带来利息损失，包买商就在贴现时间上以宽限期方式来考虑这一因素并同样计收贴息。

4）福费廷业务的优点

福费廷业务的优点也是显而易见的，对出口商来说，通过此项业务将远期应收账款变成现金销售收入，有效地解决了应收账款的资金占用问题。因为包买商承担了收取债款的一切责任和风险，所以出口商原先所面临的信用风险、国家风险、汇价风险和利率风险等都可以有效地消除。只要出口商出售的是有效的、合格的并有银行担保的债权凭证，它的有关契约责任即可宣告终结。而对进口商而言，通过此项业务可获得中期固定利率的贸易融资，所需要的交易单据简单易行，办理迅速，而且由于远期担保和即期借款或透支在信用额度占用方面存在差异，还可以在一定程度上节省信用额度的占用。

目前，福费廷业务的开办主要限于一些经济较为发达的国家和地区，这主要是因为：这些国家开办福费廷业务的外部环境较好，而且均有相当活跃的资金市场或是本地区的金融中心，包买商可以方便地从市场上筹措资金，安排资金分配。同时，福费廷业务是一门技术性较强的融资业务，需要掌握专门知识和技术的业务人员来办理，目前这类业务人员较少，而且集中于世界上几个主要的国际金融中心。此外，目前已开办福费廷业务的国家和地区均为工业发达国家。大量工业制成品的出口为其提供了广泛的业务来源。而广大发展中国家的出口产品多为初级产品，即使进口商有融资要求，期限往往很短，通常均采用普通的融资方式加以替代。

由于福费廷业务在中长期贸易融资中所具有的独到优点，该项业务具有非常旺盛的活力。福费廷业务在我国也将有着良好的发展前景。

福费廷业务在我国引进时间较晚，最早的产品概念于20世纪80年代中期工商银行总行与外资银行合作福费廷项目时在国内被提出，但是后来出于种种原因没有投入市场。1994年，中国进出口银行在中国境内最早涉足福费廷业务，并建立了中国最早的有关福费廷业务的管理办法和操作规程，此后其他银行也纷纷开办了此项业务。与国际上的长期资本项目融资不同，目前国内的福费廷业务主要为短期融资，局限于信用证结算方式下，指包买商无追索权地从出口商处买断由开证行承兑的远期汇票并且为出口商进行融资的一种贸易融资方式。目前，国内大多数银行多通过与国际上较成熟的福费廷包买商进行合作，在二级市场上进行再次卖断，在不占用自有风险资本的条件下获得报价点差收益。总体而言，目前中国境内福费廷业务的开展还处于初级阶段。

● 思政课堂

我国的进出口政策性金融机构

出口信贷（Export Credit）是指出口国为支持和扩大本国商品出口而对本国出口商或外国进口商提供的信贷支持，在国际经贸往来中广泛存在，其中包括政策性的官方出口信贷。广义的官方支持出口信贷（Officially Supported Export Credit）包括官方出口信贷、出口信用保险和担保等业务形式，是各国普遍采用的国际经贸支持措施。1994年起，我国加强政策性金融机构建设，先后成立了支持进出口业务的专门机构，为我国的对外贸易发展保驾护航。

中国进出口银行（以下简称"进出口银行"）成立于1994年，是由国家出资设立、支持对外经济贸易投资发展与国际经济合作、具有独立法人地位的国有政策性银行，总部设在北京，在国内若干城市和个别国家设有代表处。

进出口银行是我国对外经贸支持体系的重要力量和金融体系的重要组成部分，是我国机电产品、成套设备和高新技术产品出口，对外承包工程和各类境外投资的政策性融资主渠道，外国政府贷款的主要转贷行和中国政府援外优惠贷款的承贷行。

依托国家信用，进出口银行支持对外贸易和跨境投资、"一带一路"建设、国际产能和装备制造合作、科技、文化、中小企业"走出去"和开放型经济建设等领域，侧重对重点领域和薄弱环节加大支持，在促进经济社会持续健康发展，在稳增长、调结构、实施"走出去"战略等方面发挥了重要作用。

中国出口信用保险公司（以下简称"中国信保"）于2001年12月18日正式挂牌运营，是由国家出资设立、支持中国对外经济贸易发展与合作、具有独立法人地位的国有政策性保险公司。中国信保通过为对外贸易和对外投资合作提供保险等服务，促进对外经济贸易发展，重点支持货物、技术和服务等出口，特别是高科技、附加值大的机电产品等资本性货物出口，促进经济增长、就业与国际收支平衡。

中国信保总部设在北京，已形成覆盖全国的服务网络，并在英国伦敦等地设有代表处。中国信保还设有专门的国别风险研究中心和资信评估中心，资信数据库覆盖全球3.2亿家企业、银行数据，拥有海内外资信渠道超过400家，资信调查业务覆盖全球所有国别、地区及主要行业。根据伯尔尼协会统计，2015年以来，中国信保业务总规模连续在全球官方出口信用保险机构中排名第一。

中国信保在服务共建"一带一路"、全力促进外贸稳中提质、培育国际经济合作和竞争新优势、推动经济结构优化等方面发挥了不可替代的作用。

● 本章小结

国际贸易短期融资是从事贸易的进出口商、进出口银行及相关贸易参与人之间所提供的期限在1年以内的各种贸易融资方式。国际贸易融资巧妙地实现了投资过程和贸易过程的结合。在贸易过程中的任何一个环节上，无论是进口商还是出口商，如果遇到资金困难，都可以通过彼此提供或由银行提供信用来解决。

保理也叫保付代理或承购应收账款，主要是为信用销售特别是赊售方式而设计的一种综合性金融服务。出口商以商业信用方式销售商品，在货物装船后，将发票等有关单据卖断给银行或保理公司，收进全部或大部分货款，取得资金融通。银行或保理公司买进出口商的单据，为出口商提供应收账款催收、应收账款管理、坏账担保及保理融资等各项服务。由于保理业务提供的是一种综合性服务，而且服务内容可以根据客户要求灵活调整，所以类型较多。

出口信贷是一种国际信贷方式，是一国政府为促进本国大型机械设备或成套项目的出口，以对本国的出口给予利息补贴并提供信贷担保的办法鼓励本国银行对本国出口商或外国进口商（或其银行）提供利率较低的中长期贷款，以解决本国出口商资金周转的困难或满足国外进口商对本国出口商支付货款需要的一种融资方式。

根据贷款接受者的不同，出口信贷可以分为卖方信贷和买方信贷两种基本形式。卖方信贷是指在大型机械设备或成套项目贸易中，为便于出口商以延期付款方式出卖商品，出口商所在地银行对出口商提供的信贷。买方信贷是指在大型设备或成套项目贸易中，由出口商所在地银行贷款给外国进口商或进口商的银行，以给予融资便利。买方信贷通常有直接买方信贷和间接买方信贷两种形式。

除了前述的买方信贷和卖方信贷两种基本形式外，出口信贷还包括混合信贷和福费廷业务等其他方式。福费廷也叫包买票据，是近年来在延期付款的大型设备贸易中普遍运用的一种新的中长期资金融通形式。

● 延伸阅读

1. 国际保理商联合会网站，http://www.fci.nl，可以了解国际保理业务的最新发展，也可以查询所有该协会成员。

2. 中国进出口银行网，http://www.eximbank.gov.cn/，可以了解我国的进出口融资政策性银行的基本情况和主要业务种类。

3. 中国出口信用保险公司，https://www.sinosure.com.cn，可以了解中国出口信用保险公司在促进我国对外经济贸易发展方面的主要做法和业务种类。

● 基本概念

出口押汇　打包贷款　保理业务　融资保理　出口信贷　买方信贷　卖方信贷　混合信贷　福费廷

随堂测试

● **复习思考题**

1.国际贸易短期融资方式有哪些?

2.保理业务的服务项目有哪些? 如何运用?

3.保理业务有哪些优点?

4.出口信贷有什么特点?

5.买方信贷有哪些种类? 如何进行?

6.买方信贷的一般贷款原则是什么?

7.什么叫混合信贷? 它有何作用?

8.简述福费廷业务的概念及特点。

主要参考文献

[1] 李齐，唐晓林．国际金融理论与实务［M］．北京：中国海关出版社，2016.

[2] 中国人民大学国际货币研究所．人民币国际化报告2018［M］．北京：中国人民大学出版社，2018.

[3] 陈四清．贸易金融［M］．北京：中信出版社，2014.

[4] 何国华．国际金融理论最新发展［M］．北京：人民出版社，2014.

[5] 普格尔．国际金融［M］．英文版．15版．北京：中国人民大学出版社，2012.

[6] 凯西斯．资本之都：国际金融中心变迁史（1780—2009年）［M］．陈晗，译．北京：中国人民大学出版社，中国金融出版社，2011.

[7] 马骏，徐建刚．人民币走出国门之路：离岸市场发展和资本项目开放［M］．北京：中国经济出版社，2011.

[8] 宗良，李建军．人民币国际化理论与前景［M］．北京：中国金融出版社，2011.

[9] 方齐云，方臻旻．国际经济学［M］．大连：东北财经大学出版社，2009.

[10] 许少强．货币一体化概论［M］．2版．上海：格致出版社，上海人民出版社，2009.

[11] 陈雨露．国际金融［M］．3版．北京：中国人民大学出版社，2008.

[12] 姜波克，杨长江．国际金融学［M］．3版．北京：高等教育出版社，2008.

[13] 穆萨．国际金融［M］．廉晓红，等译．2版．北京：中国人民大学出版社，2008.

[14] 沈国兵．国际金融［M］．上海：上海财经大学出版社，2008.

[15] 沈国兵．国际金融理论与实务［M］．上海：复旦大学出版社，2018.

[16] 甘道尔夫．国际金融与开放经济的宏观经济学［M］．靳玉英，译．上海：上海财经大学出版社，2006.

[17] 李健．当代西方货币金融学说［M］．北京：高等教育出版社，2006.

[18] 侯高岚．国际金融［M］．北京：清华大学出版社，2005.

[19] 李坤望．国际经济学［M］．2版．北京：高等教育出版社，2005.

[20] 刘舒年．国际金融［M］．3版．北京：对外经济贸易大学出版社，2005.

[21] 马君潞，陈平，范小云．国际金融［M］．北京：科学出版社，2005.

［22］王爱俭. 20世纪国际金融理论研究：进展与评述［M］. 北京：中国金融出版社，2005.

［23］涂永红. 外汇风险管理［M］. 北京：中国人民大学出版社，2004.

［24］姜波克，陆前进. 国际金融学［M］. 上海：上海人民出版社，2003.

［25］科普兰. 汇率与国际金融［M］. 康以同，等译. 北京：中国金融出版社，2002.

［26］吴晓灵. 中国外汇管理［M］. 北京：中国金融出版社，2001.

［27］里维里恩，米尔纳. 国际货币经济学前沿问题［M］. 赵锡军，应惟伟，译. 北京：中国税务出版社，北京腾图电子出版社，2000.

［28］孙杰. 汇率与国际收支［M］. 北京：经济科学出版社，1999.

［29］萨克斯. 全球视角的宏观经济学［M］. 费方域，等译. 上海：上海三联书店，上海人民出版社，1997.

［30］陈岱孙，厉以宁. 国际金融学说史［M］. 北京：中国金融出版社，1991.

［31］SALVATORE D. International economics ［M］. 8th Edition. Hoboken：John Wisley & Sons Inc., 2004.

［32］HALLWOOD C，MACDONALD R. International money and finance ［M］. 3th Edition. London：Blackwell Publishers Ltd., 2000.

［33］VALDEZ S. An introduction to global financial markets ［M］. 3th Edition. London：Macmillan Press，2000.

［34］KRUGMAN P，OBSTFELD M. International economics ［M］. 5th Edition. ［S.L.］. Addison Wesley Longman，1997.